트라우마와 사회치유
― 북아일랜드와 캄보디아에서 배우다

인간평화와 사회치유 총서 1

트라우마와 사회치유—북아일랜드와 캄보디아에서 배우다

초판 3쇄 발행 2024년 5월 31일
초판 1쇄 발행 2019년 4월 1일

대표 편저자 전우택 박명림
공동저자 임정택 신보경 최성경 손인배 강효인
총서기획 연세대학교 인간평화와 치유연구센터, 연세대학교 의과대학 인문사회의학교실
펴낸이 정순구
책임편집 정윤경
기획편집 조수정 조원식
마케팅 황주영

출력 블루엔
용지 한서지업사
인쇄 한영문화사
제본 한영제책사

펴낸곳 (주) 역사비평사
등록 제300-2007-139호 (2007.9.20)
주소 10497 : 경기도 고양시 덕양구 화중로 100(비전타워21) 506호
전화 02-741-6123~5
팩스 02-741-6126
홈페이지 www.yukbi.com
이메일 yukbi88@naver.com

978-89-7696-553-0 94300 (set)
ISBN 978-89-7696-554-7 94300

〈이 출판물은 2014, 2015학년도 연세대학교 미래선도연구사업(2014-22-0130, 2015-22-0120)의 지원에 의해 이루어진 것임.〉

TRAUMA
SOCIAL
HEALING

인간평화와 사회치유 **총서 1**

트라우마와
사회치유

― 북아일랜드와 캄보디아에서 배우다

대표 편저자 | 전우택·박명림

역사비평사

차례 _ **트라우마와 사회치유**

서문
한국 사회의 치유를 위하여

"제 어머님은 신교도 측의 테러로 비참하게 돌아가셨습니다. 그 이후 구교
도인 제가 당한 아픔은 세상 그 누구보다 크다고 생각하며 살았습니다. 그러
던 어느 날, 우리 구교도 측의 테러로 가족을 잃은 신교도들의 아픔을 보았습
니다. 그리고 그들의 아픔이 나의 아픔보다 결코 작지 않음을 알게 되었습니
다. (…) 그 뒤부터 여기서 일하게 되었습니다."

2015년 1월 7일, 북아일랜드의 도시 런던데리(Londonderry)에는 낮은 구름
사이로 가는 빗줄기가 내리고 있었다. 북아일랜드 사태에서 트라우마를
받은 사람들을 돕는 정신건강 지원 NGO인 Cunamh의 사무실은 무척 어
두웠다. 그러나 우리에게 자기 이야기를 조용히 들려주던 그 구교도 여성
간사의 목소리는 어둡지 않았다. 아니, 그 어둠 속에서 그녀의 목소리는
분명 아주 깊은 빛을 발하고 있었다.
　천 년 이상의 역사 속에서 이어진 신교도와 구교도의 갈등, 그리고 20
세기 들어 30여 년간 서로 죽고 죽이며 트라우마를 만들어온 북아일랜드
사회에서, 치유는 어떻게 이루어질 수 있을까? 같은 마을에서 함께 살아가

던 누군가에 의해 언제라도 죽을 수 있다는 증오와 의심과 저주의 사회는 1998년 평화협정이 맺어진 뒤에도 여전히 극히 조심스럽고 극히 조용했다. 그러나 그 가운데서도 과거의 상처들을 그대로 두어서는 안 된다고 믿는 사람들은 끊임없이 움직였다. 그들 대부분은 개인적인 깊은 상처와 트라우마를 가지고 있는 사람들이었다. 이 책의 1부는 우리 연구팀이 북아일랜드를 찾아가 그들을 만나고, 듣고, 보고, 읽은 자료들을 정리한 것이다.

2부는 킬링필드라는 인류 역사상 최악의 참사를 겪은 캄보디아를 찾아가, 역시 사람들을 만나고, 듣고, 보고, 읽은 자료를 정리한 것이다. 1976년부터 1979년까지 짧은 기간 동안 200만 명 이상이 가장 잔혹한 방법으로 죽어가야 했던 트라우마는 결코 쉽게 지워질 수 없었다. 그 일 이후 다시 이어진 20년간의 내전이 끝나고 나서야 캄보디아 사람들은 비로소 어딘가에서 죽었을 가족들의 이야기를 조심스레 꺼낼 수 있었다. 그러나 정식 재판이 벌어지기까지는 다시 10년의 세월을 또 기다려야 했다. 그 사이에 희생자도, 희생자의 가족도, 가해자도 차례로 늙고 병들어 죽어갔다. 인류에게 정의란 정말 존재하는 것인가? 인간은 도대체 어떻게 해야 이런 악을 막을 수 있는가? 캄보디아에 머무는 기간 내내 이 질문은 머릿속을 계속 맴돌았다.

한 아이가 있었다. 그는 자기 이름도, 태어난 해도 몰랐다. 다섯 살쯤 되었을 무렵 부모가 모두 크메르 루즈 군인에게 죽음을 당했기 때문이다. 아이는 다른 고아들과 함께 크메르 루즈 군에 끌려가 키워졌고, 10살 무렵 크메르 루즈 소년병이 되었다. 대인지뢰 매설이 그 아이들의 역할이었다. 어린 아이들의 작은 몸과 손이 밀림 깊은 곳까지 들어가 대인지뢰를 설치하기에 쓸모가 있기 때문이었다. 3년이 지나자 아이는 대인지뢰에 관한 한 거의 전문가가 되었다. 수없이 많은 대인지뢰를 어떤 때는 한 달에 수천 개씩 매설했다. 세월이 흘러 마침내 내전이 끝났을 때 아이는 여전히 살아 있었고, 스물다섯 살 정도의 청년이 되어 있었다.

그러나 내전이 끝났어도 캄보디아의 비극은 끝난 게 아니었다. 캄보디아 땅 구석구석에 뿌려진 약 600만 개의 대인지뢰와 불발탄들이 문제였다. 밭이나 논, 밀림에서 일하던 사람들이 대인지뢰가 터져 발을 절단해야 했고, 지뢰를 장난감인 줄 알고 가지고 놀던 아이들은 폭발사고로 손과 발, 눈을 잃어야 했다. 청년은 누구보다 대인지뢰를 잘 알았다. 지형만 봐도 어디쯤 묻혀 있을지 감이 왔고, 지뢰를 해체하여 폭발을 막는 일도 익숙했다. 그는 맨손에 삽만 들고 혼자서 여러 마을을 돌아다니며 자신이 뿌렸을지도 모를 지뢰를 제거하기 시작했다. 세월이 흐르면서 그에 대한 소문이 조금씩 번져 나갔다. 그의 뜻에 공감하여 함께 일하고자 찾아오는 사람들도 꽤 늘어났다. 그는 대인지뢰 사고로 고아가 된 아이들을 입양해 함께 살기 시작했다. 그런 아이들이 20명 가까이 되었다. 국제기구 사람들이 와서 보더니 국제 기준에 맞추어 안전한 방식으로 해야 한다면서 지뢰 제거 장비들을 지원해주었다. 그는 그때까지도 자기 이름을 몰랐다. 어느 날 일본 취재진이 그를 취재하면서 '아키라(Aki Ra)'라는 일본식 이름을 지어준 뒤, 그것이 그의 이름이 되었다.

2016년 2월 6일, 우리 연구팀은 캄보디아 씨엠립(Siem Reap) 시골의 매우 작고 허름한 1층짜리 지뢰박물관을 방문했다. 위 이야기는 그곳 안내판에서 읽은 것이다. 가기 전에는 시원치 않은 지뢰나 옛날 무기들 몇 개 전시해놓고 호기심 많은 관광객들을 불러 모으는 허술한 사설 박물관 정도를 상상했다. 막상 가보니 사설 박물관은 맞았다. 하지만 거기엔 장삿속이 아니라 자신의 땅에서 일어난 비극에 맞서 고군분투하는 한 젊은이의 강인한 정신이 담겨 있었다. 지뢰박물관은 그 활동의 치열한 기록을 소박하게 전시한 공간이었다.

아키라는 태어나서 한 번도 제대로 된 교육을 받아본 적 없는 청년이었지만, 지역 유지나 정부의 재정적 도움도 구하지 않은 채 대인지뢰가 만들어낸 비극에 맞서는 것을 자신의 사명으로 받아들였다. 그의 활동은 세계의 주목을 받았고, 2010년 미국 CNN이 선정한 '올해의 영웅 10인' 중 한 명이 되었다. 2012년에는 우리나라 만해대상 제16회 수상자로 선정되기도 했다. 미안하고 부끄럽게도 나는 그런 사실들을 모른 채 그곳에 갔었다.

지뢰박물관 기념품 코너 앞에는 다부진 체구와 강한 눈빛이 선명한 아키라의 큰 사진이 걸려 있었다. 그곳에서 지뢰 반대 운동 후원을 위한 티셔츠를 세 벌 샀다. 그에 대한 사과와 감사, 그리고 존경의 마음을 담은 작은 행동이었다. 한 국가와 사회가 겪은 거대한 트라우마는 어떻게 치유할 수 있는가? 그것은 얼마나 많은 전문가들과 정부의 노력, 국제사회의 관심과 지원을 필요로 하는가? 청년 아키라는 그 질문에 대답하고 있었다. 핵심은 거대한 국가 예산이나 국제적 관심, 전문가 집단이 아니라고. 핵심은 사람들의 고통을 함께 느끼는 단 한 사람의 관심과 구체적인 행동이라고. 사진 속 아키라 눈빛은 나에게 말하고 있었다.

이 책은 2014~2016년의 2년간, 연세대학교 미래선도연구 프로젝트로 수행한 '사회치유 해외 사례 연구—북아일랜드, 캄보디아를 중심으로'의 결과이다. 이는 2014년, 그보다 앞서 있었던 연구 프로젝트 '사회치유 국내 사례 연구—제주 4·3, 광주 5·18, 전태일 분신, 위안부 할머니 사례를 중심으로'(연구책임자 전우택)의 후속 연구로 이루어진 것이었다. 국내 사례를 연구하면서 한국 사회가 과거의 트라우마에 대해 적절한 사회치유적 활동을 하지 못했다는 것을 새삼 확인한 연구진은, 해외 사례를 통해 무언가 새로운 통찰을 얻을 수 있기를 기대하며 이 연구에 뛰어들었다. 그러나 막상 이 연구에 나서자, 우리는 스스로가 거대한 바다 앞에 선 작은 아이들 같다는 느낌을 받았다. 해외 사례들 역시 우리나라의 트라우마들과 마찬가지로 너무나 거대한 일들이었고, 그것에 대해 무언가 말을 한다는 것은 너무도 어려웠다.

그럼에도 불구하고 이 연구가 진행될 수 있었던 것은, 상처받은 사회를 치유해보려고 헌신하는 이름 없는 많은 활동가들과 연구자들이 그 땅에 있었기 때문이었다. 북아일랜드의 연구는 트리니티대학의 존스톤 맥매스터(Johnston McMaster) 교수의 도움을 크게 받았다. 한평생 북아일랜드의 평화와 치유를 위해 헌신해온 맥매스터 교수는 세계 어디에나 있는 갈등과 슬픔, 그리고 그 치유의 경험을 나누는 것이 또 다른 어딘가에서 흐르고 있을 눈물을 씻어줄 수 있는 방법이라고 믿는 것 같았다. 캄보디아에서 만났던 많은 활동가들과 학자들도 마찬가지였다. 그들은 캄보디아의 낙후된 경제사회적 조건 속에서 상처받은 이들을 돕기 위해 최선을 다하고 있었다. 그리고 자신들의 경험을 우리에게 아낌없이 전달해주려 노력했다. 그들의 도움과 가르침을 통해 이 책의 원고들이 만들어졌다. 그럼에도 여전히 너무나 부족한 수준의 연구이지만, 한국에서 트라우마 치유 활동과 연구는 이제 첫 걸음을 내딛은 상황이다. 앞으로 우리 땅의 젊은 학자들과 활동가들이 더욱 훌륭한 연구와 활동을 이루어 나가기를 기대한다.

이 책의 연구는 다학제로 이루어졌다. 인문예술적 측면은 임정택(연세대 독어독문과)·조주관(연세대 노어노문과)이, 사회과학적 측면은 박명림(연세대 지역학협동과정)이, 정신의학적·사회심리적 측면은 전우택(연세대 의대 의학교육학교실/정신건강의학교실)이 담당했다. 다양한 학제의 학자들이 팀을 이루어 연구하고 토론하는 것은 우리 모두에게 큰 기쁨이자 자극이었다. 또한 대학원생 최성경, 신보경, 손인배, 강효인은 공동 연구자들보다 더 큰 열정으로 연구에 참여해주었다. 이 책에 실린 원고들은 한반도평화연구원과 연세대학교 '평화와 인간치유센터'가 공동 주최한 4차례 공개 포럼에서 발표되었고, 그때마다 좋은 토론이 이루어져 원고의 완성도를 높일 수 있었다. 포럼의 토론자들에게 깊이 감사드린다. 또한 좋은 책으로 묶어주신 역사비평사에도 감사의 마음을 전한다.

'사회적 트라우마에 대한 사회치유'는 우리 연구팀이 계속 진행하고 있는 연구 주제이다. 2016년에 진행된 '사회치유—제주 4·3 사례를 중심으로'(연구책임자 전우택) 역시 이 주제 연구의 일환이었다. 일제시대와 해방 전후, 6·25와 그 이후의 냉전적 대립 등, 역사의 큰 혼란 속에서 한국인들은 이루 말할 수 없는 갈등과 상처를 국가와 민족, 각 지역과 마을 안에서, 그리고 한 가족 안에서 겪어야만 했다. 그 일을 겪은 세대는 자신들의 아픈 이야기들을 다음 세대에게 제대로 다 들려주지도 못한 채 차례로 수명을 다하고 있다. 그러나 상처는 그렇게 사라지지 않는다. 제대로 치료되지 않은 상처들은 점점 더 우리 사회를 병들게 하고 있다. 남북의 끝없는 증오와 대치, 사회갈등을 합리적으로 해결하지 못하는 모습, OECD 국가 중 가장 높은 자살률 등이 그 선명한 증거이다. 그래서 그 깊은 상처는 반드시 치유되어야 한다. 이것은 트라우마와 인간, 용서와 화해에 대한 성찰로 이어질 것이다. '연세대학교 인간평화와 치유연구센터'와 '연세대학교 의과대학 인문사회의학교실'은 향후 이러한 연구를 지속적으로 수행해 나갈 예정이며, 그 결과물을 '인간평화와 사회치유 총서'로 발간해 나갈 예정이다. 이 책은 그 총서의 첫 번째 책이 된다.

일련의 연구와 활동을 통하여, 우리의 아픔은 타인들의 아픔과 같은 크기, 같은 모양을 가지고 있음을 알 수 있었다. 그리고 한반도의 지뢰는 우리의 산하(山河)에만 뿌려져 있는 게 아니라 한국인들 가슴과 가슴 속에 수없이 흩뿌려져 있음을 알게 되었다. 다음 세대 아이들은 이 지뢰에 의해 생기는 제2, 제3의 상처로부터 자유로울 수 있도록, 조심스레 그 지뢰들을 제거해 나가는 손길이 한반도에 가득하기를 기대한다. 그런 모습을 이 갈등 많은 세계에 보여줄 수 있을 때, 우리는 한국인임을 진정 자랑스러워할 수 있을 것이다.

2019년 3월
저자들을 대표하여 전우택

TRAUMA
SOCIAL
HEALING

제1장

북아일랜드의 갈등과 평화협정 체결

손인배

북아일랜드 북서부 지방에는 아일랜드의 거인과 스코틀랜드의 거인이 둑길을 만들고 서로 싸우다가 경치가 너무 아름다워 싸움을 그치고 그 자리에 주저앉았다는 전설이 내려오는 자이언트 코즈웨이(Giant's Causeway)가 있다. 유네스코 문화유산으로, 다각형 모형 돌들 4만여 개가 주상절리로 장관을 이루고 있다. 그러나 이렇게 아름다운 자연의 이면에는 북아일랜드의 슬픔과 한, 갈등의 역사가 있다.

북아일랜드 갈등은 초기에는 북아일랜드 자치와 관련된 헌법을 둘러싼 갈등이었으나, 1960년대 중반 이후 북아일랜드 내 가톨릭 시민들의 정치·경제·사회적 차별에 대한 시민운동이 전개되면서 사회 전반으로 확산되었다.[1] 1916년 부활절 봉기(Easter Rising)와 아일랜드 독립전쟁(1919~1921)을 주도한 구교도 아일랜드공화국군(Irish Republican Army: IRA)은 '32개주 아일랜드'를 표방했다. 이런 움직임에 대응해 신교도 연방주의자들은 1966년 얼스

---

1) 박종철 외, 『통일 이후 통합을 위한 갈등해소 방안—사례연구 및 분야별 갈등해소의 기본 방향』, 통일연구원, 2013, 175쪽.

터민병대(Ulster Voluntary Force)를 조직했으며, 북아일랜드 갈등은 1969년 북아일랜드 '폭동'으로 발전했다. 그에 따라 1972년 3월 직접통치가 재개되고, 1973년 북아일랜드의 영국 잔류를 묻는 국민투표가 실시되었다. 1973년 국민투표는 사회민주노동당(Social Democratic and Labour Party: SDLP)의 투표 거부 운동으로 가톨릭계 주민들의 투표 참여율이 1% 정도에 불과한 상황에서 진행되었으며, 57.5% 투표에 98.9%의 지지로 현상유지가 결정되었다. 이후 1998년 성(聖)금요일 협정(벨파스트 협정)까지 '고난의 시기(the Troubles)' 동안 약 3,500여 명이 희생되는 폭력적 갈등을 겪게 되었다.[2]

1921년 북아일랜드 자치정부가 수립된 이후 1968년부터 1998년까지 30년간의 갈등은 표면적으로 구교(가톨릭)와 신교(장로교)의 갈등으로 비춰질 수 있으나, 이 갈등 이면에는 12세기부터 시작된 아일랜드와 영국의 민족 이동과 종교 갈등이 있었고, 제3차 아일랜드 자치법이 통과된 1912년부터 아일랜드 독립으로 내전이 종료된 1923년까지는 영국으로부터의 독립을 주장하는 세력(가톨릭, 민족주의 세력)과 영연방에 속해 있어야 한다는 세력(장로교, 통합주의 세력) 간의 갈등이 있었다. 또한 갈등 주체 역시 구교와 신교만이 아니었다. 갈등 초기에는 ① 민족적 특성이 있는 아일랜드 내 구교와 신교의 갈등이었지만, ② 이는 곧 아일랜드와 영국의 갈등으로 번졌고, ③ 아일랜드 내 구교 간의 갈등이 격화되는가 하면, ④ 아일랜드 분리주의자와 아일랜드 통일주의자의 갈등으로 전화되었으며, ⑤ 영국 정부와 아일랜드 정부도 동시에 갈등 주체로 등장했기 때문이다. 이를 통해 북아일랜드 갈등의 복잡성을 가늠해볼 수 있다.

그럼에도 불구하고 북아일랜드는 많은 갈등과 협상 속에서 1998년 성

---

2) 위의 책, 176쪽.

금요일 협정(Good Friday Agreement)을 맺고 평화의 여정을 걸어가고 있다. 아래에서는 북아일랜드 갈등 배경이 되는 북아일랜드의 역사(아일랜드와 영국의 관계, 아일랜드 내의 갈등, 북아일랜드의 형성 등), 북아일랜드 갈등과 평화협정의 과정 및 그 이후에 대해 살펴보고자 한다.

1. 북아일랜드의 역사

1) 아일랜드와 영국의 관계[3]

아일랜드 섬은 전통적으로 렌스터, 얼스터, 코노트, 먼스터의 4개 지역으로 구분되어왔다. 영국의 아일랜드 침략은 1166년 아일랜드 렌스터 지역의 왕이 다른 왕들에 의해 쫓겨나 영국으로 망명하여 영국 왕인 헨리 2세와 백작 클레어(스트롱보우)를 만나면서부터 시작되었다. 클레어 백작은 렌스터 왕의 딸과 결혼하여 이후 렌스터 왕국을 상속받는다는 조건으로 아일랜드에 군대를 파견했다. 1169년 5월 최초로 앵글로-노르만 군대가 아일랜드에 상륙하여 웩스퍼드와 더블린 시를 쉽게 점령했고, 클레어 백작은 렌스터 왕의 딸과 결혼하여 렌스터 왕국의 통치권을 요구했다. 이를 지켜보던 영국 왕 헨리 2세는 교황으로부터 아일랜드의 지배자로 인정받기 위한 조치를 취했고, 마침내 1171년 아일랜드의 워터퍼드를 점령하고 '왕의 도시(Royal city)'로 선포했다. 앵글로-노르만들은 이전 바이킹처럼 아일랜드 토착 문화에 쉽게 동화되어 게일어를 사용하고 아일랜드 가

---

3) 이하는 한일동, 『아일랜드—수난 속에 피어난 문화의 향기』, 살림, 2007 , 25~56쪽 '아일랜드의 역사' 부분을 재편집한 내용이다.

문과 결혼했는데, 이와 반대로 영국 왕은 1366년 '킬케니 성문법(The Statutes of Kilkenny)'을 제정하여 인종과 문화를 분리하고 영국 왕실의 통치권을 강화하고자 했다. 이후 앵글로-노르만 귀족들이 토착민과 결속해 독자적인 세력 기반을 갖추면서, 영국 통치 지역은 더블린으로 점차 축소되었다. 16세기 영국에서 왕위에 오른 헨리 8세는 아일랜드 문화에 동화되어 자신에게 복종하지 않는 노르만 귀족들을 대신해 더블린에 왕의 대리인을 파견하여 아일랜드를 통치하고자 했다. 이로써 정치적 긴장감이 고조되었지만, 더 심각한 긴장은 종교 문제에서 비롯되었다. 헨리 8세가 영국 국교회(The Church of England)를 세운 데 반해, 토착 아일랜드인과 앵글로-노르만들은 가톨릭을 신봉하며 그 유대를 강화시켜 나갔기 때문이다. 그러던 중 1601년 킨세일 전투(The Battle of Kinsale)가 발발했다. 이후 1607년 아일랜드가 영국군에 항복하면서 엘리자베스에게 최후까지 대항했던 얼스터의 오닐과 90여 명의 '백작들의 도주(The Flight of the Earls)' 사건이 일어났고, 이는 아일랜드 전역이 영국의 통치권에 들어오는 단초를 제공했다. 갈등은 이제 경제적, 종교적으로 더욱 심화되기 시작한다.

토착귀족이 사리지자 엘리자베스 1세와 그 후계자 제임스 1세는 플랜테이션(The Plantation)이라는 식민 정책을 실시했다. 토착민들과 노르만인들로부터 티론, 도네갈, 아마, 앤트림에 있는 50만 에이커에 달하는 땅을 몰수해 영국 귀족들에게 나누어주었다. 영국 귀족들은 이를 영국과 스코틀랜드에서 이주해 온 이주민에게 임대해주었고, 그들은 다시 소작인 임대를 하게 되었다.

새로운 지주인 신교도(스코틀랜드계 장로교도)들은 토착 아일랜드인이나 앵글로-노르만 가톨릭교도들과 쉽게 동화되려 하지 않았기 때문에 잠재적인 분쟁 요소가 싹을 틔웠다. 1641년 아일랜드 토착민과 앵글로-노르만 가톨릭교도들은 '킬케니 동맹'을 맺고, 세력 회복을 위해 가톨릭에 우호적이면서 의회와는 갈등 중이던 찰스 1세를 도왔다. 이후 10년간 아일랜드 땅에는 반란이 끊이지 않았고, 신교도들에 대한 무차별 학살이 일어났다. 찰스 1세와의 대결에서 승리한 의회군 지도자 올리버 크롬웰은 아일랜드에서 질서를 회복하고자 했다. 이에 1649년 드로게다(Drogheda)에서 무차별학살을 자행하고, 국토 전역을 유린하면서 대다수 국민들을 죽음의 공포로 떨게 했다. 이후 1685년 가톨릭교도인 제임스 2세가 왕위에 오르면서 아일랜드인들은 다시 희망을 갖게 되었지만, 당시 영국의 신교도들은 제임스 2세의 종교 성향과 귀족정치 체제의 징후에 불만을 품을 수밖에 없었다. 결국 얼마 지나지 않아 제임스 왕의 신교도 딸과 결혼한 오렌지공 윌리엄이 왕위계승자로 추대되었고, 1690년 7월 '보인 전투'에서 윌리엄이 승리하면서 가톨릭교도에 대한 탄압을 이어갔다. 이때 법률가 등의 전문인력, 부유한 지주들은 자신의 재산을 보전하기 위해 신교로 개종하기도 했다. 1695년에는 아일랜드 신교를 따르지 않는 사람들의 종교적·법적 권리를 축소시키는 형법이 제정되고 아일랜드 문화와 음악, 교육이 금지되었다. 영국의 10% 신교도 귀족들이 아일랜드를 지배하는 형국이 되었다. 18세기에 말에 이르러 가톨릭교도들이 소유한 토지는 전체의 5% 정도로 줄어들었다. 대다수 가톨릭교도들은 만성적인 가난에 시달리며 소작농으로 전락했다.

한편, 미국의 독립전쟁은 아일랜드 정치에 큰 영향을 미쳤다. 아일랜드 신교도 지배계층으로 하여금 자치 정부를 설립하도록 자극한 것이다. 1782년 더블린 의회는 헨리 그래탄(Henry Grattan, 1746~1820)의 노력으로 명실상부한 독립적 지위를 인정받았다. '자유, 평등, 박애'를 기치로 내건 프랑스 혁명 역시 아일랜드 정세에 큰 영향을 주었다. 그 여파로 1791년에 '아일

[연표] 17세기 아일랜드의 구교도-신교도 갈등*

1641	가톨릭 봉기와 신교도 학살
1649	신교 측 올리버 크롬웰의 가톨릭교도 학살
1685	가톨릭에 우호적인 제임스 2세 즉위
1688	명예혁명 발발, 제임스 2세 망명, 신교도에 의해 윌리엄 3세 즉위
1689	망명 중인 제임스 2세 전쟁 일으킴
1691	신교의 승리 및 가톨릭 억압
1695	형법 제정으로 아일랜드의 신교를 따르지 않는 사람들의 종교적·법적 권리 축소, 영국의 10%의 신교도(성공회) 귀족들이 아일랜드를 지배하고 아일랜드 문화·음악·교육을 금지시킴

* 한일동, 『아일랜드―수난 속에 피어난 문화의 향기』, 살림, 2007 , 25~40쪽의 내용을 정리.

랜드연합(The United Irishmen)'이 설립되었다. 이 단체는 '아일랜드인'이라는 공통의 이름으로 신교도, 가톨릭교도, 비(非)국교도의 통합을 꾀한 일종의 비밀결사조직이었다. 그러나 정치에 직접 개입함으로써 세력을 확보하고자 했던 '아일랜드연합'의 노력은 결국 수포로 돌아갔다. 영국 정부는 1800년 '연방법(The Act of Union)'을 제정해 의회를 해산하고 아일랜드를 영국의 정식 속국으로 만들었다. 헌법상 이 병합은 1912년까지 지속되었다.

1823년에는 가톨릭교도들의 정치적 평등을 이루기 위한 '가톨릭연합'이 결성되어 대규모 평화시위와 행동을 개시했다. '가톨릭연합'은 1826년 총선거에서 가톨릭교도 해방을 지지하는 신교도 후보들을 지지함으로써 힘을 과시했으며, 1829년에는 많은 하원의원들의 지지를 얻어 '가톨릭교도 해방법(The Act of Catholic Emancipation)'을 통과시켰다.

그러던 중 1845년부터 1851년까지 지속된 '대기근'으로 100만여 명이 질병으로 사망하고 100만여 명이 해외로 이주하는 상황이 발생하자, 아일랜드를 통치하고 있던 영국에 대한 반영(反英) 민족주의가 확산되었다. 영국 본국에서도 1886년과 1893년에 아일랜드 자치법안을 통과시키려는 노력이 있었지만 무산되었고, 제3차 아일랜드 자치법안이 1912년에 상정되었으나 역시 가결되지 못한 채 2년간 지연되다가 1914년에 이르러서야 통과되었다. 그러나 영국계 신교도가 많은 얼스터 지방의 통합주의자들이 자치법안을 반대하고 나선 데다 마침 제1차 세계대전이 발발하면서 큰 진전을 이루지는 못했다.

2) 아일랜드 갈등과 아일랜드 독립[4]

영국에서 제3차 아일랜드 자치법안이 상정되고 통과 절차를 거치는 동안 얼스터 지방의 신교도들은 북아일랜드 지역의 자치를 막기 위해 1912년 얼스터서약(Ulster Covenant)을 하고, 1913년 1월에 얼스터의용군(Ulster Volunteer Force: UVF)을 창립했다. 이에 맞서 남아일랜드 민족주의 세력은 얼스터 지역을 통제하고 자치법을 수호하기 위해 11월 28일 아일랜드공화국군(Irish Republican Army: IRA)의 전신인 아일랜드의용군(Irish Volunteers Force: IVF)을 조직했다.

1916년 4월 24일 부활절, 아일랜드의용군과 아일랜드 시민군 주도로 더블린 지역에서 아일랜드 독립을 선포하는 부활절 봉기가 일어났다. 비록 이 봉기는 영국군에 의해 진압되고 클라크, 피어슨, 맥더못, 코널리 등 주도자들이 처형을 당하면서 실패로 끝났지만, 이후 아일랜드 내부에 아일랜드 자치법을 강제로 이행하려 하는 강경 이행파가 등장하기 시작했다. 1918년 영국 총선에서 구교 정당인 신페인당이 다수당을 차지하자, 아일랜드의 자치법 강경파는 영국 웨스터민스터 의회 출석을 거부하고 나섰으

---

4) 이하는 김정노, 『아일랜드 평화프로세스』, 늘품플러스, 2015, 128~137쪽의 내용을 정리한 것이다.

[연표] 아일랜드 갈등과 아일랜드 독립(1912~1921)*

1912	구교 측, 자율통치법안 통과
	신교도 즉 통합주의자 측은 얼스터서약으로 북아일랜드 자치 막음
1913	구교 측, 아일랜드의용군 조직
	신교 측, 얼스터 의용군 창립
1914	영국 하원에서 '아일랜드 자치법' 의결, 제1차 세계대전 발발로 연기됨
1916	아일랜드의용군과 아일랜드 시민군 주도로 부활절 봉기 발발, '아일랜드공화국' 선포. 영국군에 의해 진압되고 주도자 처형당함
1917	10월 27일, 아일랜드의용군이 '아일랜드공화국군'으로 재조직됨
1918	구교 정당인 신페인당이 다수당 차지, 신페인당 영국 의회 출석 거부
1919	아일랜드 의회 '아일랜드공화국' 공식 인정, 아일랜드의용군을 합법적인 군대로 인정함
1920	영국 정부, 제4차 아일랜드자치법안 의회 상정
	'아일랜드정부법(Government of Ireland Act)' 제정, 아일랜드 자치 시작
1921	'영아조약(anglo-Irish Treaty)' 체결, 남부 26개 주의 독립(아일랜드)에 합의.
	북부 신교 지역인 얼스터 6개 주(북아일랜드)는 독립으로부터 탈퇴할 권한을 갖게 되어 북아일랜드와 아일랜드로 분리됨

* 한일동, 『아일랜드—수난 속에 피어난 문화의 향기』, 살림, 2007, 52~56쪽; 김정노, 『아일랜드 평화프로세스』, 늘품플러스, 2015, 142~145쪽 내용을 연표로 정리한 것이다.

며, 그중 일부는 '다일 아이린(Dáil Éireann)'이라는 독자적인 아일랜드 의회를 구성했다. 1919년 아일랜드 의회는 1916년 부활절 봉기에서 선포된 '아일랜드공화국'을 공식 인정하고, 아일랜드 의회 건물에 아일랜드 국기인 삼색기와 미국 성조기를 게양했다.

아일랜드공화국군(IRA)은 자치권 쟁취에 만족하지 않았다. 그들은 아일랜드 전체의 완전한 독립 외에 어떤 대안도 거부하면서, 영국을 상대로 '아일랜드독립전쟁'(1919~1921)이라는 이름으로 게릴라전을 전개했다. 독립전쟁은 1919년 1월 21일 더블린에서 아일랜드 의회가 처음 개원하던 날, 티퍼레리(Tipperary) 주에서 경찰관 2명이 IRA의 총에 사망하면서 시작되었다. 이후 IRA의 공격과 영국군의 보복 및 처형이 반복되는 형태로 전쟁이 지속되었다.

1920년 12월 23일, 영국 정부는 아일랜드 자치를 이행하기 위해 제4차 아일랜드 자치법안을 의회에 상정했다. 그 결과 '아일랜드정부법(Government of Ireland Act)'이 제정되면서 아일랜드 자치가 시작되었다. 영국 정부가 처음으로 아일랜드를 '남아일랜드'와 '북아일랜드'로 공식 구분한 것이 바로 이 법령이었다. 자치 성립 이후에도 영국 정부와 아일랜드는 대립을 이어가다가, 1921년 7월 아일랜드공화국과 영국 정부 사이에 휴전 합의가 이루어짐에 따라 전쟁이 중단되었다.

1921년 12월 6일, IRA의 마이클 콜린스와 신페인당 초대 당수인 아더 그린피스가 아일랜드를 대표하여 영국 정부와 '영아조약(anglo-Irish Treaty)'을 체결했다. 이 조약으로 남부 26개 주의 독립(아일랜드)이 허용되고, 북부 신교 지역인 얼스터 6개 주(북아일랜드)는 독립으로부터 탈퇴할 권한을 갖게 되어, 북아일랜드와 아일랜드가 분리되었다. 또한 이 조약으로 부활절 봉기 중 일방적으로 선포되었던 '아일랜드공화국(Irish Republic)'은 깃발을 내리고, 캐나다나 호주와 유사한 성격의 영연방(British Commonwealth) 소속 자치령 '아일랜드 자유국(Irish Free State)'이 탄생했다.

영아조약이 체결되자 아일랜드는 양분되었다. 비록 남아일랜드만의 독립이라 해도 이를 지지하는 조약 찬성파가 한편에, 아일랜드 섬 전체의 독립을 요구하는 조약 반대파가 다른 편에 섰고, IRA 지도부도 둘로 갈라졌다. 조약 찬성파로서 신생 아일랜드자유국 정부군을 형성한 것은 아일랜드 독립전쟁 중에 IRA를 이끌었던 마이클 콜린스와 아더 그린피스였다. 이에 조약 반대파는 반란을 통해 아일랜드자유국 정부를 전복한 뒤 영국과 싸워야 한다고 생각하게 되었다. 아일랜드 내전(1921~1923)은 콜린스의 지휘하에 있는 아일랜드자유국 정부군이 조약 반대파 세력에 포격을 가

<table>
<caption>〈표 1〉 영아조약의 찬성파와 반대파 비교(1921~1923)</caption>
</table>

구분	조약 찬성파	조약 반대파
성향	무장투쟁 중단	무장투쟁 지속
IRA	아일랜드자유국 정부군으로 편입	통일 아일랜드와 온전한 독립을 위한 투쟁
신페인당(향후)	아일랜드공화국군 공식파(QIRA)	아일랜드공화국군 임시파(PIRA)

* 자료: 김정노, 『아일랜드 평화프로세스』, 늘품플러스, 2015, 146~148쪽.

함으로써 시작되었다. 시간이 흐름에 따라 IRA는 정부군에 쫓겨 산악 지대로 숨어들면서 지역 주민들의 지지를 상실했고, 1923년 4월에 결국 투쟁 중단을 선언했다. 아일랜드 정국은 점차 진정되기 시작했다.

1937년 아일랜드 헌법을 제정한 뒤 아일랜드자유국의 국명은 아일랜드어인 에이레(Eire)로 명기되었다. 아일랜드 영토는 "아일랜드 섬 전체"로 규정되어, 북부 6개 주를 포함한 아일랜드 전체에 대한 주권을 주장했다. 다만 현실적으로 북부 6개 주에서 주권을 행사할 수 있는 능력이 일시적으로 중단된 상태라는 논리였다. 1948년 연립정부는 아일랜드 자유정부가 공화국임을 선포하고, 1800년 영국 정부의 '연방법' 제정 이후 150여 년 만에 영연방에서 독립했다.

2. 북아일랜드 갈등과 평화협정 체결

1) 북아일랜드 갈등 현황

1967년에는 인권운동단체 북아일랜드시민권리연합체(Northen Ireland Civil Rights Association: NICRA)가 결성되었고, 1968년에는 학생단체(People's Democracy: PD)

가 결성되어 북아일랜드 내 가톨릭교도의 인권을 보호하는 운동이 시작되었다. 인권운동 초기 북아일랜드 테렌스 오닐(Terence O'Neill) 총리는 북아일랜드의 개혁을 약속했으나, 강경한 신교도 연방주의자들의 반대에 부딪혀 약속을 이행하지 못했다. 오히려 구교도들을 보호하는 인권운동이 극심한 탄압을 받아 1968년 10월 5일 런던-데리(London-Derry)에서의 폭력사태로 이어졌다. 이 사태는 북아일랜드 분쟁의 본격적인 시작으로 인식된다.

런던-데리 폭력사태로 시작된 북아일랜드 분쟁은 1972년 영국 정부의 북아일랜드 의회 해산, 군대 파견 및 직접 통치로의 전환 등으로 더욱 심화되었다. 내재되어 있던 북아일랜드 구교도들의 불만과 반영 감정은 1972년 1월 30일 '피의 일요일(Bloody Sunday)'의 유혈 폭력사태로 터져 나왔다. 북아일랜드 신교계 얼스터의용군과 IRA의 무장투쟁은 격렬했으며, 1972년 1년 동안 테러로 인한 사망자만 468명에 달했다.

1980년대 들어 영국은 분쟁을 해결하기 위한 아일랜드 정부와의 협상에 적극성을 보이게 된다. 1981년 투옥된 IRA 죄수 10여 명이 정치범 처우 개선을 위한 단식투쟁을 벌이다가 사망한 사건이 직접적인 원인이 되었다. 이 사건으로 IRA는 국제적인 약자 이미지를, 영국은 탄압자의 이미지를 갖게 되고, 아일랜드 신페인당이 북아일랜드 구교도들의 제1정당으로 급부상하자, 이를 저지하기 위해 영국 측이 협상을 서두르게 된 것이다.

그러나 이 시기 협상은 합의점을 찾지 못하고 종결되었다. 1990년대는 북아일랜드 내 테러가 정점으로 치달은 시기이자 양측의 평화 협의도 활발해진 시기였다. IRA는 물론 신교도들의 테러까지 빈발하면서 신교도들의 테러로 인한 사상자가 더 많아짐에 따라, 영국 정부는 신교도 군대인 얼스터방위연합(Ulster Defense Association: UDA)을 IRA와 같은 불법단체로 규정하기에 이르렀다.[5] 1968년부터 1998년 성금요일 협정(Good Friday Agreement)이 맺어질 때까지 신·구교도 갈등이 지속되면서 3,500여 명이 사망하고 3만여 명의 부상자가 발생했다.

북아일랜드 갈등이 심화되는 가운데 첫 번째로 발표된 협정은 1973년 '서닝대일(Sunningdale) 협정'으로, 북아일랜드의 고유한 행정부가 모든 정치 세력을 수렴하여 권력을 분점한다는 내용이었다. 그러나 1974년 서닝대일 협정 반대파가 총선에서 승리함으로써 협정은 무효가 되었다. 1980년 아일랜드 총리 찰스 호기(Charles Haughey)와 영국 총리 마가렛 대처(Margaret Thatcher)가 양국관계의 모든 문제에 대하여 대화를 나누기로 협의했고, 1983년에는 전체 아일랜드의 원탁회의라고 할 수 있는 '신(新)아일랜드포럼'이 더블린에서 최초로 개최되었다. 1985년 영국 총리 마가렛 대처와 아일랜드 총리 개럿 피츠게랄드(Garret Fity Gerald)는 북아일랜드 문제에 남아일랜드 정부가 관여할 수 있는 제도적 토대를 마련하는 '영국-아일랜드 협정'에 서명했다. 1986년 북아일랜드의 통합주의자들은 이 협정에 반대하는 총파업을 실시하면서 반발했지만, 1993년 12월 북아일랜드의 아일랜드 귀속 여부를 주민들의 뜻에 맡기고 IRA는 무장투쟁을 포기한다는 것을 주요 내용으로 하는 '다우닝가 선언'이 발표되면서 북아일랜드 분쟁도 해결의 실마리를 찾는 듯했다. 실제로 1994년 9월에는 IRA가 휴전을 선언함으로써 희망이 보이기도 했다. 또한 1995년 2월 영국-아일랜드 양국 정부는 '북아일랜드 평화안'을 도출하여 분쟁 해결의 기본 틀을 만들어냈다. 그러나 영국 측이 '선(先)무장해제 후(後)협상개시'를 조건으로 내거는 한편 북

---

5) 한국국방연구원 세계 분쟁 정보 사이트(http://www1.kida.re.kr/woww/dispute_detail.asp?idx=182, 2017년 8월 10일 검색).

아일랜드 내 신교도들도 평화회담에 대해 불신을 표했던 탓에 평화협상은 무산되었고, 1996년 2월 IRA는 테러를 재개했다. 이에 영국의 토니 블레어 (Tony Blair) 수상은 신페인당에 평화회담 동참을 제의했고, 1997년 7월 IRA는 다시 휴전을 선언했다. 이 평화협상은 그해 12월 북아일랜드 유혈사태로 결렬 위기를 맞이했으나, 1998년 4월 10일 다자회담을 통해 북아일랜드 평화협정인 '성금요일 협정'이 최종 타결됨으로써 북아일랜드 분쟁은 새로운 전기를 맞이하게 되었다. 그리고 1999년 자치정부 구성을 통해 평화협정 합의안이 수용·이행됨에 따라 북아일랜드는 영국 정부로부터 기본 자치권을 이양 받았다. 다만 경찰·사법 분야가 영국 정부의 관할로 남겨짐으로써 분쟁은 완전히 해결되지 못했다.[6]

3. 평화협정 체결, 그 이후

1999년 12월 북아일랜드 자치정부가 출범했지만 IRA는 무기반납을 거부했고 이듬해 2월 얼스터연합당이 자치정부에서 탈퇴했다. 이에 영국 정부가 북아일랜드 자치권을 박탈했다 다시 돌려주는 등, 북아일랜드 상황은 여전히 불안했다. 2001년 10월부터 2002년 4월까지 IRA가 무기폐기 및 무장해제를 발표하기도 했으나, 그 과정에서 신교 측과의 마찰, 추가적 무장해제에 대한 명확성 결여 등의 이유로 북아일랜드 평화협정 이행은 다시 난항을 겪게 되었다. 이어 2004년 12월 20일에 발생한 아일랜드 벨파스

---

6) 한국국방연구원 세계 분쟁 정보 사이트(http://www1.kida.re.kr/woww/dispute_detail.asp?idx=182, 2017년 8월 10일 검색).

트의 노던은행 강도사건에 IRA가 연루된 정황이 드러나자 양측의 관계는 악화되었고, 이후 2005년까지 관계 진전이 없는 교착상태가 지속되었다. 그러나 상황은 2005년 7월 28일 IRA가 무장투쟁을 완전히 포기하겠다고 선언함으로써 해빙기를 맞이하였으며, 이는 2007년 5월 구교·신교 연합의 북아일랜드 공동 자치정부 출범과 2009년 6월 신교 측 얼스터 의용군 및 얼스터 방위군의 완전한 무장해제로 이어졌다.

그렇다고 해서 북아일랜드 분쟁이 종결된 것은 아니다. 양측이 화해를 모색하던 2009년에도 케빈 맥데이드(Kevin DcDaid) 사망사건이 발생했고, 이후에도 폭력적 충돌은 끊이지 않았다. IRA 잔존 분파들도 영국을 대상으로 테러를 감행하고 있다. 실제로 2010년과 2011년에 IRA 분파조직들이 영국을 대상으로 폭발사건을 일으킨 바 있다. 뿐만 아니라 2011년 6월 21일에는 신교도 청년과 구교도 청년들 700여 명이 거리에서 충돌하는 사건도 일어났다. 물론 2012년 5월 영국 여왕의 북아일랜드 방문, 2013년 2월 영국 정부의 '피의 일요일' 사건으로 희생된 시위대 유가족 보상금 지급 결정, 그해 6월 벨파스트 평화담장 철거 발표 등으로 영국 측은 북아일랜드에 유화적 제스처를 보여주고 있지만, 북아일랜드 분쟁의 해결은 아직 요원하기만 하다. 2013년 6월에는 흩어져 있던 IRA 분파(4개 중 3개)가 연합하여 '새 IRA'를 조직했을 뿐 아니라, 그해 8월 북아일랜드 독립에 반대하는 폭력시위(9일) 및 IRA 추모행사 관련 폭력시위(11일) 등, 북아일랜드 분쟁이 여전히 진행 중임을 시사하는 사건들이 속속 발생하고 있다. 2014년에도 이런 분위기는 계속 이어졌다. 4월에 북아일랜드 자치정부 피터 로빈슨 수반 및 IRA 사령관 출신 마틴 맥기니스 부수반이 영국 정부에 국빈으로 초대되어 유화 분위기가 도래하기를 기대했으나, 여전히 과거사에 대한 단죄 문제가 북아일랜드 분쟁 해결에 걸림돌로 작용했다. 1972년과 1982년의 납치·살해, 폭탄테러 사건을 주도했던 IRA 요원의 처벌 문제는 여전히 해소되지 못하고 있으며, 아직도 남아 있는 IRA 분파 무장 세력들은 탈레반으로부터 최신 무기기술을 도입해 테러의 강도를 높이고 있는 실정이다.[7]

또한 2014년 영국 총선에서 보수당이 과반을 차지하면서 영국의 유럽연합 탈퇴(British exit from the European Union, 브렉시트Brexit) 논의가 활발해지자, 이를 계기로 북아일랜드 독립 주장이 다시 제기되었다. 특히 2016년 6월 영국의 국민투표로 EU 탈퇴가 확정되면서, EU 회원국인 북아일랜드와 아일랜드 간 국경 및 세관 문제가 대두되었다. 기존에는 EU 회원국으로서 북아일랜드와 아일랜드 간 국경 이동이 자유로웠고, 관세 없는 수출입이 이루어졌는데, 영국이 EU를 탈퇴하면서 북아일랜드 경제가 타격을 입었기 때문이다. 이에 2017년 8월 영국 브렉시트부는 "상품 이동과 관련해 국경을 엄격히 통제하는 방안을 피하고, 양측 국경에 아무런 물리적 인프라가 있어선 안 된다는 점을 명확히 하자고 제안할 것"[8]이라고 발표했지만, 이러한 영국의 움직임으로 인해 북아일랜드 독립과 아일랜드 통일이 다시 주장되면서 영국과 북아일랜드, 북아일랜드 내 신·구교의 갈등이 고조될 것으로 예상되고 있다.

---

7) 한국국방연구원 세계 분쟁 정보 사이트(http://www1.kida.re.kr/woww/dispute_detail.asp?idx=182, 2017년 8월 10일 검색).

8) 「브렉시트 하긴 하나… 영국 "EU 떠나도 아일랜드 국경에 세관 안 둬"」, 『중앙일보』 2017. 8. 17.

[연표] 북아일랜드 갈등과 평화협정 체결 과정*

1967	구교 측, 북아일랜드시민권리연합체(NICRA) 결성
1968	구교 측, 학생단체(PD) 결성
	북아일랜드 정부, 런던데리 시위 폭력 진압
1969	영국 군대, 북아일랜드 수도 벨파스트 서쪽 노동자 거주 지역에 구교 측과 신교 측을 가르는 장벽인 '평화선(Peace Line)' 설치 시작
1972	북아일랜드 신교계 얼스터 의용군과 IRA의 격렬한 무장투쟁 발발
	영국 정부, 북아일랜드 의회 해산 및 영국 군대 파견, 직접 통치 전환
	런던데리에서 시민권 시위 도중 영국 군대의 진압으로 구교 측 14명 사망, 13명 중상, '피의 일요일' 사태 발생
1973	서닝대일 협정 체결
1974	서닝대일 협정 반대파의 총선 승리로 협정 무효
1975	구교 측, IRA 무기한 휴전 선언
1980	아일랜드·영국 정부 간 대화 협의
1983	'신(新)아일랜드포럼' 더블린에서 최초 개최
1985	'영국-아일랜드 협정' 조인, 북아일랜드 문제에 남아일랜드 정부가 관여할 수 있는 제도적 토대 마련됨
1986	신교 측 북아일랜드 통합주의자들 '영국-아일랜드 협정'에 항의하는 총파업 실시
1990	영국 정부, 얼스터 방위연합을 IRA와 같은 불법단체로 규정
	영국의 북아일랜드 담당부처 페터 브룩(Peter Brooke) 장관, 영국은 북아일랜드에서 경제적·전략적 이해관계를 갖고 있지 않으며, 아일랜드 통일에 동의할 용의가 있다고 발표
1993	'다우닝가 선언' 발표, IRA의 무장투쟁 포기
	존 흄과 게리 애덤스 회동, 북아일랜드 내부에 국한하여 문제를 해결하는 데 반대하고 아일랜드 전체 국민투표로 결정해야 한다고 주장
1994	IRA의 휴전 선언
1995	영국군, 북아일랜드 수도 벨파스트에서 일일정찰 종결
	영국-아일랜드 양국 정부 '북아일랜드 평화안' 도출
	국제군축기구, 모든 정당이 참여하는 회담의 토대로 6개 비폭력 원칙 담은 보고서 제출
	빌 클린턴 미 대통령 벨파스트 방문, 신페인당 게리 애덤스와 회동
1996	IRA 테러 재개
1997	토니 블레어 영국 총리 북아일랜드 방문
	IRA의 재휴전 선언
	신페인당 '미첼의 원칙'에 서명하고 모든 정당의 회담에 참여
	신페인당 게리 애덤스와 마틴 맥기네스가 최초로 영국 총리관저 방문
1998	1월 17일, 신페인당 영국 정부 및 아일랜드 정부의 새로운 제안 거부
	1월 19일, 신페인당 게리 애덤스·마틴 맥기네스 다시 영국 총리관저에서 '비상회의'에 참여
	1월 29일, 토니 블레어 총리, '피의 일요일' 사건 재조사 지시
	2월 16일, 더블린에서 평화협상 재개
	4월 9일, 영국 정부와 아일랜드 정부, 북아일랜드 모든 정당이 합의점 도달
	4월 10일, '성(聖)금요일 협정' 체결

* 김정노, 『아일랜드 평화프로세스』, 늘품플러스, 2015; 한국국방연구원 세계분쟁보사이트(http://www1.kida.re.kr/woww/dispute_detail.asp?idx=182) 참조.

제2장

북아일랜드의 사회치유기관

최성경

대한민국의 근현대사는 일본의 식민지 지배부터 분단, 6·25전쟁에 이어 민주화운동까지 그야말로 갈등의 중심에 선 수난의 역사였으며,[1] 급격한 사회 구조 변화 속에서 지금까지도 크고 작은 사회적 갈등에 시달리고 있다. 이 갈등상황 속에서 생명과 신체에 해를 입힌 폭력적 사건을 경험하거나 목격한 사람들은 심리적 외상(trauma)을 입게 되는데, 트라우마가 계속되면 심각한 스트레스를 유발하는 질병적 상태인 외상 후 스트레스 장애(Post Traumatic Stress Disorder: PTSD)로 발전된다.[2] 최근 건강보험심사평가원이 발표한 통계자료에 따르면, 한국 사회에서 PTSD 환자의 수는 꾸준히 증가하고 있는 추세이다.[3] 최근에는 이것이 '개인의 문제가 아닌 대한민국 공동체와 결부된 문제'라는 인식의 전환과 더불어, 개인적 고통으로 환원되지

---

1) 김종곤, 「'역사적 트라우마' 개념의 재구성」, 『시대와철학』, 24(4), 통권 65호, 2013.

2) 박기묵, 「세월호 참사 희생자 부모들의 심리적 외상에 관한 기술적 접근」, 『한국콘텐츠학회논문지』 15(9), 2015.

3) 건강보험심사평가원의 보건의료 빅데이터 개방 시스템에 따르면, 외상후스트레스장애(PTSD) 환자는 2010년 6,064명, 2013년 6,741명, 2015년 7,240명으로 계속 늘어났다.

않는 사회적 고통 및 심리적 외상과 분리될 수 없는 사회적 외상을 상담실에서의 치유가 아닌 사회적 치유의 문제로 다루어야 한다는[4] 공감대도 점점 커지고 있다. 특히 대한민국은 남북통일이라는 21세기 최대 과제를 앞두고 통일의 과정과 통일 이후의 사회갈등을 최소화하기 위한 노력이 절실하다. 이에 대해 이미 사회적 트라우마를 겪고 그것을 치유하고 극복하기 위해 노력해왔던 해외 사례들은 향후 한반도 분단에 의한 상처를 치유하는데 중요한 나침반 역할을 해줄 수 있을 것이다.[5]

이에 우리 연구팀은 100여 년이 넘는 기간 동안 신교와 구교의 극심한 갈등으로 고통받아온 북아일랜드가 사회치유 영역에서 긍정적인 평가를 받고 있다는 점에 주목했다.[6] 북아일랜드 사례를 남북한 통일 준비를 위한 사회통합 방향과 구체적 대책 마련에 활용하기 위해 지난 2015년 1월 5~12일, 북아일랜드 내 사회치유 관련 기관 총 11곳을 방문하여 프로그램에 참여하고 기관장 또는 실무자와 의견을 나누는 자리를 가졌다. 특히 마지막 일정이었던 더블린의 트리니티 칼리지에서는 공동세미나를 개최하여 양국의 사회치유 관련 학자 및 전문가들과 함께 북아일랜드 상황과 한반도 문제를 연관 지어 심도 있게 토의하고 분석하는 등, 향후 연구를 위한 네

---

4) 김상숙, 「'사회적 타살'의 시대, 트라우마 극복의 길 찾기」, 『역사비평』 110, 2015.

5) 전우택, 「통일은 치유다―분단과 통일에 대한 정신의학적 고찰」, 『신경정신의학』 54(4), 2015.

6) 1998년 성(聖)금요일협정(벨파스트협정)은 유럽 지역의 평화와 공동번영 기획의 성공을 확인시켜주는 증거로 받아들여졌다. 이는 다른 분쟁 지역 국가들의 관심을 불러일으켰고, 그 중요성을 감안해 북아일랜드 사회민주노동당(SDLP) 당수 존 흄(John Hume)과 얼스터 연합당(UUP) 당수 데이비드 트림블(David Trimble)은 1998년 노벨 평화상 공동 수상자로 결정되었다. 김동진, 「북아일랜드 평화프로세스와 지속가능한 평화구축」, 『통일과평화』 7집 2호, 2015.

트워킹을 구축하는 성과를 이루기도 하였다. 아래에서는 관련 사회치유기관들을 방문하여 인터뷰한 녹취록, 수집한 자료 및 기관 홈페이지를 바탕으로 이들의 활동을 분석함으로써 북아일랜드 사례를 통해 한국 사회를 재조명하고, 향후 통일한국 시대를 위해 한국에 주는 시사점 등을 제시하고자 한다.

1. 북아일랜드의 사회치유 관련 기관 현황

우리 연구팀이 방문한 총 10개의 기관은 운영목적에 따라 크게 4가지 유형으로 분류된다. 첫째는 북아일랜드 내 사회적 갈등으로 인해 직접적인 피해를 당한 유가족 및 피해자들을 위해 운영되는 '유가족 지원' 유형이다. 이들은 모두 비영리기관이며 다양한 프로그램을 통한 유가족 및 피해자들의 트라우마 극복과 치유를 목적으로 한다. 두 번째는 양쪽 갈등주체들이 함께 어울려 사회에 참여하도록 돕는 '통합사회참여' 유형이다. 이 유형으로 분류되는 기관들은 직접 갈등을 겪은 세대보다는 주로 어린이, 청소년, 대학생 등 후속세대를 위한 프로그램을 운영하고 있으며, 이를 통해 과거와 현재의 갈등이 미래까지 이어지지 않도록 통합된 사회 구조를 만들어가는 데 기여하고 있다. 세 번째는 특정 집단이 아니라 지역사회를 위해 운영되는 '지역사회 발전' 유형이다. 이들은 대부분 사회적 기업 형태로 운영되고 있으며 단순히 트라우마 극복에 안주하지 않고 갈등을 뛰어넘어 지역사회 전체가 건강한 커뮤니티로 도약할 수 있도록 다양한 연령층을 대상으로 여러 프로그램을 실시하고 있다. 마지막으로 정치, 세계, 종교, 지역을 포함한 갈등과 평화, 화해에 대한 학위과정을 운영하며 사회

'지역사회 발전 유형'(갈등 관련 집단 외 지역사회 내 불특정다수 전체 포함)
Gym, 추모작품 전지, 연구, 워크숍 등

'통합사회참여 유형'(갈등을 겪은 세대의 후속세대까지 포함)
단순한 일상생활 참여

'유가족 지원 유형'(갈등을 겪은 세대)
스토리텔링, 일대일 면담 등

치유의 리더십을 만들어가는 대학 교육기관으로서 '평화전문가 양성' 유형이 있다.

1) 유가족 지원 유형

(1) Wave Trauma Centre

북아일랜드 내 무장투쟁과 테러 등으로 배우자를 잃은 사람들을 위해 1991년에 설립되었으나 후에 미망인 뿐 아니라  어린이와 젊은 층까지 대상을 확장했으며 오늘날 트라우마를 가지고 있는 유가족 및 피해자 전체를 종교, 문화, 정치적 신념과 관계없이 지원하고 보살핀다는 목표로 운영되고 있다.

2015년 1월 현재 총 5개의 센터가 북아일랜드 수도인 벨파스트를 비롯하여 각 거점 지역에 위치하고 있으며 파트타임 근무자는 100~150명 정도이다. 운영 재정은 EU 평화 프로그램(Northern Ireland PEACE programme)[7]과 북아일랜드 정부 OFMDFM(Office of the First Minister and Deputy First Minister)의 'Central good relations funding' 프로그램에서 일부 지원받고 있으며, 주로 기부금과 후원금으로 구성된다.

기관 내 주요 프로그램으로는 유가족 및 피해자들의 트라우마 치료를 위해 센터에서 직접 임상서비스를 제공하는 심리치료(psychotherapy), 보완요법(Complementary therapy), 그리고 고인의 삶에 대해 이야기하고 아픈 기억을 공유함으로써 내적 치유를 이끌어내는 스토리 텔링 등이 있다. 임상서비스센터 근무자는 센터장을 포함하여 대부분 심리치료사로 구성되어 있으며, 주로 3명의 심리치료사가 주 1회 이상 근무하면서(월~목) 각 3~4명씩 개인 상담 및 인지행동치료(cognitive behavior therapy)를 포함한 다방면의 서비스를 제공한다. 치료 과정에서 외상 후 스트레스 장애(PTSD)가 심각한 고객을 발견할 경우, 지역 내 정신과 의사[8]에게 치료받을 수 있도록 연결해주기도 한다.

이 외에도 후속세대인 젊은이들을 위한 유스 서비스(예컨대 Befriending service, Youth Development 등)와 심리적 트라우마 학과(Psychological Trauma Studies) 학사 학위를 수료할 수 있는 트라우마 트레이닝(Trauma Training)을 퀸즈대학교와 공동개설하여 운영하고 있다.

---

7) "EU 평화 프로그램의 목적은 평화와 화해를 지원하고 북아일랜드와 아일랜드의 국경지대에서 경제적 사회적 진보를 촉진하는 것이다." http://www.europarl.europa.eu/atyourservice/en/displayFtu.html?ftuId=FTU_3.1.9.html 참조.
8) 영국의 보건의료체계는 NHS(National Health Service) 제도로 이루어져 있어, 질병이 발생하면 일차적으로 자신이 등록되어 있는 지역사회 주치의(GP, General Practice)를 방문해 무상 진료를 받게 되어 있다. 이 때문에 센터와 병원이 별도로 맺은 계약은 없다.

특히 트라우마 트레이닝의 학위 과정은 불과 5년 전까지만 해도 '고난의 시기'를 비롯한 사회적 갈등을 언급조차 할 수 없었던 북아일랜드에서 점차 침묵을 깨고 경험을 공유함으로써 자신과 사회에 대한 이해를 증진시키는 데 크게 기여하고 있는 것으로 평가받고 있으며 총 3가지 커리큘럼으로 구성되어 진행된다.

먼저 '커뮤니티 교육(Community Education)'은 보통 6~8주에 걸쳐 진행되며 돌연사(sudden death)나 트라우마, 중독(addiction) 등과 관련된 주제를 배운다. 수업과목은 트라우마 관련 9과목, 갈등 관련 2과목, 국제 프로그램(Facing History in Ourselves, 홀로코스트 공부) 등으로 구성된다. 두 번째로 파트타임 형식의 4년제 과정이 있다. 2015년 1월 현재 수강생은 11명이며 주로 갈등으로 인한 피해자 및 유족, 또는 이들을 돕는 사람들인데 18~19세 학생은 참여할 수 없다. 이 과정은 주로 용서, 화해, 피해의식 등에 대해 이야기할 수 있도록 안전한 장소를 제공함으로써 경험적으로 학습하고 이슈를 직접 토론할 기회를 제공한다는 목적을 가지고 있다. 마지막으로 건강 전문가(professional health practitioners)를 대상으로 퀸즈대학에서 운영하는 'Social Work and Nursing' 과정이 있다. 갈등으로 인한 피해자와 유족, 구교 또는 신교도, 경찰 또는 군대 등 다양한 출신의 학생들로 이루어져 있으며(2015년 현재 18명), 이 과정을 통해 갈등을 이해하고 분석하는 능력을 함양함으로써 궁극적으로 관련 전문가들의 역량을 강화하고자 한다.

(2) Healing through Remembering

북아일랜드의 수도 벨파스트에 위치하고 있으며 과거 사회적 갈등으로 인한 아픔을 치유한다는 목표로 정치적 관점이 서로 다른 다양한 회원들로 구성된 독립기관이다.

1998년 '성(聖)금요일 협정' 이후 북아일랜드 내에서는 사회적 트라우마의 치유가 필요하다는 여론이 형성되기 시작했다. 이에 당시 갈등해결을 위해 활동하던 두 개의 시민단체(Victim Support Northern Ireland, Northern Ireland Association for the Care and Resettlement of Offenders)가 사회적 요구에 부응하고자 2001년 합병을 단행하고, 사회치유를 위한 첫 공식 프로젝트로 남아프리카공화국 '진실화해위원회' 의장인 보라이너(Alex Boraine) 박사를 초빙하여 남아공 사례를 연구했다. 이들은 문제를 해결하기 위해서는 모든 사람들이 같은 문제의식을 가지고 그동안 겪어온 일에 대해 자유롭게 말하는 것이 중요한데, 이를 위해서는 '이야기할 수 있는 시스템'을 갖추는 것이 우선이라는 점에 집중했다. 이후 이들은 보라이너 박사와 현 기관 디렉터인 케이트 터너(Kate Turner)를 중심으로 북아일랜드에서도 과거에 대해 이야기하고 싶어 하는 사람들을 모아 대화할 수 있는 자리를 만들기 시작했다. 한 번 모임에 참석했던 사람들로부터 같은 대화의 장을 다시 가지고 싶다는 요청을 수없이 받게 되면서, 적절한 환경이 만들어지면 사람들은 닫았던 마음을 열고 과거를 이야기한다는 점을 재확인한 이들은, '기억을 치유의 도구로 사용한다'는 의미로 '기억을 통한 치유(Healing Through Remembering)'로 기관 명칭을 개명하고 본격적인 사회치유 활동을 전개했다. 2002년 6월에는 그간의 활동 성과에 대한 공식 보고서를 출판하기도 했다.

현재 재정은 주로 기부금과 후원금으로 충당되며, 주요 프로그램은 반성의 날(Day of Reflection), 추모(Commemoration), 진실의 회복 및 인정(Truth recovery and acknowledgement), 스토리텔링(Storytelling and personal narrative), 추모기념관(Living Memorial Museum), '무엇이든 말해보세요' 워크숍('Whatever You say, Saying Something' workshops), 증오범죄에 대한 홍보캠페인(Hate Crimes Awareness work), 드라마 및 단편필름 제작(Drama, Short films) 등이다. 그중에서도 가장 메인으로 운영되는

것이 바로 '무엇이든 말해보세요 워크숍(WYSSS)'이다.

주 참여고객은 북아일랜드 내 갈등으로 피해를 입었으나 그동안 본인의 이야기를 하거나 과거를 회상할 기회가 없었던 사람들이며, 민족주의자, 연합주의자 등 어느 한 집단에 치우치지 않고 양 갈등 주체를 골고루 포함하고 있다. HTR은 참여고객들의 트라우마를 치유한다기보다는 단지 그들에게 대화할 환경을 만들어줌으로써 과거와 현재를 돌아보고 더 나은 미래를 만들고자 하는 데 초점을 맞추고 있으며, 이러한 목적에 따라 자체 프로그램 운영방침을 규정하여 활용하고 있다.

세부 운영규정으로 참가고객들이 편하게 자신의 경험을 얘기할 수 있도록 개인정보에 대한 철저한 비밀 보장을 하고 있으며, 고객들의 출신과 성향에 따라 각자 사용하는 용어가 다를 때도 대화에서 그 단어를 자유롭게 사용할 수 있도록 허용하고 있다. 또한 운영진이 먼저 고객에게 "갈등을 어떻게 기억해야만 사회치유에 기여할 수 있는가?"라는 질문을 던짐으로써 고객들이 먼저 문제의식을 느끼고 보다 적극적으로 프로그램에 동참할 수 있도록 격려한다. 이러한 노력의 결실로, 처음에는 다양한 배경의 사람들이 한자리에서 함께 이야기하는 것을 꺼려 했으나 모임이 지속되고 관계가 형성됨에 따라 지금까지 프로그램이 이어져오고 있다.

구체적인 워크숍 형태는 다음과 같다. 2명의 진행자가 개입하여 한 명은 대화를 주도하고 나머지 한 명은 참석자들의 갑작스러운 분노나 흥분 조절을 위해 몸짓언어(body language)를 관찰한다. 프로그램이 본격적으로 시작되면 참가자들에게 대화에서 지켜야 할 가이드라인을 제시한다. 처음에는 각자 본인의 상처에 대해 이야기할 필요성 자체를 인지하지 못하고 있어 깊은 대화로 이어지기 쉽지 않기 때문에, 초반에는 서로의 출신에 대한 차별을 최소화하는 것이 중요하다. 워크숍이 종료된 뒤에는 참석자들 스스로 상처와 경험을 긍정적으로 표현하게 된다. 한 예로 자신을 "힘없는 시골 여성"이라 지칭하던 한 참가자는 워크숍 후에 본인을 "영국군 헬리콥터 전문가"라고 소개하는 등, 스스로에 대한 인식의 변화를 보여주기도 했다.

예전에는 프로그램 진행 중 분쟁이 발생할 경우에 대비하여 속기사가 내용을 모두 기록했지만, 자신의 이야기가 기록으로 남는다는 데 대해 참가자들이 불편함을 호소함에 따라 채텀하우스 룰(Chatham House Rule)[9]을 적용하기로 한 뒤부터 더 이상 대화 내용을 기록하지 않고 있다. 지금까지 이 워크숍에 최소 1회 이상 방문한 사람들은 300~400명 정도이며 지역사회에서 진행되는 워크숍 참석인원까지 포함하면 3,000~4,000명에 이를 것으로 추정된다.

(3) Cunamh

IRA 휴전[10] 이후 북아일랜드 내에서는 정치적·사회적 발전  을 위해 그동안의 트라우마를 치유해야 한다는 목소리가 높아졌다. 특히 연합주의자와 민족주의자가 함께 거주하고 있어 분쟁을 직접적으로 보고 경험해야만 했던 데리(Derry) 지역은 사회치유에 대한 사회적 욕구가 컸음에도 불구하고 당시 지역 내 갈등 및 상처치유 기관이 전무했고 지역사회를 담당하는 주치의(General Practitioner: GP)가 있으나 이들이 전문적으로 트라

---

9) 토론의 내용은 밝히되 발언자는 물론 참석자의 신분도 공개하지 않는다는 원칙.
10) 「아일랜드공화국 IRA, 전면 휴전 발표」, 〈MBC 뉴스〉 1994. 8. 31.

우마를 관리하기에는 한계가 있었다. 당시 이런 점에 공감한 지역사회 활동가, 관련 전문가(GP, 사회학자, 예전 죄수들 등), '피의 일요일(Bloody Sunday)'의 피해자 및 유족 등은 1995년 처음 함께 모여 문제의식을 공유하며 사회치유를 위한 기관의 필요성을 논의했고, 약 2년간의 기획과 준비를 통해 1997년 Cunamh을 설립하게 된다. 이 기관은 그동안 갈등의 시작점이었던 아픔의 공간이 건강한 신체와 정신을 가진 개인과 지역사회가 참여하여 새로운 환경으로 탈바꿈되어가는 과정에서 개인의 웰빙 및 지역사회 발전이 이루어진다는 기본신념을 바탕으로 운영되고 있다.

Cunamh은 주로 기부금 및 후원금으로만 운영되고 있는 비영리기관이다. 설립 당시 정신건강의 중요성을 인식하지 못했던 영국 정부는 Cunamh과 같은 기관에 재정 지원을 해주지 않았을뿐더러 2009년까지 받아온 EU의 재정 지원[11] 역시 현재 중단된 상태로, 테러 생존자와 같은 피해자 중에서 이런 기관에 대한 필요성에 공감하고 지지하는 일부가 개인적으로 지원하고 있는 상황이다.

재정적인 한계에도 불구하고 유가족 및 피해자들을 위한 치유 프로그램은 활발히 진행되고 있다. 스토리텔링, 역사공부, 드라마 등과 같은 '인정' 및 '기억'과 관련된 다양한 활동을 비롯하여 6년 전부터는 주로 인지행동치료, 보완요법, 지지요법 등의 일대일 상담 집중치료 프로그램을 진행하고 있으며 기본적인 서비스는 무료로 제공되나 그 외에는 별도의 비용지불이 있다. 일대일 상담의 경우, 진행 과정에서 고객의 상태가 더 전문적인 치료가 필요하다고 판단되는 경우에는 GP와 연결해주는 역할까지

---

11) 북아일랜드 평화 프로그램(Northern Ireland Peace programme) 참조(http://www.europarl.europa.
eu/atyourservice/en/displayFtu.html?ftuId=FTU_3.1.9.html).

맡고 있다.

2015년 1월 현재 매주 45~50명의 고객이 참여하고 있으며, 주로 데리에 거주하면서 복합적인 트라우마를 받았던 경험이 있어 장기적인 지지가 필요한 사람들이 많다. 특히 고객 중에는 피해자뿐 아니라 가해자(죄수)들도 있는데, 이들은 주로 어릴 때 '피의 일요일'을 통해 가족을 잃고 그 분노감에 IRA에 가입했던 사람들이다. 감옥에서 출소한 후에는 그 고통을 잊기 위해 마약 또는 알코올 중독에 시달리는 등 악순환을 겪고 있어 피해자들뿐 아니라 가해자들을 위한 치유도 시급한 상황이다.

(4) Towards Understanding and Healing(TUH)

'The Junction'[12]에서 진행되는 주요 프로젝트 중 하나이다. The Junction은 2000년 3월, 관계적인 활동을 통해 지역사회의 통합을 강화한다는 목적으로 지역사회 내의 관계 실무자 등에 의해 설립된 센터이며, 관계와 발전, 더불어 더 나은 이해와 상호존중 활동을 위한 다양한 서비스를 제공하고 있다.

센터의 주요 사업 중 하나로 1997년에 시작된 'Towards Understanding and Healing'은 모든 사람은 자기만의 이야기를 가지고 있지만 다양한 이야기 중에서도 특히 갈등의 경험은 상대방의 이야기를 들을 기회가 적고 이는 갈등 문제의 해결을 더디게 만든다는 점에 초점을 두고 "어떻게 하면 사람들이 자연스럽게 이야기할 수 있도록 도와줄 수 있을까?"라는 질문에서

---

12) http://thejunction-ni.org/index.php/about 참고.

시작되었다. TUH는 비록 정신과 의사 등과 같은 전문가는 아니지만 사람들이 자신의 이야기를 할 수 있도록 안전한 장소를 제공함으로써 개인의 경험과 삶을 공유하고 이를 지원하는 것에 목적을 두고 있으며, 개인 차원에서 사람들의 이야기를 들어주고 스스로 해결책을 찾도록 돕고 있다. 참고로 TUH가 개인적 수준의 갈등해결을 위한 프로젝트라면, 사회적 수준에서의 갈등해결은 The Junction의 또 다른 주요 프로젝트인 'Ethical and Shared Remembering'[13] 등에서 이뤄지고 있다.

트라우마가 있거나 사회에서 격리된 사람들이 모여서 더욱 깊고 풍부한 대화를 이어갈 수 있도록 하기 위해, 프로젝트 시작 전에 참가자들에게 서약서 서명을 받는 등 철저한 가이드라인에 따라 준비하고 있다. 그동안 다양한 배경과 출신을 가진 수천 명의 사람들이 이 프로젝트에 참가했다. 그들은 처음에는 서로를 인격적으로 대하지 않았고 자기방어기제로 인해 먼저 이야기하지 않으려는 경향을 보이지만, 프로젝트가 마무리될 즈음에는 사회에 다시 통합되는 모습을 볼 수 있다.

2) 통합사회참여 유형

(1) 174 Trust

174 Trust는 1983년 구교 신자들이 주로 거주하는 지역에 신교도들을 주축으로 설립된 기독교 자선단체이며, 장로교로부터 건물을 인수받아 현재의 형태

---

13) 10년간의 역사를 상대편과 함께 공부하고 의견을 나누면서 서로의 상황과 행동을 이해하는 것을 목표로 하는 프로젝트(http://thejunction-ni.org/index.php/ethical-and-shared-remembering).

로 운영되고 있다. 종교기관에서 시작되었기에 그 성격을 완전히 지울 수는 없지만, 프로그램 운영에서 구교도와 신교도 간의 장벽을 허물고 특정 교파에 소속 또는 편향되지 않은 채 종교의 편견 없이 사회 친목을 이루는 것을 목표로 하고 있으며, 프로그램 대상이 유가족 및 피해자에만 국한되지 않고 남녀노소 모든 연령과 다양한 배경의 사람들에게 열려 있어 북 벨파스트의 지역사회뿐만 아니라 도시 전체를 갈등이 없는 안전한 공간으로 만드는 데 기여하고 있다.

신교와 구교 양쪽이 서로를 이해하고 함께 사회에 참여하도록 하기 위해 함께 식당을 가서 식사를 하거나 볼링과 같은 취미활동을 하는 등 전문적인 치유가 아닌 일상에서의 접근을 토대로 한다. 이 외에도 구교와 신교 어린이들이 함께하는 유치원 또는 스포츠 행사, 모든 사람들을 대상으로 열리는 다양한 종류의 문화센터뿐 아니라 지역사회 또는 정부에서 운영하는 자살 예방 프로그램이나 알코올 중독 프로그램 등 약 20개 정도의 사업에 동참하고 있다. 또한 지역 교회와의 협력관계 구축, 종교 간의 포럼 개최 등을 통해 더 다양하고 많은 사람들이 174 Trust 활동에 참여하도록 독려하고 있다.

구교도 지역에 신교도 중심의 사회치유 기관을 설립했다는 것부터 대내외적으로 성공한 사례로 손꼽히고 있으며 '공간'이 평화 구축의 시발점이 되는 좋은 예로 꼽힌다. 지속적으로 양쪽이 함께하는 공간을 확대하기 위해 다양한 개신교 그룹과 지역사회 그룹 및 정치인들과 교류하며 노력하고 있다.

(2) Youth Link

1991년 북아일랜드 내 가장 큰 교회 4개(감리교, 장로교, 가톨릭계)가 공동

설립한 이 기관은 갈등의 주
체가 되는 양쪽이 함께 관
계를 형성하고 서로의 문화

를 존중할 수 있도록 돕는다는 목표를 가지고 교파간 통합단체(Inter-Church Agency)의 형태로 운영되고 있다. 북아일랜드의 갈등 구조는 종교 문제에서 시작되었기에, 대부분의 북아일랜드 내 사회치유기관들이 그 시작은 종교 기관에서 비롯되었다 해도 중립을 지키려 하는 반면, Youth Link는 종교적 특성을 그대로 가진 채 지역사회 통합을 추구하고 있다는 점이 특징이다.

이 기관이 위치해 있는 스프링필드 로드(Springfield Road)는 구교와 신교의 접전지로, 오랫동안 폭동과 민간인 학살, 투쟁과 분쟁의 중심지였다. 이러한 사회경제적 요인으로 인해 이 지역에는 불안정한 가정이 많아, 청소년 비행[14] 등 여러 면에서 사회적 취약점을 가지고 있다. 또한 학생의 90%가 여전히 구교와 신교로 완전히 분리된 학교에 다니고 있어 사회통합이 특히나 쉽지 않다. 그런 환경에서 Youth link는 사회통합을 위해서는 미래를 이끌고 갈 젊은이들을 교육하는 것이 무엇보다 중요하다는 신념을 바탕으로 청소년 활동 및 리더십 훈련 등 청소년들이 교회와 사회활동에 참여할 수 있도록 격려하는 역할을 하고 있다. 기관의 첫 시작은 개신교였다는 점에서 가톨릭계 가정의 부모들이 자녀들을 보내기 꺼릴 것이라고 생각하기 쉽지만, 오히려 신교보다 구교 가정에서 더 적극적으로 Youth Link 프로그램에 참여하는 경향이 있다. 이는 신교도 가정에서 자녀들의 개신교적 가치관이 훼손될 것을 우려하여 사회통합 활동에 보내려 하지 않기 때문으

---

14) 이 지역에서 특이한 점은, 문제가 발생하면 경찰보다 커뮤니티 리더를 먼저 찾는 경향이 있다는 점이다.

로 추측된다.

프로그램마다 차이는 있으나 평균적으로 활동에 참여하는 청소년들의 구교와 신교 비율은 각각 50% 정도이다. 활동 프로그램은 레벨 1~6으로 구분되어 있으며 레벨 6의 경우 학위를 수여해준다. 기관을 위한 정부의 별도 재정지원은 없고, 주로 관련 재단 및 자선단체의 기부금 및 후원금으로 운영되고 있으며, 설립 주체였던 4개 교회에서 약 10% 미만의 운영비를 부담하고 있다. 이사회는 3/5는 개신교, 2/5는 가톨릭계로 구성되었고, 프로그램 운영 시 어느 한 종파에 치우치는 경향이 없이 함께 활동하고자 노력하고 있다. 단, 각 교회의 특성에 따라 주도하는 프로그램은 유동적으로 조절된다.

(3) NICIE(Northern Ireland Council for Integrated Education)

오랫동안 종교 분쟁을 겪으면서 북아일랜드에서는 구교와 신교 출신 아이들이 각각 분리된 학교에서 교육을 받는 것이 당연시되어왔지만, 갈등을 극복하고 사회통합을 이뤄가기 위해서는 어릴 때부터 신교와 구교의 구분 없이 함께 어울려 교육받는 것이 중요하다는 인식의 전환이 점차 확산되면서 1981년에 처음으로 인종무차별학교가 설립되었다. 그리고 인종무차별학교가 늘어남에 따라 이를 관리하고 통합교육 시스템을 연구·개발하는 기관으로서 1987년 NICIE가 만들어졌다. 연구팀이 방문했던 다른 사회치유기관들이 대부분 비영리기관이었던 것과 달리 NICIE는 비부처 공공기관(Non-departmental public body)으로 지정되었으며, 1989년부터 정부가 'The Education Reform Order(ERO)'[15]를 추진함에 따라 정부의 재정 지원도 받고 있다(교육부는 통합교육기관에 운영 지원을 해야 한다고 ERO에 명시되어 있음).

NICIE에는 11명의 정규직 스태프가 있으며 현재 북아일랜드 내의 인종무차별학교를 관리하는 일과 더불어 새로운 인종무차별학교의 설립, 기존 학교의 인종무차별학교 전환, 학교 운영과 스태프들을 위한 상담, 인종무차별 교육에 대한 국내외 홍보, 인종무차별학교 교사를 위한 교육 및 교육 콘텐츠 개발, 관련 연구 협력 등의 업무를 하고 있다.

2015년 1월 현재 북아일랜드에는 62개의 인종무차별학교가 있으며, 구체적으로 15개의 유치원, 22개의 초등학교, 20개의 대학 등 다양한 연령층에서 통합교육이 이뤄지고 있다. 인종무차별학교에 다니는 학생은 약 19,500명 정도이며, 각 학교는 대략 가톨릭계 40%, 개신교계 40%, 기타 20%로 구성되어 있다. 다른 학교에 비해 학부모위원회가 활발하게 운영되는 등 학부모들이 학교에 깊게 관여하고 있다는 특징이 있다.

설문 조사[16] 결과에 따르면, 북아일랜드 인구의 82%가 인종무차별학교를 지지하고 있으며 81%가 인종 무차별 교육이 평화구축과 화해에 매우 중요하다고 생각하고 있다. 다만, 인종무차별학교가 이렇게 통합교육의 성공적인 모델로 평가받고 있음에도 여전히 각 종파별 전통성을 유지하는 문제, 각 가정 다양한 부모의 의견 수렴, 통합교육 전문가(교사) 양성, 인종무차별학교를 통한 궁극적인 사회갈등 치유 방안 등 해결해야 할 고민들

---

15) The Education Reform (Northern Ireland) Order 1989, PART VI INTEGRATED EDUCATION, Financing of grant-maintained integrated schools(http://www.legislation.gov.uk/nisi/1989/2406/part/VI).
16) NICIE 방문객에게 제공되는 기관 소개 프리젠테이션 자료 참고.

은 많이 남아 있다.

3) 지역사회 발전 유형

(1) (Lis Linn) Healthy Living Centre

 Healthy Living Centre는 크레간(Creggan) 지역
의 The Old Library Trust 건물을 기반으로 폭 넓
은 경험을 지닌 다양한 분야의 전문가들이 근
무하는 병원이자 지역사회 건강관리센터이다. 이 센터는 전 IRA 군인이었
던 한 개인(Seamas Heaney)으로부터 시작되었다. 그는 1976년 출소하면서 폭력
은 갈등해소를 위한 최선이 아님을 깨닫고, 지역사회가 바로서기 위해서
는 구성원 스스로 자립할 수 있는 역량을 키워줄 센터를 만들어야겠다고
생각하게 되었다. 그는 주로 취약계층이 거주하는 지역 내 가장 가난한 동
네인 크레간에 이 기관을 설립했다. 그 후 센터는 다양한 사회적 기업들이
동참하여 상당한 규모로 성장했으며 지역사회 활동가, 사회복지사 등 수
많은 직원과 자원봉사자들이 함께하고 있다. 운영 재정은 진료비 또는 공
간임대료 등을 통해 자체적으로 해결한다.

　"우리는 개인을 변화시킬 수 없고 본인 스스로만 자신을 변화시킬 수
있다"는 운영철학을 바탕으로 지역사회 구성원 간의 관계 형성을 통해 서
로 존중하는 문화를 만들고자 노력 중이다. 센터와 지역사회 건강 및 교육
관계자의 네트워킹을 구축하는 거점으로서, 한해 약 55개의 프로그램을
운영하고 있다. 예를 들어, 짐(Gym)과 같은 건강관리센터(Healthy Lifestyle Studio),
35명의 스태프(조산사, 언어치료사 등)가 매년 60만 명의 어린이를 찾아가 의료
지원 및 어린이 교육 등을 제공하는 취약 지역 가정 어린이 대상 정부 지

원 프로그램(Sure Start Program),[17] 직장인 부모를 위한 어린이집(Children's cafe), 종교와 출신에 상관없이 어울려 게일릭풋볼(gaelic football)[18]이나 농구를 할 수 있는 다양한 아웃도어 활동 시설, 아동 및 가족 구성원 대상으로 무료로 제공되는 운동을 통한 비만관리(SWEET Program), 60세 이상 노인에게 가벼운 신체운동을 제공하는 'Health for life' 등이다. 센터의 주된 수입원인 치과병원에는 의사 3인이 상주하여 치과진료를 제공하고 있다. 또한 'Scullery Cafe' 등의 사회적 기업이 센터 내에서 운영됨으로써 또 다른 수입원이 되고 있다. 센터의 빈 공간은 'Beautiful windowpane artwork'로 활용하여 '피의 일요일' 피해자 추모 작품 등을 전시하기도 한다.

(2) Holywell Trust와 Holywell Consultancy

'Holywell Trust'는 1988년 북아일랜드의 데리와 런던데리에서 지역사회 발전과 평화 구축을 위해 설립된 비영리기관이다. 이들은 개인 간 치유의 과정(the process of healing) **HOLYWELL TRUST** 을 촉진시킴으로써 지역사회 전체가 상호의존적으로 미래를 향해 나아갈 수 있도록 하고 있으며, 이를 위한 다양한 프로젝트, 포럼, 트레이닝 코스 등을 운영하거나 타 기관과 협력을 통해 진행하고 있다.

이 기관에서 협력하고 있는 사업은 DiverseCity Community Partnership, 지역사회와 공간을 공유하는 의미로서 다양한 행사를 개최하는 Garden of Reflection, Movement for Right Relationships, 혁신적인 미래를 위해 젊은 층을

---

17) 북아일랜드 내 하위 20% 가정이 주 대상이지만 2015년 4월부터는 하위 25%까지 확대 시행할 예정이다. http://www.nidirect.gov.uk/sure-start-services(2015년 1월 27일 검색).
18) 격투기, 럭비, 축구가 혼합된 형태의 운동경기로, 아일랜드에서 시작되어 지금까지도 아일랜드의 국기로 여겨지고 있다.

대상으로 진행하는 Civic Activism Project 등이 있으며 이 외에도 관련 그룹이나 조직을 공식적 또는 비공식적으로 꾸준히 지원하고 있다.

그 가운데 가장 주요하게 운영되고 있는 사업은 DCCP(DiverseCity Community Partnership) Activities Programme이다. DCCP는 새로운 지역개발 모델을 만들기 위해 기존에 활동하던 비영리기관 11개가 모여 공동 설립한 협력체 형태의 시설이다. 도시 중심부부터 변화시키고자 데리의 중심가에 건물을 올리기 시작했고 완공까지 총 8년이 소요되었다. DCCP를 구성하고 있는 각 기관은 이 건물에서 공간, 시설, 행정 및 재정을 공동 관리·이용하고 있으며 '협력(partnership)'의 획기적인 신모델을 개발하고 실제로 적용하기 위해 시스템을 탐구하고 활용한다. 동시에 점심시간을 이용하여 트라우마 등에 대한 토론을 벌이는 'Lunchtime Events'와 같은 지역사회 포럼, 정치에 대한 논쟁, 인터뷰 등의 활동도 활발하게 진행되고 있다. Holywell Trust는 DCCP를 기획하고 추진하는 중심축이었으며, 현재는 DCCP의 프로그램에 지속적으로 협력하고 있다.

Hollywell Trust의 운영은 OFMDFM(Office of the First Minister and Deputy First Minister)의 Central Good Relations Fund와 the Community Relations Council in Partnership with The Junction(Core Funding Programme), 그리고 Derry and Strabane District Council(Good Relations Core Funding Programme) 등 다양한 소스로부터 지원받은 재정으로 꾸려 나가고 있다.

한편 'Holywell Consultancy'는 앞서 Holywell Trust가 기획·추진했던 DCCP의 주요 파트너 중 하나이며, 지역사회와 자원봉사를 기반으로 한 사회적 기업이다. 이들은 지역사회 개발을 위한 연구, 지역사회 프로젝트 시행 및 평가, 전략계획 및 훈련, 컨퍼런스, 워크숍 등의 활동을 하고 있다.

4) 평화전문가 양성 유형

(1) Irish School of Ecumenics

Irish School of Ecumenics(ISE)는 더블린 내 트리니티칼리지 의 대학원 교육기관이며 1970년 마이클 헐리(Michael Hurley S. J)에 의해 설립되었다. ISE는 정치, 세계, 종교, 지역을 포함한 여러 갈등과 평화, 화해, 대화의 가능성에 대해 다학제적 관점으로 접근하여 연구와 교육을 수행하고 있다. 특히 석사학위과정 프로그램인 갈등해결과 화해, 신학 및 종교 간 문화 연구, 국제 평화 연구는 세계 각국 학생들의 평화전문가로서의 지식과 경력을 돕고 있다.

학과 특성상 미국, 중국, 한국 등 다양한 국적의 학생들이 참여하고 있으며, 출신과 종교 등의 제한 없이 자유로운 토론과 연구가 진행되는 것이 ISE의 장점이다. 최근 젊은 세대는 북아일랜드 사회의 오랜 갈등에 염증을 느끼며 무관심해지려는 경향을 보여주고 있지만, ISE 교육과정의 학생들은 관련 기관(Wave Trauma, HTR 등)에서 인턴십을 하면서 사회적인 문제 해결에 동참하고, 이를 통해 사회적으로도 긍정적인 영향을 끼치고 있다고 평가받는다.

2. 사회치유, 북아일랜드로부터 배울 것들

1) 북아일랜드와 한국의 유사점

북아일랜드와 한국은 갈등 구조와 시대 상황 등에서 일부 공통점을 가지고 있다. 먼저 북아일랜드의 개신교와 가톨릭 세력 간의 갈등은 표면적으로는 단순한 종교 갈등으로 보이지만, 그 이면에는 개신교도와 가톨릭교도 간의 구조화된 차별에서 기인된 심각한 정치경제적 불평등이 내재되어 있다.[19] 이와 마찬가지로 대한민국 또한 사회갈등의 가장 큰 핵심축은 남북한 분단에서 파생된 이념 갈등으로 보이지만, 실제로는 급속한 사회 발전으로 형성된 계층·계급갈등, 지역갈등 등이 혼재되어 있어 여러 유형이 매우 복잡하게 얽혀 있는 '압축적인 갈등'이라고 표현되기도 한다.[20] 또한 지난 2015년 12월 국민대통합위원회에서 발표한 통계자료[21]에 따르면, 대한민국 국민의 31.9%가 사회갈등의 핵심 요인을 '여당과 야당의 정치갈등'이라고 인식하고 있을 만큼 우리사회의 갈등과 정치는 밀접하게 연관되어 있다. 이와 비슷하게, 북아일랜드의 사회치유기관 담당자들도 우리 연구팀과의 면담에서 '정치'와 관련된 이야기를 언급했다(녹취록 전체에서 '정치'라는 단어 총 28회 등장). 특히 트리니티칼리지의 ISE에서 '아일랜드 평화과정의 교훈을 통한 한반도 평화 구상(A Peace Initiative for Korean Peninsula Exploring Lessons from the Irish Peace Process)'이라는 주제로 개최한 공동 세미나에서는, 북아일랜드의 갈등이 구교와 신교가 완전히 분리될 정도로 악화된 핵심 원인은 종교가 아닌 '정치'였다는 점에 대한 심도 깊은 토론이 이루어졌다. 이와 더불어 북아일랜드 청소년과 젊은층을 대상으로 활동하고 있는 Youth Link와 NICIE 등의 기관에 따르면, 오랫동안 사회갈등에 노출되면서 점점 회의감과 불안정함을 느낀 청년들이 사회치유에 무관심해졌을 뿐 아니라

---

19) 윤철기, 「북아일랜드 평화구축의 정치경제학과 한반도를 위한 시사점」, 『세계 북한학 학술대회 자료집』 Volume 2, 2015.

20) 윤인진·박길성·이명진·김선업·김철규·정일준, 『한국인의 갈등의식—2007년 한국인의 갈등의식 조사결과 분석』, 고려대학교 출판부, 2009.

21) 사회갈등을 악화시키는 요인으로 여당과 야당의 정치갈등(31.9%), 경제적 빈부격차(19.6%), 개인의 이기주의와 권리(18.5%), 언론의 선정적 보도(14.6%), 남북분단으로 인한 이념세력(8.2%), 지역주의(5.8%) 등이 꼽혔다.

북아일랜드를 떠나는 경우가 늘어나고 있다고 한다. 한국에서도 '헬조선, 흙수저, N포 세대' 등 절망적인 사회 분위기 속에서 불확실한 미래로 인해 20~30대의 국가적 이슈에 대한 무관심이 현실화되고 있다. 특히 한국의 사회갈등 주요소인 남북분단과 통일에 대해 '통일이 필요하다'는 20~30대의 응답률은 매년 감소하고 있는 실정이다.[22]

2) 개인의 치유에서 지역사회 통합발전으로

북아일랜드 사회치유 관련 기관들은 각 유형별로 프로그램 대상자는 다르지만, 궁극적으로는 직접적인 피해자와 유가족의 트라우마 치유에 머물지 않고 지역사회 단위에서 사회통합과 지역사회 발전을 동시에 꾀한다는 전제하에 접근한다는 공통점을 가지고 있다. 프로그램 참여 대상이 피해자와 유가족으로 한정되는 '유가족 지원' 유형 기관들도 최종적으로는 개인의 치유를 통한 지역사회 변화를 추구하며, 갈등과 관련된 특정 집단이 아닌 지역사회 전체를 대상으로 운영되는 '지역사회 발전' 유형의 기관을 설립했던 최초 의도는 개인의 치유와 연속되는 지역사회 평화구축이었다. 실제로 사회적 트라우마는 사건 당사자 개인 차원을 넘어 사회 구성원들의 관계와 사회생활에 타격을 주고 공동체를 심각하게 분열시킨다.[23] 공동체의식이 무너진 사회는 개인의 삶의 만족도와 주관적 안녕감, 자아존중감 등에 영향을 끼쳐[24] 결국 다시 개인에게 악순환으로 돌아오므로 북아

---

22) 20대에서 통일이 필요하다는 응답은 지난해 43.1%였는데 올해에는 30.7%로 12.4%p 감소했다. 마찬가지로 30대에서도 지난해 50.3%에서 올해 36.2%로로 1년 사이에 14.1%p가 감소했다. 박명규 외, 『2015 통일의식조사』, 서울대학교 통일평화연구원.

23) 전우택, 앞의 글, 2015.

24) 류승아, 「대학 공동체의식이 개인의 안녕 및 사회적 관심에 미치는 영향과 촉진 방안」,

일랜드와 같은 지역사회 차원의 접근이 무엇보다 중요할 것이다.

특히 북아일랜드에서는 사회치유 프로그램 참여 대상이 확대될수록 개인의 정신건강에서 짐(Gym)이나 비만관리 같은 신체건강의 개념까지 프로그램이 확장되고 있음을 볼 수 있는데, 이는 한국 사회에서 갈등 당사자들의 정신적 치유를 넘어 지역사회 전체의 시점에서 사회치유 프로그램을 개발하는데 좋은 예시로 활용될 수 있을 것이다.

3) 아래로부터의 관점, 민간 중심의 접근

또한 북아일랜드 사회치유기관들의 특징은 모든 기관들이 '위로부터'가 아닌 '아래로부터의 관점'으로 접근하고 있다는 점이다. 연구팀이 방문했던 기관 모두 첫 시작점은 정부나 공공기관이 아닌 민간이었다. 이는 다양한 사회적 갈등을 극복하는 과정에서 시민단체의 역할이 중요하다는 것을 보여주는 기존 연구들과[25] 같은 맥락에서 이해할 수 있을 것이다. 이를 위해서는 무엇보다 유가족 및 피해자를 포함한 일반 시민들에게 스스로 치유하고 극복하려는 의지가 있어야 하며, 그와 더불어 민간의 활동이 지속성을 가질 수 있도록 일정한 재정적 지원이 반드시 필요하다. 연구팀이 방문했던 기관 중 비부처 공공기관으로 지정받아 정부의 지원을 받고 있는 NICIE와 대학교 형태의 ISE를 제외한 모든 기관들은 기부금 또는 후원금으로 운영되고 있었으며, 이들의 약 50%가 EU 평화 프로그램과 같은 평

『한국심리학회지: 사회 및 성격』 28(3), 2014.

25) 김헌준, "Expansion of transitional justice measures: A Comparative Analysis of Its Causes", Ph.D., University of Minnesota, 2008; 주상현·이우권, 「지역사회 갈등 구조의 분석과 함의—전주시 시내버스 파업을 중심으로」, 『한국자치행정학회』 25(1), 2011; 임재형, 「시민단체의 개입이 공공갈등 구조에 미치는 영향에 관한 분석」, 『OUGHTOPIA』 30(1), 2016.

화구축을 위한 특정 프로젝트로부터 일시적인 지원을 받은 경험이 있는 것으로 나타났다. 그러나 특정 프로젝트 형태는 자금 지원 기준 및 지원 규모가 일정하지 않고 계속 변한다는 문제가 있어, 현장에서 기관을 운영하는 입장에서는 여러 어려운 점이 많다. 사회치유는 단기적인 문제가 아닌 장기적인 관점에서 접근해야 하므로, 재정적인 한계로 인해 프로그램이 지속되지 못하는 경우가 없도록 민간에서 시작된 사회치유기관이 일관되게 지속적으로 운영될 수 있는 재정적 뒷받침이 반드시 필요하며 이와 관련된 제도 구축이 함께 추진되어야 할 것이다.

4) 한국 정서에 맞는 프로그램 개발

'유가족 지원' 유형 기관들은 공통적으로 유가족 및 피해자의 트라우마를 치유하는 대표적인 방법으로 스토리텔링 기법을 사용하고 있었으며, 각 기관마다 이에 대한 가이드라인을 개발 및 연구하여 현장에서 적용하는 한편, 실제 적용 시의 문제점이나 제안점 등을 수용하여 더 적절한 방향으로 개선하고자 노력하고 있었다. 사실 스토리텔링은 오래 전부터 정신의 문제를 치유하기 위한 방법으로 널리 사용되어왔으며 이미 국내외에서 스토리텔링의 치유적 효과를 증명하기 위한 다양한 연구사례들이 발표되고 있다.[26] 이에 대해 현재 각 기관별로 운영하고 있는 스토리텔링 가이드라인을 비교·분석하여 일반화된 '사회적 갈등으로 인한 트라우마 치유용 스토리텔링 모델'을 도출한다면 한국과 같이 사회치유가 절실히 필요한 국가에서도 벤치마킹이 가능할 것으로 보인다. 한국에서는 한국의 갈등 구조가 지닌 특수성 및 국민정서를 고려한 한국형 스토리텔링 프로그

---

26) 강준수, 「스토리텔링 서사 구조를 통한 치유」, 『복지행정연구』 30(0), 2014.

램이 개발되어야 할 것이다.

이와 더불어 다양한 사회치유 프로그램들이 과학적 근거를 기반으로 전문적으로 발전하기 위해서는, 사회치유 프로그램을 경험한 유가족 및 피해자들이 어느 정도 회복이 되었고 사회의 일원으로서 얼마나 건강하게 적응하여 살아가고 있는지와 같은 '사회치유 프로그램의 효과성'에 대한 주기적인 평가가 필요하다. 현재 사회치유 정도를 평가하는 적절한 척도가 전무한 상태이므로 이에 대한 별도의 연구가 있어야 할 것이다.

〈자료〉 북아일랜드 내 사회치유기관 현황

유가족 지원 유형

Wave Trauma Centre(1991 설립)

설립주체	비영리기관(미망인대상)
운영주체	비영리기관
운영대상	유가족 및 피해자
재정지원	EU 및 정부지원, 기부금 및 후원금(EU 평화 프로그램, OFMDFM의 central good relations funding 프로그램)
종교성	없음
주요 프로그램	트라우마 교육과정 운영, 스토리텔링, 청소년 멘토링, 정신과적 심리치료 등
홈페이지	www.wavetraumacentre.org.uk
주소/연락처	벨파스트 센터: 5 Chichester Park South Belfast Co. Antrim BT15 5DW / Tel. (028)9077 9922
	런던데리 센터: 23a Bishop Street Derry Londonderry Co. Londonderry BT48 9PR / Tel. (028) 7126 6655
	아마 센터: 6 Mallview Terrace The Mall West Armagh Co. Armagh BT61 9AN / Tel. (028) 3751 1599
	오마 센터: 18 Holmview Avenue Omagh Co. Tyrone BT79 0AQ / Tel. (028) 8225 2522
	밸리미나 센터: 13 Castlecroft Main Street Ballymoney Co. Antrim BT53 6TD / Tel. (028) 2766 9900

Healing through Remembering(2001 설립)

설립주체	비영리기관(갈등해결을 위해 활동하던 2개 NGO 합병)
운영주체	비영리기관
운영대상	유가족 및 피해자

재정지원	기부금 및 후원금
종교성	없음
주요 프로그램	스토리텔링, 추모, 드라마제작, 캠페인 등
홈페이지	www.healingthroughremembering.org
주소/연락처	Alexander House,17a Ormeau Avenue, Belfast, Northern Ireland. BT2 8HD / Tel. (028) 9023 8844

Cunamh(1997 설립)

설립주체	지역사회 활동가, 관련 전문가, 피해자 및 유족 등
운영주체	비영리기관
운영대상	유가족 및 피해자
재정지원	기부금 및 후원금(2009년까지 EU에서 일부 지원 받았지만 현재 중단 상태)
종교성	없음
주요 프로그램	기억과 관련된 활동(스토리텔링, 역사공부, 드라마), 일대일 집중상담치료(인지행동치료, 지지요법 등)
홈페이지	www.cunamh.org
주소/연락처	Cunamh 171 Sunbeam Terrace Bishop Street Derry BT48 6UJ / Tel. (028) 7128 8868

Towards Understanding and Healing(2000 설립)

설립주체	the junction의 개별 사업 중 하나로, 지역사회 실무자들(데리시의회 및 관계자, the junction 관계자 등)이 설립
운영주체	비영리기관
운영대상	유가족 및 피해자
재정지원	EU 지원(EU programme for peace and reconciliation을 통한 community relations council)
종교성	없음
주요 프로그램	스토리텔링을 통한 치유 및 사회통합
홈페이지	www.thejunction-ni.org/index.php/towards-understanding-and-healing
주소	The Junction: 8-14 Bishop Street Derry/Londonderry BT48 6PW

통합사회참여 유형

174 Trust(1983 설립)

설립주체	개신교(자선단체)
운영주체	비영리기관(개신교 계통)
운영대상	제한 없음
재정지원	기부금 및 후원금
종교성	있음

주요 프로그램	신구교 아동들 공동행사, 문화센터 운영, 포럼, 지역사회 프로그램(알코올 중독 및 자살예방 등) 지원
홈페이지	www.174trust.com
주소/연락처	Duncairn Complex Duncairn Avenue Belfast BT14 6BP / Tel. 028 (90) 747 114

Youth Link(1991 설립)

설립주체	4개의 교회가 공동설립
운영주체	비영리기관(개신교 계통)
운영대상	청소년
재정지원	기부금 및 후원금(주로 관련재단 및 자선단체, 설립 주체가 된 4개 교회는 약 10% 미만 지원)
종교성	있음
주요 프로그램	다양한 청소년 활동 및 리더십 훈련(학위과정 포함)
홈페이지	www.youthlink.org.uk
주소	Youth Link NI Farset Enterprise Park 638 Springfield Road Belfast BT12 7DY

NICIE(Northern Ireland Council for Integrated Education, 1987 설립, 인종무차별학교는 1981 시작)

설립주체	자선단체
운영주체	비부처 공공기관
운영대상	어린이, 청소년, 대학생
재정지원	정부 지원(근거: ERO), 기부금 및 후원금
종교성	없음
주요 프로그램	인종 무차별 교육(통합교육) 프로그램 개발, 교사 관리, 캠페인 등
홈페이지	www.nicie.org
주소	NICIE 25 College Gardens Belfast BT9 6BS

지역사회 발전 유형

(Lis Linn) Healthy Living Centre(1976 설립)

설립주체	개인(전 IRA 군인)
운영주체	사회적 기업(공동운영 형태)
운영대상	지역 내 취약계층
재정지원	자체적으로 해결(진료비, 공간임대료 등)
종교성	없음
주요 프로그램	Gym, 어린이 대상 정부 지원 프로그램, 추모작품 전시, 치과 진료, 어린이집, 야외 활동 프로그램, 비만관리, 노인건강관리 등
홈페이지	www.hlcalliance.org/project/old-library-trust/

| 주소 | 2 Central Drive, Derry/Londonderry, Londonderry, Derry BT48 9, United Kingdom |

Holywell Trust, Holywell Consultancy(1988 설립)

설립주체	기존 활동하던 비영리기관 11개 공동설립(DCCP)
운영주체	사회적 기업
운영대상	지역사회 전체
재정지원	EU 및 정부지원, 기부금 및 후원금(EU 평화 프로그램, OFMDFM의 central good relations funding 프로그램)
종교성	없음
주요 프로그램	DCCP, Garden of Reflection, Movement for right relationships, Academy, 지역사회 및 개발을 위한 연구, 프로젝트 시행 및 평가, 전략계획 및 훈련, 컨퍼런스, 워크숍 등
홈페이지	www.holywelltrust.com / www.holywellconsultancy.com
주소/연락처	10-12 Bishop Street, Derry / Tel. (028) 71 261941
	DCCP: 10-14 Bishop Street Derry/Londonderry BT48 6PW / Tel. (028) 7126 1941

평화 전문가 양성 유형

Irish School of Ecumenics, Trinity College, Dublin/Belfast(1970 설립)

설립주체	대학교(Michael Hurley S. J.)
운영주체	대학교
운영대상	대학생
재정지원	대학교
종교성	없음
주요 프로그램	정치·세계·종교·지역을 포함한 갈등과 평화, 화해에 대한 교육과정
홈페이지	www.tcd.ie/ise/
주소	Trinity College Dublin, College Green, Dublin 2

제3장

평화협정 과정의 다섯 가지 지혜

전우택

아일랜드 땅에서 영국인과 아일랜드인의 갈등은 수백 년, 길게는 천 년간의 기나긴 민족, 정치, 경제, 종교, 역사의 갈등이었다. 그리고 이 갈등은 다시 북아일랜드 지역에서 1960년 대부터 30년간 극단적인 폭력적 양상으로 나타났다. 그 과정에서 이루어낸 평화협정이었기에 1998년의 평화협정은 국제적으로 예상하기 어려운 사건이었고, 갈등 극복의 사례로 큰 주목을 받았다. 평화협정에 참여했던 4개 집단, 즉 북아일랜드 내의 신교도와 구교도,—그 각각은 다시 다양한 정파로 나뉘어 있었다—그리고 영국과 아일랜드공화국은 모두 도저히 공존할 수 없는 상반된 주장과 요구 사항들을 가지고 있었다. 그들이 하나의 평화협정안을 만들어내기란 거의 불가능해 보였다. 그럼에도 불구하고 이들이 만들어낸 평화협정은 극한적인 남북대결을 겪고 있는 우리 한반도에 많은 것을 시사해준다. 이 글에서는 북아일랜드에서 평화협정을 만들어가며 보여준 지혜를 다섯 가지로 정리해본다.

1. 지역주민의 자유로운 투표로 결정하다

이 복잡한 북아일랜드의 갈등을 해결하는 과정에서 4개 집단이 모두 동의하고 공유한 최후의 원칙은 바로 '북아일랜드 지역 주민 개개인의 자유로운 의사결정'이었다. 이는 어찌 보면 당연한 것 같지만, 사실 매우 특별한 원칙이었다. 역사적으로 갈등 지역에서 그 지역의 운명을 결정짓는 것은 늘 '지역 주민의 의사'가 아니라 연관되어 있는 국가와 조직, 기관, 지도자들의 군사력과 외교력, 경제적 이익, 또는 민족이나 독립 같은 일종의 이념성을 지닌 명분들이었고, '지역 주민 개개인의 자유로운 의사'는 가장 나중에 고려되는 것이었기 때문이다. 그런데 북아일랜드에서는 바로 그 지역 주민들의 자유로운 의사를 최종적인 해결 기준으로 인정하고 갈등 해결에 나섰던 것이다.

이런 원칙이 있었기에 평화협정을 만들어가는 과정은 몇 가지 특징을 가지게 되었다. 첫째, 평화로운 협상 과정을 만들어가야 했다. 물론 평화협상 기간에도 수많은 폭력 행위들이 있었다. 그러나 궁극적으로 지역 주민들의 동의를 얻어야 한다는 것을 각 집단들은 모두 의식하고 있었다. 그래서 폭력 행위를 감행하는 준군사조직들조차 주민들의 지지를 얻기 위하여 폭력을 행사했고, 극단적인 폭력을 사용하다가 지역 주민들의 지지를 잃을 것을 우려하여 스스로 어느 선까지만 폭력을 사용하도록 자제력을 발휘해야 했다. 둘째, 지역 주민들의 지지를 얻어야만 자신들의 주장이 최종적으로 힘을 가질 수 있었기 때문에 협상에 참여한 모든 정파들은 가급적 설득력이 있는 이성적인 제안을 하려고 경쟁적으로 노력하여, 합리적 토론으로 협상을 끌고 갈 수 있었다. 투표에 의해 최종적으로 결정되는 것이 아니었다면, 각 정파는 군사적으로 압도적인 힘을 보여주는 데 모든 노력을 기울였을 것이고, 비이성적이고 설득력 없는 주장들이 난무했을 것이다. 그러나 결국 '이념'이 아닌 '사람과 이성' 중심의 협상이 좀 더 온건하게 진행될 수 있었다. '이념'은 '사람'을 무시하고 이상주의적 독주를 할 위험성을 늘 내포하고 있다. 그런 의미에서 지역 주민들의 투표가 최종적인 의사결정 도구가 되는 체제를 가지고 있었다는 것은 매우 안전한 '일반 주민들의 방어도구'가 되었고, 평화협정을 만들어내는 근본적인 힘이 되었다.

2. 다수결 대신 소수에 대한 배려

북아일랜드는 매우 특수한 상황이었다. 북아일랜드 자체만 보면 신교도가 약 65%의 다수를 차지했다. 그러나 북아일랜드를 포함한 아일랜드 전체를 보면 구교도가 85% 이상의 압도적 다수를 구성했다. 따라서 신교도와 구교도들은 서로가 다수이면서도 동시에 소수였다. 이런 상황에서 무조건 다수결 원칙을 도입하면 어느 쪽이고 승복할 수 없는 갈등이 생길 수밖에 없었다. 따라서 주민들의 자유로운 의사를 표현하는 투표와 그에 따른 다수결 원리도 중요했지만, 동시에 소수에 대한 배려의 원칙이 필요했다. 평화협정은 양측이 그것을 받아들였기에 만들어질 수 있었다. 주민들의 자유로운 의사표현으로 도출된 다수 의견이 무조건 최종 결과라고 단정짓는다면 평화는 만들어질 수 없었다. 다수를 구성하지 못하는 집단은 '민주적 방식에 의해 억압당할 위험'이 있기 때문이다. 따라서 권력을 공유하면서 양 집단에서 각각 내부적으로 다수결에 의한 동의를 얻어야만 양측의 최종적인 결정으로 인정한다는 '비민주적'이면서도 '민주적'인 방식을 서로가 받아들임으로써 평화협정을 만들어낼 수 있었다.

3. 최선을 포기하는 대신 최악을 피하다

또한, 최악을 피하기 위해 모두가 자기 입장에서 최선인 것을 각자 포기하는 결단을 내렸던 것이 평화협정을 성공으로 이끌었다. 북아일랜드 구교 측은 적어도 소수자로서 자신들에 대한 차별이 철폐되기를 원했다. 그를 위해 최선의 꿈, 즉 영국으로부터의 완전한 독립을 포기했다. 즉 독립과 통일을 포기하고 권력 공유에 합의한 것이다. 북아일랜드 신교 측은 북아일랜드가 아일랜드공화국(남아일랜드)에 흡수되는 것이 무엇보다 두려웠다. 따라서 이를 저지하기 위해 그동안 도저히 받아들이지 못했던 구교도들의 반발과 저항을 인정하고, 북아일랜드에서 자신들의 권력 일부를 구교도들에게 양도, 권력을 공유함으로써 기존 북아일랜드 체제를 보장받았다. 영국 정부 가장 바라는 것은 북아일랜드의 안정과 평화였다. 그에 따라 그동안 자신들이 가지고 있던 북아일랜드에 대한 주권을 포기하고 북아일랜드의 자치를 허용하기로 합의했다. 아일랜드공화국은 북아일랜드에서의 구교도 탄압 중지를 원했다. 이를 위해 북아일랜드 영토를 포함한 통일 남북아일랜드 구성을 잠정적이나마 포기했다. 그리고 북아일랜드 문제에 관여할 수 있는 권리를 인정받는 것으로 자신들의 요구를 축소하여 받아들였다. 이렇게, 협상에 참여했던 그 누구도 자신들이 원했던 최선의 것을 얻을 수는 없었다. 그러나 모두가 가장 두려워했던 최악의 사태를 피할 수 있었다. 이런 어려운, 그러나 지혜로운 선택이 평화협정을 가능하게 했다.

그 과정에서 북아일랜드의 구교도들과 신교도들은 서로 극단적인 대립을 하면서도 '공유하는 생각'이 있었다는 것이 중요한 요소가 되었다. 즉 양측 모두 북아일랜드의 문제는 종교와 관계없이 '북아일랜드인' 스스로의 생각과 의견으로 결정해야 하며, 북아일랜드의 상황을 자신들보다 모르는 런던의 영국 정부와 의회가 최종 결정하게 해서는 안 된다는 것이었다. 만일 그렇게 된다면, 북아일랜드 사람들의 운명은 자신들의 이익이 아니라 런던 정치가들의 이익에 따라 결정될 것이라는 의심을 북아일랜드의 구교도와 신교도들은 모두 공유하고 있었다. 그래서 서로를 극단적으로 증오하고 폭력이 난무하는 와중에도, 그들은 북아일랜드의 문제를 다루는 최종적인 당사자는 바로 '자신들'이라는 데 생각을 같이하고 있었다. 이것이 거의 불가능해 보였던 평화협정을 성공으로 이끌어준 중요한 토대가 되었다. 평화협정은 그런 의미에서 '작은 공통점'을 '큰 공통점'으로 만들어 진행하는 일임을 알 수 있다.

4. 미래의 변화 가능성을 인정하고 협상하다

북아일랜드 평화협정 과정에서 매우 흥미로웠던 것은, 이들이 '현실의 협상'을 하는 중에도 그 내용에 있어서는 '미래에 최종적으로 어떻게 될지 아무도 모른다'는 일종의 '미래에 대한 개방성 인정의 협상'을 했다는 점이다. 즉 지금의 현실은 이렇지만, 미래에는 모든 것이 달라질 수 있다는 것을 인정하고, 또 그것을 염두에 두고 협상한 것이다. 예를 들어, 신·구교 간의 인구비율도 얼마든지 달라질 수 있고, 민주주의에 대한 생각도 달라질 수 있었다. 또한 지금은 안 된다 할지라도 미래 언젠가는 새로운 상황 속에서 새로운 최종 결론을 낼 수도 있음을 인정했기에, 비록 지금은 협상이 각자에게 최선의 만족을 주지 못한다 할지라도 협정에 동의할 수 있었던 것이다. 이런 '미래 시간까지를 포함한 협상'은 매우 특별한 능력을 갖게 된다.

최종 평화협정이 이루어지기 전이었던 1985년, 영국 정부와 아일랜드 정부가 합의한 '힐스보로 협정(Hillsborough Agreement)'은 그런 미래를 향한 개방성을 잘 보여주는 하나의 예였다. 그 내용은 주로 다음과 같았다.[1] 첫째, 주민 과반수의 동의 없이는 북아일랜드 위상에 변화를 주지 않는다. 둘째, 현재 북아일랜드 주민 대다수가 그런 위상의 변화를 선호하지 않는다는 현실을 인정한다. 셋째, 그러나 미래의 어느 시점에 통일 아일랜드에 대한 양측 주민의 분명한 요구가 있다면 영국과 아일랜드 의회는 그것을 즉시 실현시키기 위해 법령을 제정해야 한다. 이는 주민 다수가 통일 아일랜드를 반대하고 있는 현재 시점에는 아무것도 할 일이 없지만, '만일' 미래의 어느 시점에 주민들의 생각이 바뀌면 즉각 움직이겠다는 협정이었다. 불확실한 시점을 향한 협정을 맺는 것, 좀 엉뚱해 보이는 이런 원칙들을 협상 정신으로 계속 유지한 것이야말로 최종적으로 모두가 불가능하다고 생각했던 1998년 평화협정이라는 결과를 만들어낸 비결이었다. 즉 지금의 협상은 최종적인 것이 아니라 열려 있는 미래를 향해 나아가는 중간 과정에 불과하다는 것을 서로 인정함으로써 협상을 더 유연하게 진행할 수 있었다. 그들은 각자 원하는 최선의 것을 즉각 드러내 주장하는 것이 아니라 마음속에 일단 묻어두고, 역사가 한 발 더 나아갈 수 있도록 노력했다.

---

1) 김정노, 『아일랜드 평화 프로세스』, 늘품플러스, 2016, 207~208쪽.

5. 원칙과 유연성, 객관성과 인내의 회색지대

위에서 보았듯이, 북아일랜드 평화협정은 공존할 수 없는 원칙을 공존 시키고 불가능을 가능으로 만들어낸 것이었다. 그 과정에서 각 정파들이 협상 장소를 박차고 나가지 않도록 한 힘은 고도로 발달한 일종의 협상 능력이었다. 이것은 다음의 세 가지로 구성되었다.

첫째, 엄격한 원칙의 유지와 유연성의 조합이다. 예를 들어 폭력단체는 협상 과정에서 철저히 배제되었다. 그러나 그런 폭력단체들과 깊은 연관을 가지고 있지만 폭력단체는 아니고 정당 형태를 지닌 조직들은 모두 협상에 들어오도록 했다. 평화와 비폭력의 엄격한 원칙하에서 실질적 협상을 위한 유연성을 발휘한 것이다. 그리고 그 가운데 일종의 '회색지대'를 인정했다. 예를 들어, 각 정파가 자신들과 연관된 준군사 조직들을 해체하지 않고 있는 것을 인정도 부정도 안 하면서 협상을 끌고 간 것이다. 이 복잡한 과정에서도 폭력 배제라는 원칙은 엄격하게 준수되었고, 그러면서도 모든 정파가 다 참여하도록 만드는 전략적 회색지대 인정의 지혜는 계속 유지되었다.

둘째, 제3의 중재자를 통한 협상의 객관화이다. 수백 년, 또는 천 년의 갈등과 상처를 지니고 있고 최근에는 극단적인 테러 피해자의 경험까지 서로 나누어 가진 북아일랜드의 신·구교도들, 그 안의 여러 복잡한 정파들, 영국과 아일랜드 정부 등, 너무도 다른 입장과 주장의 협상 당사자들이 한 테이블에서 협상을 하는 데 중요한 것은 일종의 합리성과 객관성이었다. 그러나 모든 당사자들은 감정의 골이 너무도 깊었기 때문에, 그런 합리성과 객관성을 가지는 데 한계가 있다는 것을 서로 인정했다. 그러면서 모든 협상 당사자들에게 일정 부분 신뢰를 받는 객관적이고 강력한 중재자의 역할이 필요하다는 데 동의하게 된다. 이것이 평화협상 과정의 중요한 전환점이었으며, 이때 등장한 중재자가 바로 미국의 연방 상원의원 조지 미첼이었다. 미국에는 4,000만 명의 아일랜드계 시민들이 있었고, 당시 미 대통령이던 클린턴 자신도 아일랜드계였다. 클린턴은 1994년 2월에 구교도 측 군사조직이었던 IRA의 지도자 제리 아담스를 백악관에 초청하고, 1995년에는 직접 북아일랜드 벨파스트를 방문하는 등, 협상 중재자로서 적극적인 의지를 보여주었다. 그러면서 미첼 상원의원이 무장해제를 촉진하는 국제위원회 위원장으로 나섰다. 협상에 제3의 중재자가 등장하면서 다음과 같은 효과들이 나타났다. 먼저, 당사자들끼리 직접 하기 어려운 이야기를 중재자를 통해 주고받을 수 있게 되었다. 또한 중재자를 설득하기 위해서는 감정보다 이성에 호소해야 했기 때문에, 자신의 주장을 좀 더 이성적·객관적으로 가다듬게 되었다. 더불어 강력한 중재자가 협상의 성공을 위해 협상 원칙을 제시하면 협상 참여자들은 불만이 있어도 받아들이는 태도를 보이게 되어, 당사자들끼리 협상할 때 쉽게 깨지곤 했던 중요 협상 원칙이 유지되고, 그로 인하여 협상의 속도가 빨라졌다. 예를 들어, 휴전 선언이 영구적인 것이 아니라 잠정적인 것이라는 주장이 제기되었을 때 미첼 상원의원이 이를 수용하자 협상 참여자들은 이를 결국 받아들여 계속 협상을 진전시켰다. 중재자가 없었다면 이는 협상이 중단되고도 남을 일이었다. 중재자의 존재는 협상에 중간적인 회색지대를 만들어 놓았고, 흑백이 선명하게 갈리지 않는 상황에서도 협상을 지속하게 만듦으로써 점차 최종적인 결론에 다가갈 수 있었다. 또한 협상에서 감정적인 요소를 뺀 중립적 용어를 선택하도록 하는 데도 중재자의 역할이 있었다. 협상의 가장 민감한 주제였던 준군사단체들의 '무기 포기'에 대하여 패배나 항복의 느낌이 나지 않도록 '폐기처분(decommisioning)'이라는 중립적 용어를 선택했던 것이 그 예이다. 뿐만 아니라 중재자는 협상 시한을 미리 선포함으로써 당사자들이 협상 기간과 속도를 자의적으로 조절하지 못하게 했고, 각 당사자들이 최종적으로 협상을 받아들일 것인지 거절할 것인지 선택하도록 압박하여 각자 타협안을 제출하도록 강제하는 결과를 만들어 낼 수 있었다. 제3의 중재자를 받아들인다는 것은 이런 효과를 내는 일이었다.

셋째, 협상을 성공으로 이끈 마지막 비결은 거시적 시각 속에서의 인내였다. 평화협정의 협상이 마지막 단계에 접어들자 각 무장단체들의 폭력 행위가 크게 늘어났다. 이유는 다양했다. 자신들의 협상력을 높이기 위해서, 협상이 자신들의 패배나 항복을 의미하지 않음을 보여주기 위해서, 테러를 자행했다. 또한 진짜 평화협정이 이루어져버리면 더 이상 과거의 적들에게 복수할 수 없다는 억울해 하는 감정도 있었다. 그 와중에 1996년 개신교 단체인 오렌지기사단이 드럼크리(Drumcree)에서 연례행진을 하던 도중 최악의 폭력소요가 발생했다. 이로 인해 평화협상은 물 건너가는 것이 아닌가 하는 부정적 회의론이 일반인들과 협상 당사자들 사이에서 팽배할 정도로 문제는 심각했다. 그러나 협상의 최고 지도자들은 거시적 시각에서 상황의 본질을 보고 있었고, 인내를 가지고 평화협상을 지속시켜 나갔다. 폭력이 심해진다는 것은 그만큼 평화협정의 최종 타결이 다가오고 있다는 의미라고 생각했던 것이다. 이와 같이 평화협정에서 가장 중요한 덕목은 인내였다. 실제로 평화협상은 1974년의 서닝데일 합의(Sunningdale Agreement) 때부터 25년간 긴 인내의 과정을 거쳐왔다. 수많은 협상 실패의 경험들은 다음 협상을 더 성공적이고 효과적으로 만들어가는 중요한 자원이 되었다. 끊임없는 실패의 반복을 겪으면서, 이렇게라도 하지 않으면 어떤 의미 있는 평화의 진전도 만들어질 수 없다고 생각하며 노력하고 인내했다. 협상의 실패도 최종적인 성공을 위한 과정이자 도구라고 본 것이다. 이 역시, 협상에는 성공과 실패라는 흑백으로 선명하게 구분되지 않는 '회색지대', '회색 기간'이 존재한다는 것을 인정했기에 가능한 일이었다.

북아일랜드 평화협정의 협상 과정은 '불가능을 가능으로 만든 기적의 과정'이었다. 긴 역사 속의 민족적·종교적·경제적·정치적 갈등과 1960년대 이후의 잔혹한 상호 테러 경험을 가지고도 평화협정을 이끌어낼 수 있었다는 것은 신기하기까지 하다. 그러나 이렇게 신기하게 느껴지는 것 자체가, 어쩌면 필자가 오늘을 살고 있는 한국인이어서 그런지도 모를 일이다. 우리는 그런 과거사가 있으면 평화협정은 처음부터 불가능할 것이라고 단정 짓는 마음을 가지기 쉽다. 그러나 북아일랜드인들은 가능하다고 보았고, 결국 평화협정을 만들어냈다. 이 글에서 정리해본 다섯 가지 교훈은 어떻게 남북한의 갈등을 극복하고 통일을 이루어낼지, 통일 이후 새로운 갈등에는 어떻게 접근해야 할지에 대한 지혜를 말해주고 있다. 또한 남북갈등에 앞서 대한민국 내의 소위 '남남갈등'을 극복하는 데도 많은 시사점을 보여준다. 이런 지혜들이 타산지석으로서 한반도 평화와 통일을 만들어내는 데 도움이 되기를 기대한다.

제4장

평화협정 이후의 과제, 과거 기억 다루기

전우택

북아일랜드는 1998년 평화협정을 체결하면서 간절히 소망하던 평화를 이루었다. 그러나 평화와 함께 새로운 문제들이 닥쳐왔다. 수많은 고통과 상처, 슬픔이 뒤섞여 있는 '과거'를 어떻게 다룰 것인가의 문제였다. 이 '과거'는 평화협정을 만들어내는 과정에서도 가장 큰 장애물이었지만, 평화협정 체결 이후에도 미래를 만들어 가는 데 가장 큰 장애물이었다. 따라서 이 과거를 어떤 가치와 원칙을 가지고 다루어야 하는가를 정리하는 것은 평화협정 이후의 북아일랜드를 위하여 매우 중대한 사안이었다. 아래에서는 과거를 다루기 위해 북아일랜드에서 만들어진 두 개의 짧은 문헌을 검토해보고자 한다.

첫 번째 문헌은 북아일랜드의 사회적 트라우마와 치유를 위해 활동하는 대표적 NGO 중 하나인 'Healing Through Remembering(HTR)'이 과거를 다루는 원칙을 정리한 문건으로, 제목은 「과거를 다루는 핵심적 가치와 원칙(Core Values and Principles for Dealing With the Past)」이다.[1] 두 번째는

---

1) Healing Through Remembering, "Core Values and Principles for Dealing With the Past", www.

'Toward Understanding and Healing(TUH)'이 발간한 책 *Training Manual: Toward Understanding and Healing*에 수록된 글로, 존스톤 맥매스터(Johnston McMaster) 교수가 쓴 「윤리적이고 공유된 기억(Ethically and Shared Memory)」이다.[2] 아래 본문은 두 글의 저자에게 동의를 구해 내용을 번역 전재하고(음영 표시 부분), 중간 중간에 필자의 의견을 덧붙이는 방식으로 구성했다.

1. 「과거를 다루는 핵심적 가치와 원칙」

과거를 다루는 목표는 과거로부터 교훈을 얻어 미래에는 그런 비극이 반복되지 않도록 하는 것이다. 그래서 미래 사회가 더 평화롭고 정치적으로 안정되며, 다음 세대에게 도움이 되도록 하는 것이다. 그러기 위해서는 과거를 인정하고 받아들이는 것이 중요하다. 그렇게 함으로써 개인과 집단의 필요에 접근하고, 관계를 새로 만들고, 사람들을 다시 사람답게 만들어주고(rehumanize), 과거에 대해 정직하게 분석하고, 무엇이 갈등을 만들고 그 갈등을 악화시키고 영구화시켰는지, 그리고 무엇이 평화를 증진시켰는지 이해하게 된다. 이런 학습 경험은 현재 또는 미래에 발생할 다른 사회 갈등을 푸는 데 도움이 된다. 이 핵심 가치와 원리는 크게 사회(1~5번), 과정(6~10번), 개인(11번)이라는 세 가지 카테고리로 나뉘어 만들어졌다. 그 각각을 보면 다음과 같다.

---

healingthroughremembering.org.

2) Johnston McMaster, "Ethically and Shared Memory", Liam O'Hagan, *Training Manual: Towards Understanding and Healing*, Towards Understanding and Healing, 2014, pp. 96~98.

1) 망각하지 말아야 한다

이 원칙은 우리가 과거를 무시할 수 없다는 사실에 기반을 둔다. 설사 잊는 것이 바람직하다 할지라도 그럴 수 없는 것이다. 과거를 기억하는 일이 현재의 안정성을 위협한다고 생각해서 기억을 회피하고 싶다 할지라도, 긍정적이고 건설적인 방법으로 기억을 사용할 수 있어야 한다. 여전히 폭력이 상존하는 사회를 살고 있는 우리는 '잊지 않음'으로써 비극의 재발을 막고 미래 세대를 보호할 수 있다. 많은 국제 사례들은 망각이야말로 다음 세대에 다시 그런 일들이 반복되도록 만든다는 것을 보여준다.

"미래를 위하여 과거는 잊어라"라는 사고방식이 옳지 않음을 이야기한다. 과거를 덮거나 묻지 말라는 것이다. 가장 중요한 것은 아픈 기억들을 정직하게 기억하고, 그 기억을 미래를 위해 건설적인 방법으로 사용할 줄 알아야 한다는 것이다. 이는 위안부 할머니들에게도, 해방 전후 시기의 이념 갈등과 상처, 분단과 전쟁, 민주화 과정의 모든 상처에도 그대로 적용되는 원칙이어야 한다.

2) 새로운 상처를 주지 말아야 한다

이 원칙은 '위해를 가하지 말라'라는 핵심적 요구에 기반을 둔다. 이는 인간들의 어떤 행위가 의도치 않게 누군가—피해자들—에게 새로운 상처를 줄 수 있음에 늘 주의해야 한다는 의미이다. 개인이나 사회의 치유는 과거의 고통이 인정될 때만 가능하다. 따라서 개인에게 새로운 해를 끼칠 잠재성에 대한 정확하고 정직한 지표(indicator)를 만들고 그것을 막는 것에 대한 지원을 재정적으로도 하는 것이 중요하다.

때로는 과거의 상처를 치유한다는 명목으로 취해지는 조치들이 과거 피해자들에게 새로운 상처와 고통을 주기도 한다. 그만큼 상처의 치유란 민감하고 어려운 일이다. 어떤 조치를 취하는 자신의 의도가 순수하다고 해서, 그 조치들이 다시 새로운 상처를 만들지 않을 것이라는 보장이 되지는 못한다. 따라서 과거의 상처를 치유하는 활동이 새로운 상처가 되지 않도록 하는 매우 조심스러운 지혜가 필요한 것이다.

3) 진실이 중심적 역할을 하도록 해야 한다

이 원칙의 전제는 사회가 '진실에 대한 권리'(진실을 정확히 알 권리)를 가지고 있다는 것이다. 이를 위해서는 진실을 알아가는 과정의 독립성, 정직성, 투명성, 효과적 치유의 제공, 참여 의지 등이 필요하다. 그러나 진실은 사람들, 기관들에 따라 여러 버전을 지닌다. 그럼에도 불구하고, 또 어느 정도 한계가 있다 할지라도, 진실의 회복은 여전히 가능한 일이며, 중요한 일이다. 진실은 사회치유에서 중요한 역할을 한다. 진실은 중요하면서도 매우 도전적인 이슈다. 어떤 이들은 진실을 '진실위원회'를 통해 얻을 수 있다고 하고, 어떤 이들은 다양한 과정의 조합이라고 이야기하며, 또 어떤 이들은 진실 회복이 이미 과도하게 강조되고 있다고 생각한다. 우리는 특정한 개인들에 의해 특정한 방식으로 진실에 대해 속단이 이루어지길 원치 않는다. 물론 조정되지 않는 단편적인 접근들로 총체적 이해(collective understanding)가 침해되는 것도 원치 않는다. 진실 회복은 구조화되고 포괄적인 접근을 통해 이루어져야 한다. 진실 회복이 선택적으로 이루어지면 진실은 손상될 수 있다.

과거사 진실규명은 과거를 다루는 데서 가장 핵심적인 첫 번째 사안이다. 그러나 진실규명은 너무도 민감하고 어려운 일이기에 매우 신중하게 이루어져야 한다. 특히 부분적인 진실의 단편들만 모아놓고 마치 그것이 진실의 전부인 것처럼 넘어가서는 안 된다.

4) 현실적이면서도 미래지향적인 목표를 가져야 한다

과거를 다룰 때는 '무엇이 실제로 이루어질 수 있으며 그 방법은 무엇인지'에 대한 정확한 언급이 필요하다. 과거의 상처와 관련된 이들이 노령, 건강 악화 등으로 점차 사라져간다는 점에서 시간적 압박을 받지만, 역사의 진실 회복에 '간편 수리(quick fix)'란 없다. 과거를 다룸에 있어 어떤 요소는 시간에 묶여 있지만, 어떤 요소는 한 세대의 긴 시간이 필요하다. 북아일랜드의 경험으로 볼 때, 이 이슈의 복잡성은 시간의 틀(time frame)을 계속 검토하면서 진행되어야 한다. 이는 긴 세대에 걸쳐 이루어져야 할 일임을 인정하는 것이 중요하다. 정치 지도자, 지역사회 지도자들은 이 문제를 다루는 데 필요한 과정과 시간에 대해 지역 주민들이 현실적인 시각을 가지도록 도와야 한다. 그리고 희망적인 목표를 분명하게 유지해야 할 것이다.

과거를 다루는 데 지나치게 조급한 태도는 바람직하지 않다. 모든 진실이 빨리 규명될 수 있다면 좋겠지만, 과거를 다루고 진실을 밝히는 과정에는 연관된 것들이 많다. 객관적 정치 환경, 사법처리 과정의 수준, 관련자들의 사망 여부, 진실규명 결과에 대한 예상, 가해자가 진실을 밝힐 심리적 준비가 되었는지 여부 등 진실규명에 영향을 끼치는 요소들은 너무도 많다. 그 모든 것들이 서로 영향을 끼치며 진실을 밝혀 나갈 때, 시간적 요소를 고려하고 인내심을 가져야 한다.

5) 언어와 용어 선택에 신중해야 한다

과거를 다룰 때 사용되는 언어나 용어가 관련자들과 조직들의 참여를 가능하게도 하고 막기도 하며, 논의나 대화를 막거나 왜곡시킬 수도 있다는 점에 주의를 기울여야 한다. 역사를 다루는 적절한 과정이 진행됨에 따라, 그리고 상황의 변화에 따라, 선택되는 용어들은 변화·발전할 수 있다. 예를 들어 HTR이 활동을 시작했을 때, 30년간의 북아일랜드 상호 테러 기간을 어떤 용어로 호칭할 것인가에 대해 많은 논의들이 있었다. 한쪽은 '전쟁(War)'이라는 용어를 선호했고, 다른 쪽은 '문제(Troubles)'라는 용어를 선호했다. 결국 최종 결정은 '북아일랜드의 갈등(Conflict in and about Northern Ireland)'이었다. 비슷한 성격의 논의가 누구를 '희생자(victim)'로 정의할 것인가에 대해서도 이루어졌다. 긴 토론 끝에 최종적으로 희생자란 '자기 스스로를 희생자로 정의하는 사람'이라고 정리되었다. 이와 같이 과거를 다루는 데 있어 누구도 적절한 용어를 제시하기는 어렵다. 협상을 통해 서로의 생각은 진전될 수 있다.

이것은 매우 중요한 사안이다. 한반도에도 이 문제는 늘 있어왔다. 동학혁명, 제주 4·3, 광주 5·18 등의 역사적 사건이나, 거기 연관되었던 각 집단의 사람들을 어떤 용어로 호칭하는지는 매우 중대한 의미를 지녀왔다. 또한 사회적으로 진보, 보수, 친북, 친미, 종북, 종미 등의 용어들이 정치적 목적을 가지고 얼마나 자의적으로 왜곡되게 사용되어왔는지도 우리는 잘 알고 있다. 과거를 다루고 과거사의 상처를 치유할 때, 용어와 단어의 선택은 무엇보다 상처의 치유를 위한 것이어야 한다는 대원칙을 받아들이지 못하는 한, 치유를 향한 전진은 시작되기 어려울 것이다. 용어 논의는 핵심 가치와 원칙이 분명한 가운데 이루어져야 한다. 중립적이고 치유적인 용어를 함께 찾아가는 것이 곧 과거사의 치유 과정이 된다.

6) 구조적·전체적으로 접근해야 한다

과거를 다루는 데 있어 구조적·전체적 접근이 중요하다. 과거사에 대한 단편적인 접근은 사회 전체의 필요를 충족시키지 못한다. 과거는 다양한 이슈들을 포함하고 있고, 그것들은 때로 상호충돌하기도 한다. 그러므로 구조적이고 총체적인 접근만이 이 문제를 다룰 수 있다. 이를 위하여 진실 회복(truth recovery), 살아 있는 기억박물관(living memorial museum), 성찰의 날(day of reflection), 이야기하기(story telling), 공동추모(comemmorization) 등이 동시에 다루어져야 한다. 각 영역 안에서도 구조적이고 전체적인 접근의 원칙은 중요하다. 과거를 다루는 모든 기전(mechanism) 사이에서도 조율과 조정이 필요하다. 과거를 구조적으로 다루어야만 결론을 내릴 수 있다. 계속 변화되는 필요와 환경에 맞추도록 유념하면서 위에서 언급된 것들이 개발되어야 한다. 과거를 다루는 데 단 하나의 해결책은 없다.

인간 개인의 삶에서도, 역사적 사건에서도, 사회 현상에서도, 수많은 요소들이 서로 얽혀 구성되고 진행된다. 과거를 다룰 때 모든 것을 지나치게 단순화하고 흑백논리로만 파악하면서 단편적인 몇 가지 진실이 진실의 전체라고 주장하는 것보다 위험한 일은 없다. 전체를 아우를 수 있는 구조적인 접근을 통해서만 총체적으로 과거를 다룰 수 있다. 각자 자신들에게 유리한 과거의 단편적 진실들만 모아놓는 것은 편안하고 쉬운 일이다. 반면 자신들에게 불리한 진실까지 모두 내놓고 성찰하는 것은 매우 불편하고 힘든 일이다. 그러나 그 불편과 어려움을 감수할 수 있는 사회만이 진정으로 과거를 다루고 미래를 향해 나아갈 수 있다. 그리고 그런 총제적인 진실이 밖으로 나오도록 다양한 방법의 진실 추구가 동시에 진행될 수 있어야 한다.

7) 신뢰, 투명성, 그리고 참여가 중요하다

과거를 다룸에 있어 상호 신뢰는 모든 차원—개인, 지역사회, 국가 등—에서 만들어져야 하며, 과거를 다루는 일에 참여할 때 정직은 신뢰를 유지하는 핵심이 된다. 그리고 모든 과정에서 투명성이 유지되어야 신뢰가 형성된다. 자신과 다른 입장의 이야기라도 경청하여 듣는 태도가 있어야 서로를 받아들일 수 있는 신뢰를 가지게 된다.

과거를 다루는 과정은 갈등 당사자 양쪽이 모두 참여해야 이루어질 수 있다. 그런 참여가 가능하려면 양쪽 모두 서로에 대해 최소한의 신뢰가 있어야 한다. 여기서 신뢰란, 상대방이 거짓말을 하지 않을 것이고, 한 번 한 말에 대해 책임을 질 것이며, 자신들에게 유리한 것뿐만 아니라 불리한 것도 정직하게 이야기할 것이고, 모든 논의 과정을 서로에게 투명하게 숨기지 않을 것임을 믿는다는 의미이다. 실제로 향후 남북대화에서도 이러한 신뢰가 핵심이 될 것이고, 당장 소위 '남남갈등'을 극복하는 데도 중요할 것이다.

8) 독립성과 정치적 헌신이 필요하다

과거를 다루는 일을 하는 조직은 기획과 운영의 독립성을 유지할 수 있도록 정치적으로 인정되는 구속력을 가지는 것이 필요하다. 이때 모든 정치 세력은 더 나은 미래 건설을 위해 함께 참여하면서 개방적이고 정직한 헌신을 보여야 한다. 그러면서 참여자들은 서로의 정치적 의지, 효율성,

능력, 포용력을 알아가게 된다.

과거를 다루는 일, 과거사를 다루는 일은 정치적으로 독립된 조직에서 맡아야 한다. 어느 특정한 집단, 정권 등에 의해 좌우되면 왜곡될 가능성이 높기 때문이다. 일반적으로 과거사를 다루는 일들은 단기간에 가능한 것이 아니기에, 시간이 흘러 정권이 교체되고 새로운 정치 집단이 사회를 이끌어가게 되더라도 과거사 기구는 인적 변동 없이 꾸준히 작업할 수 있도록 하는 보장이 필요하다. 그런 의미에서 과거를 다루는 일은 정치적으로 중립적인 사람들과 독립된 기구를 통해 기획되고 운영되어야 한다는 것이다.

9) 과거에 이루어진 작업들을 인정하고 의미 있게 평가해야 한다

기존에 이루어져온 일들을 인정하고 지금 준비하는 것들과 상호보완적인 것으로 보고, 그것을 현재의 작업들과 경쟁적인 것으로 보지 말아야 한다.

과거를 다루는 일에서 새로운 정치 지도자들, 신규 기관들, 새로운 프로젝트들은 자신들의 일이 최초의 의미 있는 일이라고 주장하고 싶어 한다. 그에 따라 과거사를 다루었던 기존의 작업을 폄하하고, 가치를 인정하지 않거나 축소시키고, 때로는 왜곡하기도 한다. 그러나 이는 과거를 다루는 데 있어 매우 위험한 일이다. 이전에는 그때의 조건과 환경하에서 최선을 다해 과거사를 다루었는데, 그것을 지금의 조건과 환경하에서 재해석해 그 내용과 의미를 왜곡하는 것은 큰 잘못을 만들 가능성이 있다. 또한 새로운 갈등과 상처를 만들어낼 가능성도 매우 높다. 과거를 다루는 일이란 '과거의 갈등에 대한 화해'만을 의미하지 않는다. 때로 그것은 '과거를 다룬 과거와의 화해'를 의미하기도 한다. 과거를 다룰 때는 이를 생각할 수 있는 능력이 필요하다.

10) 유연성이 중요하다

관련된 사람들의 다양한 필요를 충족시키려면 유연성이 꼭 필요하다. 과거를 다루는 일에 참여하는 사람들은 과거 갈등에 연관되었던 사람들이 점차 늙어가고, 건강이 나빠지는 것을 감안하여 가급적 빨리 움직여야 한다. 과거를 다루는 데 있어 상황은 계속 변화한다. 관련된 사안에 대한 사람들의 인식 변화, 새로 발굴된 의문점, 이슈와 환경의 변화 등이 그것이다. 과거를 다루는 일에 대한 접근은 변화되는 필요와 상황에 대하여 잘 대응해야 한다.

과거는 '고정된 것'이 아니다. 과거사의 진실은 존재하지만, 인간에게 드러나는 정도와 내용은 계속 변화하기 때문이다. 또한 드러난 진실의 해석과 의미부여, 그에 대한 기록과 분석 등도 계속 변화한다. 무엇보다, 과거를 다루는 사람들 자신이 시간이 흐르면서 계속 변화한다. 과거 역사를 직접 경험했던 세대로부터 그것을 경험해보지 못한 세대로 옮겨가는 것이다. 사건들을 증언할 수 있는 이들도 점차 세상을 떠나간다. 그런 의미에서 과거는 고정된 것이 아니다. 과거를 다루는 사람들은 이런 '과거의 변화'를 의식하고 서두를 일, 더 노력해야 할 일, 시간의 흐르기를 기다려야 할 일들을 구분하여 대응하는 종합적이고 구조적인 사고를 가져야 할 것이다.

11) 포괄적이고, 다양하고, 참여적이어야 한다

과거를 다루는 데 가장 중요한 것 중 하나는 과거의 전체를 다루는 포괄적 접근이다. 과거를 다룰 때는 그 사안과 연관된 모든 이들이 참여하여 자신들이 과거를 통해 배운 교훈들을 사회 전체가 공유할 수 있도록 하는 것이 중요하다. 이를 위해 교회, 언론, 교육, 기업, 사법, 학술 등의 모든 사회 집단, 조직, 개인들의 참여해야 한다. 그리고 이를 통하여 북아일랜드를 넘어서 영국과 아일랜드, 그리고 국제사회와 연결하여 과거를 다루는 일에 모두가 동참할 수 있도록 해주어야 할 것이다. 이런 과정을 통해 모든 영역의 목소리들과 의견들이 분출되고, 그를 통해 상호 이해가 만들어지며, 성숙한 관계가 이루어진다. 그 과정에서 모두 정직하게 말하고, 때로는 도발적이고 찬성하기 어려운 의견이 제시되더라도 나름의 의미가 있는 것으로 인정하며 받아들여야 한다. 이런 접근과 태도가 과거를 다루는 사람들에게 힘을 주고, 목표에 대한 공감대를 만들어갈 수 있도록 해준다.

과거는 그 과거를 다루는 재판을 통해서만 다루어지는 것이 아니다. 과거에 대한 학술적 연구도 필요하고, 언론을 통해 일반 국민들에게 널리 알려져야 하며, 과거를 주제로 하는 소설, 연극, 영화, 노래, 미술작품 등 예술분야의 성과도 중요하다. 초등학교, 중·고등학교 교육과정에서도 과거가 정확히 교육되도록 해야 한다. 이처럼 과거는 사회 전체가 모든 영역을 통해 다루어야 하는 것이다. 그것은 사건 당사자, 해당 지역사회, 그 나라 안으로만 한정되지 않고, 전 세계적으로 다루어져야 한다. 이런 과정을 통해 과거는 더 정확한 모습으로 드러나고 해결되며, 치유될 수 있다. 물론 그 과정에서 갈등이 생길지도 모른다. 그러나 그런 갈등을 다루어 나감으로써 치유가 이루어진다는 시각을 가질 필요가 있다.

12) 결론

과거를 다루는 단 하나의 해결책은 존재하지 않는다. 그러나 과거를 기억하고, 성찰하고, 교육하는 과정을 통해 최소한 다음 세대는 과거의 비극을 다시 경험하지 않도록 할 수 있다. 이것은 힘들고 아픈 과정이다. 그러나 그 아픔이 두려워 앞으로 나아가기를 회피해서는 안 된다. 이를 위하여 인내와 존중의 정신이 필요하다. 우리 사회가 건설적인 방법으로 과거 기억이 주는 기회를 붙잡을 수 있도록 하는 것, 그래서 더 나은 미래를 건설할 수 있다는 인식을 가지는 것이 필요하다.

과거를 다룸에 있어 북아일랜드의 경험이 제시한 가치와 원칙은 또 다른 과거를 다루어야 할 다양한 나라들과 집단들에게 많은 교훈과 지혜를 준다. 이런 지혜들이 한반도의 상처와 치유를 위해 의미 있게 사용되기를 기대한다.

2. 「윤리적이고 공유된 기억」

미래를 위해서는 관용성(generosity)과 예민성(sensitivity)이 필요하다. 정치적 구호만 외치거나 좁은 정치적 목표를 가지고 임하는 역사에 대한 착취적 기억은 더 큰 해악을 끼친다. 어떤 기억은 다음 세대로 하여금 폭력을 되풀이하도록 만들 수 있다. 그 젊은 세대는 1세기 전은 말할 것도 없고, 최근 시대의 폭력에 대한 기억조차 전혀 없기 때문이다. 우리가 과거로부터 분명한 교훈을 받지 못한다면, 우리는 과거를 반복할 수밖에 없다. 그리고 그런 기억 행위는 '윤리적'이며 '공유된' 것이어야 한다. 여기에는 다음과 같은 다섯 가지의 구성 요소가 있다.

과거를 '기억함'으로 증오를 가지고 함부로 행동하는 것을 정당화하는 것은 큰 문제를 가진다. 그런 방식의 '왜곡된 기억'은 과거를 정리하고 치유하며 미래를 만들어가는 것을 불가능하게 하기 때문이다. 기억은 '윤리적'이고 '공유되도록' 이루어져야 한다.

1) 컨텍스트 안에서 기억하기(Remembering in the context)

'과거는 외국(外國)과 같다'라는 말은 분명한 사실이다. 언어, 세계관, 생각의 형식, 문화 등에서 과거는 현재와 전혀 다른 공간이기 때문이다. 그러므로 과거를 현재의 척도(기준)를 가지고 기억하는 것은 우리 자신을 속이는 일이고 무책임한 짓이다. 그러나 정치적 필요나 체면에서 벗어나 기억을 한다는 것은 매우 어려운 일이다. 그래서 기억을 위해서는—사건이 있었던—그 시대에 대한 전체적이고 종합적인 이해가 필요하다.

기억은 과거 사실에 대한 '회상'과 그에 대한 '해석'을 모두 포함한다. 때로는 회상의 내용에 따라 해석에 변화가 생기기도 하고, 반대로 해석에 따라 회상의 내용이 바뀔 때도 있다. 또한 '해석'은 사건 발생 시점과 회상하는 시점 사이의 거리에 따라서도 달라진다. 예를 들어, 어제 발생한 일을 오늘 회상할 때와 20년 뒤에 회상할 때 해석은 완전히 달라질 수 있다는 것이다. 따라서 과거에 일어났던 일에 대한 기억과 그 처리는 과거에 대한 총체적 이해를 기반으로 이루어져야 한다. 일제시대나 해방 전후 시기, 6·25전쟁과 그 이후의 남북한 상황에 대한 기억과 해석에서도 이런 원칙은 매우 중요한 의미를 가진다.

2) 전체로서 기억하기(Remembering whole)

우리는 과거의 한 측면이나 한 부분만 기억하려는 유혹을 받곤 한다. 그래서 자신이 가해자의 입장에서 저지른 일들은 곧잘 잊어버린다. 그러나 우리는 피해자로서의 기억만이 아니라 가해자로서의 기억까지, 전체를 다 기억할 수 있어야 한다.

인간의 자기중심성은 자신이 겪은 일에 대한 기억과 해석에도 그대로 반영된다. 과거를 기억할 때도 자신을 정당화하고 미화하는 쪽으로 "기억이 의식적으로나 무의식적으로 움직일 가능성"이 크다. 때문에 '부분으로서의 기억'들은 그 자체로는 거짓이 아니라 해도 결국 사실 자체를 왜곡하는 일들이 발생할 수 있다. 그런 의미에서 기억은 윤리적이어야 한다. 즉 자신에게 유리하거나 불리한 모든 것을 다 기억해야 한다는 것이다.

3) 미래를 기억하기(Remembering future)

과거를 통해 현재와 미래를 바라보는 것이 아니라, 미래를 통해 과거와 현재를 바라봐야 한다. '미래를 기억하는 것'은 기억의 또 다른 형태이다.

과거를 기억하는 것은 과거를 위한 일이 아니라 미래를 위한 일이다. 물론 이는 미래를 위해 과거를 왜곡하라는 의미가 아니다. 진실은 진실로 다 밝혀져야 한다. 그러나 과거를 기억하는 모든 작업이 궁극적으로 더 나은 미래를 만들기 위함이라는 원칙과 목표가 분명하다면, 과거를 다루는 작업은 좀 더 건설적이고 사회통합적으로 이루어질 것이다. 그렇게 함으로써 과거를 다룰 때 별것 아닌 문제를 침소봉대하여 의도적으로 미래의 큰 문제로 만들어가는 것도 피할 수 있다.

4) 윤리적으로 기억하기(Remembering ethically)

윤리적 기억이란 누군가를 비난하고 정죄한다는 의미가 아니다. 차이 때문에, 또는 차이를 해결하기 위해 폭력을 사용했던 과거에 대해 비판적·윤리적 질문을 던지는 것을 의미한다. 무비판적 기억은 역사로부터 교훈을 얻는 것의 실패를 의미한다. 윤리적 기억은 폭력의 파괴성과 그 파괴로 인한 유산들을 인지하고, 그와 다른 비폭력적인 정치적 미래를 세우는 일이다. 이는 타인을 받아들이고, 타인에게 관대하게 문을 열고, 논쟁적인 역사에 대한 기억을 함께하는 것을 의미한다. 이런 수용(hospitality)은 세 가지 차원(dimension)을 가진다.

윤리적으로 기억한다는 것은 과거를 기억함으로써 교훈을 얻고, 더 나은 미래를 만들어가도록 기억한다는 의미이다. 이런 식의 기억의 구체적 방법을 다음 세 가지로 설명한다.

첫째, 내러티브의 수용성(narrative hospitality)이다. 우리 모두는 개인, 지역사회, 집단의 기억 속에 스토리를 가지고 있고, 그것은 우리가 누구인지를 구성하는 데 중요한 기능을 한다. 어떤 레벨에서든, 우리의 역사는 논쟁적이고 다양한 측면을 가진다. 여기서 우리는 서로에게 타인이다. 내러티브 수용성은 서로의 이야기를 기꺼이 듣는 태도를 말한다. 갈등 속에 있었던 다양한 입장의 사람들의 이야기를 모두 들을 수 있도록 마음을 열어야 한다. 거기에는 일반 민간인(비전투원), 전투원, 과거의 정부군인, 과거 경찰들의 이야기들까지 포함된다.

이것은 자신과 반대 입장에 있던 사람들의 이야기를 중간에 반박하거나 막지 않고 끝까지 인내심을 가지고 천천히 다 들어주는 것을 말한다. 자신이 직접 경험했고, 잘 알고 기억하는 내용과 완전히 반대되는 이야기를 할 경우에도 그것을 다 들어주는 이야기의 수용성을 가질 때, 비로소 나는 내가 지닌 기억과 다른 과거 사실의 다른 면들을 알 수 있게 되고, 그를 통해 나의 기억은 좀 더 진실에 가까운 통합적이고 온전한 기억, 온전한 과거가 된다.

둘째, 내러티브의 유연성(narrative flexibility)이다. 모든 상황에는 항상 하나 이상의 이야기가 있기 마련이다. 그럼에도 이데올로기, 정치, 종교는 우리로 하여금 단 하나의 이야기(mono-story) 또는 단 하나의 거대담론(grand meta-narrative)만 있다고 생각하게 만든다. 이것은 하나의 이야기를 절대화하는 문제를 가지고 있으며, 우리가 속한 집단의 허구적 발명품(fictionalized invention)을 만들어낸다. 내러티브 유연성은 다양한 의견이 있음을 인정하는 것이다. 이 윤리는 그런 사실을 인정하고, 사건을 이해하고 해석하는 데 다양성이 있을 수 있다는 열린 태도를 취하는 것이다.

양측의 갈등이 심했을수록 어느 한쪽에 속한 사람들은 자기들 집단 내의 이야기만 듣고, 그 논리와 주장만 받아들인다. 그리고 다른 집단의 이야기, 논리, 주장은 처음부터 인정하지 않는다. 그래서 갈등에 대한 문제의식, 해석, 해결방안 등에서 자기 집단의 의견만을 절대적으로 지지하게 되는 것이다. 상대방이 무엇을 이야기하는지 아예 모를 때도 많다. 내러티브 유연성이란, 다른 상대 집단의 이야기도 들어볼 가치가 있음을 인정하는 것을 의미한다.

셋째, 내러티브의 다원성(narrative plurality)이다. 역사를 단일한 스토리로 만들겠다는 것은 역사를 일차원으로 만들겠다는 것이다. 그러나 진실은 매우 복잡하다. 시대와 역사에 귀납적으로 접근할 수는 없다. 역사에는 다양한 버전과 해석이 있다. 마치 신학자들처럼, 역사가들도 결코 서로에게 동의하는 법이 없다. 교육 시스템, 또래교육(peer education), 지방의 전승교육(folk education) 등은 모두 과거에 대한 다른 이야기들을 우리 안에 형성시킨다. 이를 인식하지 못하는 것은 매우 제한된 삶을 사는 것이거나, 거짓 세계 속에서 속아 사는 것이다. 같은 사건조차 전혀 다르게 다시 이야기된다. 과거는 늘 논쟁 속에 있고, 늘 부딪치며, '객관적인 확정', '절대적 순수'는 과거 안에 없다. 다원성은 삶의 한 부분이고, 우리는 모두 다른 입장을 가지고 사물을 다르게 본다. 왜냐하면 그 어느 개인, 집단, 당, 조직도 완전히 전지전능한 시각을 가지지는 못하기 때문이다.

이상 세 가지 내러티브의 수용성, 유연성, 다원성은 기억에 대한 보다 윤리적인 길을 제공한다. 과거를 기억한다는 것은 정직, 너그러움, 개방성, 그리고 수용성을 요구하는 것이다.

상대 집단의 이야기를 끝까지 듣는 인내심을 가지고(내러티브 수용성), 그 이야기가 내 생각과 다르더라도 들을 만한 가치가 있다고 인정하는 마음(내러티브 유연성)을 가진 다음에, 거기서 더 나아가 내 이야기와 논리가 완전하고 옳은 것만은 아니며 같은 사안에 대해 내 이야기와 다른 '진실'이 또 있을 수도 있기에, 그 모든 것들을 다 합쳐 생각할 수 있어야 최종적으로 온전한 진실에 도달할 수 있음을 인정하는 태도(내러티브 다원성)를 지닐 수 있다.

5) 함께 기억하기(Remembering together)

우리는 우리 자신만의 작은 이야기를, 우리 소집단의 기억을, 혼자 행복하게 품고 지낼 수도 있다. 그러나 홀로 기억하는 것은 세월을 왜곡하고, 기억을 편향화하고, 정치적 폭력을 재발하게 만든다. '결코 다시는 안 된다(Never Again)'는 생각은 윤리적이고 중요한 것이다. 그리고 그것은 기억이 공유될 때만 가능하다. 그래서 함께 기억하고자 하는 노력이 필요하다. 역사를 함께 기억하는 것이 우리를 자유롭게 만든다.

윤리적으로 옳은 기억을 지닌 사회의 사람들만이 비로소 기억을 공유할 수 있다. 그 기억의 온전성에 동의할 수 있기 때문이다. 그리고 그렇게 되었을 때, 비로소 과거의 비극을 미래에 다시 반복하지 않을 수 있는 사회적 힘을 가지게 된다.

3. 문제는 과거가 아니라 미래다

상대 집단의 테러에 의해 내 부모 자식이 눈앞에서 타죽는 경험을 한 사람에게, 그 사건의 기억을 윤리적으로 공유하자고 요구할 수 있을까? 가치와 원칙에 맞추어 기억하라고 요구할 수 있을까? 그 극한적 경험을 한 사람에게 그런 논리적이고 합리적이며 어쩌면 가식적인 요구를 할 수 있을까? 그러나 이 글에서 소개한 두 문건은 그것이 가식적인 요구가 아니라고 강조한다. 문제는 과거가 아니라 미래라는 것이다. 이미 벌어진 일들은 어쩔 수 없지만, 앞으로 또 그런 비극적 사건이 벌어지지 않으려면, 기억은, 그리고 과거를 다루는 것은, 반드시 여기서 제안된 방식으로 해야 한다는 것이다. 그런 의미에서 윤리적이고 공유되는 기억, 올바른 원칙과 가치를 가지는 기억은 어렵지만 중요하다. 이것은 분단과 대립의 극한적 갈등 경험을 가지고 있는 한반도에서 향후 미래를 다룰 때 우리는 어떤 생각과 태도를 가져야 하는지 생각하게 해준다. 그리고 남북한 사이의 과거를 기억하는 일을 다루기 전에, 먼저 남한 내의 사람들끼리 이런 아픈 과거를 다루는 일들을 먼저 해 나가는 것이 중요할 것이다. 과거를 다루는 훈련이 먼저 있어야 남북한의 기억을 다루는 일도 더 잘 할 수 있을 것이기 때문이다. 앞으로 우리 사회의 거대하고 중요한 과제이다.

제5장

북아일랜드의 예술치유 프로그램

임정택

1. 치유의 기원

치유(healing)라는 단어는 언제부터인가 한국 사회에서 가장 많이 쓰이는 단어 중 하나가 되었다. 치유는 원래 트라우마를 가진 사람들, 정신적으로 장애를 가진 사람들, 또는 사회적으로 소외된 특수 집단의 사람들에 국한되어 사용되었으나 지금은 거의 모든 사람들에게 적용되고 있다. 우리모두가 치유의 필요성을 느끼며 살아가고 있는 것이다. '치유'라는 개념은 보편화되고 일상화되었다. 역으로 이는 우리 모두가 모종의 아픔에 시달리고 있다는 뜻이기도 하다. 단순한 일상의 지루함과 피로감부터 스트레스, 갈등, 소외, 강박관념, 불안, 우울, 증오, 자살충동에 이르기까지 아픔의 스펙트럼은 날로 확장되고 있다. 인류의 문명사가 어쩌면 끊임없이 새로운 아픔을 만들어가는 과정이라고 생각될 정도이다. 아픔의 스펙트럼이 확장되면서 치유의 콘텐츠들도 날로 다양해지고 있다. 좋아하는 음악을 듣거나 책을 읽는 것도 치유이며, 미술작품을 감상하거나 영화를 보는 것도 치유이다. 교회에 가서 예배에 참석하고 기도를 드리는 것도, 절에 가서 부처님께 절하는 것도 치유이다. 일상에서 벗어나 미지의 세계로 여행을 떠나는 것도, 도시를 탈출하여 자연으로 돌아가는 것도, 좋아하는 사람과 카페에서 대화를 나누는 것도, 맛있는 음식을 먹는 것도, 좋아하는 꽃향기를 맡는 것도 모두 치유라고 말한다. '나는 치유한다. 고로 존재한다'는 새로운 존재론이 만들어져도 이상하지 않을 정도다. 치유란 언제 어디서 왜 시작되었을까? 인간은 언제부터 치유를 필요로 했을까?

자연은 인간의 생존 공간이었다. 자연으로부터 인간은 의식주의 기본 욕구를 충족시켰다. 그러나 자연은 마법에 걸려 있는 미지의 대상이었다. 원시인들은 왜 하늘의 태양이 동쪽에서 서쪽으로 움직이는지 몰랐다. 왜 번개가 치는지, 벼락 소리는 왜 나는지 알 수 없었다. 그래서 자연은 인간에게 공포로 다가왔다. 자연의 공포를 피하기 위해 인간은 동굴 속으로 피신했다. 동굴의 어둠 속에서 인간은 동굴 밖 자연의 사건들을 성찰하기 시작했다. 자연을 타자로 인식하기 시작한 것이다. 이 지점에서 인간의 상상의 역사가 시작된다. 공포의 아픔으로부터 치유되기 위해 인간은 온갖 상상을 하기 시작한 것이다. 벼락 소리가 혹시 인간들을 향해 진노하는 초월적 존재의 목소리는 아닐까. 태양의 빛과는 또 다른 번개의 섬광은 혹시 초월적 신이 인간에게 보내는 경고가 아닐까. 공포의 아픔으로부터 벗어나기 위해 그들은 초자연적인 것을 믿기 시작했다. 초월적인 세계와 인간 사이를 매개해주며 제사 의식을 주관했던 샤먼은 부족의 지도자로서 치유의 기능을 수행했다. 이것이 소위 무의(巫醫)의 시대, 즉 주술과 치유가 하나였던 원시신앙의 시대이다. 원시인들은 또한 자신의 부족 집단을 수호해준다고 믿는 동식물을 숭배하기도 했다. 소위 토템신앙 역시 정신적·육체적 안녕을 보장받기 위한 치유의 산물이었다. 질병이나 재앙을 퇴치하거나 예방하기 위해 그들은 제사를 지내고 특정 동식물을 숭배하면서 치유의 삶을 살고자 했던 것이다. 제의에 수반된 춤, 노래, 음악은 곧 예술의 탄생이었다. 예술 또한 치유에서 시작된 것이다.

한편으로 미지의 공포스러운 자연을 이해하고 그 안에서 질서를 찾기 위해 인간들은 신화 이야기를 만들어냈다. 태양의 움직임은 태양신 헬리오스가 사두마차를 타고 매일 동에서 서로 움직이는 것이라고 상상했다. 신화를 통해 자연을 질서로 파악함으로써 미지의 자연이 인간에게 가했던 위협적인 공포와 불안으로부터 치유되고자 했던 것이다. 인류 초기의 수렵채취 시대에 부족의 설화는 곧 부족의 생존을 유지하기 위해서는 자연의 순리에 맞춰 살아야 한다는 지침을 담고 있었기에, 이야기는 곧 사회적 제도와 규범으로 작동되었다. 따라서 설화를 가장 많이 아는 자가 정치적 지도가가 되었다.

상상과 믿음과 이야기는 인간이 자연에 순응함으로써 자신을 지키기 위한 방편이었으며 곧 치유의 수단이기도 했다. 또 상상, 믿음, 이야기, 치유의 역사와 함께 또 하나의 역사가 시작되었으니 그것은 인간의 자연에 대한 도전의 역사이다. 생존의 무대인 자연 속에서 더 잘 생존할 수 있기 위해 인간은 도구를 사용하기 시작했다. 그것이 곧 자연 정복의 역사의 시발점이요 과학기술의 역사이다. 도구와 함께 치유는 과학적 치료로 변모했다. 돌도끼로부터 비롯된 기술의 역사는 인간의 생존에 결정적인 기여를 했지만, 결과적으로 오히려 인간에게 많은 아픔을 가져다주었다는 점에서 치유의 필요성을 강화시켜왔다. 과학적 사유로 인해 인간과 자연의 조화관계는 깨지기 시작했다. 그것이 곧 근대의 탄생이다. 근대인은 항상 많이 아프다. 18세기에 센티멘털이라는 감성 문화가 활성화된 것도 인간과 세계가 갈등 관계에 들어섰기 때문이다. 시인 바이런은 세계는 고통이라고 했다. 근대 이후 인간은 온갖 갈등과 분열로 시달리는 아픈 존재가 되었다. 그래서 상실된 치유의 삶을 동경하며 살아왔다. 치유를 향한 동경이 문학과 예술을 통해 표명되었다. 아픔과 치유의 이원주의가 곧 근대인의 생존 조건이 되고 말았다.

영어의 healthy, heal, hale, holy, whole은 독일어의 heilen, heilig와 어원적으로 밀접한 관계에 있으며 '건강한, 온전한, 전체의, 성스러운, 치유하다'의 의미를 내포하고 있다. 따라서 치유는 곧 잃어버린 총체성과 자연과 인간의 조화를 다시 복원하는 것, 원래의 사람됨을 다시 회복하는 것 외의 다른 것이 아니다. 자연의 공포로부터 시작된 치유의 역사는 과학기술이 배태한 아픔의 역사로 이어지면서 치유의 시대를 열고 있으며 인간에게 치유의 운명을 부가하고 있다.

2. 예술치유의 원리

〈그림 1〉은 독일의 르네상스기 화가 마티아스 그뤼네발트가 예수의 십자가 처형 장면을 그린 〈이젠하임 제단화〉이다. 프랑스 알자스 지방의 이젠하임 마을에 있는 성안토니우스 수도원 부속병원 예배실을 위해 그린 이 그림은, 다른 예수의 모습과는 달리 비현실적일 정도로 극도로 처참한 형상을 나타내고 있다. 손가락은 대못에 박혀 위로 치솟았으며, 양팔은 몸무게 때문에 늘어져 Y자 모양을 하고 있고 머리는 완전히 떨구고 있다. 피부는 온갖 상처로 뒤덮였고, 어두운 배경은 예수의 죽음의 고통을 더욱 감성적으로 강화시킨다. 당시 성안토니우스 수도원 부속병원에는 주로 사지가 타들어가는 듯이 고통스러운 '성안토니우스의 불'이라는 병을 앓고 있는 환자들이 수용되어 있었다. 그뤼네발트는 의도적으로 예수를 이 병을

앓는 환자처럼 그림으로써 강력한 몰입 구조를 구성했으며, 아울러 강력한 치유의 메시지를 전했다. 환자들은 자신들의 고통과 예수의 고통을 동일시하면서 위로를 받고 치유의 효과를 얻었을 것이다. 몰입과 동일시는 전통적인 카타르시스 이론의 핵심 개념이다. 치유의 원리는 예술의 카타르시스 이론에 기반하고 있다. 작품 속 주인공 또는 타인의 고통에 자신의 고통을 투사함으로써 자신의 고통이 배설되고 경감되는 원리이다. 멜 깁슨이 2004년도에 제작한 영화 〈패션 오브 크라이스트〉(그림 2)에서 예수의 고문과 처형 장면이 시간적으로 너무 길게 내용적으로 너무 과도하게 폭력적으로 묘사된 것도 관객의 몰입을 유도하고자 함이었다.

　예술은 자고로 현실과 환상 사이의 긴장관계로부터 파생된 것이라고

할 수 있다. 현실에서 좌절된 욕망이나 꿈이 예술이 구성한 허구의 세계에서는 가능해질 수 있다. 예술은 많은 경우 현실에 대한 보상이다. 예술의 치유적 기능은 바로 여기에 놓여 있다. 현실과 환상, 또는 현실과 이상 사이에서 항상 갈등하고 고통받는 인간에게, 예술은 안식처요 해방 공간이다. 예술은 현실에서 이루지 못한 욕망과 꿈을 실현시키는 것을 넘어, 우리의 무의식에 가두어놓은 금기시된 욕망을 표현하고 분출함으로써 치유적 기능을 수행한다. 현실에서 우리가 할 수 없었던 것을 예술 속의 주인공이 대신 해줌으로써 우리는 대리만족을 느끼면서 치유된다.

예술작품을 감상하는 수동적인 치유 외에 우리가 직접 예술가가 되어 능동적으로 창조하고 표현하는 것을 통해 더 강력한 치유가 수행될 수 있다. 창조와 표현은 인간의 원초적인 본능이다. 트라우마는 창조와 표현의 본능을 훼손한다. 창조와 표현을 통해 자아를 정립하고 자신을 이 세계에 확고하게 위치시킴으로써 우리는 우리를 아프게 하는 것들로부터 자유로울 수 있다. 더구나 미술이나 음악 같은 비언어적 예술은 장애받거나 억압된 본능과 욕망들을 은연중에 간접적으로 표현하게 함으로써 치유적 기능을 더 잘 수행할 수 있다. 정신의학에서 미술이나 음악치유를 보조수단으로 도입하고 있는 것도 이 때문일 것이다.

3. 북아일랜드의 예술치유 프로그램

필자는 2002년에 아일랜드 일주여행을 한 적이 있다. 당시 아일랜드의 자연이 주었던 이미지는 '아름다운 황량함'이었다. 특히 클레어주의 버렌 지역은 "사람을 빠트릴 충분한 물도 없고, 교수형에 처할 나무도 없으며, 매장할 흙도 없는 곳"[1]으로 잿빛 돌만 보이는 척박하고 황량한 풍경 그대로였다. 2015년 1월에 연구팀과 함께 다시 아일랜드를 방문했을 때, 필자는 아일랜드의 역사가 고통과 절망으로 점철된 한의 역사임을 확인했다. 800년간 지속된 영국의 피식민 지배, 실패한 독립의 꿈, 외세의 침입, 1845년부터 7년간 지속된 감자마름병의 창궐, 대기근, 북아일랜드에서의 갈등과 테러 등 고난은 끊이지 않았다. 아일랜드 사람들은 스스로 조국을 일컬어 "세상에서 가장 슬픈 나라"라고 부른다고 한다. 시인 예이츠는 켈트족 민족담론을 통해 아일랜드 종족의 통합을 꿈꾸었으나 그의 꿈은 실패했다. 그는 실패의 원인이 증오라고 했다. "어떤 민족도 이보다 더 큰 박해를 받지 않았으며, 그 박해는 오늘날까지도 완전히 멈추지 않았다. 이러한 과거가 우리 안에 항상 살아 있으니 어떤 민족도 우리만큼 증오하지는 않을 것이다. 증오가 내 삶을 해치고 나는 그것을 적절하게 표현하지 못하므로 스스로의 나약함을 탓하게 된다. 그 증오를 방랑하는 농부의 말(기존의 켈트

---

1) 한일동, 『아일랜드—수난 속에 피어난 문화의 향기』, 살림, 2007, 15쪽.

적 낭만주의 방식)로 옮기는 것으로는 충분치 않다."[2] 아일랜드의 자연과 역사는 정말로 치유가 필요한 나라임을 입증해주고 있다. 우리 연구팀이 방문했던 11개 기관 거의 모두가 스토리텔링을 중심으로 다양한 치유 프로그램을—물론 아직 많은 한계를 보이고 있지만—민간 차원에서 자생적으로 시작하고 있다는 것은 너무나 자연스러운 일이라고 생각된다. 1998년 4월 '성금요일 협정' 이후 원수 사이였던 신교/구교 사람들이 한자리에 앉아 지나간 고통의 과거를 얘기하기 시작했다. 그들은 가장 기초적이고 강력한 치유의 수단으로 스토리텔링을 강조하고 있다.

1) THU의 스토리텔링 모임

인간은 '호모 나랜스(Homo Narrans, 이야기하는 인간)'이다. 태어나서 성장하고, 서로 사랑하고 결혼해서 아이를 낳고 늙어 죽어가는 우리의 삶 자체가 장대한 이야기이다. 봄이 오면 여름이 오고, 가을이 가면 겨울이 오는 계절의 변화도 하나의 이야기이다. 인간의 삶도 자연도 모두 이야기이다. 그래서 인간은 이야기를 하지 않고는 살아갈 수 없다. 이야기는 인간 존재의 근거이다. 이야기를 통해 인간과 인간, 인간과 자연, 인간과 사회가 유기적인 관련을 맺게 된다. 이야기를 통해 과거, 현재, 미래가 관계를 맺는다. 나아가 이야기는 공통의 가치와 공통의 문화를 중심으로 사람들을 결속시키는 기능을 수행하며, 인간을 균질화하여 하나로 만든다.[3]

오랜 세월 갈등과 분리의 역사를 거쳐오면서 북아일랜드인들은 스토리텔링 장애를 겪고 있다. 상처받은 그들은 이야기를 거부한다. 침묵의 시

---

2) W. B. Yeats, *Essays and Introductions*, New York: Macmillan, 1961, pp. 518~519.

3) 조너던 갓셜 지음, 노승영 옮김, 『스토리텔링 애니멀』, 민음사, 2014, 170쪽.

간이 오랫동안 지속되었다. 그래서 관계로부터 이탈하여 고립되어 있다. 트라우마가 이야기와 표현의 욕망을 억압하고 방해하기 때문이다. 이야기를 한다는 것 자체가 곧 공포나 위험, 위기를 의미함을 그들은 알고 있다. 이런 상황에서 이야기를 통해 그동안 무의식에 가두어둔 공포, 악몽, 상처들을 표현하고 의식화할 수 있다면, 표현된 것을 통해 상처 입은 자는 자신의 경험에 대해 객관적 거리를 취할 수 있는 여유를 가지게 된다. 자신에 대해 성찰할 수 있는 계기는 곧 자아의 재발견으로 이어지고, 그것이 치유를 가능케 한다. 북아일랜드의 거의 모든 기관에서 스토리텔링을 치유의 수단으로 삼고 있는 이유이다. 북아일랜드의 경우, 실제 일어난 사건에 대한 공포로부터 벗어나기 위해 일단은 자신의 악몽을 발화하는 것으로부터 시작하고 있다.

THU(Towards Healing and Understanding)는 스스로 자신들의 스토리를 말할 수 있고 타인의 스토리를 들을 수 있는 '안전한 공간'을 제공하는 곳이라고 규정하고 있다. THU는 개인적·사회적 갈등을 넘어 사람들을 바꿀 수 있는 창의적인 대화와 사고를 촉진시키기 위해 존재한다.[4] 트라우마를 경험한 사람들에게 그들의 경험을 인정받고 타인의 경험을 이해할 수 있는 기회를 제공하기 위한 프로그램에서, 스토리텔링과 대화는 다른 공동체의 사람들을 이해하고 서로 소통하게 하는 강력한 도구로 작동하고 있다.

TUH의 방법론적 토대가 된 것은 홀로코스트 희생자 후손들과 나치 가해자 후손들 간의 경험의 공유를 촉진시킨 '성찰과 신뢰(To Reflect and Trust)'이다. 그것은 홀로코스트 생존자인 이스라엘의 심리학자 댄 바론(Dan Bar-On)이 시작한 것이다. 방법론은 단순하다. 그들은 어려운 심리학 이론을

---

4) Towards Understanding and Healing, *Information*, Derry, 2014, pp. 1~2.

〈그림 3〉 '나를 잊지 말아요' 프로젝트의 스테인드글라스 작업

들이대지 않는다. 단지 소규모 그룹에서 참여자들은 편안하게 그들의 생생한 경험을 공유한다. 보통 참가자들은 자신의 스토리를 얘기하는 데 상당히 많은 시간을 쓰지만, 중단하지 않고 계속 이야기한다. 이야기를 마친 사람은 질문을 받을지 토론을 할지 그들 마음대로 결정할 수 있다. 물론 아무것도 하지 않아도 된다. 진행은 촉진자(facilitator)가 돕는다. 그들은 스토리텔링 과정이 정신분석학적 또는 임상치료적인 성격은 아닐지라도, 치유에 도움이 된다고 확신한다. 스토리텔링은 개인들에게 가능성을 열어준다. 그들이 혼자가 아니라는 감정을 갖게 한다. 사람들과의 관계를 복구시킨다. 다른 공동체의 역사, 문화, 정치에 접근할 수 있게 하고, 인간성에 대해 함께 생각할 수 있게 한다.

TUH 스토리텔링 모임은 1990년대 후반에 시작되었다. 초기에는 모두들 회의적이었다. 과연 적들과 함께 앉아 갈등의 경험을 공유할 수 있겠는가 반문했다. 그러나 지금은 대기자가 늘어설 정도로 성공적이다. 이제 그들은 기꺼이 타자들과 만나려는 의지를 보이고 있다. 스토리텔링은 과거를 다루는 강력한 방법론으로 정착되고 있다. 그것은 개인과 공동체의 다리를 놓는 역할을 하며, 사회적 치유에 기여하고 있다.[5]

2) 프로젝트 '나를 잊지 말아요(Don't you forget about me)'

1991년 설립된 벨파스트의 'WAVE Trauma Centre'의 첫 프로젝트로서, 1969년부터 2000년 사이에 희생당한 사람들을 기억하는 작업이다. 매주 목요일 밤 종교적·문화적 배경이 다른 사람들이 센터에 모여 토론한 끝에, 스테인드글라스 작품을 통해 죽은 가족들을 서로 기억해보기로 했다. 이 작업에는 19개 가족이 참여했으며, 각 가족당 한 명씩 나와 매주 작업을 진행했다. 사랑하는 가족들이 어떻게 살해당했는지 19개의 스토리가 각각의 스테인드글라스에 표현된다. 그들은 희생당한 가족들과 가장 연관이 깊은 물건이나 이미지를 하나 선택해서 이야기를 담는다. 트라우마로 인해 스토리텔링 장애자가 되어버린 그들이 가족의 죽음을 적대 진영의 사람들과 함께 풀어내는 작업은 결코 쉽지 않았다. 그러나 비언어적 이미지텔링 작업이었기에 어느 정도 부담을 줄일 수 있었다. 센터는 그들에게 스토리텔링을 위한 '안전한 공간'을 제공했다. 이 프로젝트에서 가장 긍정적이었던 것은, 남들과 함께 작업을 함으로써 스스로 금기시해왔던 과거 이야기를 공유할 수 있었다는 것이다. 타자에게 자신들의 상처를 표현하는

---

5) THU의 스토리텔링 프로그램의 구체적인 운영 방법에 대해서는 이 책 1부 제6장 「스토리텔링과 치유」 참조

것은 치유를 향한 첫걸음이다. 표현 과정을 통해 그들은 과거를 성찰할 수 있으며 객관화시킬 수 있다. 객관화는 곧 자신의 트라우마로부터 약간의 거리를 둘 수 있다는 뜻이다. 공동으로 작업하면서 그들은 여태까지 '적' 이었던 사람들과 새로운 관계를 형성했다. 아일랜드 역사에서 적대 진영에 있던 사람들과 관계를 맺는다는 것 자체가 매우 어렵고 드문 일이다. 스테인드글라스 작업이 그들을 연결시키고, 자신들의 이야기가 이해되고 공유되면서 동시에 타자의 이야기도 받아들이게 되는 상호소통이 치유의 효과를 내고 있다. 19개의 유리조각은 서로 연결되어 하나의 작품으로 완성된다. 각각의 유리조각 사이를 이어주는 통로가 곧 개인과 개인 사이의 관계를 만들어준다. 중앙에 있는 등대는 센터의 상징이다. 모든 이야기가 등대로부터 연유하며 등대로 초점이 모아진다(그림 3 참조). 그들은 자신들의 이야기를 편집했으며 2003년부터 2006년까지 얼스터박물관에서 〈갈등

〈그림 4〉 우유용기(The Churn)

—전쟁 중의 아일랜드〉라는 행사의 일환으로 전시회를 개최하기도 했다. 작품에 얽힌 일화를 중심으로 19개 작품 가운데 몇 개를 소개한다.[6]

〈그림 4〉는 캐시(Cathy)가 29세의 나이로 살해된 아버지를 기억하는 작품이다. 27세 어머니, 7살, 6살, 5살 난 세 아이를 남기고 떠난 아버지는 치즈공장에서 노동자로 일했으며 공장의 우유 용기가 아버지의 기억을 불러일

---

6) 스테인드글라스의 이미지와 내용은 벨파스트 WAVE Trauma Center의 브로슈어 Don't you forget about me에서 인용 및 요약한 것이다.

으키는 이미지로 선택되었다. 캐시는 5살 때 돌아가신 아버지에 대한 희미한 기억을 작품에서 더듬는다. 학교에 처음 등교하던 날 옷을 입혀주시던 아버지, 함께한 마지막 휴가에서 찍은 사진 속 어깨동무를 하신 아버지, 그에 대한 마지막 기억은 관이 닫히기 전에 마지막 키스를 하던 일이었다. 캐시는 아버지가 하늘에서 가족들을 내려다보신다면 엄마가 우리를 이렇게 키워낸 데 대해 매우 자랑스러워하실 것이라고 믿어 의심치 않는다. 비록 졸업, 결혼, 손자 손녀의 탄생 같은 인생의 중요한 일에 함께 하지는 못했지만, 항상 하늘에서 내려다보며 가족을 인도하고 있다고 생각한다.

엘시(Elsie)는 늘 정원 있는 집에서 살기를 바랐던 남편을 기억한다. 남편이 죽기 6년 전, 그들은 작지만 앞뒤에 정원이 있는 집으로 이사했었다. 그가 가장 좋아하던 꽃은 장미였으며 그것이 엘시가 스테인드글라스에 장미를 그린 이유이다(그림 5 참조). 이 작품은 매년 여름마다 첫 장미가 피는 것을 보고 그가 얼마나 즐거워했는지 항상 기억하도록 해줄 것이라고 한다.

〈그림 5〉 장미(The Rose)

앤(Anne)은 엄마 손과 아이 손을 그림으로써

〈그림 6〉 손(The Hands)

아들과의 관계를 표현했다(그림 6 참조). 그녀는 할로윈 전야에 형네 집에 갔다가 돌아오는 길에 택시를 타라는 형의 권유를 물리치고 걸어오던 중 뒤에서 세 방의 총을 맞고 즉사한 아들 브라이언(Brian)을 기억한다. '성금요일협정' 때문에 평화의 시간이 왔다고 생각했던 아들. 그런 믿음이 없었다면 아마 택시를 탔을 것이고, 죽지도 않았을 텐데. 이 그림을 만든 앤은 WAVE 센터에서 유사한 경험을 지닌 다른 진영의 사람들과 앉아 얘기하고 때로는 울고 웃으면서 대가족을 이룬 듯 느꼈다고 한다.

〈그림 7〉 노래하는 새(The Humming Bird)

지니(Ginnie)는 6살 때 당뇨병 진단을 받았던 남편 존(John)을 기억하고 있다. 존은 일생 동안 당뇨 환자들을 위해 모임을 조직하고 기금을 조성하는 등, 많은 봉사를 해왔다. 그는 영국 당뇨병협회를 위해서도 많은 일을 했다. 정기적으로 병원을 방문하여 당뇨 환자들과 얘기를 나누고, 가족과 함께 하는 주말이나 청소년 주간을 조직했다. 그가 살해당하던 날, 그는 영국당뇨협회가 수여하는 H. G. Welles상의 최초 수상자로 선정되었음을 알았다. 아들 피터(Peter)가 아빠를 대신해서 상을 수상했다. 1994년 영국당뇨협회는 북아일랜드에 지사를 오픈했고, 그 기관의 심볼마크가 바로 노래하는 새이다(그림 7 참조). 사무소는 남편의 이름을 따서 존 깁슨 하우스(John Gibson House)라고 명명되었다. 지니는 특히 아들의 졸업식, 휴일, 크리스마스 때 유난히 남편이 그립다.

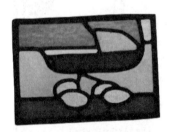

〈그림 8〉 유모차와 부츠
(The Pram & The D.M. Boots)

팻시(Patsy)는 어릴 때부터 함께 뛰놀던 아내 마르타(Martha)를 기억한다. 그들은 18세에 이미 결혼을 약속했으며, 마르타가 죽을 때까지 10명의 자녀를 낳았다. 그래서 커다란 유모차로 그녀를 나타내고 싶었다(그림 8 참조). 그녀는 가족밖에 모르는 사람이었다. 항상 노래하며 즐겁게 가족을 돌보던 그녀가 죽고, 4년 뒤에 세 번째 아이인 패트릭(Patrick)도 총에 맞아 죽었다. 부츠는 그의 것이다. 그에게는 지금 몇 명의 손자 손녀가 있다. 그들은 가족의 불행을 이해하려고 노력한다. 팻시는 자신의 트라우마를 그들에게 물려주고 있다. 당시 태어나지도 않았던 손자 손녀들이 왜 그런 비극이 일어났는지 물어오면, 뭐라고 설명할 수 있을까?

마리(Mary)는 다가오는 새해엔 운이 좋을 거라고 희망에 넘치던 에드몬드(Edmund)를 기억한다. 그는 새 차를 주문했는데, 차량 등록을 새해에 하기 위해 해가 바뀔 때까지 기다렸다가 차를 인수하기로 했었다(그림 9 참조). 그는 그녀가 원하는 곳 어디나 항상 태우고 다니곤 했기에, 새 차가 오면 야채를 사러 가자, 카

〈그림 9〉 자동차(The Car)

펫을 사러 가자, 계획도 세웠다. 그러나 새해가 되기 2분 전에 그는 살해당했다. 하우스 관리사였던 에드몬드는 항상 친절한 사람이라고 주변에 정평이 나 있었다. 그를 살해한 이들은 살해당한 다른 사람에 대한 보복이었다고 말했다. 그렇지만 항상 남들을 도왔던 죄 없는 그에게 어떻게 보복이 가해질 수 있단 말인가?

〈그림 10〉은 아버지 조지(George)가 스포츠를 좋아했던 아들 조지를 기억하는 작품이다. 아들 조지는 열정적인 복서였다. 6명의 아들과 3명의 딸이 있었지만, 아버지는 그에게 자기 이름을 주었다. 그는 1979년 5월 30일에 27세의 나이로 살해당했다. 당시 아들 조지에게는 어린 딸이 있었고, 아버지 조지가 그를 위해 살았듯이 그도 딸을 위해 살았다. 3일간 인공호흡기

〈그림 10〉 권투 글러브(The Boxing Gloves)

를 달고 연명하던 그를 보면서, 아버지 조지는 가슴이 미어지는 듯했다. 아들은 아버지 눈앞에서 죽어갔다. 아버지는 깊은 우울증에 빠져 아들이 죽고 2년 뒤 권총 자살을 시도했다. 그는 6개월간 병원에 있었다. 지금도 그의 몸 안에는 수백 개의 납덩이 파편이 있다. 76세인 그는 오늘도 매일 그 충격을 느끼며 살아가고 있다. 마치 아들 조지를 죽였던 총알이 아버지 조지도 천천히 죽이고 있는 듯이 말이다.

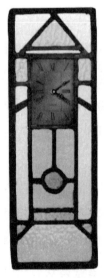

〈그림 11〉 골동품 시계
(The Grandfather Clock)

머틀(Myrtle)은 1974년 크리스마스 직전에 살해당한 토미(Tommy)를 기억한다. 당시 34세였던 그는 8살, 11살 두 딸을 남기고 죽었으며, 머틀은 임신 4개월 2주차로 뱃속에 막내아들이 있었다. 항상 이웃들에게 편견 없이 좋은 일만 했던 토미는 골동품을 좋아했다. 골동품 시계는 토미가 죽었던 시각 4시 10분을 가리키고 있다(그림 11 참조).

앨런(Alan)은 1993년 10월 23일에 폭탄 테러로 죽은 아내 샤론(Sharon)을 기억한다. 그녀의 아버지도 그때 같이 죽었다. 사랑스러운 아내이자 엄마였던 샤론은 매일 밤 가족과 함께 보내는 것을 좋아했다. 그녀가 두 살 난 딸과 노는 것을 보고 있자면 앨런은 너무나 행복했다. 그녀는 앨런에게 사랑을 가르쳐주었다. 샤론은 교회에서 자원봉사를 하고 건강서비스센터에서도 일했다. 앨런은 그녀가 교회 주일예배에서 연주하곤 했던 기타를 선택하여 그녀를 추억하고 있다(그림 12 참조).

〈그림 12〉 기타(The Guitar)

3) '기억의 퀼트(Quilt of Remembrance)'

밸리머니 WAVE Trauma Centre에서 수행된 이 퀼트 프로젝트 역시 1969년부터 1998년 '성금요일 협정'에 이르기까지 일어났던 여러 사건들을 퀼트로 보여주고 있다. 이 프로젝트에서도 갈등의 역사를 완전하게 성찰하고 표현하기 위해 참가자들은 양 진영의 사람들로 구성되었다. 프로젝트는 기억, 교육, 새로운 관계 형성에 초점을 맞추어 진행되었다. 4년 동안 지속된 프로젝트 참가자들은 그들의 마음과 영혼을 퀼트에 쏟아 부었다. 그동안 그들은 수없이 함께 울고 함께 웃었다. 공동 작업을 통해 그들은 고통은 종교나 문화적 배경과 상관없이 일어나고 있음을 인정하게 되었다. 그들은 경험을 서로 공유함으로써 자신의 사건뿐만 아니라 타인의 상처와 고통의 경험을 기꺼이 알아갔다. 그것은 커다란 변화였다. 안전하게 과거에 대한 이야기를 나누고 사람들에게 전할 수 있다는 사실 자체가 이미 치유였다. 수십 년 동안 멈춰 있던 기억의 수레바퀴가 다시 돌아가기 시작했다. 그럼으로써 과거와 현재, 그리고 미래가 관계를 맺게 되고 아일랜드는 새로운 사회를 향한 발걸음을 내디딜 수 있게 된 것이다. 각 부분들은 통합되어 하나의 작품으로 완성된다. 이것은 스테인드글라스 프로젝트와 마찬가지로 부분들 사이의 연결고리를 통해 새로운 인간관계가 형성된다는 의미이며, 그것이 결국 사회치유로 이어지는 것이다. 사회치유의 도구로서 스토리텔링의 중요성을 다시 한 번 확인시켜준 프로젝트로 평가되고 있다. 서로 연결되었던 작품들 중 다섯 사람의 작품과 그에 얽힌 이야기를 소개한다.[7]

〈그림 13〉 티나의 경우

티나 버논(Tina Vernon)은 1976년 5월 폭탄 사건 이후 병원으로 실려 가던 자신의 모습을 퀼트로 표현했다. 그녀는 30년 동안 이 사건에 대한 어떤 정보도 알고 싶지 않았다. 그래서 자신의 부상이 폭탄이 아닌 교통사고 때문이라고 생각해왔다. 같은 고통을 받았던 다른 사람들과 퀼트에 참여하면서 이제 그녀는 편하게 폭탄 테러에 대해 말할 수 있게 되었다. 그녀는 그 사건이 사고가 아니라 북아일랜드 갈등의 결과였음을 알게 되었다. 그녀는 퀼트팀의 친구들과 함께 이 경험에서 빠져 나와 트라우마적 경험에 대해 말할 수 있게 되었고, 치유되고 있었던 것이다(그림 13 참조).

〈그림 14〉 패트리샤의 경우

패트리샤 맥윌리엄스(Patricia McWilliams)는 어려움을 겪었던 사람들과 함께 그룹으로 작업한다는 것, 그리고 다른 사람과 이야기를 나눈다는 것에서 많은 용기를 얻었다. 바에 앉아 있다가 폭탄을 장치한 자동차 때문에 급히 대피해야 했던 상황을 퀼트로 그렸다(그림 14 참조).

에단 플레밍(Eithne Fleming)은 1975년 당시 폭탄

---

7) 작품 이미지와 내용은 밸리머니 WAVE Trauma Centre의 브로슈어 *Quilt of Remembrance*를 인용하고 요약한 것이다.

테러의 중심이었던 로얄 빅토리아병원에서 학생 간호사로 일하고 있었다. 방송에서 테러 관련 보도가 나오면 비번이던 직원들까지 달려와 환자들을 치료했던 병원, 희생자와 가해자를 나란히 돌봄으로써 트라우마 치료로 세계적인 정평이 나 있는 병원이다. 지금 로얄 빅토리아병원은 없어지고 그 자리에 새로운 병원이 들어섰

〈그림 15〉 에단의 경우

지만, 그 병원에 대한 기억은 계속 살아 있다. 그녀는 자신이 기억하는 병원을 퀼트로 표현했다(그림 15 참조).

산드라 리델(Sandra Riddell)은 오빠의 장례식을 그렸다. 그 끔찍한 사건의 기억과 대면할 수 있게 되는 데는 아주 긴 시간이 걸렸다. 그것은 너무나 고통스러운 일이었다. 이 작업을 통해 오빠의 장례식을 기억하면서 산드라가 전에는 다루지 못했던 감성이 열렸다. 그녀는 그것이 트

〈그림 16〉 산드라의 경우

라우마에서 내면의 평화로 가는 카타르시스라고 느꼈다(그림 16 참조).

마가렛 화이트(Margaret White)는 훈련이 없을 때 놀이터 삼아 뛰놀던 훈련장을 기억한다. 탄피와 쓰레기로 무언가 만드는 것은 어린이들에게 굉장한 일이었다. 그곳에서 그들은 맘껏 상상력을 발휘했다. 하지만 조금씩 커가면서 마가렛은 그곳이 엄청난 비극의 장소임을 깨닫게 되었다. 가장 친한 친구의 오빠가 죽었다. 그녀와 가족 역시 상처와 슬픔을 경험했다. 어려웠던 과거와 다시 대면하면서 퀼트를 배우는 것은 쉽지 않은

〈그림 17〉 마가렛의 경우

일이었지만, 서로 도와주면서 해냈다. 그들 모두는 과거의 사건과 아픔이 다른 이들에게도 역시 중요한 것이라는 사실, 우리 역사의 한 부분이라는 사실을 수용했다. 그들 모두는 함께 힐링 여행을 했던 것이다(그림 17 참조).

4. 사회치유로서의 통일

북아일랜드 치유 프로그램의 중심이 되고 있는 스토리텔링에서 '스토리'는 소설이나 영화 같은 허구적 이야기가 아니다. 단순하게 그냥 고난의 시절 동안 개인들에게 실제로 일어났던 사실을 말하는 것이다. 그들은 허구적 스토리텔링을 생각할 여유가 없다. 실제로 일어난 사실들을 드러내 놓고 말할 수조차 없는 상황에서 허구적 이야기는 염두에 둘 수도 없다. 그리고 그들이 겪어왔던 역사는 허구보다 더 허구적인 사실이기도 하다. 실제 일어난 사건을 말할 수 있는 것만으로도 아일랜드인에게는 치유의 시작이다.

치유를 생각하는 사회는 성숙한 사회이다. 치유란 결국 모두가 사람답게 살 수 있는 사회를 건설하는 작업이기도 하기 때문이다. 치유는 깨어진 균형을 되찾고 무너진 질서를 회복하고 상실된 총체성을 복원하는 것이다. 치유는 개인적인 차원에서 끝나는 것이 아니다. 개인의 치유는 전 사회적으로 확장된다. 사람됨은 항상 여러 정치적·경제적·문화적·사회적 요인으로 인해 훼손된 상태에 있다. 훼손된 사람됨을 끊임없이 정상화시키는 노력이 곧 치유이다. 그래서 치유는 또한 평화이다. 개인과 개인, 개인과 사회, 개인과 국가, 개인과 세계 간의 정상적인 관계를 만들고 유지하는 것이 곧 치유이다. 한반도 통일도 결국 치유를 향한 대장정이라고 할 수 있다. 분단의 트라우마를 안고 사는 우리는 분단이라는 상처가 마치 아물기나 한 듯 무감하다. 분단의 상처를 다시 예민하게 만드는 것, 그래서 사회치유로 향해 가는 것, 통일로 향해 가는 것, 그것이 한국 사회가 본격적으로 치유를 시작해야 할 이유이다. 물리적 장벽은 하루아침에 무너뜨릴 수 있지만 마음속 장벽은 세대를 거듭해서 치유를 통해 서서히 제거될 수 있기 때문이다. 동양의 아일랜드 한반도에서 사회치유의 새로운 장이 열리기를 기대해본다.

제6장

스토리텔링과 치유

전우택

　한 사회 내에서 극단적인 갈등을 겪은 양측의 구성원들이 상대방의 생각과 경험, 입장을 들어보고 또 자신들의 경험과 생각을 상대방에게 이야기하면서 각자 자신의 입장을 성찰하여 전체적으로 사회적 갈등을 극복하고 상호 치유를 이룰 수 있도록 하는 방법으로 '스토리텔링(Story Telling)'이 있다. 1969년부터 1998년까지 30년 동안 총인구 170만 명인 북아일랜드 지역에서는 신교도와 구교도 간의 갈등과 충돌로 인해 3,600여 명이 폭탄이나 총기 테러로 사망했고, 심각한 부상을 입은 것도 3만 명에 달한다. 1998년 마침내 정전협정이 이루어지면서부터 신교도와 구교도들은 개인, 지역, 기관 단위로 그들의 경험을 성찰하기 시작했다. 그리고 두 집단의 갈등을 극복하고 상호 이해를 통한 사회치유를 도모하기 위해 스토리텔링 프로그램들을 시작했다. 2002년, NGO 단체인 'Healing Through Remembering'은 '북아일랜드에서 어떻게 과거를 기억해야 하는가'를 다루면서 스토리텔링을 그런 치유 활동의 대표적인 형식으로 제안한 바 있다.[1] 현재 북아일랜드에

---

1) Healing Through Remembering, *'Storytelling Audit' An audit of personal story, narrative and testimony initiatives*

서는 Toward Understanding and Healing, WAVE, the Healing of Memories Process 등 여러 기관들이 스토리텔링 프로그램을 운영 중이다. 아래에서는 그 대표적 기관 중 하나인 Toward Understanding and Healing(TUH)에서 스토리텔링 프로그램의 실제 운영을 위해 작성한 『훈련 매뉴얼(Training Manual)』(Liam O'Hagan, 2014)의 일부 내용(9~48쪽)을 토대로 스토리텔링의 개념, 방법, 윤리에 대한 내용을 소개하고 정리해보고자 한다. 우리 연구팀은 2015년 1월 북아일랜드 벨파스트에 소재한 TUH를 방문하여 이 프로그램을 운영하는 책임자들과 스토리텔링 프로그램 운영을 주제로 세미나를 가진 바 있었다.

1. 스토리텔링의 개념

1) 스토리텔링의 정의

일반적으로 '스토리텔링' 프로그램이란 서로 다른 생각, 경험, 입장을 가지고 있는 사람들이 자발적으로 함께 모여 진행자를 두고 그 자리에서 나온 이야기의 비밀을 서로 보장해준다고 약속한 상태에서 제지하거나 제지받지 않으면서 각자 자신의 이야기를 하고 상대방의 이야기를 듣는 기회를 가지도록 하는 프로그램이다. 작게는 두 사람이 만나 이야기하는 일대일 방식도 가능하며, 보다 일반적으로는 소규모 그룹으로 이루어진다. 그런데 이런 프로그램을 운영하는 기관마다 이런 형식의 프로그램을 부르는 용어가 달랐다. 예를 들어 기관에 따라 '개인 이야기(personal story)', '이야기(narrative)', '증언(testimony)', '경청(listening)', '성찰(reflection)' 등으로 불렸다. 이 글에

---

related to the conflict in and about Northern Ireland, Belfast: Healing Through Remembering, 2005.

서는 TUH에서 부르는 용어인 '스토리텔링(Story Telling)'이라는 용어를 사용한다.

스토리텔링은 과거 고통을 받았던 사람들이 함께 모여 자신의 경험을 있는 그대로 이야기하여 역사의 진실을 밝히는 것을 넘어서, 개인과 사회의 치유 과정을 돕는 일이다. 트라우마 치료는 일반적으로 고통받은 사람들이 자신들에게 어떤 일이 있었는지, 그에 대한 자신의 감정은 지금 어떠한지, 지금 그것에 어떤 의미를 부여하고 있는지 등을 이야기하는 것으로 시작되는데, 이는 결국 자신이 겪은 일을 '다시 이야기하는 것(retelling)'이다. 그런데 이렇게 자기 이야기를 다시 하는 것만으로도 큰 치료 효과가 나타나는 것을 볼 수 있다. 자신들이 겪은 일이 타인에 의해 경청되고 인정받는 것 자체가 치료의 힘을 가지며, 이것은 고통받은 사람들이 그동안 가장 원하던 일이기도 했기 때문이다.[2] 어떤 의미에서 스토리텔링 자체는 치료가 아니다. 그러나 그 과정을 통해 트라우마를 겪은 사람들은 과거를 다시 직면하게 되고, 과거와 현재, 미래를 구분하는 능력을 가지게 된다. 고통을 당하면서 '인간성을 상실 당했다'고 느꼈던 사람이 스토리텔링을 통해 '다시 인간으로 되돌아옴(re-humanised)'을 경험함으로써 단순히 숫자로만 계산되던 한 명의 희생자에서 고유한 이름을 가진 한 인간이 되는 것이다.

2) 스토리텔링의 유형

스토리텔링은 만남 위주(encounter based)와 기록 위주(archival based)의 스토리텔링으로 구분할 수 있다. 만남 위주 스토리텔링은 참석자들이 현장에서

---

2) Judith Herman, *Trauma and Recovery: the Aftermath of Violence: from Domestic Abuse to Political Terror*, New York: Basic Books, 1997.

프로그램을 경험하면서 치유·변화되는 것에 중점을 두는 반면, 기록 위주 스토리텔링은 그에 더하여 그들의 경험을 공적 기록으로 남기는 것을 목적으로 한다는 특징을 가진다. 예를 들어 그들이 스토리텔링 안에서 말한 내용들이 글로 남겨지기도 하고, 때로는 예술적 창작물, 즉 연극이나 미술 작품, 음악 등으로 남겨질 수 있도록 하는 것이다. 일반적으로는 만남 위주 스토리텔링만으로도 충분한 의미를 가진다. 그리고 여건에 따라서는 기록 위주 스토리텔링이 불가능할 때도 있다. 그러나 기록 위주 스토리텔링이 가능하다면 이는 다음과 같은 의미를 추가적으로 더 가질 수 있다.

· 갈등과 관련된 의미와 교훈을 사회가 다시 생각할 수 있도록 한다.
· 관련된 사람들의 다양하고 복합적인 목소리를 사회가 좀 더 거시적으로 생각하도록 한다.
· 다음 세대를 가르치는 역사적 자료를 제공한다. 즉 스토리텔링은 증언으로서만 중요한 것이 아니라, 개인과 집단기억을 확인(affirmation)하는 의미를 가진다.

3) 스토리텔링의 장점
스토리텔링 프로그램은 다음과 같은 장점을 가질 수 있다.

· 스토리텔링은 카타르시스적이고 치유적일 수 있다.
· 말하는 자로 하여금 자신의 경험이 타인들에게 알려지고 인정되고 존중된다는 느낌을 가지게 한다.
· 과거를 잊는 것이 아니라 과거를 떠나보내게 한다(let go of the past).
· 다른 사람의 경험을 들음으로써 자신의 상처를 당시 상황 속에서 이

해하는 데 도움이 된다.

· 스토리텔링을 통하여 그것을 주관하는 사람들이나 조직으로부터 지지를 받게 된다.

· 자신과 다른 문화나 정치적 견해에 대한 이해를 증가시켜 결과적으로 상호 신뢰를 형성하는 것을 돕는다.

· 갈등의 결과들을 들음으로써 이해와 공감(compassion)이 만들어지도록 한다. 그래서 갈등 상태로 다시 되돌아가지 않도록 해준다.

· 듣는 자에게 새로운 영감과 정보를 준다.

4) 스토리텔링의 제한점과 위험성

그러나 스토리텔링이 모든 갈등을 무조건 다 해결해주는 만병통치약이 될 수는 없다. 스토리텔링은 다음과 같은 제한점을 가질 수 있다.

· 상대방의 이야기를 듣기는 하지만 경청하지 않을 수 있다. 어떤 사람에게는 호소력을 가지는 이야기가 다른 이에게는 호소력이 없을 수도 있다. 우리가 무엇을 어떻게 기억하느냐는 우리의 가치관과 신념의 영향을 받기 때문이다. 어떤 회상(recollection)이 다른 사람에게는 아예 다르게 받아들여지거나, 또는 양립될 수 없는 모순으로 받아들여질 수 있다.

· 타인의 이야기를 들음으로써 받는 개인의 신념에 대한 도전이 긍정적일 수도 있지만 때로는 부정적일 수도 있다.

· 스토리텔링에 참여하는 사람이 순수하지 않을 수 있다. 즉, 다른 목적을 가지고 말할 수도 있다.

· 참여자들은 자기 이야기를 아름답게 치장하려는 내적인 압박을 받을

수 있다.

· 자신이나 자기가 속한 집단의 정치적 목적을 이루기 위해 이야기를 조작하거나 더 극적으로 과장할 수도 있고, 전체 중 일부분만 선택하여 이야기할 수도 있다.

· 트라우마가 다음 세대로 전달되도록 하는 도구로 이야기가 이용될 수 있다.

· 이야기하는 사람들은 자신이 '우리 집단의 대표'로서 이야기한다는 압박을 스스로 받을 수 있다. 그러면서 실제로 경험한 대로만 이야기하는 것이 아니라, 소속 집단을 정당화하는 쪽으로 이야기를 윤색할 수 있다.

· 참여자들이 이 과정에 참여할 준비가 안 되어 있을 수 있다.

· 참여자들이 자기 경험 이야기에 완전히 사로잡혀, 그것을 넘어서는 상태로 나아가지 못할 수 있다.

· 이런 프로그램을 가질 수 있는 안전한 공간을 확보하기 어렵다.

· 스토리텔링 그룹의 구성 균형이 좋지 않으면—특정 집단 소속이 지나치게 많다거나 하면—일부 참석자는 소외되거나 위험에 노출될 수 있다.

· 이야기를 다 하고 나서 방치될 수 있다. 자기 이야기를 한 사람들은 이후에 그 전과 다른 삶을 살 수 있도록 주변에서 도와야 하는데, 그렇지 못할 경우 더 큰 심리적 어려움을 겪을 수 있다.

5) 스토리텔링 프로그램 참여자들에게 기대하는 것

스토리텔링 프로그램 참여자들에게는 기본적으로 다음과 같은 것들이 기대된다.

· 정확하게 이야기하기
· 편안하게 침묵을 깨고 스스로 이야기하기(comfort break)
· 다른 사람들이 방해받지 않고 말할 수 있도록 해주기
· 타인을 존중하며 이야기 경청하기

위 사항들에 추가하여 다음과 같은 내용들도 기대될 수 있다.

· 적극적으로 참여하기
· 정직하게 임하기
· 평소 가지고 있던 생각에 대한 도전이 있을 때도 개방적 태도를 가지기
· 자기가 동의할 수 없는 것을 타인이 이야기해도 열린 마음을 가지고 조용히 듣기
· 여기서 듣는 이야기에 대하여 비밀을 지키기. 이때 적용되는 원칙은 채텀하우스 룰(Chatham House Rule)이다. 이는 모임에서 얻은 정보를 이용할 수는 있으나, 그것을 말한 사람이나 모임 참석자들의 신원은 밝히지 않는 원칙을 말한다.

6) 스토리텔링에서 고려할 사항들

스토리텔링 프로그램을 진행하는 데 있어, 다음과 같은 점들을 고려할 필요가 있다.

첫째, '침묵'에 대한 이해가 필요하다. 침묵은 북아일랜드의 갈등 기간 중 개인, 가족, 지역사회, 전체 사회가 갈등에 대응해온 주요 대응기전(coping mechanism)이었다. 스토리텔링은 바로 그런 침묵을 깨기 위한 것이다.

그러나 스토리텔링 프로그램에 참석해서도 곧바로 자신의 이야기를 하거나 타인의 이야기를 적극적으로 경청하는 것이 어려워서, 주저하고 침묵을 지킬 수도 있다. 이때 참석자들의 그런 침묵을 이해하고 존중해 주는 태도가 필요하다. 루스 패터슨(Ruth Patterson) 목사는 "당신이 누군가의 이야기를 이해하고 존중하려면, 먼저 그들의 침묵을 이해하고 존중해야 한다"고 말했다.

둘째, 준비 시간이 필요함을 인정해야 한다. 스토리텔링은 시간을 필요로 하는 과정이다. 급히 서두르거나 강제로 시킨다고 되는 일이 아니다. 사람들은 그들의 이야기를 하고 타인의 이야기를 경청할 수 있도록 준비되어야 하고, 그런 준비 시간이 주어져야 한다.

셋째, 안전한 환경이 꼭 필요하다. 스토리텔링은 안전한 사람들과 안전한 공간에서 진행되어야만 참석자들이 말을 할 수 있다. 이것은 가장 중요하면서도 가장 어려운 일에 속한다. 이런 상황을 만들려고 시도하는 것 자체가 가장 큰 도전일 수 있다.

넷째, 경청의 중요성을 공유해야 한다. 스토리텔링에서 참석자들은 자기 이야기를 말하고 싶어 한다. 그러나 동시에 정말로 타인의 말을 듣기도 원하는 것일까? 타인을 말을 들으면서 지금까지 가지고 있던 자신의 신념과 편견이 도전을 받을 수도 있기 때문에, 참석자들은 말하기만 원하고 듣기는 원하지 않을 수도 있다. 그래서 스토리텔링은 자신의 말을 하는 것만큼 타인의 말을 경청하는 것이 핵심임을 강조하고 인식시키는 것이 중요하다.

7) 성공적인 스토리텔링의 요소

다양한 국가에서 다양한 형식으로 스토리텔링 프로그램을 진행했던 연구자들은 각자 성공적인 스토리텔링 진행을 위한 제안을 제시해왔다.[3] 여기서는 여섯 명의 연구자들이 공통적으로 제안한 사항들과 의미가 큰 사항들을 정리해본다. 먼저, 공통적인 제안 사항은 다음과 같았다.

· 경청(good listening)이 필요하다. 즉 열린, 존중하는, 정확한, 공감적인 (empathy), 주의 깊은 상호 의사소통이 이루어지는 경청이 있어야 한다.
· 스토리텔링을 진행하는 기본 원칙(ground rule)이 확립되고 동의되어야 한다.
· 경험 있는 진행자가 안전한 공간을 제공하고, 신뢰를 얻고, 기본 원칙을 확립하고, 만남을 위한 기준(criteria)을 강화해주어야 한다.
· 스토리텔링 참여자들이 서로의 유사점과 차이점을 스스로 검토하게 해야 한다.
· 스토리텔링 안에 유연한 상호작용이 있어, 참석자들이 대화 경험에 스스로 들어가야 한다.
· 상대방이 가졌던 집단적이고 개인적인 감정과 고통을 인정할 수 있어야 한다.

---

3) Mohammed Abu-Nimer, "Conflict Resolution, Culture, and Religion: Toward a Training Model of Interreligious Peace building", *Journal of Peace Research* Vol. 38, no. 6, November 2001; Hizkias Assefa, "Reconciliation", Thania Paffenholz and Luc Reychier, *Peace-Building: A Field Guide*, Boulder Colorado: Lynne Rienner, 2001; Dan Bar-On, Fatma Kassem, "Storytelling as a Way to Work Through Intractable Conflicts: The German-Jewish Experience and Its Relevance to the palestinian-Israeli Context", *Journal of Social Issues* Vol. 60, No. 2, 2004; Ronald Fisher, *Interactive Conflict Resolution*, Syracuse, New York: Syracuse University Press, 1987; Luc Reychler, "Dialogue and listening", *Peace-building: A Field Guide*, Boulder, Colorode: Lynne Rienner, 2001; Tarja Vayrynen, "A Shared Understanding: Grammar and International Conflict Resolution", *Journal of Peace Research* Vol. 42, No. 3, 2005.

· 대화 참석자들이 소속 집단과 자신의 연결성(unity)과 분리(diversity)를 동시에 경험하도록 해야 한다. 즉 자신이 속한 집단의 대표처럼 생각하고 언행하는 동시에 집단과 구별되는 자신의 개별성에 기반한 언행도 할 수 있도록 해야 한다는 것이다.

모든 연구자의 공통적인 제안은 아니지만 숙고할 만한 의미 깊은 추가 제안들도 있었다.

· 대화 전에 사전 만남을 통해 먼저 준비작업을 하라(Bar-On).
· 참석자를 신중하게 선택하라(Abu-Nimer, Bar-On).
· 비공식적 환경(setting)을 사용하라(Vayrynen, Reychler).
· 강제적으로 하지 말라(Abu-Nimer).
· 상호 협력하는 과제(collaborative task)를 포함하라(Abu-Nimer).
· 짧고 강렬한 만남이 아니라 천천히 긴 시간의 과정이 되게 하라(Bar-On).
· 상호 갈등을 이해하는 것을 격려하고 다른 집단에 대한 비난이 없도록 하라(Fisher).
· 좋은 촉진 방법을 쓰라. 즉 격려하기, 하고 있는 이야기들이 맞다고 인정하기, 말을 받아 다시 언급해주기(restate), 성찰하기(reflecting), 불명확한 이야기 내용을 명확하게 정리하기(clarifying), 문제에 집중하기(centering) 등을 사용하라(Reychler).
· 새로운 관계와 사회를 건설하는 것이 참가자들 공동의 목표임을 이해하도록 하라(Vayrynen, Assefa).
· 최종적으로 서로를 이해하지 못하고 합의가 이루어지지 않는다 해

도, 그것을 실패라고 보지 않도록 하라(Vayrynen).

· 참석자들 각자가 쟁점이 되는 이슈에 대하여 어떤 입장에 있는지 스스로 알게 돕도록 하라(Abu-Nimer).

· 프로그램 이후 추적 과정(follow up) 활동과 과정 평가에 참석자들이 참여하도록 하라(Fisher).

2. 스토리텔링의 실제 운영

1) 준비작업

스토리텔링 프로그램을 운영하기 위해서는 사전에 많은 것들이 준비되어야 한다. 그것이 프로그램의 성공 여부를 결정하게 된다.

(1) 장소 선정

첫째, 안전하다고 느낄 수 있는 장소여야 한다. 그러면서도 참석자들이 평소 살고 있는 곳에서 떨어져 있다는 느낌을 주는 곳이 좋다. TUH에서는 육지로부터 가까운 한 작은 섬의 시설을 이용했다. 둘째, 장애인이 사용하기에 편리한 시설을 가진 공간을 택하는 것이 중요하다. 참석자 중에는 장애인이 된 사람들이 있을 수 있기 때문이다. 셋째, 편안한 공간이어야 한다. 화려하지는 않아도 편안하고, 산책하며 걸을 수 있는 공간이 있어야 한다. 그래서 사람들로 하여금 자기 이야기를 하고 싶다고 느끼게 유도하는 것이 필요하다. 넷째, 사적인 휴식 공간이 보장되는 곳이어야 한다. 또 소그룹으로 나뉘어 이야기할 때, 각 소그룹이 프로그램을 진행할 수 있는 부대 공간이 충분히 확보되어 방해받지 않도록 해야 한다.

(2) 참석자 선정

한 번의 스토리텔링 프로그램을 진행하는 데 있어 인원은 12~18명이 좋다. 12명 이하이면 참석자의 다양성이 적어지고, 18명 이상이면 다른 사람들과 하나로 연결된다는 느낌이 줄어든다.

① 1차 초청 숫자: 예상 참석인원의 두 배 정도 되는 사람들을 초청하고, 가급적 빠른 응답을 요청하여 참석자 선정에 들어간다.

② 참석자 선정 원칙: 사람들은 일상 생활 공간에서 들을 수 없는 다양한 목소리를 들으려고 프로그램에 나온다. 따라서 참석자의 다양성을 확보하는 것이 중요하다. 즉 대립하던 양측 모두에서, 가급적 다양한 배경과 경험, 생각을 가진 사람들로 구성한다. 단 너무 먼 곳에 살거나 과거 TUH 프로그램에 참석해본 사람은 프로그램 참여에서 제외한다. 또한 시간 관계상 부분적으로만 참석 가능한 사람은 제외하고, 전체 프로그램에 참석할 수 있는 사람만 선발하도록 한다.

③ 참석자 선정 준비: 스토리텔링 프로그램에 참석하기 전, TUH 스텝들이 참석 신청자들을 개별적으로 방문한다. 그들의 집이나 그들이 지정한 장소에 가서 참석 신청자들에게 프로그램에 대해 설명한다. TUH의 역사와 목표, 계획된 프로그램 내용, 그들이 참가할 때 기대할 수 있는 것, 스토리텔링에 참가하는 일의 유익과 위험, 참석할 가능성이 있는 다른 참가자들의 일반적인 배경, 프로그램 진행자(facilitator)에 대한 정보, 프로그램의 지도원칙(guiding principle) 등이다. 특히 모든 참석자는 이 지도원칙에 동의하고 서명해야 한다.

(3) 프로그램 진행자 준비

프로그램 안에서 구성될 각 소그룹들마다 참석자 4~6명을 배정하고,

각 소그룹마다 2명의 진행자(주진행자 1명, 보조진행자 1명)가 들어가게 한다. 그래서 보통 1회에 12~18명의 참석자가 들어오면 3개의 소그룹이 만들어지고, 그에 따라 6명의 진행자가 배치된다. 하나의 소그룹에 들어가는 주진행자와 보조진행자는 서로 다른 배경, 지역사회, 성별로 구성하는 것이 좋다.

주진행자는 과거에 보조진행자로서 이 프로그램에 참석해본 사람들 중에서 선택한다. 이들은 TUH 스탭과 만나 모임에 대한 예비 설명을 듣고, 팀 구성이나 각자 맡을 일들을 공유한다.

보조 진행자는 소그룹 토의에 함께 참석하여 진행한다. 스토리텔링 중에 어떤 참석자가 너무 스트레스를 받아 힘들어 할 경우, 보조 진행자가 그를 데리고 밖으로 나가 안정을 취하도록 도와주는 역할을 한다.

진행자에게 요구되는 기술과 경험은 다음과 같다.

· 소규모와 중간 규모 토론 프로그램을 진행할 수 있는 일반 능력
· 참석자들의 이야기에 대한 공감능력(empathetic listening). 이는 단순한 동정심, 연민(sympathy)의 마음과 구별된다.
· 트라우마 유발요소(trauma trigger)를 인지하는 능력
· 소그룹 안에서 참석자의 말과 그것을 경청하는 것의 영향을 인지하는 능력
· 과거 갈등에 대한 배경지식 및 관련 사항들을 알고 있어야 한다. 여기에는 역사적 측면부터 집단 내 역학, 관련자들에 대한 이해 등이 모두 포함된다.
· 진행자와 참석자의 적절한 경계 구분 능력. 몇몇 기관들은 스토리텔링을 진행하면서 진행자에게 자신의 과거 경험도 이야기하게 하지

만, TUH는 그렇게 하지 않는다. 진행자들이 참석자들에게만 집중하도록 하기 위해서이다.

· 진행자들의 출신 지역을 다양하게 분산시키는 것이 중요하다.

2) 스토리텔링 프로그램 실제 운영

(1) 1일차: 스토리텔링의 준비

① 참가자들이 각자 간단히 자기 배경을 소개한다(ice break).

② 각자 프로그램에 참석하면서 품고 있는 기대와 두려움을 포스트잇에 써서 붙이고, 진행자가 그것을 대신 읽어준다. 이를 통해 참가자들은 누가 어떤 마음으로 이 프로그램에 왔는지 이해하게 된다.

③ 프로그램 참석 이전에 예비 만남에서 TUH 스태프를 만나 설명을 듣고 서명했던 프로그램의 지도원칙을 다시 점검하고 확인한다.

④ 개회식(opening ritual)을 가진다. 개회식의 목표는 진행자와 참석자들이 하나가 되도록 하는 것(bonding), 참석자가 자신의 간단한 이야기들을 다른 참석자들에게 해주는(sharing) 것이다. 개회식 시작은 다음과 같이 한다. 참석자들은 프로그램 참가 신청을 하고 TUH 스태프들과 미리 만났을 때, 개회식에 자신에게 의미 있는 물건 한 가지를 가지고 올 것을 요구받는다. 개회식이 시작되면 앞에 놓인 큰 테이블 위에 자신들이 가지고 온 물건을 올려놓도록 한다. 처음에 진행자가 그중 한 물건을 선택하여 물건의 주인에게 그 물건이 어떤 의미를 가지고 있는지, 왜 가지고 왔는지 설명하도록 한다. 설명이 끝나면 말한 사람은 촛불 하나를 켜고, 테이블 위의 다른 물건을 하나 선택한다. 그러면 그 물건의 주인이 다시 앞으로 나가서 설명하는 방식으로 진행된다. 모두 설명을 마치면 모든 촛불이 다 켜지게 된다. 진행자는 이번 모임이 다양한 전통, 배경, 문화적 경험을 가진 사람들로

구성된 것임을 앞에 있는 여러 개의 촛불이 보여주고 있다고 설명한다. 그리고 그런 다양성과 차이가 이번 프로그램 기간 중 존중될 것임을 이야기한다.

⑤ 저녁 식사를 하고 서로 개인적인 대화를 나누면서 사귀는 시간(social time)을 가진다.

(2) 2일차: 스토리텔링 시행

① 등록(check-in)을 한 뒤 아침에 하나의 '단어'로 자신의 기분을 간단히 이야기하는 가벼운 첫 만남을 가진다.

② 참가자들이 어제보다 좀 더 심화된 자기소개를 하는 시간을 갖기 위해 '목걸이 구슬 워크숍(The bead workshop)'을 시행한다. 이것은 남아프리카공화국에서 흑백 간 대화 프로그램을 진행하면서 사용한 방식을 차용한 것인데, 자신의 삶을 5단계(어린 시절, 청소년, 청년, 중년, 노년)로 나누어 각 시기의 삶을 상징하는 색깔의 구슬들을 선택해 줄로 연결하여 하나의 목걸이를 만든다. 그리고 자신을 소개하면서 스스로 말하고 싶은, 또는 말하기 편안한 시기 하나를 선택하여 이야기한다. 강제적으로 하지는 않는다. 이런 시간을 통해 힘든 이야기를 하기 전에 먼저 자신에 대한 이야기를 할 수 있는 분위기가 만들어진다.

③ 소그룹으로 나뉘어 자신들의 이야기를 하고 타인의 이야기를 듣는 시간을 가진다. 이때 중요한 것은 안전과 다양성이다. 이곳이 아니었으면 결코 듣지 못했을 이야기를 듣는 것이 소그룹의 목표이다. 소그룹 구성은 예비 방문에서 얻은 정보, 참석자의 이 모임에 대한 기대, 첫날 보인 반응 등을 종합하여 스태프들이 결정한다.

소그룹을 시작할 때 진행자는 환영의 말을 하고, 지도 원칙, 비밀보장,

다른 사람의 말을 중간에 막지 않는 것이 이 시간의 핵심임을 다시 상기시킨다. 누군가를 지목해 말을 시작하도록 요구하지 않고, 준비가 되었을 때 누구든 자발적으로 이야기를 시작하도록 한다. 한 사람이 이야기하는 시간은 15~90분까지 허용한다. 그러나 시간 조절은 진행자에게 늘 어려운 일이다.

한 사람이 이야기를 끝내면, 진행자는 이야기해준 그의 용기에 감사를 표한다. 그리고 말한 사람에게 다른 이들로부터 질문을 받을 것인지 묻는다. 그러나 모든 질문에 반드시 대답할 필요는 없으며, 특정 질문이 불편하면 진행자가 중재하여 그 질문에 답하지 않도록 도와줄 수도 있다. 그렇게 사람들이 차례로 이야기를 해 나가도록 한다.

마지막 사람의 이야기가 끝나면, 소그룹 내 전체 참가자들에게 오늘 한 이야기에 대해 더 할 말이 있는지 질문한다. 질문이 있으면 그것을 다룬다. 마무리를 지은 후에는 휴식 시간을 충분히 가져 참가자들이 자신의 생각과 감정을 정리할 수 있도록 해준다. 이때 진행자는 각 참석자들과 간단한 개인적인 대화를 나누도록 한다.

그리고 진행자들끼리도 만나서 각 소그룹에서 있었던 일들에 대한 경험을 서로 나눈다. 이때 비밀유지 원칙은 그대로지만, 자기가 들어갔던 소그룹 안에 더 지지가 필요한 사람이 있을 경우 정보를 공유한다.

(3) 3일차: 마무리

① 등록(check-in)을 하고, 어제 소그룹에서 들었던 이야기들의 비밀보장 원칙을 다시 강조하여 주지시킨다.

② 어제 만났던 소그룹과 다시 만나서 느슨한 형식으로 이야기를 나눈다. 이 시간이 빨리 끝나면, 다음 순서인 평가 시간으로 바로 넘어갈 수도

있다.

③ 평가 시간을 가진다. 이 프로그램에서 어떤 것이 좋았고, 앞으로 어떤 변화가 있으면 좋을지 이야기를 나눈다. 말로 해도 되고, 종이에 써서 제출하도록 할 수도 있다. 소그룹 단위로 할 수도 있고, 전체 집단이 함께 할 수도 있다.

④ 마무리 폐회식(closing ritual) 시간을 가진다. 개회식에서 켰던 모든 촛불을 켜둔 상태에서 참석자들이 한 명씩 앞으로 나가 자신이 가져왔던 물건들을 도로 가지고 의자로 돌아가 앉도록 한다. 그리고 나서 간단한 소감, 감사의 말들을 나눈다.

⑤ 모든 촛불을 끄는 것으로 폐막(ending)을 한다. 그리고 나서 점심식사를 한다. 이때 이런 특별한 경험 이후 원래 살던 환경 속으로 다시 돌아간다는 것이 주는 외로움, 허탈감(anti-climax), 상실감을 이해하도록 설명해주고, 그것에 대해 서로 이야기하도록 한다.

3) 후속 활동(follow up)

① 전화 걸기: 스태프나 진행자가 참석자들에게 전화를 한다. 스토리텔링 이후 어떻게 지내고 있고, 어떻게 적응하고 있는지에 대하여 이야기 나눈다.

② 후속 문건(follow up material) 발송: 프로그램이 끝나고 나서 2주 안에 자료 문건(flip chart)을 보낸다. 그 안에는 프로그램 때 포스트잇에 썼던 기대와 두려움, 기본 원칙, 평가 등 행사에 대한 기억을 살릴 수 있는 것들과, 기타 지원 자료 목록들을 포함시킨다.

③ 이후 진행: 참석자들이 자동적으로 TUH 회원이 되는 것은 아니지만, 계속해서 TUH에서 나오는 발간물들을 우편물로 받도록 해준다.

3. 스토리텔링의 윤리

1) 윤리 원칙

스토리텔링 프로그램은 매우 민감하고 어려운 문제를 다루는 자리이기 때문에 윤리적으로도 매우 예민한 측면을 가진다. 따라서 TUH는 스토리텔링 프로그램을 운영하면서 다음과 같은 윤리적 원칙을 지키고 있다.

① 유익(beneficience)의 원칙: 스토리텔링 프로그램은 참석자에게 해를 끼치지 않는 것을 넘어 유익을 주고, 해로움과 착취로부터 자유로워지도록 해야 한다. 프로그램에 참여하기 전 스토리텔링의 유익과 위험을 미리 설명해줘야 한다. 그리고 스토리텔링 도중 공격적이고 민감한 이야기를 유도하지 않도록 해야 한다. 이 프로그램을 통해 말하고 들었던 이야기들, 그로부터 얻은 정보를 잘못 사용하는 일이 없도록 해야 한다.

② 위엄(dignity)의 원칙: 프로그램 참여는 스스로 자발적으로 결정해야 한다. 이 프로그램은 다른 참석자들을 전적으로 신뢰하는 가운데 자신을 드러내는 것이며, 이를 통해 프로그램과 관련된 모든 정보를 얻을 수 있는 권리도 동시에 가지게 된다는 것을 알도록 한다.

③ 정의의 원칙: 개인정보는 보호되어야 한다. 비밀보장(confidentiality)이 되어야 한다. 고지에 의한 동의(informed consent)를 통해 참가자들이 사전에 관련 사항들을 숙지하고 자발적으로 동의해야만 프로그램이 진행될 수 있도록 한다.

2) 스토리텔링의 윤리적 이슈들

스토리텔링 과정에서 TUH가 중요시하는 윤리적 이슈들은 다음과 같았다.

① 신뢰의 문제: 북아일랜드는 수십 년간 의심과 감시가 매우 심한 사회였기에, 상대 집단에 대한 불신이 매우 심하다. 따라서 상호신뢰를 형성하는 것이 매우 중요하다. 이를 위해서는 상대방 역시 자신을 믿지 못해 어려움을 느낀다는 것을 인정하고, 서로 배려하면서 프로그램을 진행하도록 해야 한다.

② 자기 집단의 대변자 역할(advocacy)을 하려는 문제: 때로 참석자들은 자신과 자신이 속한 집단이 트라우마를 얼마나 잘 이겨내고 있는지 강조하고 싶어 하고, 또 자기 집단 내의 희생자들을 지나치게 옹호하려 한다. 일종의 집단 대변자 역할을 하려고 하는 것이다. 이런 태도는 스토리텔링 프로그램의 진행을 어렵게 하기 때문에 그에 대한 주의가 필요하다. 즉 스토리텔링 프로그램은 개인의 경험과 생각을 표현하는 자리이지, 자기 집단을 옹호하고 선전하는 자리가 아님을 알도록 해야 한다는 것이다.

③ 진행자들의 권력관계(power relation) 문제: 프로그램 진행자와 참석자 사이의 권력관계가 문제가 될 수 있다. 즉 진행자와 스태프들이 너무 강압적이고 자신들의 목적을 위해 일방적인 태도로 스토리텔링 프로그램을 운영하면, 그로 인해 참석자들은 피해를 받고 착취당할 수 있다. 그러므로 스태프들과 진행자들은 프로그램에서 지나치게 위압적이거나 권위적으로 행동하지 않도록 주의해야 한다.

3) 녹음에 있어서 윤리적 문제

스토리텔링 프로그램을 진행하면서 녹음을 하는 일은 거의 없다. 스토리텔링 프로그램의 가장 기본이 되는 솔직함을 막을 수 있기 때문이다. 그러나 기록 중심의 스토리텔링 프로그램일 경우, 때로는 부가적으로 녹음이 필요할 수 있다. TUH는 이와 관련된 윤리적 원칙으로 PANOS institute

에서 나온 기준을 사용했다.[4] 그 내용은 다음과 같다.

① 편안한 장소가 중요하다. 보통은 말하는 사람의 집이 가장 좋다. 그리고 누가 옆에 있냐에 따라 이야기가 달라질 수 있음을 인식해야 한다.

② 녹음 장비를 편안하게 느끼도록 해줘야 한다. 과거 북아일랜드 갈등 과정의 경험들 때문에, 참가자들은 녹음 장비를 매우 의심하곤 한다. 따라서 녹음 장비에 신경을 덜 쓰고 편안히 느낄 수 있도록 배려해야 한다.

③ 신분이 밝혀지지 않도록 해줘야 한다. 자신의 이름을 생략하거나 가명을 쓰도록 해서 신분을 보호해준다.

④ 녹음할 경우 반드시 사전에 알려 동의를 얻고 문서에 사인을 받아야 한다.

4. 스토리텔링의 변형으로서의 대화

과거 적대적이었거나 다른 생각, 다른 경험을 지닌 사람들과 만남을 가질 수 있는 방식으로, 앞에서 살펴본 스토리텔링 방식과 함께 '대화(Dialogue)' 방식이 있을 수 있다.[5] 스토리텔링이 어떤 제재 없이 일방적으로 안전하게 자신의 이야기를 모두 할 수 있고, 이야기를 마친 뒤 질문을 받아도 질문에 반드시 답해야 할 의무가 없는 것과 달리, 대화는 상대방과 직접 말을 주고받으면서 진행되기 때문에 말하는 사람들은 직접 상대방으

4) PANOS Institute, *Giving Voice: Practical Guidelines For Implementing Oral Testimony Projects*, London: Panos Oral Testimony Program, 2003.

5) Liam O'Hagan, *Training Manual: Towards Understanding and Healing*, Towards Understanding and Healing, 2014, pp. 49~62.

로부터 반대 의견을 듣게 되고, 질문에 대해서도 반드시 대답해야 한다는 특성을 가진다. 그런 의미에서 '대화' 참가자들에게는 스토리텔링 참가자들보다 더 큰 개방성과 적극성이 요구된다.

이러한 '대화(Dialogue)' 프로그램은 참가자들의 상호이해와 신뢰 증진을 일차적인 목표로 한다. 그래서 참석자는 반대 의견에 대해서 열린 태도를 가져야 한다. 대화 도중에도 자신들의 시각과 의견은 접어둔 채 상대방의 시각과 의견에 귀를 기울여야 한다. 참가자들은 그동안 대립되고 갈등하던 이슈에 대해 새로운 시각을 가지기 위하여, 무언가 새로운 것을 이해하고 만나는 일에 적극적으로 임해야 하는 것이다.

대화는 그 특성상, 서로에 대한 질문이 반드시 있어야 한다. 진정한 대화란 사물의 본질을 점차 밝혀내는 종류의 말들을 의미하며, 그것이 상대방으로 하여금 말을 하고 대화를 이어가도록 만든다. 그런 의미에서 대화는 '적극적인 만남의 대화(active encounter dialogue)'를 의미한다. 이는 안전한 대화의 장을 통해 참가자들이 자신의 갈등 경험을 다루는 능력을 더 높일 수 있다는 믿음에 기반을 두고 이루어진다.

대화와 스토리텔링의 가장 큰 차이점은 대화를 하면서 만나게 되는 도전(challenge)의 요소이다. 스토리텔링에서 참가자는 아무런 제지나 논쟁 없이 자신의 경험을 이야기할 수 있다. 그리고 자신이 이야기한 내용에 대해 질문이 들어와도 대답할 의무를 지지 않는다. 그러나 대화에서는 질문에 대한 대답을 반드시 어느 정도는 해야 하기 때문에, 스토리텔링보다 훨씬 더 큰 상호작용 과정이 발생한다. TUH에서는 이 대화가 상대방을 존중하는 태도 속에서 이루어질 것을 요청하지만, 보통 일방적으로 자신의 이야기를 하게 되는 스토리텔링과는 많이 다를 수 있다.

스토리텔링에서는 한 사람이 아무런 외부 간섭 없이 자기 이야기를 하고 나서 다시 취약한(vulnerable) 상태로 남게 되는 위험성이 있다. 대화에서는 그런 취약성의 위험이 상대적으로 적지만, 자기 이야기에 대한 도전(반대)에 직면할 가능성이 있다는 점에서 더 큰 어려움을 가질 수 있다. 그래서 때로는 대화를 통해 오히려 양측의 차이가 더 분명해질 수도 있다는 것을 인식하고 있어야 한다.

5. 남북갈등, 남남갈등의 사회치유를 위하여

서로 죽고 죽이며 상대방에 대한 극한의 증오와 불신을 품고 살아왔던 이들이 상대방과 마주 앉아 솔직하게 자기 생각과 경험을 이야기하고, 상대의 생각과 경험을 들어보겠다고 나선다는 것, 그 자체가 대단한 용기와 자기 절제, 그리고 성숙한 지혜 없이는 불가능할 것이다. 그런 의미에서 북아일랜드 TUH에서 시행되고 있는 스토리텔링 프로그램은 그 내용과 방법을 알아가는 것 자체가 하나의 도전이었다. 인상적이었던 것은, 이들이 이런 프로그램을 준비하고 진행하면서 감정적이기보다 매우 침착한 이성적 태도를 가지고 있었다는 점이었다. 즉 모든 대립을 초월하여 이제는 무조건 하나가 되자고 얼싸안는 태도를 보이지 않았던 것이다. 그들은 이런 프로그램의 장점과 함께 제한점과 위험성도 충분히 고려하고 있었고, 오히려 이런 프로그램을 통해 참가자들이 더 상처받는 일이 없도록 최대한 신중하고 사려 깊게, 이성적으로 일들을 진행시켜 나감으로써 프로그램의 가치를 더 높이고 있었다. 이 프로그램에 참여한 이후 느끼는 공허감이나 허탈감까지 고려한 프로그램 운영은 많은 경험을 통해 축적되는 지혜를 보여주고 있었다.

이 프로그램을 통해 얻는 경험과 지혜가 한반도에서도 하나의 유용한 사회치유 방법으로 사용될 수 있기를 기대한다. 한반도의 남북한 대치 상황은 6·25전쟁 경험 등을 포함하여 극단적인 상호 증오와 불신으로 구성되어 있다. 그리고 그런 증오와 불신은 남북 사이에서뿐만 아니라 남한 내의 소위 좌-우, 보수-진보 진영 사이에도 그대로 존재하고 있다. 그 증오와 불신의 벽은 너무도 높아서, 어떤 때는 남북갈등 해결이 남남갈등 해결보다 차라리 쉬울지도 모른다는 생각조차 하게 만든다.

　우리 연구팀은 이번 북아일랜드의 스토리텔링 프로그램 연구 경험을 토대로, 향후 한반도 내에서도 사회치유를 위한 스토리텔링 프로그램을 운영할 수 있기를 기대한다. 먼저 남남갈등의 대표적 당사자들이 참여하는 프로그램을 시작으로, 탈북자와 남한 출신 사람들, 나아가 언젠가 북한과 남한 사람들 간의 스토리텔링 프로그램을 운영하여, 화해와 상생의 사회치유의 길을 열어갈 수 있기를 바란다.

제7장

사회치유 활동에 대한 성찰

전우택

북아일랜드의 갈등은 긴 역사를 가지고 있다. 1969년부터 1998년까지 30년 동안, 170만 명이 사는 북아일랜드에서 3,600여 명이 폭탄이나 총기 테러로 인해 사망했고, 3만 명이 심각한 신체적 부상을 입었다. 그들의 70%는 20~30대였고, 90% 이상이 남성이었다. 죽거나 심각한 부상을 당한 이들의 직계 가족만 10만 명이 넘어섰다. 문제는 이 희생자들이 대부분 민간인이었고, 같은 마을의 이웃들에 의해,—많은 경우, 자신이 왜 테러의 대상이 되었는지도 모른 채—그런 희생을 당했다는 것이다. 양측—신교도와 구교도라고 간단히 표현될 수 없는 훨씬 더 복잡한 정치적·경제적·역사적·민족적 배경을 가지고 있지만, 일단 가장 눈에 띄는 것이 신교와 구교라는 종교의 차이이므로 그렇게 표현되었다—의 서로에 대한 불신과 증오는 극에 달했지만, 이들은 결국 1998년 4월 평화협정을 맺는다. 더 이상 서로를 죽이지 말자는 데 마침내 동의한 것이었다.

그러나 평화협정이 맺어진 지 20년이 다 되어가는 지금도 북아일랜드의 내적 긴장과 대립은 여전하다. 한 마을 안에 신교도와 구교도가 사는 지역을 가르는 '평화의 벽(peace wall)'—참으로 역설적인 표현이 아닐 수 없다

—이 높이 서 있는 곳들이 여전히 흔하다. 그리고 각 지역에는 서로에 대한 증오를 드러내는 거대한 벽화들이 지금도 그대로 남아 있다. 서로 사용하는 병원이 철저히 구분되어 있기 때문에, 응급환자가 발생해도 가까운 병원이 아니라 자기가 속한 집단의 병원까지 옮겨가다 죽는 일들도 여전히 일어나고 있다. 93%의 아이들은 자기가 속한 종교기관과 연관된 학교에 다니기 때문에, 신·구교도 학생들이 서로 섞이는 일들은 거의 없다. 죽은 사람들의 유가족은 아직도 고통을 받고 있고, 피해를 입은 부상자들도 여전히 고통 속에 살고 있다. 그 고통 속에서 알코올 중독이나 마약 중독에 빠지는 이들도 많고, 가정폭력과 자살 비율도 높다. 외적으로는 평화를 이루었지만, 내적인 통합과 치유는 아직 요원한 상태처럼 보인다.

우리 연구팀은 2015년 1월 5일부터 12일까지 북아일랜드에서 가장 갈등과 테러가 심했던 두 개 도시, 즉 벨파스트와 런던데리, 그리고 아일랜드의 더블린에서 북아일랜드의 갈등을 극복하기 위해 노력하고 있는 총 11개 기관을 방문했다. 이 방문을 통해 북아일랜드의 내적인 사회치유와 통합을 위해 활동하는 많은 분들의 이야기를 나누고 관련 활동 기록이나 출판 자료들, 동영상을 볼 수 있었다. 아래에서는 그 방문을 통해 얻은 교훈을 정리해보고자 한다.

1. 북아일랜드 사회치유 활동이 주는 다섯 가지 교훈

필자가 북아일랜드의 여러 기관을 방문하고 면담과 자료 열람을 통해 얻은 다섯 가지 교훈은 다음과 같다.

1) 개인의 고통을 승화시키는 용기 있는 자들의 역할

북아일랜드에서 가장 먼저 눈에 띈 것은 사회치유와 통합을 위해 헌신적으로 일하는 '사람'들이었다. 그들은 각자 나름의 사연을 가지고 있었다. 그들에게 사연을 듣는 것은, 북아일랜드 갈등과 치유 노력을 이해하는 데 큰 도움이 되었다.

'WAVE Trauma Center'는 북아일랜드 갈등으로 인해 정신적 상처를 받은 유가족들과 목격자들, 감옥에 수감되었던 이들을 위해 정신건강 프로그램을 운영하고 있는데, 이곳의 한 남자 스태프는 29세 때 폭탄 테러로 아내를 잃었다.

신교도와 구교도들이 서로에게 자신의 이야기를 할 수 있도록 돕는 스토리텔링 프로그램을 시행 중인 'Towards Understanding and Healing'의 공동 책임자인 한 여성은 신교도 집안 출신이었는데, 어릴 때부터 '구교도는 상종할 만한 존재가 아니며, 다 박멸되어야 한다'고 귀에 못이 박히게 들었다. 물론 북아일랜드 갈등의 역사는 아무것도 제대로 배워본 적이 없었고 말이다. 그녀는 오빠가 신교와 구교의 공동 활동(cross community)에 참여하는 것을 보면서 자신도 구교도들에 대한 생각을 달리해야 하지 않을까 생각하기 시작했다고 한다. 그러나 신교도인 애인의 아버지가 구교도의 테러로 총을 맞는가 하면, 그와 결혼하여 임신 중이었을 때 남편이 구교도의 총격으로 한쪽 팔을 잃는 일까지 있었다. 그녀는 그로 인한 고통을 누구에게도 말하지 못한 채 긴 세월을 살았다. 그러다 지금 이 프로그램의 공동 책임자를 맡고 있는 구교도 남성을 만나게 되었고, 이런 아픔을 다룰 기관을 함께 만들자고 이야기하면서 이 일에 나서게 되었다고 한다. 한편 이 구교도 남성 역시 구교도들이 영국군 병사—치안 유지를 위해 북아일랜드에 파견되어 있었다—를 죽이면 환호하고 박수치는 환경에서 자라났다.

어린 시절, 그는 영국군 병사들이 자신과 전혀 다른 악의 화신들이라 생각하며 살았다고 한다.

지역사회에서 가난한 주민들을 위해 체육 활동, 건강지원, 상담 활동 등을 시행하는 기관인 'Health for Life'의 책임자는 구교도 측 무장투쟁단체인 IRA 출신이었다. 그는 1977년부터 어린 나이로 IRA의 첩보 관련 활동을 했으며, 1978년에는 함께 IRA 활동을 하던 형의 죽음을 겪었다. 당시 그는 오직 정의와 보복만 생각하며 살았다고 한다. IRA는 내부 교육에서 영국군을 사살하는 것에 대하여 '우리는 사람을 쏘는 것이 아니라 군복(uniform)을 쏘는 것이다'라고 꾸준히 주입했다. 그러나 보복이 점차 더 심해지고 폭력이 폭력을 만들어내는 것을 보면서, 그는 이렇게는 문제가 해결되지 않겠다는 생각을 하게 되었다. 그리고 우리 아이들만은 더 이상 이런 희생을 겪지 않게 해야 한다는 생각으로 평화를 위한 사회치유 활동에 나서게 되었다고 한다.

가는 곳마다 이런 사연들은 계속 이어졌다. 그리고 그들에 의해 북아일랜드의 평화와 통합, 화해가 이루어지고 있었다. 어쩌면 이들은 화해와 통합을 가장 반대할 만한 사연과 배경을 가진 사람들이었다. 그러나 그들은 자신들의 사연을 극복하고 이 일에 앞장서고 있었다. 그리고 그러했기에 그들의 말과 행동, 활동은 진정한 힘을 가질 수 있었다. 그들은 자신의 극한적 고통을 더 높은 가치를 위해 승화시킨 사람들이었다. 그들은 자신이 태어나고 고통받았던 땅을 떠나지 않고, 그 땅에서 살면서 그 땅의 문제를 해결하기 위해 노력하고 있었다. 그것이 그들이 역사에 참여하는 길이었다. 그리고 그들은 먼 외국에서 배우러 오는 사람들에게 기꺼이 자신의 경험을 들려주었다. 그들은 세계의 변방에 조용히 있는 것 같이 보였지만, 사실 세상을 변화시키는 중심에 서 있었다. 한반도에서 평화와 화해, 통일을 이야기하는 데 있어 필요한 것은, 이들처럼 스스로 분단의 희생자이면서도 먼저 화해와 통합을 위해 나설 수 있는 용감한 사람들일 것이다.

2) 생활밀착형 프로그램을 통한 현실적 통합

구교도와 신교도의 통합을 위한 기관인 174 Trust, Health for Life, Youth Link 등은 신교도와 구교도의 이론적이고 개념적인 통합을 말하지 않는다. 그보다 신·구교 사회가 공유하고 있는 구체적인 과제들, 즉 빈민복지, 알코올 중독이나 마약 중독 치료, 가정폭력 및 자살 예방, 장애아동 육아, 노인복지 등을 위하여 지역사회에서 신·구교도들이 함께 할 수 있는 일들에 집중하고 있다. 즉 이론이나 개념이 아니라 소위 '생활밀착형' 프로그램들을 운영함으로써 갈등과 분열의 집단을 하나로 통합하려 시도하고 있는 것이다. 또한 그들은 갈등의 직접 피해자를 위한 치유 프로그램을 자신들의 활동에 포함시키지 않고 또 다른 NGO들의 활동 영역으로 남겨두고 있다. 'Health for Life'의 책임자는 다음과 같이 이야기했다. "우리 지역 내의 갈등 해결을 위해 외부에서 해줄 일은 아무것도 없었다. 우리는 지역사회 내부에서 스스로 갈등을 해결해야 했다."

신교도와 구교도들은 수백 년간 서로 대화하지 않고 각자 자기들끼리만 모여 살면서, 자신들의 생각에만 사로잡혀 상대방을 인간이 아닌 '악마'로 보아왔다. 그러나 공동체의 현실적인 과제를 해결하기 위해 함께 이야기하고 행동하면서 서로를 이해하고 상대방을 비로소 '인간'으로 볼 수 있게 되었다. 이를 통해 갈등 해결의 길을 찾게 된 것이다.

3) 정신의학적 차원을 넘어서는 더 큰 치유

사회치유 활동을 하는 NGO인 'WAVE Trauma Center' 및 'Cunamh'을 방

문해보니, 이들 기관은 과거 테러에 의한 유가족들, 테러로 직접 상처받은 사람들, 테러 사고의 목격자들, 과거 감옥에 수감되었던 이들 등 매우 다양한 집단을 대상으로 정신치료(psychotherapy), 대체의학치료, 예술치료, 대화 치료 등을 시행하고 있었다. 그 치료에 정신과 의사는 참여하지 않지만, 치료의 내용과 수준, 효과는 아주 훌륭했다. 많은 경우 테러 유가족들의 PTSD 같은 질병들은 정신의학적 진단명이며, 그런 상태에 대한 치료는 정신과 의사에 의해 전문적으로 이루어져야 제대로 된 치료라고 생각하기 쉽다. 그러나 북아일랜드에서 본 많은 훌륭한 치유들은 정신과 의사에 의해 이루어지는 것이 아니었다. 물론 약물치료나 입원이 필요한 경우에는 당연히 정신과 의사가 개입한다. 그러나 대부분의 트라우마 치유 프로그램은 정신과 의사에 의해 이루어지는 것이 아니었다.

정신과 의사인 필자로서는, 유가족들이 모여 함께 그림을 그리는 예술 치료 같은 프로그램들이 실제로 유가족이나 테러에 의해 큰 상처를 입은 이들에게 어느 정도나 치료적 의미를 가질까 궁금할 수밖에 없었다. 그러던 중 'WAVE Trauma Center'에서 본 스테인드글라스 작품은 필자에게 많은 생각을 하게 했다. 그것은 19명의 유가족들이 만든 대형 공동작품이었다. 각자 자신의 죽은 가족을 기억하고 추모하는 내용의 작은 스테인드글라스 작품을 만들고, 그 작품들을 연결하여 하나의 큰 스테인드글라스 작품으로 만든 것이었다. 상처를 가진 사람들이 함께 모여 자신의 아픔을 표현하고, 함께 아픔을 공유하면서 연대감을 쌓는 모습을 볼 수 있었다. 19명의 참가자들은 이 작품을 만들면서 어떤 치유적 체험을 했는지를 아주 선명하게 보여주었다. 그 체험은 향정신성 약물로 제공할 수 있는 게 아니었다. 유가족들이 함께 만든 퀼트 작품도 마찬가지였다. 유가족 자녀들이 그린 그림을 모아 만든 작품집도 있었다. 이 모든 것들은 공동으로 예술작품을 만드는 과정이 트라우마로 상처 입은 사람들을 어떻게 위로하고, 하나의 유대감 속에 있게 하고, 그래서 어떻게 치유하는지를 아주 선명하게 보여주었다. 예술치료를 진행하는 스태프들에게 프로그램의 경험과 효과를 묻자 그들은 다음과 같이 이야기했다.

희생자들은 고통 그 자체로도 힘들지만, 그런 일을 겪고도 아무것도 할 수 없다는 무기력감, 왜소함, 스스로가 비겁하다는 느낌으로 더 큰 고통을 받는다. 그들은 죽은 가족과 자신이 겪은 일에 대해 아무것도 할 수 없다는 느낌에 더욱 절망하는 것이다. 예술작품을 만드는 활동은 이들이 겪은 일에 대해 스스로 무언가 할 수 있고, 저항할 수 있고, 다시 일어설 수 있음을 보여줌으로써 그들에게 큰 힘을 줄 수 있다. 희생자들과 그 가족들이 잊히고 버려진 존재가 아님을 타인들과 사회에 보여줌으로써 이들은 스스로 큰 힘을 얻는다. 그리고 예술작품이나 공예품 그 자체가 중요한 것이 아니라, 그것을 위해 함께 모인 사람들이 자신의 곁에 있다는 사실 자체에서 큰 위로와 힘을 얻는다. 함께 모여 하나의 감정과 하나의 마음으로 공동의 일을 하는 것이 주는 큰 힘을 이들은 강렬한 치유적 체험으로 가지고 있다.

치유는 정신의학의 영역을 포함하지만, 동시에 그것을 넘어선다. 미술, 음악, 소설, 시, 연극, 영화, 종교, 법률, 의학 등 다양한 전문 분야에서 다양한 방법으로 치유를 위해 노력하고 그것들이 서로 조화를 이룰 수 있도록 하는 것은 매우 중요한 사회적 자산이고 능력이다.

4) 최종 승부는 교육
북아일랜드에서는 평화협정 이후에도 여전히 구교 아이들은 구교 학교에, 신교 아이들은 신교 학교에 다닌다. 전체 어린이의 93%가 그런 상황에 있다. 같은 마을에 살면서도 다른 종교 집안의 아이들은 서로 만날 기회도, 같이 놀 기회도 없다. 그러면서 가족의 어른들이나 집단 내 다른 아이들의 이야기를 통해 상대방에 대한 이미지를 공고히 가지게 된다. 이는 북아일랜드의 미래 평화에 가장 큰 위협 요소 중 하나이다. 상대방에 대한 편견을 가지고 어른이 되어가는 것이기 때문이다. 이를 해결하기 위한 핵심은 결국 교육이다. 그리고 그 대안으로 나온 것이 신·구교도 어린이들이 같이 다니는 통합학교(integrated school)의 운영이었다. 현재 전체 어린이의 7%가 이런 통합학교에 다니고 있다. 이 아이들이야말로 북아일랜드 미래 평화의 희망일 수 있을 것이다.

그런데 이런 교육을 실시하는 데 있어 가장 큰 어려움은 바로 '교사'였다. 북아일랜드 통합교육의 책임기관인 NICIE(Northern Ireland Council for Integrated Education)의 책임자는 통합교육 교사를 구하기 어려운 이유에 대해 다음과 같이 이야기했다. 첫째, 교사 자신이 다른 전통(신·구교)에 대한 경험이 없다. 둘째, 갈등과 갈등해결을 다루는 기술훈련을 충분히 받은 교사가 드물다. 셋째, 지역사회에서 신·구교도 간에 좋은 관계를 맺고 살아본 경험이 없어, 그를 위한 기술 훈련도 부족하다. 넷째, 교실에서 신·구교 간의 예민한 이슈를 제기하는 것이 쉽지 않다. 다섯째, 통합을 다루는 자료(resource)가 없다. 그러면서 평화교육을 제대로 실시하기 위해서는 좋은 교사의 양성이 반드시 필요하며, 그것이 사회의 중요한 과제가 되어야 한다고 말했다.

결국 핵심은 교육이다. 평화교육은 초등학교, 중고등학교, 대학교, 대학원과정 모두에서 중요하게 다루어져야 한다. 북아일랜드의 많은 사회치유와 통합, 평화를 위한 프로그램들은 자체 활동만으로 끝나는 것이 아니라, 많은 경우 차세대 전문가 양성을 위한 교육 프로그램과 연결되어 있었다.

예를 들어 'WAVE Trauma Center'는 사회치유 프로그램을 진행하면서 그것을 대학 학부과정의 사회사업 실습이나 대학원의 석·박사 학위과정 등과 연계시키고, 학술적 차원에서 차세대 전문가를 양성할 수 있도록 돕고 있었다. 이런 교육을 받은 사람들이 향후 통합교육 교사로서 활동해 나갈 수 있을 것이기에, 모든 사회치유 프로그램들을 교육과정과 연계시키는 것은 여러 가지 면에서 중요하다.

교사와 함께 통합교육에 반드시 필요한 또 다른 핵심 요소는 교육 자료이다. 이것은 누군가 다른 사람들이 만들어줄 수 있는 게 아니라는 생각으로, 사회치유 활동을 하는 사람들 스스로가 그런 자료를 만들기 위해 기록 정리와 보존에 노력하고 있는 것이 인상적이었다. 그들은 자신의 고민과 활동, 노력과 성찰을 모두 철저하게 기록하고 문헌으로 정리해놓고 있었다. 자신들이 어떤 내용을 어디까지 고민했고, 어떤 토론과 성찰을 통해 어디까지 합의를 했으며 어디부터 이견이 벌어졌는지, 그런 논의에서 가장 중요한 원칙은 무엇이었는지 등을 각 기관마다 매우 자세하게 기록해두었다. 후대 사람들이나 비슷한 고민을 하는 해외 연구자들이 쉽게 이용할 수 있도록 보고서, 단행본, 소책자, 동영상, 예술작품 책자, 정기 출판물 등 다양한 형태로 공간한 것은 물론이다. 이는 결국 차세대 양성과 교육이 핵심이라는 믿음 속에서 이루어지고 있는 일이었다.

5) 특성 있는 NGO 기관들의 자발적 헌신

큰 폭력이나 사회적 트라우마의 피해자들을 위한 국제사법처리 방식은 진상규명, 가해자 처벌, 명예회복, 금전적 배·보상, 기념사업 등을 강조한다. 그러나 이 모든 것들이 다 이루어진다 해도, 희생자의 고통을 진정으로 회복시키고 트라우마 이전의 상태로 모든 것을 되돌릴 수는 없다. 그리고 일정 부분 배상이 이루어지고 나면 그것으로 국가나 사회의 일은 다한 것이므로 피해자들은 운명이라 받아들이고 조용히 살아야 한다는 생각도 금물이다. 배·보상 이후에도 희생자들은 여전히 완전히 치유될 권리를 가지고 있고, 사회는 그들을 위해 트라우마 센터를 비롯한 다양하고 세밀한 지원 및 치료활동을 제공해야 한다. 이때 중요한 것은 이러한 활동을 하는 비정부기관들이다.

우리 연구팀이 방문한 기관들은 모두 자발적인 비정부기관으로서 활동하고 있었다. 이들은 매우 다양하면서도 일부 겹치는 목적과 활동 내용을 가지고 있었기에, 어찌 보면 그 양상을 '난립'이라고 말할 수 있을지도 모른다. 그러나 각 기관들은 자신의 철학과 정신을 가지고 헌신적으로 당당하게 제 할 일들을 하고 있었다. 이들은 그런 활동을 통해 돈을 벌겠다거나 대단한 명예를 얻겠다는 것이 아니었다. 다만 자기가 태어나 살고 있는 지역의 가장 크고 아픈 문제들을 직시하고 그것을 해결하기 위해 조용히, 그러나 열심히 일하면 그것으로 충분하다는 의식을 가지고 있었다. 그런 기관들의 활동을 효율화한다는 명목으로 정부가 억지로 기관의 통폐합을 추진하지도 않았다. 또한 기관들도 재정 문제 해결을 위해 자신들의 신분을 공무원으로 바꾸어달라고 요구하지 않았다. 그들에게 중요한 것은 자신들이 직면한 문제들에 대한 전문성과 열정, 그리고 지속성뿐이었다. 그것이 각 기관들을 개성 있고 열정적인 조직으로 만들고 있었다. 시민사회와 민간 비정부기구의 성숙성과 활동 능력이 결국 사회치유에서 가장 중요한 요소임을 확인할 수 있었다.

2. 지역을 넘어 세계로 연결되기

각 나라마다 갈등은 그 상황과 성격이 다 다르므로, 어느 한 지역에서 잘 작동한 해결 방식이라고 다른 국가, 다른 사회에도 그대로 적용되는 것은 아니다. 예를 들어, 북아일랜드에서는 남아공 식의 '진실과 화해 위원회'가 운영되지 않았다. 남아공에서는 가해자와 피해자가 선명히 구분될 수 있었지만, 북아일랜드에서는 긴 갈등의 과정 속에서 피해자이면서 동시에 가해자가 되는 일들이 많았기 때문이다. 그러나 북아일랜드의 많은 연구자들은 남아공의 사례가 그들에게 큰 도움이 되었다고 이야기했다. 특히 알렉스 보레인(Alex Boraine)이 북아일랜드를 방문하여 남아공의 사례를 이야기한 보고서는[1] 북아일랜드의 많은 NGO 활동에 중요한 지침이 되었다고 한다. 상황과 성격은 달라도 갈등과 그 해결을 위한 노력이 가지는 본질은 유사한 측면이 충분하기 때문이었다. 이런 북아일랜드의 사례는 한반도를 포함하여 사회적 갈등이 극심한 많은 국가, 사회들에 중요한 지침을 주고 있다. 그런 의미에서 전 세계의 고통받는 사람들은 모두 서로 연결되어 있다. 그리고 그 연결을 통해 서로의 아픔으로 서로에게 위로와 해결을 위한 지혜를 주게 된다. 그러기에 자신의 고통만 쳐다보면서 계속 아파하는 것이 아니라, 전 세계 다른 지역 사람들의 고통과 아픔을 바라보는 '시선의 변화'가 필요한 것이다.

정말로 인간은 트라우마를 극복하고 평화를 만들어낼 수 있는 존재인가? 인간은 무력에 의한 승부가 아닌 방법으로 평화를 만들어낼 수 있을까? 북아일랜드는 그것이 가능함을 보여준다. 비록 과거에는 서로를 극단

---

1) Alex Boraine, *All Truth is Bitter*, 1999.

적으로 증오하면서 잔인한 테러를 끝없이 자행했지만, 결국 무력으로 승부를 내지 않고도 이성적 판단과 헌신적 포용의 정신으로 평화를 만들 수 있음을 북아일랜드는 보여주었다. 그러나 동시에 북아일랜드는 그 불가능성을 보여주고 있는 것도 사실이다. 폭탄 테러와 총격은 잠시 멈출 수 있지만, 인간의 내면에 존재하는 근본적이고 뿌리 깊은 상호불신과 의심, 그에 따른 증오는 잠시 덮여 있는 것뿐 언제든지 다시 세상 밖으로 터져 나올 수 있음을 북아일랜드의 긴장이 무엇보다 잘 보여주고 있다. 그래서 그 긴장은 다시 새로운 이성적 판단과 헌신적인 포용을 요구하고 있다. 이는 일반적으로 생각하고 믿는 '정의'와는 다른 것일 수 있다. 힘에 의해 악인들을 처벌하고 정의를 세우는 것이 현실 세계에서 그리 간단한 이야기가 아님을 북아일랜드 상황 및 한반도의 상황은 우리에게 보여준다.

TRAUMA

SOCIAL

HEALING

제1장

캄보디아 역사와 '킬링필드'

신보경

1. 캄보디아의 역사

인류 역사상 가장 찬란한 문명 가운데 하나로 손꼽히는 앙코르(Angkor) 문명을 꽃피웠던 캄보디아에는 지금도 세계 전역의 여행자들이 그 위대한 문화유산을 보기 위해 몰려들고 있다. 하지만 한때 동남아시아 최강국으로서 동서양 통틀어 세계 최대의 도시가 번성했던 캄보디아는 현재 아쉽게도 사회경제적 어려움을 겪고 있는 개발도상국에 머물고 있다. 뿐만 아니라 '킬링필드(Killing Fields)'로 잘 알려진 민주 캄푸치아 시대(1975~1979) 대학살의 역사는 앙코르와트(Angkor Wat)와 더불어 캄보디아를 상징하는 대표적인 사건으로 자리하고 있다.

802년, 자야바르만 2세(Jayavarman II)가―지금의 캄보디아(Cambodia), 크메르어로 캄푸치아(Kampuchea)라는 명칭이 비롯된―크메르제국(Khmer Empire)을 건립한 이후, 캄보디아는 타이의 동북부와 라오스, 베트남 일부 지역까지 영토를 확장하며 약 600여 년 동안 화려한 앙코르 왕조의 시기를 보냈다. 가장 유명한 앙코르와트를 중심으로 앙코르의 수많은 유적은 모두 이 시기의 역사적 산물이다.

그러나 1218년 자야바르만 7세가 죽은 뒤 지속된 내분과 베트남 및 타이왕국 등 외세의 침략으로 캄보디아의 국력은 급속히 약화되었고, 이후 서양 열강의 식민지 쟁탈전이 벌어진 19세기 후반부터 20세기 중반까지 프랑스의 보호국으로 전락하여 1887년 프랑스령 인도차이나의 일부로 편입되었다. 프랑스의 식민지배 아래서 캄보디아의 왕위는 노로돔 1세(Norodom I, 1860~1904 재위), 시소와트(Sisowath, 1904~1927 재위), 모니봉(Sisowat Monivong, 1927~1941 재위) 등으로 이어졌다. 캄보디아는 제2차 세계대전으로 형성된 프랑스 비시(Vichy) 정부와 일본 사이의 조약으로 전쟁의 승패에 따라 프랑스뿐만 아니라 일본의 지배까지 반복적으로 받게 되었다.

이후 캄보디아는 시아누크왕(Norodom Sihanouk)을 중심으로 독립을 위해 지속적으로 노력했고, 1953년에 비로소 프랑스의 지배에서 벗어나 완전히 독립할 수 있었다. 이때부터 시아누크 시대(1941~1970)로 접어든 캄보디아는 지도자에 대한 절대적 지지 속에서 상대적으로 평화로운 정국을 이어 나갈 수 있었다. 하지만 1970년 론 놀(Lon Nol) 장군이 시아누크가 우호국을 순방하는 틈을 타 쿠데타를 일으켜 성공시킨 뒤 친미 정권이 들어서면서 캄보디아는 오랜 내전에 시달리기 시작했다.

쿠데타로 정권을 장악한 론 놀은 크메르공화국(Khmer Republic)을 수립하고 반정부 세력을 공산주의자로 간주하여 탄압했다. 한편, 론 놀 장군에 의해 캄보디아로 귀국이 불허된 시아누크왕은 중국으로 망명하여 공산 반군인 크메르 루즈(Khmer Rouge)와 연합하고 '캄푸치아민족통일전선(National United Front of Kampuchea)'을 구성했다. 그러나 미국에 의지한 론 놀 정부의 크메르공화국 시대(1970~1975)는 미국이 인도차이나에서 철수하면서 붕괴되었고, 1975년 폴 포트(Pol Pot)가 이끄는 크메르 루즈가 프놈펜(Phnom Penh)을 장악하게 되었다.

1975년 4월 17일, 5년간의 내전을 끝내고 캄보디아 수도인 프놈펜을 점령한 크메르 루즈는[1] 폴 포트를 중심으로 '민주 캄푸치아(Democratic Kampuchea)'를 세운 뒤, 마오쩌둥주의에 기초한 극단적이고 급진적인 혁명 정책을 실시했다. 그들은 자본주의적 요소를 모두 부정하고 캄보디아를 철저히 고립시켜 새로운 사회주의 국가를 창조하고자 했다. 크메르 루즈는 먼저 프놈펜의 인구를 소개(疏開)하고, 이어 지식인 계층과 유산계급 척결, 경제 군사화, 종교행위와 전통 관습 철폐, 시장 폐지 등을 통해 혁명 과업을 수행하기 시작했다. 이 과정에서 자행된 대규모의 중대한 인권침해 행위—고문, 기아, 강제노역, 불법 살인 등—로 인해 크메르 루즈 정권 4년 동안(1975. 4~1979. 1) 당시 캄보디아 전체 인구의 1/3인 약 2백만 명이 사망했다.[2]

이처럼 잔혹했던 크메르 루즈 정권은 폴 포트의 극단적인 정책에 반대했던 크메르 루즈의 일부 세력이 베트남으로 건너가 결성한 '캄푸치아구국민족통일전선(Kampuchean United Front for National Salvation: KUFNS)'과 베트남의 무력 침공에 의해 1978년 12월에 결국 몰락했다. 이후 친베트남 세력인 헹 삼린(Heng Samrin), 체아심(Chea Sim), 훈센(Hun Sen)이 프놈펜에 입성하여 크메르 루즈를 축출하고 '캄부치아인민공화국(People's Republic of Kampuchea: PRK)' 정부(1979~1989)를 수립했다. 크메르 루즈 정권 시기는 캄보디아의 2천여 년 역사 중 겨우 4년에 불과했지만, 가장 참혹하고 괴로웠던 고통의 시간이었다.

---

1) 공식 명칭은 캄푸치아공산당(Communist Party of Kampuchea, CPK)이며 '붉은 크메르군'이라는 의미를 가지고 있다.

2) Suzannah Linton, *Reconciliation in Cambodia*, The Documentation Center of Cambodia, 2004.

[연표] 캄보디아의 역사*

1863~1953 프랑스 식민 지배기

1963	노로돔왕 프랑스의 보호령이 된다는 조약에 서명, 단계적 식민 지배 시작
1941	프랑스 식민정부에 의해 노로돔 시아누크(Norodom Sihanouk) 왕으로 즉위
1953	프랑스로부터 완전 독립

1941~1970 시아누크 시대

	근대국가 건설을 위한 위로부터의 개혁, 의회민주주의 도입
1955	시아누크가 왕위를 자신의 부친인 수라마릿에게 이양

1970~1975 크메르공화국(Khmer Republic)

1970	론 놀 수상의 쿠데타 성공, 우익정부 수립, 크메르공화국(Khmer Republic)으로 국명 개칭
1975	미군의 베트남 철수 이후 론 놀 지지 세력 상실, 정권 붕괴
	시아누크 중국 망명, 크메르 루즈 세력과 연합해 캄푸치아민족통일전선 결성

1975~1979 민주 캄푸치아(Democratic Kampuchea)

1976	폴 포트(Pol Pot)가 지휘하는 공산주의 세력 크메르 루즈 프놈펜 입성, 국명을 민주 캄푸치아(Democratic Kampuchea)로 개칭하고 극단적인 공산체제로의 회귀 시행
	킬링필드 발생, 약 2백만 명에 달하는 무고한 국민들이 대규모 학살당함

1979~1991 캄푸치아인민공화국(People's Republic of Kampuchea)

1979	캄푸치아민족구국통일전선(KUFNS)이 베트남 군대와 함께 캄보디아 정복, 폴 포트의 크메르 루즈를 태국 국경 근처로 몰아냄
	인민당의 삼림, 친베트남의 캄푸치아인민공화국 건립, 크메르 루즈 포함 반베트남 3개 계파는 민주 캄푸치아연합정부(CGDK)를 구성하여 내전 개시
1989	캄보디아 주둔 베트남 군대 철수

1991~현재 캄보디아왕국(Kingdom of Cambodia)

1991	4개 정치 세력 중심으로 최고민족평의회(Supreme National Council) 구성, 10월 4개 정파와 19개국 대표가 참가한 가운데 파리평화협정 체결, 캄보디아 내전 종식
1993	UNTAC 주관하에 총선거 실시, 입헌군주제 캄보디아왕국 재건, 노로돔 시아누크 왕으로 재즉위
1998	총선 이후 연립정권 수립, 훈 센 총리 임명
2004	시아누크의 뒤를 이어 시하모니(Norodom Sihamoni)가 왕위 계승

* 자료: KOTRA 프놈펜 무역관, 「캄보디아」(2016), Retrieved 9 August 2017, http://news.kotra.or.kr/pdfView/nationInfo/nationPDF/101073/101073.pdf를 참고하여 정리.

그러나 폴 포트의 크메르 루즈 정권이 몰락했음에도 이후 10년 동안 캄보디아는 친(親)베트남 정부와 반정부 3대 파벌 세력까지 총 4개 정파 간의 지속적인 갈등과 내전으로 혼란을 겪어야 했다.

1989년 베트남군이 철수하고 국제적으로 냉전 체제가 완화, 해체되기 시작하면서 캄보디아 문제를 해결하기 위한 국제사회의 움직임도 본격화되었다. 1991년 10월 파리에서 캄보디아의 4개 정치 세력이 평화협정에 서명함으로써 13년에 걸친 내전이 종식되었다. UN 안전보장이사회는 파리 평화협정에 따라 '국제연합 캄보디아 과도행정기구(UN Transitional Authority of Cambodia: UNTAC)'를 구성했고, 1993년 5월 국제연합의 주관하에 총선거가 실시되면서 입헌군주제에 기초한 캄보디아 왕국(Kingdom of Cambodia)이 재건되고 시아누크가 왕으로 복위했다. 현재 캄보디아의 국가원수는 노로돔 시하모니(Norodom Sihamoni, 2004. 10. 29 이후 재위 중) 국왕이며, 정부 수반인 총리는 훈 센(Hunsen)으로 실질적인 국정을 운영하고 있다.

2. 킬링필드

1975년 정권을 잡고 1978년까지 통치하는 동안, 폴 포트와 크메르 루즈군은 당시 캄보디아 인구의 1/3에 달하는 200만 명을 학살했다. 이른바 '킬링필드'라 불리는 대량학살이다. 오늘날 캄보디아를 찾는 관광객들은 캄보디아의 자존심이라 할 만큼 찬란했던 앙코르의 문화유산을 관광함과 동시에, 도저히 인간이 저질렀다고 믿을 수 없는 잔혹한 학살의 역사, 캄보디아인들은 감추고 싶고 잊고 싶을 기억의 장소인 킬링필드를 방문하여 다크 투어리즘(Dark Tourism)을 통해 극과 극의 모습을 지닌 캄보디아를 보고 듣고 느끼며 경험하고 있다.

'킬링필드'는 학살이 발생했던 장소를 말하며, 사실상 캄보디아 전 국토를 뜻할 정도로 엄청난 수가 분포되어 있다. DC-Cam의 "Ten-year

Mapping Project(1995~2004)"에 따르면 캄보디아 전역에서 388개 지역 총 19,733개의 집단매장지가 발견되었으며,[3] 아직 발견되지 못한 대량학살의 장소가 다수 더 존재할 것으로 예상된다. 캄보디아 수도 프놈펜에서 차로 1시간 거리에 위치한 쯩아엑 학살센터(Choeung Ek Genocidal Center)는 프놈펜에서 학살이 발생했던 장소로, 이곳에는 캄보디아에서 가장 큰 위령탑이 세워져 있다. 대중에게 흔히 캄보디아의 '킬링필드'로 알려진 대표적인 장소이다. 이곳이 캄보디아에서 가장 많은 수의 사람들이 집단처형을 당하고 매장된 장소이기 때문일 것이다. 쯩아엑 킬링필드는 크메르 루즈 정권으로부터 해방된 1979년에 발견되었으며, 발견 당시 129개의 공동매장지가 있었다. 그중 86개를 발굴하여 총 8,985구의 유해를 수거했다. 가장 큰 공동매장지에서는 무려 450구의 유해가 한꺼번에 발굴되기도 했다.[4]

캄보디아 정부는 1988년 쯩아엑 킬링필드에 위령탑(Memorial Stupa)을 건립하는 프로젝트를 시작했다. 1989년에는 쯩아엑 킬링필드에서 발굴된 유해들을 영구보관할 수 있도록 화학처리를 거쳐 새로 건립한 위령탑 내로 이전하여 현재까지 일반인들에게 공개되고 있다. 위령탑은 17층 높이(62m)의 유리벽으로 이루어져 있으며, 약 8,000명의 유골이 빼곡하게 안치되어 있다.[5] 뿐만 아니라 산더미 같은 희생자들의 뼛조각, 옷, 신발, 스카프 등과 함께 학살에 사용된 도구들도 함께 전시되었다. 현재 위령탑 주변은 작은

---

3) P. Pong-Rasy, "Burial"(2008), Phnom Penh: Documentation Center for Cambodia, http://www.d.dccam. org/Projects/Maps/List_of_Burial_Site_Most_Updated.pdf.

4) "Killing Field - Phnom Penh - Cambodia - Home"(2012), Retrieved 29 May 2017, http://www. cekillingfield.org/index.php/en/.

5) "Buddhist Cremation Traditions for the Dead and the Need to Preserve Forensic Evidence in Cambodia"(2017), Retrieved 11 August 2017, http://www.d.dccam.org/Projects/Maps/Buddhist_ Cremation_Traditions.htm.

공원처럼 꾸며져, 방문객들이 위령탑을 중심으로 표시해둔 번호를 따라 돌면서 오디오 가이드를 통해 당시 상황 설명과 함께 생존자들의 생생한 증언을 들을 수 있도록 하고 있다.

쫑아엑 킬링필드에서 자행된 학살의 대상은 대부분 프놈펜 근교의 뚜얼슬랭(Tuol Sleng) 수용소 수감자들이었다. 크메르 루즈 정권이 프놈펜을 소개(疏開)하던 당시에 캄보디아 국민들은 굶주림, 탈진, 강제노역, 처형 등의 다양한 이유로 죽어갔지만, 특히 군 장교와 관료, 교사, 의사, 기술자 등의 전문직 종사자와 지식인, 심지어 승려들은 무차별적 고문과 처형을 당해야 했다. 사실상 고등교육 이상을 받은 캄보디아 국민은 말살당했으며, 그저 안경을 쓰고 있거나 손이 곱다는 등의 황당무계한 이유로 무참히 살해당하기도 했다. 이와 같이 지식인들을 수용하고 고문하며 끝내 킬링필드로 이송해 처형하기 위해 프놈펜의 뚜얼 스베이 프레이(Toul Svay Prey) 여자고등학교를 폐쇄한 자리에 뚜얼슬랭 수용소가 세워졌다. 이 수용소는 공식적으로 'S-21(Security Prision 21)'이라는 명칭으로 불렸으며, 폴 포트 정권이 무너질 때까지 당시 캄보디아에서 가장 큰 수용소로 약 1만 명 이상을 수용하여 잔악한 고문과 처형의 장소가 되었다.

1979년 베트남 군대가 프놈펜에 진주한 후 S-21은 해방되었으며, 그 당시 7명의 생존자와 14구의 시신이 발견되었다.[6] S-21은 이듬해 1980년 7월 13일부터 베트남 장군에 의해 고문박물관으로 탈바꿈하여 일반인들에게 공개되기 시작했고, 현재까지 쫑아엑 학살센터와 함께 가장 많은 관광객들이 방문하는 역사의 장소가 되었다. 뚜얼슬랭 고문박물관은 3개의 건물

---

6) D. Keo, N. Yin, "Fact Sheet: Pol Pot and His Prisoners at Secret Prison S-21", Phnom Penh: The Documentation Center of Cambodia, 2011.

로 되어 있으며, 당시 사람들을 감금하고 고문했던 공간의 모습을 보존하고 있다. 또한 당시 희생자들의 머그샷(mug shot)이 킬링필드에 대한 설명과 함께 벽면을 가득 채우고 있어, 방문객들에게 당시 희생자들의 고통이 영원히 머물고 있는 곳이라는 느낌을 전달한다. 뚜얼슬랭에서 발견된 소수의 생존자들은 사진이나 그림, 이발 등 특정 기술을 가지고 있었던 덕분에 끝까지 살아남을 수 있었다. 그중 두 명의 생존자(Mr. Chum Mey & Mr. Bou Meng)는 현재 박물관이 된 S-21에 남아 방문객들에게 자신들의 증언 내용을 바탕으로 한 자료집을 판매하고 그때의 이야기를 나누며 생활하고 있다.

크메르 루즈 군은 뚜얼슬랭 감옥에서 온갖 고문을 받던 사람들을 새로운 장소로 이동한다고 속이고 트럭에 태운 뒤 야심한 밤에 학살의 장소, 킬링필드로 이동했다. 이후 킬링필드에 도착한 사람들을 자신의 무덤이 될 줄도 모른 채 큰 구덩이 앞에 줄줄이 무릎을 꿇었고, 도끼, 망치, 괭이자루, 칼 등으로 잔혹하게 학살당했다. 어린 아기들은 학살나무(Killing Tree)라고 불리는 나무에 머리를 내리쳐 죽이기도 했다. 크메르 루즈 군은 생존자들의 비명소리를 가리기 위해 혁명가를 매우 크게 틀어놓았고, 늦은 밤 음악이 울려 퍼질 때면 어김없이 새로운 학살이 자행되었다.

'작은 킬링필드'라고 불리는 캄보디아 씨엠립 지역의 왓트마이(Wat Mai) 사원 내에는 일반인으로서는 도무지 상상조차 하기 힘든 고문과 학살의 캄보디아 역사를 그림으로 전시해둔 곳이 있다. 사원 한편에 자리한 '캄보디안 역사 그림 박물관'이 그곳이다. 여기에는 무고한 캄보디아인들이 겪어야 했던 여러 종류의 고문과 학살의 방법이 설명과 함께 그림으로 전시되어 있어, 방문객들은 간접적으로나마 캄보디아의 아픈 역사를 볼 수 있다.

1979년 폴 포트 정권이 붕괴된 이후에도 캄보디아는 오랫동안 내전이 지속되면서 국내 정세가 매우 혼란스러웠다. 결국 캄보디아 내전을 종식하기 위해 1991년 10월 파리 평화협정이 체결되었고, 뒤이어 1993년 5월에는 유엔 주관하에 캄보디아 총선이 실시되어 입헌군주제에 기초한 현재의 캄보디아왕국(The Kingdom of Cambodia)이 출범했다. 1997년, 캄보디아는 코피아난(Kofi Anna) 유엔 사무총장에게 크메르 루즈 지도자의 반인권 범죄를 단죄하는 국제재판 실시를 위한 지원을 요청했다. 이후 1999년부터 유엔-캄보디아 정부 간 협상을 통해 2006년 8월 유엔 캄보디아특별재판부(Extraordinary Chambers in the Courts of Cambodia: ECCC)가 혼합법정(Hybrid Court)의 형태로 공식 출범하여 크메르 루즈 집권 기간 중 자행된 국제범죄에 가장 책임이 큰 자와 크메르 루즈 지도자에 대한 재판을 현재까지 진행하고 있다. 하지만 크메르 루즈 지도자인 폴 포트는 1998년 체포 직후 심장마비로 사망하여 실질적 책임자에 대한 처벌은 이루어지지 못한 아쉬움이 있다. 이후 2010년 S-21 교도소장이었던 카잉 구엑 에아브(Kaing Guek Eav alias Duch)가 징역 35년형을 선고받았고, 2014년에는 크메르 루즈의 2인자 누온 체아(Nuon Chea), 전 부총리 겸 국방장관 키우 삼판(Khieu Samphan)이 종신형을 선고받는 등, 크메르 루즈가 축출된 지 35년 만에 2백만여 명의 캄보디아인들을 억울한 죽음으로 몰고 간 죄에 대해 법의 심판이 내려지고 있다. 3번과 4번 사건에 대한 재판도 현재 진행 중이다.[7]

---

7) Extraordinary Chambers in the Courts of Cambodia (ECCC), "An Introduction to the Khmer Rouge Trials"(2016), Retrieved 11 August 2017, https://www.eccc.gov.kh/en.

제2장

캄보디아의 사회치유기관

신보경

우리 연구팀은 캄보디아에서 총 6개 기관을 방문했다. 그중 보건복지부(Ministry of Health), 정신보건부(Department of Mental Health)와 프놈펜 왕립대학(Royal University in Phnom Penh) 심리학과를 제외한 나머지 4개 기관은 모두 민간기관으로, 캄보디아의 역사적 아픔과 그로 인해 여전히 고통받고 있는 캄보디아 사람들을 보다 현실적으로 돕기 위해 다양한 분야—법률, 정신건강, 역사/교육, 대화 프로그램 등—에서 적극적인 활동을 진행 중이다.

1. Cambodian Defenders Project(CDP)

캄보디아에서 가장 오래된 인도주의 NGO 중 하나이다. 1994년 국제인권법단체 프로젝트의 일부로 시작되어 2001년 캄보디아의 독립적인 비정부기구 조직이 되었다. CDP는 캄보디아 국민들과 외국의 기술 조언자들에 의해 운영된다. 주요 활동으로 민주 캄푸치아(Democratic Kampuchea) 치하의 생존자들을 위한 사법 프로그램, 크메르 루즈 시기에 행해진 강제결혼이

나 성적 학대 등의 젠더폭력(Gender-based Violence: GBV) 관련 프로그램, 연구자 및 생존자를 위한 지역 워크숍, 온라인 자료보관소 구축, 대중교육과 전문적 훈련 프로그램 등이 있다. CDP는 빈곤층과 취약계층을 위해 법률자문과 변호를 가능한 한 무료로 제공하고 있어서, 1994년 설립 이래 16,000건 이상의 사건이 CDP의 변호사들에 의해 다뤄졌다. ECCC 재판에서는 크메르 루즈 정권하 생존자들의 사법권 향상을 위하여 재판에 참여하는 의뢰인들을 법률적으로 대표하고 지원하고 있다. 또한 GIZ, UN 산하 고문 희생자를 위한 자발적 구호기금(United Nations Voluntary Fund for Victims for Torture: UNVFVT) 등 국제기구 및 국제원조기관의 재정 지원을 받아 ECCC 재판의 2번 사건에서 411명, 3번 사건과 4번 사건에서는 158명의 새로운 의뢰인들을 법률적으로 대표했다. 이들 중 다수는(425명)은 고문 피해자들이며 여성 젠더폭력 관련 의뢰인(137명)도 상당수 있다. 크메르 루즈 정권하에 처참히 짓밟혔던 캄보디아인들의 인권을 높이고 정의를 향한 접근성을 확장하기 위해 법률 지식인들의 헌신적 노력이 CDP를 중심으로 지속적으로 이루어지고 있지만, 재정적 어려움에 노출되어 있는 것도 현실이다.

2. Transcultural Psychological Organization in Cambodia(TPO)

정신보건과 사회심리학적 지원 분야에서 선도적인 NGO이다. 1995년 2월 캄보디아인들의 정신적 문제 및 정신보건 문제를 완화하기 위하여 네덜란드 기반의 NGO인 'TPO 인터내셔널'의 지부로 설립되었으며, 2000년에는 독립적인 캄보디아 비정부기구로 등록되었다. 1995년 설립 이래로 TPO 캄보디아는 2십만 명이 넘는 캄보디아인들의 정신보건 지원을 제공하고 있다. 50명 이상의 캄보디아인 직원이 일하고 있으며, 이들은 관리자와 보조 직원뿐만 아니라 다양한 경험을 지닌 정신건강 분야 전문가들이기도 하다. 프놈펜에 위치한 본부를 거점으로 바탐방(Battambang), 씨엠립(Siem Reap), 캄퐁 톰(Kampong Thom), 치 크라엥(Chi Kraeng), 캄퐁 참(Kampong Cham), 트봉 크뭄(Tboung Khmum) 등에 지부가 설치되어 있다.

TPO는 전 국가적인 지역 기반의 프로젝트 및 프놈펜의 치료센터를 통해 캄보디아인들에게 수준 높은 정신보건 서비스와 사회심리적 지원을 제공함과 동시에 정신보건 분야의 중요 훈련센터 역할까지 수행하고 있다. 뿐만 아니라, 캄보디아 전역을 대상으로 정신건강에 대한 경각심과 정신보건 촉진, 사회심리적 웰빙을 위한 정신보건 서비스 제공에 힘쓰고 있다. TPO 캄보디아는 국제기구와 국제원조기관의 재정적 지원과 자체 설립한 훈련센터 및 상담치료센터의 수입 등을 통해 기관을 운영한다. TPO는 캄보디아 정부기관과 UN 관련기구, 국제 NGO 및 캄보디아 지역 NGO, 프놈펜 왕립대학교 등과 활발한 협업을 통해 다양한 활동과 연구에 힘쓰고 있다. 또한 ECCC 재판에 참여하는 증언자들의 정신건강을 관리하고 정서적 지원을 제공할 뿐 아니라 재판 이후 증언자들의 심리상태도 지속적으로 지원 및 관찰하여 전문가들의 상담 서비스와 치료를 제공함으로써 예상되는 불안증을 감소시키는 도움을 준다. TPO는 과거의 잘잘못을 가리는 역할을 하기보다는, 사람들이 사회적 억압과 두려움 때문에 말하지 못했던 진실을 이야기할 수 있도록 도움을 주고 용기를 북돋아주는 역할을 한다.

3. Documentation Center of Cambodia

DC-Cam은 현재 캄보디아 제노사이드에 대한 선도적 연구기관 중 하나로 알려져 있다. 1995년부터 1997년까지 미국의 재정 후원을 받아 예일대학교의 캄보디아 제노사이드 프로그램의 현장사무소로 문을 열었으며, 1997년 미국, 캐나다, 유럽, 호주 등의 정부로부터 안정적인 자금 지원을 받는 독립된 NGO로 거듭났다. 센터는 현재 크메르 루즈 시기에 관한 155,000장에 달하는 기록자료 및 6천 장 이상의 사진을 포함해 세계에서 가장 큰 아카이브를 보유하고 있다. DC-Cam은 연구, 아웃리치, 교육 프로그램을 수행하여 크메르 루즈 시기와 관련된 문서, 관련자 면담 사본 및 역사적 사실을 담고 있는 광범위한 자료를 바탕으로 수많은 책을 출판하고, 크메르 루즈 정권의 잔혹한 학살의 역사에 대해 정확한 정보를 제공하는 책임과 의무를 수행하고 있다. 뿐만 아니라 국가 차원의 제노사이드 교육에 주도적으로 참여하여 3,000여 명의 교사들과 1,700여 명의 고등학생들을 훈련시키고, 캄보디아 전역의 대학교와 함께 작업하여 제노사이드 교육을 제공하는 선도적인 역할을 담당하고 있다. 또한 크메르 루즈 정권 하의 희생자와 생존자를 위한 비공식적 상담 및 치료 지원과 법률 훈련 세미나 등을 통해 과거 역사의 상흔을 치유하는 데 주력하고 있다.

현재 DC-Cam은 캄보디아 및 전 세계 제노사이드에 영구적으로 대항할 기반이 되는 기관의 설립을 준비 중이며, 기관의 이름은 'Sleuk Rith Institute'이다. 이는 캄보디아에서 역사를 문서화하고 지식을 보존하기 위해 수세기 동안 사용해온 말린 잎의 이름에서 유래한 명칭으로, 정의, 기억, 치유의 가치에 집중함으로써 크메르 루즈의 파괴적 잔해와 캄보디아의 오랜 문화유산 간의 화해를 지향하는 대담하고 야심찬 프로젝트이다.

4. Kdei Karuna

2005년 보스턴 기반의 국제화해센터(International Center for Conciliation: ICfC) 지사로 문을 열어 2010년 독립적인 캄보디아 비정구기구로 등록되었다. 뿌리 깊은 갈등의 역사적 상흔을 치유하려는 노력의 일환으로 2007년 ICfC의 '역사적 화해기법'을 사용한 마을 단위 프로젝트에 착수했다. 이 기법은 사람들이 고통스러운 기억에서 빠져나올 수 있도록 대화의 과정을 통해 증오와 분노로부터 공감과 이해를 창출하는 데 목표를 두고 있으며, Kdei Karuna는 14곳의 마을에서 진행 중인 정의와 역사 아웃리치 프로그램(Justice & History Outreach Program) 및 기관의 모든 프로젝트에 이 접근법을 활용하고 있다. Kdei Karuna는 2007년 8월 이래로 개방 사회기관(Open Society Institute)과 GIZ의 재정 지원을 받아 프로그램을 진행하고 있다. 주요 활동으로는 크메르 루즈 치하에서 발생한 젠더폭력의 치유, 여러 사람들의 기억을 통해 파편화된 희생자들의 기억을 되살려 심리적 치유를 유도하는 Community Memory Initiative Project, 희생자 개개인의 경험담을 모으는 Oral History Project, 강제이주 희생자들과 관련된 내용 및 자료 수집, 크메르 루즈 시기의 피해자-가해자 간의 직접 만남을 통한 화해 유도 프로젝트(Documentary Films), 공동체를 변화시킬 지역 핵심 인물들을 교육시키는 트레이너 훈련(Training of Trainer) 등이 있다.

이 기관에서 진행되는 프로그램들은 공동체 내의 연대, 지역 내 피해자와 가해자의 화해가 가능하다는 것을 성공적으로 보여주면서 화해가 지닌 문화적 특수성을 드러내는 모범적 사례로 평가되고 있다.

캄보디아 내 사회치유 기관 리스트

Cambodian Defenders Project

주소	#1LE0,E1, Street #450, Sangkat Toul Tum Pong II, Phnom Pehnh, Cambodia
연락처	(855) 23 214 019, (855) 12 907 199
이메일	cdp@cdpcambodia.org
홈페이지	www.cdpcambodia.org

Transcultural Psychological Organization in Cambodia

주소	TPO Building, #2-4, Oknha Vaing Road (St 1952), Sangkat Phnom Penh Thmey, Khan Sen Sok, PO Box 1124, Phnom Penh, Cambodia
연락처	(855) 23 63 66 992(General Inquiries)
이메일	admin@tpocambodia.org
SNS	www.facebook/tpocambodia
홈페이지	tpobamcodia.org

Documentation Center of Cambodia

주소	Documentation Center of Cambodia P.O. Box 1110, Phnom Penh, Cambodia
연락처	(855) 23 211 875
이메일	dccam@online.com.kh
홈페이지	www.d.dccam.org

Kdei Karuna

주소	No.69 Sothearos Bouleward, Sangkat Tonle Bassac, Khan Chamkarmorn, Phnom Penh, Cambodia
연락처	(855) 23 695 64 12
이메일	info@kdei-karuna.org
홈페이지	www.kdei-karuna.org

제3장

캄보디아 비극의 원인

전우택

1975년 4월부터 1979년 1월까지 3년 8개월의 폴 포트 정권하에서 캄보디아의 700만 인구 중 150~200만 명이 죽임을 당한 것은 인류 최대의 비극 중 하나이다. 그러나 이 비극은 인류 역사상 유일무이한 것은 아니었다. 규모와 기간만 달랐을 뿐, 이는 세계 거의 모든 지역에서 다양한 형태로 나타났던 현상들 중 하나였고, 어쩌면 인간의 가장 깊은 본성과 연관된 일인지도 모른다. 그러나 모든 비극은 비슷한 양상을 가지고 있는 동시에, 각 비극마다 고유한 특성도 가지고 있다. 폴 포트 정권하의 캄보디아는 공산주의 국가 중에서도 매우 특별한 특성을 가진 나라였고, 가장 근본적이고 극단적인 인간 개조를 추진하다가 엄청난 비극을 만들어내며 좌절하고 붕괴되었다. 이 글에서는 캄보디아에서 발생한 이 비극의 특징적 원인을 생각해보고자 한다.

2016년 우리 연구팀은 캄보디아 현지를 방문하여 많은 사람들을 만나고, 문헌과 자료, 현장을 직접 접할 수 있었다. 우리의 가장 큰 질문은 "왜 이런 일이 일어났던 것일까?"였다. 이에 대한 대답은 매우 다양한 측면에서 내놓을 수 있을 것이다. 필자는 그 답을 폴 포트와 그의 세력들이 가지고 있었던 사고와 행동의 특성을 토대로 제시해보려 한다. 그를 위해 사용한 자료는 필립 쇼트(Philip Short)가 쓴 『폴 포트 평전(Pol Pot: Anatomy of nightmare)』(이혜선 옮김, 실천문학사, 2008)이다. 이 책의 내용을 토대로, 캄보디아에서 왜 이런 비극이 벌어졌는지 그 이유를 다음의 세 가지로 생각해보고자 한다.

1. 극단적인 종교적 이상주의와 공산주의의 결합

캄보디아 폴 포트 정권의 비극은 캄보디아의 문화적 전통 중에 존재하는 이성보다 감성에 중심을 두는 신비주의 및 극단주의가 공산주의와 결합되면서 만들어진 현상이라고 볼 수 있는 측면이 있다. 신비주의, 극단적 이상주의, 초월주의, 비현실주의 등의 전통 안에서는 합리적인 사고에 따른 현실적인 대안 제시보다는 신비한 지혜에 따른 초월이 더욱 강조된다. 공산주의 자체도 매우 낭만주의적·비현실적 성격을 가지고 있지만, 거기에는 나름대로 현실에 적용하기 위한 논리와 철학, 그리고 방법론이 있었다. 그러나 캄보디아의 공산주의자들은 전통적인 마르크스 레닌의 공산주의 이론과 현실적 대안, 대중의 동의와 참여 등을 깊이 고려하지 않았다. 그들은 공산주의가 추구하는 물질의 평등한 분배 하나만을 머릿속에 입력한 채, 그것을 이루어가는 방법으로 캄보디아의 전통적인 비이성적 극단주의를 바로 연결시켰다. 그들은 소위 순수한 마르크스 이론에 충실할 생각이 없었다. 실제로 폴 포트와 그의 추종자들은 유고의 공산주의 지도자 티토가 스탈린에 저항하고 자국의 정체성을 주장하는 것에 깊은 인상을 받기도 했다. 그리고 레닌, 스탈린의 방식이 공산주의의 유일한 정답이 아니라면, 자신들도 자기들만의 공산주의를 만들어낼 수 있다고 생각했

다. 더구나 역사적으로 베트남, 태국과 오랫동안 맞서 싸워왔던 캄보디아
인에게, 전통적 공산주의를 고수하는 베트남에 대응하여 캄보디아 고유의
공산주의 사상을 가진다는 것은 더욱 의미 있는 일로 생각되었다. 결국 폴
포트는 마르크스주의를 사회과학적으로 연구하지 않고 자신들의 직관적
영감에 따라 새로운 공산주의 사상을 만들고자 했다(『폴 포트 평전』, 140쪽, 이
하 쪽수만 표기).

> "우리는 열심히 방향을 찾은 다음 그 방향이 옳은지 그른지도 모르면서 출
> 발했다. 따라야 할 본보기도 청사진도 없었다. 그저 여기저기서 영향을 받았다.
> (⋯) 그렇다고 그 어떤 것도 모방하지 않았다. 내가 직접 캄보디아에서 겪은 것
> 으로부터 출발했다"(284쪽).

그들은 사회를 변혁하고자 하는 정치 지도자로서의 현실 감각을 중시
하지 않았다. 그보다 완전한 해탈과 구원의 경지에 이른 극단적 종교인의
감각으로 완전한 평등, 완전한 자기절제, 완전한 자기부정, 사유재산으로
부터의 완전한 해방을 추구했다. 실제로 폴 포트 정권은 불교라는 종교 자
체를 부정했다. 모든 승려들에게 승려 신분을 버리도록 했고, 그들을 교화
의 대상으로 간주했다. 그러나 폴 포트 정권은 원래 전통적으로 캄보디아
불교가 추구해온 가치와 그 종교성을 자신들의 공산주의와 결합시켰다.
그리고 그 '종교성'은 캄보디아 공산혁명 목표의 특징을 만들어냈다. 바로
'종교적 인간개조'이다. 폴 포트는 캄보디아와 캄보디아 인민을 개조하는
일에 매료되었다. 자신의 생각에 따라 캄보디아라는 국가와 캄보디아의
모든 개개인을 개조함으로써 과거 위대하고 영광스러웠던 캄보디아왕국
을 재현할 수 있다고 믿었다(839쪽). 그 과정에서 크메르 루즈는 '깨달음'이

라는 종교적 용어로 주민들을 세뇌했다(614쪽). 자기 자신으로부터 자유로워지는 것, 사적 욕망을 벗어던지는 것, 개인의 이기심과 자기중심성을 스스로 버리고 그로 인한 자유와 기쁨을 누리도록 하는 것은 원래 종교의 일이다. 불교에서도 이를 이념의 순결성, 절제와 금욕, 물질에 대한 초연함, 자아에 대한 억압으로 가르친다. 이것은 인간이 다다를 수 있는 가장 종교적이고 이상적인 상태라 할 수 있다. 그런데 이러한 종교적 상태를 크메르 루즈는 정치적·강제적·폭력적으로 인간에게 강요하였다.

1) 사적 소유와 애착의 부정을 통한 완전한 평등 추구

폴 포트 정권이 추구한 완전한 평등은 사적 소유의 부정과 더불어 사적 소유에 대한 애착을 완전히 끊어내는 것이었다. 사유재산을 금지하고 사적인 매매도 금지했으며, 부의 획득과 매매 자체를 근본적으로 불가능하게 만들기 위해 화폐 사용까지 금지했다. 그리고 아주 제한적인 물물교환만 인정했다. 수렵채취가 금지되어 떨어진 과일도 주워 가질 수 없었다. 그 모든 것이 사적 소유 욕구와 연관된다고 본 것이었다. 이런 발상은 캄보디아의 전통 종교인 불교의 영향을 받은 것이라고 할 수 있다. 폴 포트 정권이 추구한 사회는 마치 불교 사원에 귀의한 승려들의 삶과도 매우 유사했다. 즉 부의 획득과 소비 자체를 멀리하도록 한 것이다(562쪽).

그런데 폴 포트 정권은 돈과 물질에 대한 사적 소유만 막았던 게 아니었다. 개인에게 독립적으로 소속되거나 소유될 수 있는 모든 것이 금지의 대상이었다. 예를 들어, 부부관계나 부모 자식관계까지 거기에 포함되었다. 개인적인 관계에 묶여 있으면 자연스럽게 물질에 대한 사적 소유 욕구로 이어진다고 보고 그런 인간관계의 특별성까지 모두 금지하려 나선 것이다. 배우자를 자기에게 속한 존재로 생각하는 것을 금지하기 위해 결혼 상대자도 당이 결정했고, 부부가 함께 사는 것도 금지되었다. 부부 간 성관계도 여성의 배란일에 맞추어 당이 허락한 날에만 가능하게 했다. 즉 '부인이나 남편은 개인의 것이 아니라 당과 집단의 것'이라는 인식을 가지도록 한 것이다. 이는 부모 자식 관계에도 적용되었다. 아이들은 7세가 되면 부모와 떨어져 집단생활을 했다(609쪽). 그리고 일상적인 언어 사용에서도 개인의 특별함을 담은 표현은 전부 금지하여 '나'라는 말은 '우리'로, '부모'라는 말은 '아저씨(숙부), 아줌마(숙모)' 등으로 바꾸어 사용하도록 했고, 타인을 부를 때 '아버지', '어머니'라는 호칭을 사용하도록 했다. 모든 관계가 집단적으로 바뀌고 개개인을 구분하는 언어들은 금지당했다.

2) 인간의 개별성과 창의성을 부정하는 완전한 집단성 추구

유·무형의 모든 사적 소유와 애착을 금지당하는 것은 곧 인간의 개별성을 부정당하는 것이었다. 한 인간으로서 자신만의 생각, 취향, 의견, 선호를 가질 수 없게 했기 때문이다. 사적 소유와 개별성의 부정은 일차적으로 의식주 영역에서 절대적인 통일성의 강요로 이어졌다. 각자 먹고 싶은 음식을 먹을 수 있는 권한과 기회가 사라졌다. 식사 준비를 자신의 집에서 하는 것은 모두 금지되었다. 모든 식기를 당에 제출하고, 집에는 물을 끓일 주전자와 숟가락만 허락되었다. 그리고는 모든 사람들이 함께 지정된 식사 장소에 모여 급식을 받아야 했다. 이것이 '급식통일제'였다(654쪽). 마치 승려들이 집단적으로 주어지는 음식을 함께 먹는 것과 유사한 형식이다. 옷도 개인이 선택하여 입지 못하게 하고 색상이 없는 같은 형태의 옷으로 모두 통일시켰다. 그러면서 사람들은 점차 자신이 개성을 지닌 독립된 존재로서 가치를 가진다는 생각을 하지 못하도록 유도되었다. 스스로를 단순히 캄보디아라는 국가를 구성하는 하나의 부속품으로서만 생각하게 된 것이다. 한 인간의 가치는 그 사람이 움직여 다닌 논밭의 넓이에 따라 결정되었다(612쪽). 즉 열심히 일해서 더 많은 노동을 하는 것만이 인간의 가치를 높이는 길이었다. 이념의 족쇄가 단단하게 죄어질수록 사람들은 스스로를 개별적 존재로 여기지 않게 되었고, 거대하고 신비한 기계 속 하나의 톱니바퀴로만 여기게 되었다(604쪽). 그러면서 개인의 감정 상태 역시 스스로 선택하거나 자연스럽게 가질 수 있는 것이 아니게 되었다. 크메르 루즈의 강제노동 장소에는 언제나 선전선동의 음악이 흘렀고, 사람들은 늘 강제로 그 음악을 들어야 했다. 경쾌한 노래 가사 내용은 무의식중에 사실로 받아들여졌다.

> "그 노래를 들으면 우리가 기쁘지 않은 것이 꼭 우리의 잘못처럼 느껴졌어요. 이기심, 게으름, 욕망을 없애기 위해 더 열심히 일을 해야 할 것만 같았지요"(614쪽).

개인의 개성과 취향을 자극하는 아름다움, 화려함, 안락함 같은 정서와 그것을 표현하는 말의 사용은 방송에서 사라졌다. 감상적 부르주아적 정서를 만들어낼 수 있다는 이유 때문이었다. 엄격하고 극단적인 종교적 금욕주의가 사회를 뒤덮었다.

2. 폭력과 사상 절대주의

위에서 본 바와 같이 캄보디아의 공산혁명은 추구하는 방향과 내용 자체가 인간의 본성을 뛰어넘는 비현실성을 가지고 있었다. 그러나 이보다 더 큰 비극의 원인은, 그 혁명을 이루는 방법으로 폴 포트 정권이 선택한 도구, 그 방법이었다. 이를 크게 두 가지로 구분하여 볼 수 있다.

1) 인간개조 방법으로서의 폭력

폴 포트 정권은 자신들의 이상을 폭력을 통해 이루고자 했다. 전 세계적으로 천부인권 사상이 제도에 도입되기 전, 거의 모든 문명권은 잔혹한 노예제도를 운영하였고, 노예가 아닌 평민이라 해도 집권 세력의 잔혹한 통치와 학살의 대상에서 예외가 되지 못했다. 이는 동남아시아 전 지역과 캄보디아 역사에서도 마찬가지였다. 캄보디아 왕조 시대는 물론이고, 프랑스 식민시대, 시아누크왕의 통치시대와 론 놀 통치시대에도 잔혹한 인권침해와 살해의 역사는 계속되었다. 그리고 이 현상은 폴 포트 정권이 들어선 뒤에도 그대로 이어졌다.

여기서 주목할 것은, 폴 포트 정권이 그 이전 정권들과 달리 새삼 더 잔혹한 것은 아니었다는 점이다. 폴 포트 정권 역시, 폭력을 통한 인간 통치 방법을 벗어나지 못했을 뿐이다. 다만 과거 정권들과 달리 폴 포트 치하에서 단기간에 엄청난 규모의 학살이 이루어진 이유는, 과거 정권들이 '기득권과 권력 유지'를 목표로 한 반면 폴 포트는 '완전히 새로운 세상과 인간을 만드는 개조'를 목표로 했기 때문이었다. 그리고 이 개조를 교화와 설득이 아닌 폭력으로 이루겠다고 생각한 것이 비극의 원인이 되었다.

여기서 폴 포트 정권이 가졌던 '개조'에 대한 생각을 살펴볼 필요가 있다. 같은 공산주의 국가이자 전통적 유교 국가였던 중국이나 베트남에서는 교육과 교화에 의한 인간개조 가능성을 상대적으로 좀 더 크게 보았던 반면, 캄보디아는 전통적인 불교국가로서 그런 교화와 교육의 가능성을 상대적으로 적게 보았다. 그에 따라, 교화에 의한 변화 가능성보다는 그가

'원래' 어느 영역에 속해 있는가를 더 중요하게 보는 전통이 있었다. 즉 '선 (線) 안의 사람과 선 밖의 사람'을 구분하고, 그 선을 여간해서는 넘을 수 없 는 것으로 간주해왔던 것이다. 그리고 폴 포트 정권은 그런 사상적 전통을 자신들의 정치적 목적에 따라 악용했다(445쪽).

1972년 이후 폴 포트 정권의 최종적인 꿈은 캄보디아 사람 전체를 외부 세계에 오염되지 않은 토착농민처럼 개조하는 것이었다. 도시와 제국주의 적인 프랑스의 서구문명에 물든 '선 밖의 사람들'을 오염에서 건져내고 순 결하게 만들어야 했다. 그러한 개조, 즉 프롤레타리아 의식의 함양은 사상 교육이 아니라 열악한 환경 속에서 땀 흘리는 육체노동을 통해 가능하다 는 것이 폴 포트의 생각이었다(517쪽). 그래서 폴 포트 정권은 그런 사람들 을 열악한 생활환경과 가혹한 노동으로 내모는 것이 정당하고도 꼭 필요 한 일이라고 생각했다. 그 과정에서 수많은 사람들이 죽어가야 했던 것도 개조를 위한 불가피한 희생으로만 받아들였다. 그리하여 최종적으로 대량 학살까지 이루어졌던 것이다.

2) 사상 절대주의의 한계

'이상주의적 공산국가 수립'이라는 국가 목표는 곧 '사상'이 되었다. 그 사상은 모든 것을 압도하는 절대적 위치를 가졌고, 그 사상 앞에서 어떤 것도 우위에 설 수 없었다. 이는 전문 지식보다 사상이 더 중요하다는 논 리로 연결되었고, 전문 지식이 무시되는 현상이 강하게 나타났다. 더구나 캄보디아는 근대화와 그에 따른 지식, 전문성을 갖추는 작업이 프랑스 식 민지 기간 동안 이루어졌기 때문에, 지식과 전문성은 곧 프랑스 제국주의 추종과 연관된 것으로 받아들여졌다. 그러면서 모든 일에서 전문 지식이 나 기술보다 순결한 사상을 가진 사람들의 헌신적인 노동이 더 중요하게 여겨졌다. 이는 곧 반지성주의, 반전문주의로 이어졌다. 폴 포트 정권 기간 동안 댐 건설 등 수많은 토목공사들이 이루어졌지만 대부분 전문 지식과 기술의 부족 때문에 큰 실패로 귀착되었고 인명 피해도 컸다. 합리적이고 전문적인 기술과 지식의 거부, 사상의 확신으로 모든 어려움을 뚫고 나가야 한다는 사고방식은 인간의 굳은 의지를 보여줄 수도 있었지만, 동시에 큰 비극의 원인이 되었다. 합리적인 문제제기를 하는 것은 매우 위험한 일이었고 실제로 거의 불가능했다.

이런 상황은 거짓과 또 다른 불행을 만들어냈다. 예를 들어, 중앙 지도부는 국가의 필요와 이론적 계산에 의해 농촌의 각 지역에 농작물을 3배 증산하라는 목표치를 내려주었다. 물론 이는 현실적으로 불가능한 수치였지만, 추수철이 되자 지역 당 간부들은 징계를 받을까 두려워 3배의 소출을 냈다고 거짓 보고를 올렸다. 그러자 중앙 지도부는 3배 늘어난 소출 결과를 토대로 중앙에 보낼 곡물의 양을 할당했고, 지역 당 간부들은 그 할당량을 채워 보낼 수밖에 없었다. 필연적으로 농촌 지역에는 인민들이 먹을 식량이 거의 남지 않게 되어 수많은 아사자들이 생겨났다.

결국 이러한 모순과 비극을 겪으면서 크메르 루즈 정권도 서서히 정책을 포기하고 바꾸어 나갔다. 1978년부터는 규제가 완화되어 수렵 체취나 가족 식사가 허용되었고, 다양한 색상의 옷도 입을 수 있게 되었다. 이전까지 금지되었던 농촌 지역의 본토박이와 도시에서 농촌으로 이주당한 이주민 사이의 결혼도 허용되었다. 전문 기술교육도 다시 시작되었다(725쪽). 크메르 루즈 정권도 극단적인 사상 위주의 통제가 한계에 부딪쳤음을 인정할 수밖에 없었던 것이다. 하지만 이후 이러한 조치들은 크메르 루즈 정권을 취약하게 만드는 중요한 이유가 되었다.

3. 내부에 대한 두려움과 의심

극단적인 이상주의는 이분법적 사고를 부추긴다. 세상의 모든 존재는 선과 악, 적군과 아군, 충성스러운 사람과 배신자 등으로 철저하게 구분되었다. 그리고 이 구분은 캄보디아의 전통적 사고인 '선(線) 안의 사람과 밖의 사람' 구분과 연결되었다. 폴 포트가 정권을 잡기 전까지 중요했던 것은 '선 안의 공산주의자'와 '선 밖의 비공산주의자'의 구분이었다. 정권을 잡고 나서 폴 포트와 그 세력은 선 밖의 사람들에 대한 의심을 더욱 증폭시켰다. 과거 극도로 억압적이고 잔혹했던 시아누크 정권과 론 놀 정권하에서 자신들이 엄격한 비밀유지와 내부적인 투쟁역량 강화를 통해 정국을 변화시키고 마침내 정권을 쟁취했던 것처럼, '선 밖의 비공산주의자'들도 이제부터 그런 식으로 다시 판세를 뒤집을 수 있다고 의심하게 된 것이다. 그래서 폴 포트 정권은 그럴 만한 가능성을 가진 사람들을 모두 가차 없이 처형하기 시작했다. 이런 의심과 두려움은 초기 대량학살의 이유가 되었다.

더 나아가 '선'의 위치는 서서히 이동하기 시작했다. 바로 자신들 내부에도 선이 그어지게 된 것이다. 그들은 공산주의자 집단 내부로 침투한 적의 스파이와 동조자들의 존재를 의심하기 시작했다. 이것은 일종의 '종교적 강박증'과 같은 현상이었다. 정치적 사고를 한다면 세력의 유지를 위해 어느 정도 의심스러운 이들도 확실한 증거가 나오기 전까지는 용납하고 관찰하면서 상황을 보는 것이 일반적일 것이다. 그러나 폴 포트 정권은 그러기에는 너무도 '종교적'이었다. 그들은 종교적인 완벽한 충성과 헌신을 요구했다. 거기에서 조금이라도 벗어나는 듯하다는 의심이 들면, 자신들의 정치 세력이 약화되는 것은 고려하지 않고 가차없이 숙청해버렸다. 오염되고 타락한 존재들과 함께 더 큰 숫자를 이루느니 순결한 소수의 사람들만으로 구성된 정권이 더 낫다고 생각한 것이다. 숙청의 규모는 엄청났다. 프놈펜에 위치한 S-21 수용소(뚜얼슬랭 수용소)에서 죽어간 1만 2천 명 가운데 2/3가 크메르 루즈 출신, 바로 '선 안의 사람들'이었다.

이렇게 '자기 자신을 의심하는 태도'는 극단적인 비밀주의로 연결된다. 내부에서도 모든 것을 감추고 비밀로 하여, 베트남 군대가 캄보디아를 침공해 진격하는 동안에도 아군에게 그 사실을 정확히 알리지 않는 일조차 벌어졌다. 그 결과는 패망이었다. 극단적인 의심과 불신의 태도가 폴 포트 정권을 세웠지만, 그 때문에 수많은 사람들이 죽었고, 결국 정권마저 무너뜨린 것이다.

4. 나가며: 캄보디아와 북한의 유사성

결국 캄보디아 킬링필드의 비극은 '모든 인간을 평등하게 만든다'라는 공산주의의 '명분적 사고'와 '강력한 권력의지'가 결합했을 때, 인간이 인간을 개조한다는 명목으로 얼마나 잔인해질 수 있는지를 보여주는 한 예가 되었다. 폴 포트와 그의 세력은 끝까지 자신들이 옳은 일을 한다는 확신을 버리지 않았다. 인간과 역사에 대한 깊은 성찰이 없을 때, 본말이 전도되는 상황은 얼마든지 생겨날 수 있는 것이다.

이미 30여 년 전에 붕괴된 캄보디아의 폴 포트 정권의 이상주의적 목표와 좌절은 한반도에도 몇 가지 점을 시사한다. 북한 정권의 특성이 폴 포트 정권과 상당 부분 유사하기 때문이다. 첫째, 근본적인 인간개조를 자신들의 국가 목표로 하고 있다는 점이다. 북한의 주체사상이 강조하는 인간상 역시 이기심이 없고, 당과 인민과 조국을 위해 열정적으로 헌신하며, 최고 지도자에게 절대적인 충성과 복종을 바치는 모습이다. 개인적 이익과 상관없이 집단을 위해 숭고한 희생을 하는 인간을 만드는 인간 개조가 국가적 목표인 것이다. 둘째, 극단적인 자기중심성과 자기도취성이다. 폴 포트 정권은 자신들이 혼란스러운 세계 한가운데 떠 있는 순결한 섬이자 인류의 귀중한 본보기이고, 그래서 자신들의 혁명은 그 어떤 혁명보다 값지다고 주장했다. 그러면서 세계 최강 미국을 축출한 것은 자신들이 유일하다고 자부했다. 바로 이웃나라인 베트남이 실제로 그런 일을 했는데도 전혀 인정하지 않았다. 전 세계가 캄보디아를 부러워하고 칭찬하며 따라 배우고 있다고 선전했고, 자신들이 전례 없는 독자적인 혁명을 이뤄냈다고 강조했다(648쪽). 이는 북한이 보이는 모습과 매우 유사하다. 이는 자신들의 특성을 극단적인 선과 악의 이분법적 구도 속에서 해석하고 규정할 때 나타나는 현상이다. 셋째, 지도자의 신격화이다. 폴 포트는 인민들 앞에 나서는 일이 거의 없었고, 심지어 당 간부들에게도 거의 모습을 보여주지 않았다. 그리고 매우 간단하고 우회적인 수수께끼 같은 말로 자신의 뜻을 전달했다. 스스로를 신비화하고 신격화한 것이다. 북한의 지도자들은 이런 방식은 아니지만 결과적으로 지도자를 신격화했다는 점에서는 유사한 측면을 가진다. 그런 의미에서 캄보디아 폴 포트 정권에 대한 성찰은 한반도 상황에서도 중요하다.

캄보디아의 사례는 우리가 살고 있는 시대에 대하여 많은 생각을 하게 한다. 잘못된 이상주의에 사로잡혀 큰 비극을 만들어내는 집단들이 더 이상 등장하지 못하도록 하기 위해서는, 우리가 살고 있는 세계와 사회, 인간에 대한 더 깊이 있고 균형 잡힌 성찰이 필요하고, 그에 따른 행동이 있어야 할 것이다. 일단 상황이 벌어지고 나면 비극은 걷잡을 수 없이 커진다는 것을 우리는 캄보디아에서 보았다. 중요한 것은 상황이 벌어지기 전에 예방하는 것이고, 작은 조짐이 있을 때 건강한 성찰과 대화, 그리고 공동의 연대활동을 통해 그 위험성을 극복해 나가는 것이다. 그것이 캄보디아의 킬링필드가 우리에게 주는 가장 큰 교훈일 것이다.

제4장

킬링필드가 만든 트라우마와 사회치유 노력

전우택

1. 킬링필드와 사회적 트라우마

캄보디아에 크메르 루즈 정권이 들어서기 전, 시아누크 정권 시기나 론 놀 정권 때도 캄보디아인들을 대상으로 한 잔인한 폭력들은 있었다. 그러나 크메르 루즈 정권이 캄보디아인들을 대상으로 가한 폭력과 그로 인한 충격은, 양적인 측면에서도 엄청나게 컸지만 동시에 질적으로도 완전히 다른 것이었다. 그 전 정권들이 자신들의 권력 유지와 강화를 위해 정치적 반대파에게 폭력을 가했다면, 크메르 루즈 정권의 폭력은 그 근본 목적이 달랐다. 즉 캄보디아인의 전통적 문화 속에 존재하는 종교, 예술, 인간관계 방식, 사회계층 구조, 사회 운영의 전제조건 등을 철저히 부정하고, 완전히 새로운 세상을 만들기 위해 폭력을 가했던 것이다. 이는 단순히 물리적 폭력을 쓰는 것 이상의 결과를 만들어냈다.[1] 크메르 루즈 체제하에서 캄보디

---

1) Beth Van Schaack, Daryn Reicherter, Youk Chhang (ed)., *Cambidian's Hidden Sacrs*, Documentation Center of Cambodian, 2011, p. 8.

아인들은 그동안 그들의 삶을 지탱해온 기본적 안전감을 상실했다. 가족과 사회의 관계망 붕괴, 노동인력의 강제이동, 식량 생산 시스템의 변동, 지역경제의 붕괴 등이 일어나면서 수백만 명이 죽어갔고, 그 죽음 앞에서 마음껏 슬퍼하는 것조차 허용되지 않음으로써 억제된 애도 반응과 상실감이 생존자들의 삶에 크나큰 상처를 남겼다.[2] 결국 킬링필드를 겪은 캄보디아인들은 개인적인 정신의학적 문제를 넘어서서 그보다 훨씬 더 깊은 사회적인 정신적 충격과 트라우마를 입게 되었다.

크메르 루즈 정권의 악행에 대한 재판을 수행하는 유엔 캄보디아 특별재판부(Extraordinary Chambers in the Courts of Cambodia: ECCC)의 활동은 과거 악행의 전모를 드러내고 처벌하기 위한 것만은 아니었다. 재판이 진행되면서 40년 가까이 수면 아래에 있던 캄보디아인들의 정신건강 문제가 표면에 드러났다. 캄보디아 인구의 1/3이 외상후 스트레스 장애(Post Traumatic Stress Disorder: PTSD)의 진단 기준에 맞는 환자들로 조사되었다.[3] 그러나 한 사회가 받은 거대한 사회적 트라우마의 충격을 단순히 개개인이 가진 PTSD, 우울증 등의 유병률로만 측정하여 제시하는 것은 충분하지도 정확하지도 않다. 또한 그런 충격이 만들어낸 극심한 정신적 충격과 후유증은 정신의학적 진단으로 다 평가하고 표현할 수 있는 것도 아니다. 그럼에도 불구하고 트라우마의 사회심리적 파급 효과는 객관적 측정 도구를 가지기 어렵고, 그 깊이를 알기도 어렵다. 우리는 그저 트라우마를 받은 사람들 개인과 사회 집단이 보여주는 행동양상을 가지고 유추할 수 있을 뿐이다. 그것은 개

---

2) Penedersen, "Political Violence, Ethnic Conflict, and Contemporary Wars: Broad Application for Health and Social Wellbeing", *Social Science and Medicine* 175, 2002.

3) Beth Van Schaack, Daryn Reicherter, Youk Chhang (ed)., op.cit., 2011, pp. 223~224.

인 차원에서, 그리고 가족과 마을, 지역사회, 국가에 이르기까지 다양한 차원에서 나타나는 일종의 '기능장애적 양상'이다. 그리고 그것은 트라우마를 겪은 세대를 넘어 다음 세대들까지 이어져간다. 그런 의미에서 트라우마에 의한 폭력이 인간의 정신과 정신건강에 미치는 영향은 개인적인 동시에 집단적이다.[4] 과거 WHO, UNHCR, UNICEF 등 많은 국제기구와 민간 국제 NGO들은 전쟁과 대량학살의 피해자와 그 가족들의 신체적 상처와 치료에 집중했다. 그러나 근래에는 점차 신체적 측면뿐만 아니라 정신 심리적 측면의 고통과 상처, 그로 인한 정신기능의 장애에 초점을 맞춘 활동이 늘어나고 있다. WHO의 경우, 세계적으로 트라우마를 경험한 사람의 10%가 심각한 정신건강적 문제를 가지고 있고, 또 다른 10%는 효과적으로 기능하지 못하는 상태가 된다고 본다. 이때 가장 흔한 문제는 우울, 불안, 불면 등의 정신현상과 허리 통증, 위장 통증 등의 정신신체의학적 (psychosomatic) 문제들이라고 보고했다.[5] 정신건강의 문제는 거대한 고통의 사회적 짐(social burden)을 만들어낸다. 이것이 적절히 치료되지 않으면 개인과 사회는 제대로 기능할 수 없게 된다. 캄보디아에서는 ECCC가 활동을 시작하면서 피해자들이 비로소 말을 할 수 있게 됨으로써 숨겨졌던 과거의 상처들이 점차 외부로 드러났다. 캄보디아에서 활동 중인 민간기구인 캄보디아 기록센터(Documentary Center of Cambodia: DC-Cam)는 크메르 루즈 관련 과거사를 조사하면서, 사건 자체와 함께 그와 연관된 트라우마와 정신적 고통들도 기록하고자 노력했다. 이는 한 사회가 겪은 비참한 사건을 바라보

---

4) ibid, p. 8, 10, 15, 25.

5) ibid, p. 16.

는 바람직한 시선이라고 할 수 있다.[6] 아래에서는 킬링필드의 트라우마가 캄보디아인들의 정신건강과 사회심리에 어떤 영향을 끼쳤는지 검토해보고, 그것을 해결·극복하기 위해 어떤 노력들이 있었는지 알아보고자 한다.

2. 킬링필드 트라우마의 피해 양상

1) 정신질환

크메르 루즈 시절에는 전쟁, 대량학살, 기아, 가난이 공존하면서 정신건강에 나쁜 영향을 끼칠 악조건들이 많았다. 거기에 강제노동, 성폭력도 광범위하게 일어났다.[7] 그에 따라 킬링필드는 사람들에게 정신의학적 질병들을 일으켰다. 많은 경우 그 질병들은 복합적으로 나타났다. 예를 들어, 한 연구 결과에 따르면 지역민의 28.4%가 PTSD를 가지고 있는 것으로 나타났다.[8] 그런데 PTSD가 있는 사람은 우울과 불안 증세를 함께 호소하는 경우가 많았고, 불안과 PTSD 환자는 알코올 중독 문제를 동시에 갖고 있는 이들이 많았다. PTSD 환자들 가운데 알코올 중독 및 약물 남용 증상이 심각한 경우가 무려 75%에 달한다는 보고도 있었다.[9] 전쟁에 군인으로 참

---

6) Suzannah Linton, *Reconciliation in Cambodia*, Documentation Center for Cambodia, 2004.

7) Beth Van Schaack, Daryn Reicherter, Youk Chhang (ed.), op.cit., 2011, p. 22.

8) J. T. de Jong et al., "Household Survey of Psychiatric Morbidity in Cambodia", *Int'l J. Soc. Psychiatry* 174, 50(2), 2004.

9) L. K. Jacobsen, S. M. Southwick, & T. R. Kosten, "Substance Use Disorders in Patients With Posttraumatic Stress Disorder: A Review of the Literature", *Am. J. Psychiatry* 1184, 158(8), 2001; A. Kulka et al., *Trauma and the Vietnam War Generation: Report of Findings from the National Vietnam Veterans Readjustment Study*, 1990.

전했던 이들은 이후 가정폭력,[10] 알코올 중독 및 아동학대[11] 등의 문제를 일으키는 경우가 많았기 때문에, 그 가족들에게 2차 PTSD가 나타나는 등 가족관계에 부정적인 영향이 있는 것으로 나타났다.[12] 청소년들에게도 가정 내 스트레스, 가족과의 이별, 사별, 알코올 남용과 같은 증상이 나타났고, 이는 PTSD와 연관되는 것으로 진단되었다. 이와 같이 정신질환과 연관된 현상들은 복합적으로 연결되어 나타났다. 이런 정신건강적 문제들은 피해자들의 정상적인 경제 활동을 불가능하게 만들었고, 이는 다시 가난으로 이어졌다. 가난은 이들의 정신건강 치료를 더욱 어렵게 만들어 또 다른 악순환을 이어갔다.

물론 이 모든 현상의 원인을 40년 전 사건인 킬링필드에만 돌리는 것은 문제라는 의견도 있다. 캄보디아 프놈펜 왕립대학 심리학과의 연구팀이 실시한 캄보디아 국민정신건강조사[13]에 따르면, 캄보디아는 가정폭력, 알코올 중독, 자살 등의 발생 빈도가 매우 높다. 연구팀은 이 현상을 단순히 킬링필드 경험에만 연결시키는 것은 무리라고 분석했다. 그것은 매우 다층적이고 다면적인 역사적·경제적·정치적·사회적 상황과 맞물려 있는 현상이기 때문이다. 그러나 킬링필드 경험과 같은 거대한 사회적 트라우마는 이후 긴 세월 동안 사회 전체의 정신건강에 악영향을 미치고, 그에

---

10) D. M. Glenn et al., "Violence and Hostility among Families of Vietnam Veterans with Combat-related Posttraumatic Stress Disorder", *17 Violence & Victims 473*, 2002.

11) C. Catani, E. Schauer, & F. Neuner, "Beyond Individual war trauma: domestic violence against children in Afghanistan and Sri Lanka", *Journal of marital and family therapy* 34(2), 2008, pp. 165~176.

12) T. Galovski & J. Lyons, "Psychological Sequelae of Cambat Violence: A Review of Impact of PTSD on the Veteran's Family and Possible Intervention", *9 Aggression & Violent Behavior, 477*, 2004.

13) Tanja Schunert et al., "Cambodian Mental Health Survey 2012", *Department of Psychology*, Royal University of Phnom Penh, 2012.

대해 적극적으로 대처하지 못하면 더욱 복잡하고 어려운 새로운 상황들로 이어지는 악순환이 만들어진다고 덧붙였다.

2) 자녀 양육

크메르 루즈 정권이 만든 트라우마는 사람들의 정신건강을 악화시켰다. 그런 상태에서 아이를 낳고 부모가 되자, 자녀 양육 능력이 부족했다. 부모들이 아이를 돌보는 것이 아니라 아이들이 부모의 심리적 필요를 돌봐주는 일종의 '역할반전(role reversal)'이 일어났다. 많은 경우, 부모들은 자신이 겪은 과거의 고통에 대해 침묵했다. 부모의 낮은 학력과 지식 수준은 과거 트라우마에 대해 자녀와 대화하는 것을 더 어렵게 했다. 그러면서도 과거의 경험들로 인해 부모들은 아이를 지나치게 보호하려는 태도를 가지게 되었고, 특히 자녀들이 정치적인 일에 참여하는 것을 적극적으로 막으려 했다. 그러나 자녀들은 무능했던 부모의 억압적인 태도에 반항했고, 그러면서도 동시에 스스로 위축되어 사회 활동을 제대로 할 수 없었다. 이는 아이들의 정체성 형성을 어렵게 했다. 이미 수십 년 전에 사라진 크메르 루즈 정권이 지금의 캄보디아 아이들에게 직접 영향을 미치는 것은 아니지만, 아이들은 윗세대의 심리적 문제를 유전으로 물려받는다. 어른들의 자기연민, 자녀 방치, 직업적 무능 등으로 인해 아이들과 젊은이들은 부모를 존경할 수 없었고, 새로운 사회적 기회를 가지지 못했다. 자녀 양육에 자신감을 잃은 일부 부모들은 아이들에게 지나친 자유를 주어 문제가 되기도 했다. 결국 아이들에게는 과보호와 보호 부족이 모두 문제가 되었다.

3) 자살

캄보디아 국가 차원의 전수조사 통계자료는 없지만, 프놈펜 왕립대학

심리학과에서 실시한 연구에 따르면 캄보디아의 자살률은 인구 10만 명당 42명에 이른다. 이는 극단적으로 높은 자살률이다. 그중에서도 특히 눈에 띄는 것은 20~25세 연령대의 자살률이 매우 높다는 것이다.[14] 그 이유는 명확하지 않지만, 프놈펜 왕립대학 심리학과 연구팀은 다음의 몇 가지 원인을 추측하고 있다.[15]

(1) 청년 세대의 경제적 어려움

이들의 부모 세대는 크메르 루즈 시절을 겪으면서 트라우마 등으로 인해 정신 건강을 해쳐 제대로 된 직업을 가지지 못한 이들이 많다. 그에 따라 젊은이들은 부모 대신 가족을 경제적으로 떠받쳐야 한다는 압력을 받았다. 그들은 일자리를 찾아 농촌에서 도시로 이동했지만, 특별한 기술도 없이 도시에서 일자리를 찾는 건 매우 어려운 일이었다. 그런 이유로 큰 압력과 좌절감을 느껴 자살에 이르는 수가 많다고 한다.

(2) 적극적인 감정 표현을 행동으로 옮기는 경향

전통적으로 캄보디아인들은 감정을 밖으로 표현하지 않고 참고 인내하는 것을 미덕으로 여겨왔다. 그러나 현대에 들어 TV 등의 매스미디어는 감정을 참지 않고 적극적으로 드러내는 것이 더 정직하고 멋있고 옳은 일인 것처럼 표현했다. 이에 큰 영향을 받은 젊은이들이 현실 속의 좌절감과 우울감을 참지 않고 그대로 행동화하여 자살에 이르는 결과가 만들어진다

---

14) ibid.
15) 2016년 2월 2일 우리 연구팀이 프놈펜 왕립대학 심리학과를 방문하여 연구자들과 직접 논의한 내용을 정리한 것이다.

고 보았다.

(3) 부모의 권위와의 충돌, 중매결혼에 대한 반발

전통적으로 캄보디아에서는 중매결혼이 일반적이었고, 부모 세대는 그것을 당연하고 중요하게 생각한다. 그러나 젊은이들의 생각과 문화는 빠르게 변하여, 중매결혼을 거부하면서 부모와 극심한 갈등이 빚어지곤 했다. 이런 문화적 이행기에는 결혼과 연관된 자살이 많이 발생한다. 부모는 트라우마로 인해 자녀 양육에 재정적·교육적으로 무능했지만, 자식들의 결혼 문제에 대해서는 권위를 내세우며 좌우하려 했고, 자식들은 부모의 능력과 권위를 인정하지 못해 충돌하면서 극단적인 결과가 나타나기도 했다.

4) 가정폭력

사회적 트라우마는 가정폭력 발생 빈도를 높인다. 과거 트라우마를 받은 남성들이 집안에서 부인과 자녀들에게 폭력을 행사하는 비율이 높아지는 것과 동시에, 과거 트라우마를 받은 여성들은 우울증과 PTSD 증상 등으로 인해 남편이나 자식과의 갈등을 적절히 해결하지 못하면서 스스로 폭력을 행사하거나 폭력의 대상이 되는 경향이 더 커지기 때문이다. 이러한 가정폭력은 다시 사회적 폭력과 자해, 자살 등으로 이어져 사회적인 폭력 수준을 높이는데 큰 요인이 되었다.

5) 사회적 약자들이 입은 피해

일반적으로 국가가 큰 혼란 상태에 빠지고 사회적 트라우마가 집단적으로 발생할 때, 그 사회의 약자들은 이중, 삼중의 고통과 트라우마를 겪게 된다. 그러고도 그들은 자신의 목소리를 밖으로 전혀 내지 못하는 어려움까지 가진다. 전쟁에 직접 참가했던 군인들, 인종청소와 고문, 대량학살의 대상이 되었던 피해 민간인들, 여성, 아동, 노인, 소수집단 등이 그런 사회적 약자들이다. 이는 캄보디아의 경우에도 마찬가지였다.[16]

혼란한 사회에서는 성적 범죄의 규모도 커진다. 그래서 여성들은 남성과 달리 사회적 트라우마에 더하여 성적인 범죄의 대상이 되는 이중의 어려움을 겪게 된다. 성적 폭력과 대량 강간이 전쟁의 도구로 사용되면서 여성들은 더욱 취약해졌다. 캄보디아 크메르 루즈 정권 시절, 핍박을 받은 여성들 중 다수가 강간을 당했고, 정부의 정책하에 강제결혼을 해야 했다. 강제결혼은 또 다른 형태의 집단강간이었다. 그것이 여성들에게 끼친 악영향은 매우 심각했다. 이런 어려움에 대한 특별한 관심과 지원이 필요했지만, 캄보디아 상황에서 그런 지원을 기대하기란 어려웠다. 그에 따라 2008년 UN 안전보장이사회에서는 성폭력을 전쟁범죄, 반인륜범죄, 고문의 일종, 인종 대량학살의 부분으로 규정하였다. 집단강간은 원치 않는 임신, 질병, 사회적 낙인, 가족의 거부 등을 불러와 가족 구조를 무너뜨리고, 사회를 붕괴시키고 여성들의 정신건강에 큰 영향을 끼치기 때문이다.[17]

한편, 트라우마 사건들로 부모를 잃고 고아가 된 아이들은 사회에서 가장 취약한 집단이다. 게다가 가해자들은 부모를 죽인 뒤 고아가 된 아이들을 데려가 자신들의 하수인, 또는 소년병으로 키워내는 경우가 늘어나고 있어 또 다른 문제를 만들어냈다. 캄보디아에서도 크메르 루즈 군인들은

---

16) Beth Van Schaack, Daryn Reichener, Youk Chhang (ed)., op.cit., 2011, p. 16.
17) Sarath Youn et al., *My Testimony*, Phnom Penh, 2015, pp. 1~84; Rochelle Braaf, "Sexual violence against ethnic minorities during the Khmer Rouge regime", *Cambodian Defenders Project*, 2014; Theresa De Langis, *Like Ghost Changes Body*, 2015, pp. 1~96.

부모를 죽이고 고아가 된 아이들을 지뢰 매설 소년병으로 키워냈다.

캄보디아의 또 다른 소수자, 약자로 이슬람 종교를 믿는 참족, 그리고 캄보디아인들과 민족 갈등이 큰 베트남족 집단들이 있다. 이들은 캄보디아에 크메르 루즈 정권이 들어서면서 일반 캄보디아인들과 다른 복합적인 핍박과 고통을 받아야 했다. 사회적 지위가 낮고, 권리를 주장할 방법이 전혀 없었기 때문이다. 이들 역시 심각한 정신건강적 후유증을 가지게 되었다.[18]

6) 집단심리 현상

킬링필드와 같은 거대한 사회적 트라우마는 생존자 및 가족들의 정신건강, 심리에 영향을 끼치면서 비적응적 행동패턴을 만들어낸다. 그리고 여러 사람의 집단적인 비적응적 행동패턴은 결국 사회문제를 만들어낸다. 즉 가족을 잃은 후의 PTSD, 우울, 절망감 등이 다시 사회적으로 조절되지 않는 잔인성, 보복행동, 테러 등으로 표출될 수 있는 것이다.[19] 사회적 트라우마는 사람들을 더 공격적이고, 참을성 없고, 무책임하게 만들 수 있다. 이런 사회에 살면서 젊은이들은 자기 생각을 적극적으로 표현하지 않으려 하고, 늘 겁에 질려 있다. 아이들도 자신의 지능과 능력을 적극적으로 표현하지 않고 회피하기도 한다. 특히 고아로 자란 아이들과 청년들이 이런 특징들을 더욱 강하게 보인다고 한다. 크메르 루즈의 폭력은 캄보디아 사

---

18) Dr. Kristina CHHIM et al., *Life Before Expulsion: community history from Vietnamese minorities in Kampong Chhnang*, Kedi Karuna, 2014; Lyma Nguyen & Christoph Sperfeldt, *A Boat Without Anchors: a report on the legal status of ethnic vietnamese minority populations in Cambodia under domestic and international laws governing nationality and statelessness*, Cambodia: Jesuit Refugee Service(JRS), 2012.

19) Suzannah Linton, op.cit., 2004, p. 192, 194.

람들이 스스로 사고하고 행동하기를 억제하도록 만들었다. 그리고 전체적인 불신과 공포, 동정심의 부족, 무기력감을 만들어냈다. 이런 상태를 캄보디아에서는 'baksbat' 상태라 말하는데, 번역하자면 '꺾여진 용기' 정도일 것이다. 한 연구자는 이것을 캄보디아인의 트라우마에 대한 반응 특징으로 이야기하면서 낮은 자존감, 자기효율성(edlf-efficacy)에 대한 낮은 확신, 의존성, 쉽게 공포심을 가짐 등으로 정의했다.[20]

우리 연구팀이 현지에서 만난 캄보디아의 활동가들과 학자들은 킬링 필드가 캄보디아인들의 심성을 변화시켰다고 말했다. 일반적으로 캄보디아 사람들은 자신의 생각이나 자신이 본 것을 쉽게 타인에게 이야기하지 않는다. 그게 얼마나 위험한 일인지 그동안의 역사 속에서 경험으로 배웠기 때문이다. 따라서 평소에는 스스로 철저하게 억누르며 산다. 그러나 그 억눌린 마음이 한번 발산되는 때가 오면 전혀 통제되지 않는 극단적인 행동으로 나타나기도 한다. 예를 들어 길거리 강도가 현장에서 붙잡히기라도 하면 행인들은 범인을 향해 분노하고, 폭행하며, 때로는 밟아 죽여도 용인되는 문화가 있다고 했다. 그 분노가 정당하고, 또 그 분노를 표출해도 자신에게 개인적인 해가 없을 거라고 믿을 수 있다면 극단적인 행위로 분노를 표출하길 망설이지 않는 것이다.

7) 가해자와 피해자의 복합성으로 인한 혼란

역사가 복잡하게 전개되면서 발생하는 문제 중 하나는 가해자와 피해자의 정확한 구분이 어려워진다는 것이다. 독일 나치의 홀로코스트는 가

---

20) Chhim Sotheara, "Baksbat(broken courage): A Trauma-based Cultural syndrome in Cambodia", *Medical Anthropoplgy* 32(2), 2013, pp. 160~173.

해자와 피해자가 명확히 구분된다는 점에서 오히려 예외적인 사례에 속한다. 캄보디아에서도 피해자는 얼마 후 자신과 가족들의 복수에 나서면서 가해자가 되고, 가해자는 다시 2차 피해자가 되는 일들이 수없이 반복되었고, 최종적으로는 누가 가해자이고 누가 피해자인지 정확히 구분하기 어려워져버렸다.

크메르 루즈 정권이 들어서기 전에도 시아누크 왕정과 론 놀 우파 정권의 잔혹한 통치하에서 많은 피해자들이 만들어졌다. 왕족, 귀족, 지식인, 부자, 친(親)프랑스적 왕정과 론 놀 정권에 의해 농촌의 빈민들이 피해를 입었고, 그중 상당수는 크메르 루즈에 들어가거나 그 지지자가 되었다. 그리고 크메르 루즈가 정권을 잡으면서 그들은 자신들이 생각하는 이상적인 국가를 건설하기 위해 수많은 사람들을 처형하기 시작했다. 처형 대상 중에는 과거 자신들에게 해를 끼친 가해자들도 있었다. 곧이어 크메르 루즈 정권 안에서도 서로에 대한 불신으로 인해 대규모 숙청과 처형이 일어나 가해자가 다시 피해자가 되는 일이 발생했다. 크메르 루즈 정권이 물러난 뒤 살아남은 피해자들은 자신을 위해한 가해자들을 사적으로 처벌하고자 했고, 그 때문에 피해를 본 사람들은 또 다시 보복에 나섰다. 꼬리에 꼬리를 문 이 가해와 피해에 대해, 현재 캄보디아에서 활동하고 있는 한국인 김영일 교수는 다음과 같이 이야기했다. "캄보디아에서 55세 이상의 사람들에게는 전에 크메르 루즈였는지 여부를 묻지 않는다. 사실 어떤 의미에서는 살아 있는 이들 모두가 다 가해자이다. 피해자는 이미 모두 죽었다."

크메르 루즈 정권을 축출하고 새로 정권을 잡은 정치 집단은 과거 크메르 루즈와 연관을 가지고 있던 사람들이었다. 그들은 크메르 루즈 정권을 붕괴시키는 데 베트남 군대를 이용했는데, 역사적으로 캄보디아인들은 베트남인들을 매우 적대시해왔기에 그런 행동은 새로운 정권에 대한 불만과 불신으로 이어질 수밖에 없었다. 이를 해결하고 자신의 정당성을 높이기 위해, 새로운 정권은 과거 크메르 루즈 시절의 악행들을 적극적으로 국내외에 알려 나갔다. 그러면서 다시 한 번 누가 가해자이고 피해자인지 구분하는 것이 매우 어려워졌다. 가해자와 피해자의 혼합 현상은 과거사의 진실을 밝히려는 노력을 어렵게 만들었을 뿐 아니라, 피해자들의 치료 활동도 어렵게 했다. 피해자들은 대부분 또 다른 측면에서 가해자였기에, 그들을 치료하기 위해 왜 국가와 사회가 노력을 해야 하느냐는 질문들이 나왔던 것이다. 그런 상황에서 피해자이자 동시에 가해자인 이들을 어떻게 보아야 하고, 어떻게 치유해야 하는지에 대한 심리적 갈등이 중요한 과제가 되었다.

3. 트라우마 치유를 위한 정부의 노력

1) '분노의 날' 제정과 운영

캄보디아 정부는 사회적 치유를 위한 특별 조치 중 하나로 매년 5월 20일을 '분노의 날(angry day, anger day)'로 정해 운영하고 있다. 이는 크메르 루즈 정권이 무너진 이후, 피해자와 가해자의 직접 보복을 막고 그 분노를 다른 방법으로 승화시키기 위해 만든 것이다. 초창기에는 피해자들이 자신이 당한 고통을 사람들 앞에서 공개적으로 이야기함으로써 행동화된 보복을 대신하는 효과를 가졌다. 그러나 세월이 흐르면서 점차 이름뿐인 정부 여당의 행사로 전락하여, 이제는 동원된 공무원들만 참석하는 형식적인 행사가 되어버렸다. 캄보디아 일반 국민들은 이 날의 의미와 가치를 인정하지 않고, 단순한 정치 활동으로만 보고 있다. 사회치유적 활동은 시의성을 가지고 있으며, 어떤 국가적 행사가 진정한 의미의 치유를 목표로 한다면 희생자들의 고통을 인정해주고 희생자들이 주인이 되는 행사를 만들어가야 하는데, '분노의 날'은 그런 본질적인 치유에 충분히 다가가지 못하다 보니 대중적 관심에서 멀어져버린 것이다. 그에 따라 캄보디아의 NGO 단체인 'Cambodian Defenders Project(CDP)'는 '분노의 날'을 '추모의 날(memorial day)'로 바꾸자고 제안하기도 했다.[21]

2) 기념탑과 기념관

캄보디아 정부는 과거 크메르 루즈 정권의 만행을 알리는 기념관과 기념탑 등을 적극적으로 건립하고 널리 홍보하여 캄보디아의 주요 관광지로 만들었다. 그중에서도 특히 큰 주목을 받는 것은, 당시 처형당해 죽은 사람들의 유골들을 그대로 전시한 것이다. 죽은 사람들의 유골을 관광 전시물로 사용하는 것은 양면성을 가진다. 고통과 비극을 후세와 외부에 가장 직접적인 형태로 증언하고 알린다는 점에서 긍정적인 측면이 있지만, 인간의 유골을 관광 전시물로 사용하고 있다는 점에서,—특히 캄보디아가 화장(火葬)의 전통을 지닌 불교 국가임을 감안할 때—죽은 사람의 존엄성을 해치는 모욕이 될 수도 있는 것이다. 그러나 필자가 현지에서 사회치유를 위해 활동하는 NGO 사람들에게 이 문제에 대해 질문했을 때, 그들 대부분은 현재 상황에서 이것은 부정적인 의미보다 긍정적인 의미가 더 크다는 의견을 주었다. 즉 진상 조사 및 가해자 처벌 등이 제대로 이루어지지 못한 상황에서, 이나마 있어야 그 사실을 다음 세대에게 정확히 알릴 수 있다는 것이었다. 다만 앞으로도 계속 이런 식으로 유골을 그대로 노출시

21) SOK Sam Oeun, *Cambodia Defenders Project, 1994~2009*, pp. 1~52.

키는 방식을 유지할지는 좀 더 논의해야 할 부분이 있을 듯하다.

4. NGO의 치유 활동

1) KDei Karuna(KK)의 활동

이 기관은 미국의 International center for conciliation의 지원을 받아, 과거 크메르 루즈 정권으로 인해 심리적 상처를 받았음에도 아직 국가나 법의 지원을 못 받고 있는 이들의 치유를 위해 활동해왔다. 그들의 활동 프로그램 중 하나로 '정의와 역사 탐방(Justice and History Outreach: JHO)'이 있는데 여기에 속하는 다양한 활동들은 다음과 같다.

먼저 '훈련자를 위한 훈련 프로그램(Training of Trainer Project)'이 있다. 마을의 주요 인사들을 훈련시켜 마을 사람들이 과거의 고통을 이야기할 수 있도록 돕도록 하기 위한 프로젝트이다. 과거 피해를 입은 사람들이 어려움을 호소하면, 그것을 가지고 마을 안에서 사람들이 서로 대화할 수 있도록 이끄는 방법을 훈련시키는 것이다. 대화 방식은 마을의 전통 불교 문화와 연계시켜 이루어지도록 하였다. 그리고 과거사 피해자가 죽어 장례식을 치를 때는 '가족장'이 아닌 마을의 '사회장'으로 하도록 하여, 피해자의 고통을 마을공동체의 문제로 인정하도록 했다. 또한 피해자들이 법원에 소송을 할 때 그것을 지원하는 방법 등을 가르치기도 한다.

'지역사회 기억 프로젝트(Community memory initiative project)'는 마을에서 벌어졌던 일들을 한 개인의 기억이 아닌 마을의 기억으로 만드는 작업이다. 즉 고통과 연계된 사람들이 각자 다르게 기억하는 과거 사건들에 대해 함께 이야기하면서 '마을의 공식 기억'을 만들어내고, 그것을 토대로 누가 어디서 누구에게 어떻게 죽었는지 다음 세대에게 가르치는 기준으로 삼은 것이다. 그 과정에서 과거의 피해자들은 자신들의 이야기들을 충분히 함으로써 일종의 심리적 보상을 받으면서 치유되었다.

'구술역사 프로젝트(Oral history project)'는 개개인이 지닌 과거 힘들었던 비극의 기억을 이야기하도록 하고, 그것을 정리하여 문서화해서 정식 기록물로 만드는 작업이었다.

'강제이주 순회 전시회(Mobile exhibition on Forced Transfer)'는 크메르 루즈 정권하 도시민의 강제이주와 강제노동, 그리고 그들의 고통을 담은 사진 전시회, 기록영상 방영, 야외 연극공연 등을 통해 과거 일을 기억하고 동시에 추모했다. 전국을 순회하며 10군데 정도에서 프로그램을 진행했다.

2) Transcultural Psychosocial Organization(TPO)의 활동

네덜란드를 기반으로 하는 비정부기구로서 캄보디아에서 다양한 정신건강 프로그램 지원 활동을 하고 있다. 대표적인 활동은 '재판 지원 프로그램'과 '증언치료(testimonial therapy)'이다.

(1) 재판 지원 프로그램

2009년부터 캄보디아에서는 과거 킬링필드 범죄를 처벌하기 위한 유엔 캄보디아 특별재판부의 재판(ECCC 재판)이 벌어졌다. 그런데 그동안 과거의 상처에 대해 이야기하는 것 자체가 금기시되었던 캄보디아 사회에서, 재판에 나가 증언을 한다는 것은 증인 당사자에게 매우 두렵고 힘든 일이었다. 따라서 그들을 체계적으로 지원하고 격려하여 재판에 나가 증언을 잘 하도록 돕는 일들을 여러 NGO 단체가 하기 시작했다. 이는 증언을 하는 개인뿐만 아니라, 캄보디아 사회 전체에 매우 긍정적인 기여를 했다. 성공적인 증언 행위는 가장 중요한 사회치유적 행위였기 때문이다. 이일을 하는 기관 중 하나가 TPO이다. TPO는 증인이 선정되면 한두 달 전부터 그들과 만남을 시작하여 재판에 관련된 법적인 사항들, 인권 사항들, ECCC 재판 과정 등에 대해 교육한다. 그리고 법정에서도 그들 옆에 있으면서 현장 자문을 해주고, 증언이 끝난 직후나 증인들이 집으로 돌아간 이후에도 그들의 심리 상태를 확인하고 지원해준다. 그리고 증언자들의 모임을 만들어 일종의 자조 그룹으로서 활동할 수 있도록 지원하기도 한다. 실제로 수많은 사람들이 피해자가 된 캄보디아 사회에서 모든 피해자들을 다 지원하기는 어려운 실정이다. 그러나 가장 대표적인 이들 증언자들을 돕는 일은 사회적으로 중요한 상징적 의미를 가진다. 그리고 이러한 증인 지원 업무를 하는 사람들을 모집하고 교육하는 것, 즉 '돕는 자를 교육하는 것' 역시 TPO의 중요한 업무이다.

(2) 증언치료

사람들은 누구나 자신이 겪은 고통을 이야기하길 원한다. 그러나 캄보디아 문화에서 자신의 생각과 경험을 이야기하는 것은 위험한 일로 간주되었고, 그에 따라 자신의 고통을 말로 표현하기보다는 침묵, 또는 귀를 뚫는 풍습 등으로만 표현해왔다. 특히 크메르 루즈 정권하에서 자신들이 겪은 일을 말하는 것은 더욱 위험하다는 인식이 있어 공고한 침묵이 지켜졌다. 그러나 이런 캄보디아인들도 외국에서 온 의료진들에게는 자신들이 당한 고통과 지금의 어려움을 울면서 적극적으로 이야기하곤 했다. 즉 이들도 안전하다고 느끼는 상황에서는 자신들의 고통을 이야기하고 도움을 받기를 원했던 것이다. 그에 따라 이들이 안전하다고 느끼는 방식으로 자신들의 이야기를 하고 지원을 받을 수 있도록 하는 방법의 개발이 중요해졌다. 그렇게 등장한 것 중 하나가 증언치료(Testimonial Therapy)였다.[22] ECCC 를 통해 드디어 크메르 루즈 시절에 겪었던 고통을 이야기하는 것이 사회 적으로 용인되고 안전한 일임이 확인되면서, 당시의 비극을 증언하겠다고 나선 사람들만 전국적으로 4~5천여 명이었다. 그러나 그중 실제로 재판에 서 증언할 수 있는 사람은 백여 명에 불과했다. 증언하지 못하게 된 나머 지 사람들에게도 증언적 성격을 가지면서 동시에 치료적 성격을 가지는 프로그램이 필요했는데, 이것이 증언치료의 시작이 되었다. 피해자들은 4 일간 자신들이 당한 일들을 천천히 다 이야기했고, 프로그램의 스태프들 은 이를 전부 글로 기록한다. 그리고 모든 과정이 끝나는 마지막 날, 마을 의 많은 사람들이 마을 중심의 사찰로 모인다. 마을의 존경을 받는 승려가 가운데 앉으면 글로 기록된 요약본 문서를 스태프가 큰 소리로 낭독하고, 문서를 붉은 끈으로 묶어 희생자에게 전달한다. 승려는 모든 이야기를 듣 고 나서 다음 생에는 이런 고통을 당하지 않게 축복하고, 이미 죽은 이들 은 좋은 곳에 갔을 거라고 위로하면서 행사를 마친다. 이것은 증언치료의 방식을 캄보디아 문화에 맞추어 조정한 형식이었다(이에 대하여는 이 책의 2부 6장에서 다시 자세히 다룬다).

3) DC-Cam의 활동

킬링필드 관련 기록작업을 하는 NGO인 캄보디아 기록센터(Documentary Center of Cambodia: DC-Cam)는 단순히 과거의 기록을 찾고 정리하는 것을 넘어 서서, 과거의 비극이 드러나는 과정에서 치유가 이루어지도록 하는 데도 관심을 가지고 활동하고 있다. 유엔 캄보디아 특별재판부(ECCC)에서 1번

---

22) Inger Agger, *Calming the mind: healing after mass atrocity in Cambodia*, Sage, 2105.

사건의 재판(뚜얼슬랭 수용소장 카잉 구엑 에아브에 대한 재판)이 시작되자, 많은 사람들이 원고와 증인 신청을 했다. 재판상의 여러 이유로 그중 아주 일부만 원고나 증인으로 채택되었지만, 관련되었던 모든 사람들은 이것에 대하여 하고 싶은 이야기들이 너무도 많았다. DC-Cam은 이를 '살아 있는 기록(Living Document)' 프로젝트를 통해 '마을 대화(Community Dialogue)' 프로그램으로 다루었다.[23] '마을 대화'는 비록 ECCC와 직접 관련되지 않았어도 캄보디아 사회에서 가장 많은 개인적 참여를 만들어내고, 사회치유적 의미를 가지게 되었다. 그 구체적인 내용은 다음과 같았다.

DC-Cam은 각 마을마다 스스로 대표를 선정하게 하고 그들을 초청하여 ECCC의 재판 과정, 그리고 피고(가해자)의 범죄 행위와 살아온 인생 등에 대하여 교육했다. 그들을 ECCC 재판에 직접 참관하도록 하고, 참관 후 그들의 경험과 생각을 다른 참석자들과 토론하도록 했다. 그 후 마을 대표들은 자신들의 마을로 돌아가서 마을 사람들과 그 재판에 대한 이야기와 토론을 했다. 이때 DC-Cam 스태프들과 전문가들이 마을 모임에 참석하여 토론을 돕고, 추가 질문에 대답했다. 이 모든 장면들은 영상에 담겼다. 이 영상은 아직 DC-Cam 프로그램에 마을 대표를 보내지 않고 있던 주변 마을들에 소개되었고, 그것을 본 주변 마을들도 자신들의 대표를 뽑아 DC-Cam 프로그램에 참석하게 했다. 2011년까지 1만 5천 명의 마을 대표가 이 프로그램에 참가했다. 크메르 루즈 기간 동안의 고통스러운 상실을 이야기하고, 지역사회 사람들이 그들의 경험을 서로 나누고, 지역사회 치

---

23) Living Documents, Doucumentation CTR. of Cambodia(www.dccam.org/Projects/Living_DOC/ Living_Documents.htm).

유 과정을 시작하기 위해서였다.[24]

'마을 대화' 프로그램은 과거 피해자들에게게만 의미가 있는 것이 아니었다. 크메르 루즈의 일원으로서 가해자였으면서도 마을에서 계속 사람들과 함께 살아왔던 이들에게도 이는 매우 중요한 의미를 가지는 사건이었다. 가해자들 중에는 이미 마을 사람들에게 복수를 당해 죽은 이들도 있었고, 살아 있는 사람들은 늘 불안하게 지내왔다. 그런데 '마을 대화'를 통해 마을 사람들이 당시 비극적인 일들은 가해자들의 개인적 악행으로만 볼 것이 아니고, 크메르 루즈 정권의 특성과 상관들의 요구 때문에 불가피하게 벌어진 측면도 있다는 식으로 더 통합적인 이해를 하게 되었다. 그러면서 마을에서 같이 살고 있던 가해자들에 대한 시각도 달라졌고, 용서의 기회가 만들어지기도 했다.[25] 이런 경험들은 ECCC 법정에 대해 크메르 루즈 출신 사람들이 가졌던 두려움이나 오해가 사라지는 기회도 되었다.[26]

이와 같이, DC-Cam의 마을 대화 프로그램은 피해자와 가해자들의 고통을 치유하는 의미 있는 과정이었다. 그리고 이는 법정에서 불가능했던 화해 과정을 캄보디아인들 스스로가 중심이 되어 이룰 수 있게 했다. DC-cam 스태프들이 떠난 다음에도 마을 사람들의 대화와 모임은 지속되어 지역사회에 지속적인 치유적 영향을 끼치게 되었다.

24) Documentary Center of Cambodia, *The DC-Cam Annual Report*, 2010, pp. 27~28.

25) Savina Sirik, "Village Meeting: Fear Reduced Among Kbmer Rouge Lower Level Cadres", Documentation CTR of Cambodia(Mar. 23. 2010).

26) Documentary Center of Cambodia, *The DC-Cam Annual Report*, 2010, p. 25.

5. 피해자와 가해자의 대화 프로그램

2011~2013년 사이에 TPO와 KK는 공동으로 'The Victim-Former Khmer Rouge(VFKR) Dialogue Project'를 시행했다. 이는 마을 단위의 피해자와 가해자 간의 대화와 화해를 위한 프로그램으로, 총 5사례 시도되어 그중 3사례가 끝까지 진행되었다. 두 기관이 시행한 여러 사회치유 프로그램 중 하나이지만, 그 중요성 때문에 이 글에서는 별도의 절을 만들어 살펴보고자 한다. 아래 내용은 우리 연구팀이 두 개의 기관을 방문하여 실무자들과 나눈 이야기와 자료를 정리한 것이다.

1) 정의와 배경

이는 크메르 루즈 시절 이후에도 같은 마을, 또는 옆 마을에서 30~40년을 서로 침묵하며 긴장 상태로 살아온 가해자와 피해자들을 대상으로 화해 프로그램을 만들어 실행하고 그것을 다큐멘터리 필름으로 녹화하는 것이다. 캄보디아는 모계 사회라서 같은 마을 주민들이 서로 혈연으로 엮여 있는 경우가 많았다. 크메르 루즈 시절, 마을 안에서 죽고 죽이는 비극적 사건들이 발생했지만, 크메르 루즈 통치 기간이 지난 후 마을 사람들은 누가 가해자이고 누가 피해자인지 잘 알면서도 겉으로 드러내지 않은 채 서로 관계를 끊고 살았다. 때로는 개인적인 복수를 원하기도 했지만, 법적 처벌도 두려웠을 뿐 아니라 친족 혈연으로 묶여 있다는 등의 이유도 있어 복수하지 못한 채 시간이 흘렀다. 그러는 동안 가해자들은 지역사회의 종교 및 문화 생활에서 중심 역할을 하는 불교 사원에 가지도 못했고, 자신의 자녀들까지 복수의 대상이 될까봐 늘 두려운 마음으로 살아왔다.

이런 상황에서 화해 시도 프로그램이 만들어진 것은 ECCC 재판의 개정과 깊은 관련이 있었다. 그 전까지는 킬링필드와 연관된 과거의 고통에 대한 철저한 '침묵의 문화(Culture of Silence)'가 지배적이었고, 피해자가 입을 열어 자신의 과거 고통을 이야기하고 그것이 가해자에게 전달되는 일은 거의 없었다. 40년 가까운 세월이 흐르고 나서 ECCC가 열리자 과거 사건들의 진실 및 고통에 대한 이야기가 공개적으로 이루어지기 시작했고, 비로소 침묵의 문화에 변화가 생길 여건이 마련되었다. TPO와 KK 등의 NGO도 이런 화해 치유 프로그램을 운영할 수 있게 되었다. NGO들이 아무리 화해 치유 프로그램을 구상한다 하더라도, ECCC 와 같은 큰 사회적·국가적 변화와 제도적 보장이 있어야 프로그램이 실현 가능하기 때문이다. 물론 ECCC 같은 국가와 정부 차원의 거시적 여건이 마련되어도, 구체적인 치유의 실현을 위해서는 NGO의 활동이 반드시 필요한 것도 사실이다. 이런 만남의 자리는 국가가 행정적으로 만들어낼 수 있는 것이 아니기 때문이었다.

TPO와 KK가 처음에 이런 프로그램에 참여할 피해자들을 알아보러 다니던 무렵, 당사자들과 마을 사람들은 그들이 ECCC로 가져가 제소할 거리를 찾는 일종의 재판 조사 활동을 한다고 의심하면서 소극적인 태도를 보였다. 그래서 NGO 사람들은 이 프로그램의 성격을 긴 기간 동안 자세히 설명하고 설득해야 했다. 마침내 이 프로그램의 취지를 충분히 이해한 마을의 중요 지도자들이 중재자(local facilitator) 역할을 자임하고 나서면서 당사자들과 마을 사람들의 설득에 성공하고 일을 진행할 수 있게 되었다.

많은 경우 그렇듯이, 이 프로그램이 진행된 마을들에서도 크메르 루즈 군인 출신들은 가해자인 동시에 피해자였다. 그들은 어린 시절부터 크메르 루즈 정부의 사상정치교육을 받았고, 만일 부모라 해도 정부 정책에 반하는 잘못된 언행을 하면 즉각 정부에 신고하도록 교육받았다. 크메르 루즈 정부의 군대에 징집되어 상급자들의 명령에 따라 잔혹한 활동을 벌인 뒤 전쟁이 끝나고 집으로 돌아와 보니, 자신이 충성한 크메르 루즈 정권에 의해 가족이 죽임을 당했다는 사실을 알게 된 이들도 있었다. 이런 것들이 그들을 극도로 혼란스럽게 만들었다. 가족을 죽인 집단인 줄도 모르고 충성을 바쳐왔다는 사실을 어떻게 받아들이고 어떻게 이야기할지 모르게 되었던 것이다. 자신도 피해자라고 이야기하고 싶지만 그렇게 할 수 없는 이중적 상태였기 때문에, 화해 프로그램에 참여하는 것도 매우 민감하고 어려운 측면이 있었다.

그럼에도 이 프로그램이 진행될 수 있었던 것은 세 가지 이유 때문이었다. 첫째, 과거의 사실을 마을 사람들이 모두 알고 있었다는 것이다. 가해자들은 자신의 과거 악행과 잘못을 인정하면 화해는커녕 더 큰 보복의 위험에 빠질 것을 두려워했다. 그러나 마을 사람들은 당시 누가 무슨 일을 저질렀는지 이미 다 알고 있었기에, 무조건 부인한다고 문제가 해결되는 것도 아니었다. 이런 사실이 그들을 화해 프로그램에 나서게 했다. 둘째, 자기 자녀들의 미래를 위해서였다. 가해자들은 언제 피해자가 복수를 하러 나타날지 모르는 긴장 속에 살아야 했다. 이 긴장은 특히 자녀가 태어나면서 더욱 심해졌다. 일부 가해자들은 그런 불안 때문에 미국이나 영국 등으로 떠나기도 했고, 캄보디아 내에서는 크메르 루즈 군대 출신으로 한꺼번에 투항한 사람들이 모여 사는 '바일런' 지역에 들어가 피해자들과 떨어져 살고자 하는 이들도 있었다. 그럼에도 자녀들이 혹시 복수에 희생당하지 않을까 하는 우려는 화해의 필요성을 더욱 절실하게 만들었다. 셋째, 자신이 가해자인 동시에 피해자라는 사실을 마을 사람들에게 인정 받고, 자신도 과거를 제대로 밝혀 공식적인 마을의 이야기로 남길 수 있기를 바라는 마음도 하나의 원동력이 되었다.

2) 과정과 실행

이러한 화해 프로그램을 준비하고 운영하는 데는 몇 가지 고려 사항이 있었다. 첫째, 가해자와 피해자의 화해는 억지로 이끌어낼 수도 없을뿐더러 그래서도 안 된다. 화해라는 말을 너무 쉽게 꺼내고 서둘러 이뤄내려는 태도는 많은 문제가 있다. 이 프로그램의 장점은, 6개월이라는 긴 기간 동안 매우 단계적으로 조심스럽게 진행되었고, 진심으로 화해할 수 있는 중간 과정을 가졌으며, 그 지역 문화와 정서에 맞는 과정과 의식으로 이루어졌다는 것이었다. 둘째, 한두 개의 사례를 지나치게 과장하고 일반화해서도 안 되었다. 모든 사례는 그 사례만의 독특한 배경과 스토리를 지니기 때문이다. 그러나 완전히 불가능하다고 생각되던 화해가 성공할 경우 그것은 분명히 하나의 상징이 될 수 있었고, 수많은 사람들과 마을들에 영향을 끼쳐 캄보디아의 사회치유에서 하나의 전환점을 이룰 수 있었다.

화해 프로그램의 실행을 위해 먼저 NGO 스태프들이 마을에 가서 상황을 알아보았다. 이때 스태프들은 호텔에 묵지 않고 마을 주민의 집을 얻어 머물렀는데, 이는 마을 사람들의 신뢰와 마음을 얻기 위함이었다. 화해 프로그램은 당사자들뿐만 아니라 마을 전체 사람들의 마음과도 연결되었다. 그래서 특히 마을의 민심에 영향을 끼치는 어르신들의 동의와 신뢰를 얻는 게 중요했다. 가해자와 피해자 사이를 중재해줄 지역 중재자(local facilitator)로 마을의 어르신 중 한 명을 선택한 것도 그런 이유였다. 낯선 외부인 스태프가 아니라 화해 프로그램의 당사자들이 모두 잘 아는 마을 중재자가 누구보다 잘 당사자들의 참여를 설득할 수 있기 때문이다.

마을 중재자가 선정되고 화해 프로그램에 참여할 당사자(피해자와 가해자)들이 결정되면, 마을 중재자는 양측을 찾아가 프로그램 참여를 설득했다. 그들이 화해 프로그램에 참여하겠다는 동의를 하면, 그때부터 중재자와 NGO 스태프들이 가해자와 피해자를 각각 만나 그동안 어떤 생각을 하며 어떻게 살아왔는지 자세히 이야기를 들어주었다. 각자 몇 번에 걸쳐 그런 시간을 가진 뒤, 당사자의 동의를 얻어 피해자 면담 내용을 비디오로 촬영하고, 그것을 가해자에게 보여주었다. 가해자들의 일차적 반응은 '부정(denial)'이었다. 피해자가 말하는 그런 폭력적 행위는 없었다는 것이다. 그리고 만일 그런 일이 있었다 하더라도, 조직의 윗사람 명령에 의해 한 일이라고 대답했다. 그럼에도 불구하고 혹시 피해자에게 할 말이 있느냐는 질문에 가해자가 피해자에게 하는 말이 있으면 그것을 촬영하여, 그것을 피해자에게 보여주었다. 이런 식으로 총 6~7회씩 영상을 주고받은 뒤, 마지막 단계에서 양측에게 이제 영상이 아니라 직접 만나 이야기할 것을 제안했다. 먼저 만나게 될 경우의 주의사항—분노를 직접 표현하거나 신체적 공격을 해서는 안 된다—을 이야기해준 뒤 동의를 받았다. 양측이 만나기로 최종 동의하면, 만남의 준비가 시작되었다. 만남의 형식은 당사자, 가족, 마을 중재자, 심리적 지지자가 될 수 있는 마을 사람들, 사원 승려 등이 모두 함께 사원에서 만나는 것으로 했다. 이렇게 하면 피해자와 가해자 모두 만남에 대한 불안감을 낮출 수 있을 뿐만 아니라, 만일의 경우 물리적 충돌을 막고 양 당사자를 보호하기에도 용이하기 때문이다. 또한 피해자와 가해자 개인뿐만 아니라 그들의 가족과 지지자들이 모두 함께하는 형식을 통해 개인들 간의 화해를 넘어 가족 공동체, 마을 공동체의 화해를 꾀할 수 있다는 이점도 있었다. 마을의 종교와 문화의 중심인 불교 사원에서 만남으로써 이들이 겪은 과거의 고통, 그리고 용서와 화해가 종교적으로 승화될 수 있는 구조를 갖출 수 있다는 것도 하나의 이점이었다. 또한 승려 앞에서 만나는 것은 캄보디아 전통문화에 따라 중요한 의미가 있었다. 승려 앞에서는 거짓말을 할 수 없기 때문이다.

마침내 직접적인 만남의 모임이 사원에서 이루어지면, 가해자와 피해자가 마주앉는다. 중간 과정에서 이미 몇 차례 비디오 녹화를 통해 서로의 의견을 주고받았지만, 몇몇 사례의 경우 가해자는 피해자 개인을 정확히 기억하지 못했다고 한다. 이미 30년 이상 지난 일이라서 실제로 기억이 안 났을 수도 있고, 너무 많은 사람들이 한꺼번에 죽었기에 일일이 기억하지 못하는 것이었을지도 모르며, 피해자 면전에서 차마 기억이 난다고 할 수 없어 거짓말을 한 것일 수도 있다. 그러나 마지막 마무리 시간에 이들은 화해의 관계를 만들어낼 수 있었다. 마무리에서는 불교 승려가 치유의 전달자(conveyer of healer)가 되어 "우리 모두가 희생자였다. 앞으로는 이런 희생자가 또 나와서는 안 된다. 그러므로 이제부터 그런 희생자가 나오지 않도록 우리가 할 수 있는 일들을 함께 하자"라는 메시지를 주면서 모임을 끝냈다.

3) 결과

이 프로그램을 통해 최종 마무리 단계까지 간 것은 총 세 개의 사례였다. 제1사례에서는 성공적으로 피해자와 가해자의 화해가 이루어졌다. 제2사례는 결국 피해자가 약속된 마무리 모임 장소에 오지 않음으로써 끝났다. 피해자는 사과한다는 가해자의 말을 믿지 못하기에 모임에 나가지 않지만, 자신은 그 가해자를 용서하겠다고 말했다. 제3사례에서는 성공적으로 화해가 이루어졌고, 가해자의 자녀들도 마을 공동체 안에서 안전하게 지낼 수 있게 되었다. 이 프로그램을 통해 성공적으로 화해를 이룬 한 가해자는 "새로 태어난 느낌이다"라고 말했다. 그는 과거 30여 년 동안 마을 사원의 종교 행사에 전혀 참여하지 못한 채 지역 공동체에서 소외당하고 있었는데, 이제는 사원에 갈 수 있게 되었다. 마을 사람들은 처음에 이런 화해 프로그램에 대해 들었을 때, 전혀 성공을 예상하지 못했다. 정말로 화해가 이루어지자 모두 많이 놀랐으며, 이것은 캄보디아 사람들에게 새로운 희망을 보여주는 일이 되었다. 이전체 과정을 위해 NGO 스태프들은 총 6개월 동안 50여 차례나 마을을 방문했을 정도로 헌신적으로 노력했다.

6. 사회치유 기관들의 과제

1) 정부의 과제

아직 경제 수준이 낮은 캄보디아에서는 당장 먹고 사는 문제, 신체적 질병의 치료가 국가 지원 대상의 우선순위 상위에 놓여 있다. 정신건강의 문제는 급한 일이 아닌 것으로 간주되었고, 그에 따라 국가적 지원 정책이 부족하여 환자들의 정신건강은 더욱 악화되었다. 또한 일반 국민들의 정신건강에 대한 인식 부족도 큰 장애가 되었다. 일반 국민들은 정신질환에 대한 큰 편견과 낙인(stigma)을 가지고 있어서, 정신건강적 문제가 있다는 것은 그 사람의 마음이 약하기 때문이고 수치스러운 일이라고 생각했다. 그렇기에 문제가 있어도 의사가 아니라 승려나 민간요법사를 찾곤 하여 제대로 된 치료를 받기 어려웠다.

우리 연구팀은 2016년 2월 2일 캄보디아 보건부를 방문하여 보건부 정신건강과장 및 자문관과 대화를 나누었다. 캄보디아의 경제상황이 아직 정신건강에 관심을 가질 만한 형편이 아니었기에 보건부에 정신보건과가 만들어진 지도 1년밖에 되지 않았고, 예산은 거의 책정되지 못하고 있었다. 실제로 보건부의 활동 우선순위는 ① 모자보건, ② HIV, TB, 말라리아 등의 주요 전염성 질환, ③ 정신건강 순이었고, 보건부 전체 예산이

100~200만 달러에 불과하기 때문에 정신건강 관련 예산은 더욱 적을 수밖에 없었다. 트라우마의 치유는 종합적으로 이루어져야 하며 국제적·국가적·지역사회적 차원에서 다 함께 진행되어야 하는데, 캄보디아에서는 아직 ECCC를 통한 국제적 차원의 치료만 이루어지고 있다. 캄보디아 기록 센터(Documentary Center for Cambodia) 등의 마을 대화 프로그램이 전형적인 지역 단위 차원의 치료 프로그램이지만, 보건부는 아직 그 효과가 규모 면에서 충분하지 않다고 보고 있었다.

향후 정부 및 사회기관은 정신건강 치유를 위해 다음과 같은 내용들을 추진할 필요가 있다고 이야기했다. ① 방송을 통해 정신건강에 대한 인식을 높여야 한다. ② 1, 2차 의료에 포함되는 포괄적인 정신건강 프로그램을 가져야 한다. ③ 캄보디아의 문화에 적절한 치료 방법을 개발해야 한다. ④ 지역사회 전체가 힘을 가지도록 만드는 전체적 접근(holistic approach)이 필요하다. ⑤ 절대적으로 부족한 정신건강 전문가들을 더 양성하고, TPO 같은 NGO들을 정신건강 치유센터로 삼아 증상이 심한 사람들을 치료하도록 시스템을 구축해야 한다. ⑥ 특히 정신건강의 취약 집단에 더 큰 관심을 가지고 집중적인 활동을 해야 한다.

2) 비정부기구들의 과제

캄보디아는 아직 경제적으로 어려움을 가지고 있는 나라이다 보니, 정부가 국민들의 사회적 트라우마에 관심을 가지고 적극적으로 개입하기에는 충분한 여력이 없다. 그에 더하여, 캄보디아의 매우 복잡한 현대 정치사의 흐름 속에서, 현 정부가 과거 크메르 루즈 정권 시절의 여러 악행에 적극적으로 대처하기 어려운 측면도 있었다. 따라서 비정부기구(NGO)가 그런 사회적 치유를 위한 역할을 해야 했다. 그러나 이런 활동에도 어려움은 있었다. 무엇보다 국가의 경제력이 약하다 보니 민간사회의 재정 자원 역시 부족하여 필요로 하는 재정을 충분히 확보하기 어려웠다. 또한 크메르 루즈 시절 주로 지식인들이 피해를 입으면서 이러한 활동에 임할 인적 자원 자체가 부족했다. 그런 가운데 캄보디아의 문제점을 인식한 외국 기관들의 재정적·기술적 지원과 함께 외국 NGO들이 캄보디아 지부를 세워 활동에 들어갔고, 나름대로 훌륭한 역할을 해냈다. 그러나 여기에도 몇 가지 문제점이 있었다.

첫째, NGO 활동에 대한 국제본부의 기대와 캄보디아 정부의 기대 사이의 차이가 NGO 활동에 어려움을 만들어냈다. 예를 들어 캄보디아 TPO는 원래 트라우마를 받은 사람들의 정신심리적 지원 활동을 목표로 설립된 국제본부의 지부였다. 그런데 이 기관이 캄보디아에 설립되자, 캄보디아 정부는 정신심리적 지원보다 당장 돈이 없어 신체 질병을 치료하지 못하고 있는 환자들을 진료해줄 것을 요청했다. 이는 캄보디아 TPO가 국제본부 등 외국 기관으로부터 재정 지원을 받을 때의 활동 목표가 아니었기 때문에, 외국 후원자들에게 후원금 집행 내역을 보고하면서 갈등이 있었다고 한다. TPO는 초기에는 정부의 요구를 일부 들어주었으나, 지금은 정부 요청 활동 지원을 중지했다.

둘째, NGO와 캄보디아 일반 국민, 전문가 사이의 갈등이 있었다. 일반적인 캄보디아인들은 NGO들이 국제본부나 외국 후원단체들의 설립 목적과 그에 맞춘 시각으로 진행하는 활동을 충분히 이해할 수 없었고, 그에 따라 부정적인 시각을 드러내기도 했다. 즉 NGO가 정말로 캄보디아 국민들에게 절실한 사업을 하는 것이 아니라, 별로 중요하지 않은 일에 외국 후원금을 다 소비하고 있다는 비판이었다. 어떤 캄보디아 전문가는 국제 NGO들의 캄보디아 지부들은 캄보디아 국민들이 아니라 자기 스태프들을 위한 활동을 하고 있고, 그것은 'NGO를 위한 NGO 비즈니스'일 뿐이라고 평가하기도 했다.

셋째, NGO를 통한 국제 지원의 감소도 문제가 되었다. 킬링필드 비극이 국제적 관심을 끌면서 많은 지원이 캄보디아에 주어졌으나, 2007년 세계 경제위기 시점부터 지원이 줄어들기 시작했다. 또한 새로 국제적 관심을 받게 된 지역들, 예를 들어 미얀마, 아프리카 국가 등이 등장하면서 국제 지원이 그쪽으로 이동했고, 그에 따라 캄보디아에 대한 지원은 더욱 줄어들었다. 외국 NGO들을 배경으로 활동하던 많은 캄보디아 NGO들이 큰 재정적 어려움을 가지게 되었다. 또한 캄보디아 정부가 캄보디아의 가파른 경제성장을 계속 홍보한 것도 국제 NGO들의 지원이 줄어드는 한 원인이 되었다. 그러면서 결국 사회적 치유 활동을 하던 많은 NGO들이 지속가능한 활동에 큰 문제를 가지게 되었다.

이런 상황은 몇 가지 교훈을 보여준다. 가장 바람직한 순서는 국내에 먼저 자생적인 NGO가 만들어지는 것이다. 그 기관에 외국 기관이 프로젝트에 따라 특정 사업을 지원하는 형태라면, 설사 외국의 지원이 줄어든다 해도 원래 자생력을 가지고 있는 국내 단체들은 비록 활동은 위축되더라도 기관 자체를 지속시킬 수 있다. 그리고 특정 프로젝트에 대한 지원이 줄어들거나 중단되면 다시 새로운 프로젝트를 찾아 기관의 변화를 추진할 수도 있다. 만일 시작 단계에서 외국 NGO의 캄보디아 지부 형태로 만들어졌다 해도, 가급적 빨리 현지화하고 자생력을 키워 외국의 지원과 상관없이 활동을 지속할 수 있도록 만드는 데 최선을 다해야 한다. 이러한 활동의 좋은 예가 이 책의 서문에서 소개했던 아키라 씨에 의한 지뢰 제거 활동이다. 캄보디아에서 최초로 지뢰 제거 활동을 시작했던 아키 라(Aki Ra) 씨는 개인 자격으로 그 일에 뛰어들었다. 그는 정부나 외국의 지원을 바라지 않고, 그저 스스로 할 일을 해 나가면 된다고 생각했다. 점차 그 소식이 국내 및 해외로 알려져 해외의 지원을 받게 되었지만, 원칙적으로 외부 지원 없이도 이 일을 해 나가겠다는 분명한 의식을 지닌 사람들로 구성된 기관이었기에 규모와 수준에 맞는 지뢰 제거 활동을 지속적으로 해 나갔고, 그것이 하나의 상징적 활동으로 변하여 다른 많은 기관들이 동참할 수 있도록 만들었던 것이다.

7. 화해를 향한 한 걸음

크메르 루즈 정권 시절, 3년 8개월의 짧은 기간 동안 150만 명에서 200만 명의 사람들이 죽었다. 이는 나치의 홀로코스트에서처럼 가스실에 들어가 대량으로 한꺼번에 죽어 나간 숫자가 아니라, 한 명씩 한 명씩 몽둥이, 칼, 총, 전기고문, 목을 조르는 줄에 의하여 죽어간 사람들의 숫자였다. 가장 비참한 형태의 죽음이었다. 이들의 죽음 뒤에는 그 와중에 살아남은 사람들과 또 그들의 가족이 있었다. 그들은 40여 년 동안 공포 속에서 자신들이 겪은 일들을 누구에게도 이야기하지 못한 채 살아왔다. 그러면서 수많은 고통과 한이 캄보디아인들의 정신세계, 집단심리를 크게 변화시켰다. 정말로 '제 정신으로 산 사람'이 없는 시대였다. 아무도 자기 생각을 정직한 목소리로 말하지 못했다. 늘 불안했고, 조심했다. 알코올 중독자가 늘어났고, 가정폭력이 심화되었으며, 번듯한 직장에서 일하며 돈을 벌수도 없었다. 필연적으로 가난이 뒤따랐다. 그런 가운데도 아이들은 태어나 자라났지만, 아이들은 무능한 부모를 경멸하고, 그들과 충돌했으며, 절망감으로 자살을 택했다. 한 사회가 겪은 거대한 트라우마의 상처는 단지

PTSD 유병률이나 우울중 유병률 같은 통계수치로 표현할 수 있는 것이 아니었다. 그럼에도 불구하고 열악한 상황 속에서도 많은 사람들이 그 상처를 치유해보고자 다양한 활동을 벌였고, 넓은 바다의 작은 물방울 같은 노력으로 인해 도움을 받고, 새로운 삶의 감동을 경험하기도 했다. 그리고 그들에 의해 캄보디아 사회는 조금씩, 그러나 분명히 좋아지고 있었다. 앞으로도 캄보디아 정부와 NGO의 활동이 더욱 활발해지기를 바란다. 그 과정에서 우리나라도 무언가 더 도울 수 있기를 기대한다.

캄보디아의 가해자와 피해자의 화해 프로그램 이야기는 한반도에도 많은 것을 시사한다. 좌와 우로 나뉘어 20세기 최악의 전쟁을 경험하고 수백만의 사람들이 죽어갔던 한반도에서, 아직도 분단에 의한 상호증오와 불신이 극한 상태에 있는 한반도에서, 그래서 집단적인 심리 상태와 정신건강 상태가 캄보디아와 큰 차이 없는 한반도에서, 화해라는 것은 처음부터 불가능해 보이는 한반도에서, 캄보디아의 화해 이야기는 하나의 도전이기 때문이다. 화해는 최후의 한 사람까지 다 치료되고 건강해져야 비로소 가능한 것이 아니다. 누군가, 자신들의 세대보다 다음 세대의 삶을 진심으로 걱정하는 '먼저 상처 받은 사람들'에 의해 시작되는 것이 바로 화해일 것이다.

제5장

제노사이드 영화와 사회치유[1]

임정택

1915~23년 오스만제국에서 발생한 아르메니아 제노사이드[2]는 150만 명의 기독교계 아르메니아인들이 희생당한 사건이다. 제2차 세계대전 중 나치 독일에 의해 자행된 홀로코스트는 유대인 600만 명이 학살된 가공할 만한 역사적 사건이었다. 1948년에 체결된 UN 협약에서 "민족적, 인종적, 종족적 또는 종교적 집단을 전부 또는 일부 파괴할 의도를 가지고 실행된 행위"[3]로 규정되고 있는 제노사이드는 홀로코스트가 끝이 아니었다. 나치의 유대인 대학살 이후에도 전 세계적으로 제노사이드는 지속적으로 발생해

---

1) 이 글은 임정택, 「제노사이드 영화와 사회치유—조슈아 오펜하이머의 다큐멘터리를 중심으로」, 『탐라문화』 54, 2017을 수정·보완한 것이다.

2) 제노사이드(genocide)는 민족, 인종을 의미하는 라틴어 genos와 살인을 의미하는 cide의 합성어로서 1943년에 유대인 법학자 라파엘 렘킨(Rafael Lemkin)이 나치 독일을 응징하기 위해 처음 사용한 개념으로 학자들마다 견해 차이를 보이고 있어 쟁점이 되고 있다. 대량학살을 통칭하는 개념으로 홀로코스트와 제노사이드가 사용되고 있으나 홀로코스트는 일반적으로 독일 나치에 의한 유대인 학살을 지칭하고 있어 이 글에서는 제노사이드 개념을 사용한다. 최호근, 「제노사이드란 무엇인가」, 『독일연구』 8, 2004, 56쪽.

3) 위의 논문, 64쪽에서 재인용.

왔다. 1960년부터 1994년에 이르기까지 남아프리카공화국은 흑백 인종 차별 정책인 아파르트헤이트(Apartheid)로 인해 무수한 희생자를 냈으며, 특히 흑인 감시를 위해 제정된 통행법에 반대하는 시위 진압 중에 발생한 1960년 샤프빌 학살로 약 2만 명의 흑인들이 희생되었다. 1965~66년 인도네시아에서는 수하르토 장군이 정권을 잡는 과정에서 1년도 채 안 되는 사이에 노조원, 농부, 지식인, 화교 등을 공산주의자로 몰아 무려 100만 명을 희생시킨 제노사이드가 발생했다.[4] 캄보디아에서는 1975년 4월, 크메르루주의 지도자 폴 포트가 미군이 베트남에서 철수함에 따라 약화된 친미 론 놀 정권을 몰아내고 정권을 장악하는 과정에서 전 국민의 20%인 200만 명을 처형한 '킬링필드(Killing Fields)'가 있었다. 또한 1994년 4월부터 7월까지의 르완다 내전에서는 100일 동안 인구의 10%인 100만 명이 희생당하는 대학살극이 있었다. 20세기는 가히 제노사이드의 시대라 불릴 만큼 대학살극의 연속이었다. 한국의 현대사도 예외가 아니다. 1948년 3월부터 1954년 9월까지 7년 7개월 동안 미군정과 이승만 정권하에서 25,000~30,000여 명의 희생자를 낸 제주 4·3과 1980년 신군부 세력에 의해 200여 명의 희생자를 낸 5·18 광주 민주화 항쟁도 국가권력에 의한 양민 학살 사건이라는 점에서 제노사이드의 범주에 넣을 수 있다.

---

4) 제노사이드에 관한 UN 협약에는 정치적 살인은 포함되지 않기 때문에 인도네시아에서의 대량학살이 제노사이드인지는 논쟁이 될 수 있다. 이 글은 인도네시아 학살극이 인종, 민족, 정치적 정체성의 복잡한 상호작용을 조명하고 있는 넓은 의미에서의 제노사이드라는 견해를 따른다. Elizabeth Wijaya, "To See Die, Again: The Act of Filming and The Act of Killing", *Parallax* 21(1), 2016, p. 82. 또한 UN 협약에 명시된 민족, 인종, 종족, 종교집단 외에 정치, 경제, 사회집단 및 성, 건강, 지역 등도 제노사이드의 보호대상에 포함되어야 한다는 학계의 제안들에 동의하며 제주 4·3 역시 제노사이드에 포함될 수 있다는 견해를 표방한다. 위의 논문, 78쪽.

'제노사이드'로 명명되는 이 가공할 사건들은 인간 이성의 힘으로 역사는 발전할 수 있다는 낙관론적 계몽의 기획을 여지없이 파괴시키고 말았다. 또한 그것은 인간 상상력의 영역에서마저 이탈된 불가해한 사건으로, 그 어떤 상상력으로도 상상해낼 수 없는 가공의 사건들이었다. 제노사이드는 국가 또는 민족을 구성하고 있는 개인 및 집단에게 역사적 트라우마를 남긴다. 제노사이드의 희생자 또는 가해자들은 무자비한 폭력의 기억을 의식적 무의식적으로 억압하며 침묵을 강요당한다. 그리고 사회로부터 이탈되어 자신의 정체성 혼란을 겪으며 고통당한다. 그래서 모든 제노사이드에는 피해자와 가해자들의 사회적 통합을 위한 사회치유 프로그램들이 수반된다. 일반적으로 제노사이드의 치유 방안으로는 진상규명, 책임자 처벌, 가해자나 국가의 사과, 관련 법률 제정, 관련 기구 설치, 보상 및 배상, 기념사업 및 문화예술 작품 활동 등이 실행되고 있다. 이 글은 그 중에서도 예술작품, 특히 영화를 통한 사회치유의 가능성에 대해 논하고자 한다. 제노사이드로 인한 트라우마의 진정한 치유를 위해서는 법률 제정이나 관련 기구 설치 및 배·보상 같은 물리적이고 일회적인 방안도 중요하지만 희생자 또는 가해자의 고통과 상처를 진정으로 어루만져줄 수 있는 예술을 통한 장기적인 치유 활동이 더 중요하다는 생각에서이다. 과거의 고통스러운 기억을 억압하고 거부해야 하는 것이 역사적 트라우마의 핵심이라고 할 때, 영화는 이미지나 스토리를 통해 말할 수 없는 것을 상징적으로 표현함으로써 트라우마적 고통에 쉽게 다가갈 수 있는 장점이 있다.

　조슈아 오펜하이머(Joshua Oppenheimer) 감독은 2012년 10여 년 이상 인도네시아에 체재하면서 만든 제노사이드 다큐멘터리 〈액트 오브 킬링(The Act of Killing)〉을 발표함으로써 세계 70개국 이상의 영화제에서 상을 휩쓰는 등 영화계에 센세이션을 불러 일으켰다. 이 영화가 주목을 받은 이유는 1965~66년 인도네시아 제노사이드가 발생한 지 50여 년 만에 처음으로 사태의 진면목을 가해자의 시각에서 조명했으며 영화미학적으로 다큐멘터리의 역사에서 새로운 패러다임을 설정했기 때문이다. 오펜하이머는 2014년 〈액트 오브 킬링〉의 속편이라고 할 수 있는 〈침묵의 시선(The Look of Silence)〉을 발표하여 다시 한 번 세계 영화계의 주목을 받았다. 이 영화는 당시 처참하게 희생된 람리의 동생 아디의 시각에서 인도네시아 제노사이드를 다른 방식으로 다루고 있다.

한편 한국의 제주도에서는 2013년 오멸 감독의 〈지슬: 끝나지 않은 세월2〉가 개봉되었다. 저예산 독립영화로서 제주 4·3을 다루는 이 영화는 14만여 명이라는 많은 관객 수를 기록했으며 29회 선댄스 영화제 심사위원대상을 수상하는 등 국제적인 주목을 받았다. 이 글은 〈액트 오브 킬링〉과 〈침묵의 시선〉을 각각 가해자와 피해자의 영화로 규정하고, 치유와 화해의 관점에서 분석하고자 한다.[5] 나아가 두 영화의 분석에서 얻은 결과를 기반으로 오멸 감독의 〈지슬〉을 가해자와 피해자의 영화로서 비교 고찰하고자 한다.[6] 또한 캄보디아의 대량학살극을 다룬 롤랑 조페 감독의 〈킬링

---

5) 국내 연구로는 두 영화에 대해 각각 1편씩 논문이 나와 있다. 영화의 자기반영성을 중심으로 한 영화미학적 연구와 재현·비재현의 문제를 다룬 연구이다. 남기웅·정태수, 「자기반영적 영화의 이데올로기 해체 전략 연구—영화 〈액트 오브 킬링(The Act of Killing)〉을 중심으로」, 『현대영화연구』 24, 2016, 199~228쪽; 최수임, 「'재현할 수 없는 것'의 (비)재현—조슈아 오펜하이머의 다큐멘터리 〈침묵의 시선〉에서 침묵과 시선」, 『씨네포럼』 19, 2014, 43~74쪽.

6) 이 글의 주요 분석 대상은 어디까지나 오펜하이머의 다큐멘터리 영화이다. 〈지슬〉이 극영화임에도 함께 다루는 것은 넓은 의미의 제노사이드 영화라는 점에서 일부 비교할 가치가 있기 때문이다. 따라서 〈지슬〉의 경우 본격적인 비평 작업보다는 기존의 연구를 오펜하이머 영화의 관점에서 재확인하는 수준에 머물 것이다.

필드〉를 분석하며 제노사이드 영화를 통한 사회치유의 가능성을 살펴보고자 한다. 이를 위해 제노사이드의 재현과 비재현에 관한 논의를 살펴보고 언어의 위기, 상상력의 위기로서의 트라우마 개념을 제시하고자 한다.

1. 역사적 트라우마와 제노사이드 영화

1) 제노사이드의 재현 vs 비재현

새벽의 검은 우유 우리는 마신다 저녁에 / 우리는 마신다 점심에 또 아침에 우리는 마신다 밤에 / 우리는 마신다 또 마신다 / 우리는 공중에 무덤을 판다 거기서는 비좁지 않게 눕는다 / 한 남자가 집 안에 살고 있다 그는 뱀을 가지고 논다 그는 쓴다 / 그는 쓴다 어두워지면 독일로 금빛 머리카락 마르가레테 / 그는 그걸 쓰고는 집 밖으로 나오고 별들이 번득인다 그가 휘파람으로 자기 사냥개들을 불러낸다 / 그가 휘파람으로 자기 유대인들을 불러낸다 땅에 무덤 하나를 파게 한다 / 그가 우리들에게 명령한다 이제 무도곡을 연주하라.[7]

1920년 루마니아 체르노비츠에서 유대계 독일인으로 태어나 제2차 세계대전 중에 가족과 함께 유대인 수용소로 끌려가 부모를 잃고 자신도 가스실에서 죽을 뻔한 위기를 넘기고 살아남은 파울 첼란(Paul Celan)의 시 『죽음의 푸가』의 시작 부분이다. 첼란의 시는 홀로코스트라는 불가해한 트라우마에서 시작될 수밖에 없었다. 그래서 그의 문장은 온전치 않으며 단어를 두서없이 나열하는 듯한 그의 시어는 해체적이다. 죽음을 비유하는 검

---

7) 파울 첼란 지음, 전영애 옮김, 『죽음의 푸가』, 민음사, 2011, 40쪽.

은 우유를 마시고 무덤을 파는 행위는 시 전편을 통해 지속적으로 반복되고 있어, 마치 홀로코스트의 트라우마가 매일 밤 악몽으로 나타나 그에게 고통을 가하는 듯하다. 결국 고통의 시인 첼란은 1970년 파리의 세느강에 투신 자살함으로써 생을 마감하고 만다.

아도르노는 "아우슈비츠 이후 시를 쓰는 것은 야만적이며 (…) 불가능하다"[8]고 했다. 원래 야만인(barbarian)이란 그리스어 어원으로 볼 때 '말을 할 줄 모르는 사람'이라는 뜻이다.[9] 홀로코스트는 윤리적 한계를 넘은 '극한 사례(limit-case)'이기에 인간의 인식 틀 한계 밖에 있으며, "언어 밖의 사태"이기에 재현할 수 없고 재현될 수도 없다는 입장이다. 이것을 흔히 '비재현의 윤리'라고 부른다. 프랑스의 리오타르 또한 홀로코스트를 지진계마저 파괴해버리는 측정 불가능한 것으로 파악하고 재현 불가능성을 주장하고 있다. "그 누구도 글이나 그림, 혹은 그 어떤 것을 통해서든 숭고라는 정감에 근접했다거나, 그것의 목격자인 척 혹은 그것에 대한 진솔한 보고자인 척 할 수 없을 것이다. 그것은 잘못된 것이며, 위선이다. 숭고는 만들어질 수 없으며 스스로를 '투사(project)'하는 것도 아니다. (…) 예술은 숭고가 될 수 없는 것이다. (…) 예술이 할 수 있는 것이라곤 숭고를 증언하는 것이 아니라, 예술의 이러한 아포리아를 그리고 그것의 고통을 증명하는 것이다. 예술은 말할 수 없는 것을 말하려는 것이 아니라 그것이 결국 숭고에 대한 어떤 말도 할 수 없음을 말할 뿐이다."[10] 모리스 블랑쇼 역시 그의 저서 『재

---

8) Theodor W. Adorno, "Cultural Criticism and Society", Rolf Tiedermann ed., *Can we live after Auschwitz?*, Stanford, California: Stanford University Press, 2003, p. 162.

9) 최종철, 「'재난의 재현'이 '재현의 재난'이 될 때―재현 불가능성의 문화정치학」, 『미술사학보』 42, 2014, 67쪽.

10) Jean-Francois Lyotard, *Heidegger and 'the Jews'*, Minneapolis: University of Minnesota Press, 1990, p. 48.

난의 글쓰기』에서 상상이 불가능한 인종말살이 결코 문학적 상상력의 대상이 되어서는 안 된다고 주장한다. 재난에 대해 글을 쓴다는 것은 다시금 과거의 고통을 반복하고 재연하는 일이기 때문이다.[11]

우리는 이 지점에서 되묻지 않을 수 없다. 홀로코스트에 대한 재현 불가능성을 고수할 경우 역사적 트라우마는 영원한 침묵 속에 파묻히지 않겠는가? 트라우마에 대한 기억은 영원히 억압된 채 악몽으로서 피해자와 가해자들을 끊임없이 고통스럽게 하지 않겠는가? 그렇다면 그들의 상처를 어루만질 수 있는 치유의 수단은 존재하지 않는단 말인가? 재현의 포기는 곧 치유의 포기인가? 재현 불가능성 때문에 재현을 본질로 삼았던 전통적 예술과 미학은 파산선고를 해야 하는가? 인간은 끊임없이 치유를 향한 존재라는 것을 고려할 때 비재현의 윤리는 어떤 의미에서는 비윤리적인 것이 되고 만다. 재현의 거부는 주체가 그 고통과 관계가 없음을 확인함으로써 주체의 안위를 보장받는 위선에 다름 아니기 때문이다.[12] 사회치유라는 관점에서 우리는 재현의 불가능성에 저항해야 할 의무가 있다. 인간의 상상마저 초월하는 불가해한 집단학살에 대한 마비된 상상력과 언어를 복원할 때 비로소 치유의 길이 열린다. 그것은 아주 어려운 작업이다. 재현 불가능성 자체를 재현하든가 아니면 상상을 초월하는 획기적인 재현 방식을 개발해야 하기 때문이다.

우리는 트라우마의 치유에 있어서 재현 불가능성과 재현에 대한 당위성 사이에서 항상 딜레마에 빠질 수밖에 없다. 재현 불가능성을 등에 업고 불가해한 홀로코스트에 대해 언어나 이미지로 표현할 수밖에 없기 때문

---

11) Maurice Blanchot, *The Writing of the Disaster*, Lincoln: University of Nebraska Press, 1986, pp. 5~7.
12) 최종철, 앞의 논문, 82쪽.

이다. 재현을 통한 기억은 마음의 상흔을 덧나게 하며 재현의 포기를 통한 기억의 억압은 잠정적인 망각을 가능케 할 뿐 진정한 치유를 가져오지는 않는다. 시간이 가면 지혈이 되고 봉합되는 육체적인 상처와는 달리, 트라우마를 통한 마음의 상처는 끊임없는 기억과 망각의 줄다리기를 통해 장기적으로 서서히 치유되어가는 것이다. 첼란의 시를 읽은 아도르노는 재현 불가능성에 대한 자신의 입장을 수정한다. "독일인이 저지른 것은 어떤 식의 이해도 허용하지 않지만 (…) 그럼에도 불구하고 말로 표현할 수 없는 사태를 견뎌내고 싶어 하는 의식은, 객관적으로 지배하는 광기에 자신도 떨어지지 않기 위해 사태를 파악해보려는 시도를 매번 되풀이하고 있음을 보게 된다."[13] 사실 홀로코스트에 대한 문학과 드라마와 영화들은 꾸준히 만들어져왔으며 앞으로도 만들어질 것이다. 전후 독일의 문화예술은 거의 모두 나치 범죄의 과거에 대한 극복을 성찰하는 것이었다고 해도 과언이 아니다. 이러한 재현의 실험들은 재현 불가능성이라는 규범적 명제에도 불구하고 홀로코스트라는 역사적 트라우마를 나름대로 기억하고 성찰하고 동일시하고 객관화하면서 훼손된 인간의 이성과 상상력을 복원하는 작업이라고 할 수 있다. 그러한 실험들이 진정으로 피해자들 또는 가해자들의 트라우마적 상흔을 어루만져주고 치유하고 있는지, 아니면 그 고통의 존엄성을 훼손하고 있는지는 또 다른 문제이다.

2) 상상력 장애로서의 트라우마

역사적 트라우마와 사회치유를 논함에 있어서 우리는 트라우마의 개념을 재고할 필요가 있다. 특히 영화를 통한 트라우마의 치유를 논구하기

---

13) 아도르노 지음, 김유동 옮김, 『미니마 모랄리아』, 도서출판 길, 2005, 142쪽.

위해서는 정신의학적 현상으로서의 트라우마를 예술적 재현의 문제로 확장시켜야 한다. 이 점에서 "전쟁, 대참사, 재난 같은 '일반적인 인간 경험의 범주를 넘어서는' 충격적인 외상 사건을 경험한 후 그 후유증으로 발생하는 장애"[14]로서의 의학적 정의를 넘어 트라우마에 대한 또 다른 정의 또는 보완이 필요하다. 트라우마의 증상으로서 의학에서는 초조, 불안, 두려움, 죽음에 대한 공포, 신경질, 공격성, 분노, 악몽이나 플래시백의 형태로 외상 사건을 반복적으로 재경험하는 것을 들고 있다. 의학적 치료가 아닌 예술적 치유를 논하고자 하는 이 글은 이러한 의학적 증상 외에 언어의 장애, 표현의 장애, 스토리텔링의 장애, 이미지의 장애, 상상력의 장애로서의 트라우마의 개념을 제안하고자 한다.

이 개념을 뒷받침할 수 있는 근거는 기존의 트라우마 연구에서도 발견될 수 있다. 캐롤린 요더(Carolyn Yoder)는 트라우마로 인한 기억들은 파편화된 형태로 남는다고 주장한다. 그래서 트라우마의 기억은 한 개의 그래픽 이미지로 나타나거나 때로는 사건의 순간을 전혀 기억하지 못하는 모습으로 나타난다고 한다. 말을 관장하는 뇌 부분의 기능이 멈추거나 '공포에 의해 벙어리'가 되는 증상이 이러한 트라우마와 관계된다.[15] 파편화된 기억은 곧 '의식의 파편화'로 이어지고 언어의 장애, 표현의 장애, 스토리텔링의 장애로 이어진다. 기억의 파편들을 연결시켜 하나의 통합된 서사로 구성하는 것이 예술적 상상력이라고 할 때, 트라우마는 곧 상상력의 장애이다. 홀로코스트의 체험이 상상력의 마비라는 사실은 프랑스의 디디 위베르만의 저서 『그럼에도 불구하고 이미지』가 뒷받침하고 있다. 그에 의하면

---

14) 김준기, 『영화로 만나는 치유의 심리학』, 시그마북스, 2009, 30쪽.
15) 캐롤린 요더 지음, 김복기 옮김, 『트라우마의 이해와 치유』, 아나뱁티스트, 2014, 45쪽.

홀로코스트의 근본 동기는 유대인을 많이 죽이는 것이 아니라 유대인을 말살하여 유대인의 이미지를 아예 지워버리려는 것이었으며, 이미지의 종말은 결국 유대인에 대한 상상 자체를 불가능하게 만드는 것이었다고 한다.[16] 결국 홀로코스트는 상상을 초월하는 집단학살을 통해서 상상력을 마비시키는 가공할 사건인 것이다. 그러므로 트라우마에 대해 얘기할 수 있고 상상할 수 있는 그 지점에서 비로소 치유가 시작된다. 그것은 홀로코스트에 의해 마비된 상상력과 언어를 다시 회복해가는 것이기 때문이다.

홀로코스트의 트라우마에 시달렸던 파울 첼란은 왜 시를 썼는가? 그것은 자신의 존재를 지워버리기에 충분했던 '언어 밖 사태'인 인종말살에 대해 지워져버린 자신의 존재를 어떻게든 확인해보기 위한 몸부림이었다. 그리고 잃어버린 언어를 다시 찾아보기 위한 절규였다. 트라우마로 인해 마비된 감각과 상상력을 다시 복원시키기 위한 외침이었다. 파울 첼란의 시는 파편화된 의식의 산물이다. 첼란의 시가 우리에게 고통으로 다가오는 것은 어쩌면 정상인의 언어보다는 장애인의 언어가 비정상적인 학살사건을 더 잘 재현하고 있으며 폭력과 문명의 야만성을 더 잘 고발하고 있기 때문이다. 그 끔찍한 죽음의 공포를 검은 우유를 매끼 마시는 극히 원초적이고 일상적인 언어로 그것도 파편적으로 그리고 엄습하는 악몽처럼 반복적으로 표현할 수밖에 없는 언어의 장애인, 상상력의 장애인 파울 첼란은 우리에게 그 무서운 트라우마에 대한 기억을 상기시켜주고 있다. 그러나 그 무거운 기억은 혼자 감당하기에는 너무 큰 부담이었다. 그래서 그는 우리에게 과거의 고통스러운 기억을 남겨두고 자신의 존재는 스스로 지워버

---

16) Georges DiDi-Huberman, *Images in Spite of All: Four Photographs from Auschwitz*, Chicago: University of Chicago Press, 2008, p. 43.

릴 수밖에 없었다.

'비재현의 윤리'에도 불구하고 영화는 홀로코스트에 대한 다양한 재현 방식을 실험해왔다. 크게 두 가지 유형으로 분류될 수 있는 바, 첫 번째 유형은 허구화를 통해서 상업영화의 문법을 따르며 관객과 인물과의 강한 동일시를 불러일으키는 서사 전략으로 홀로코스트에 대한 기억을 매개하는 것이다. 대표적인 예가 미국에서 4부작 TV 미니시리즈로 제작되어 1979년 1월에 전 독일에 방영된 〈홀로코스트〉이다. 이 드라마는 전후 의식적 무의식적으로 기억을 억압하고 거부하면서 잠정적인 망각의 지대에 놓아두었던 홀로코스트를 대토론의 장으로 이끌어들임으로써 독일 대중들의 표현의 장애를 어느 정도 치유하는 효과를 거두었다고 본다. 그것의 기본 원리는 가해자와 피해자와의 동일시를 가능케 하는 전통적 미학의 재현방식이었다.[17]

두 번째 유형은 시각적 재현과 내러티브를 거부하며 '장애적' 시각으로 홀로코스트를 기억하는 것이다. 1985년 프랑스의 클로드 란츠만 감독이 발표한 다큐멘터리 〈쇼아〉는 9시간 30분의 긴 상영시간 동안 유대인의 학살 장면을 한 번도 보여주지 않는다. 당시의 기록필름이나 영상자료를 전혀 사용하지 않은 것이다. 대신 스크린을 가득 채우고 있는 것은 생존자와 가해자, 목격자, 관련 당사자들의 증언의 목소리이다. 그리고 과거 홀로코스트의 현장인 첼모 수용소, 트레블링카 집단처형장, 아우슈비츠, 바르샤바 유대인 게토의 텅 빈 현재의 모습이 보여질 뿐이다. 재현은 영화 속에서 부재하며 포기된다. 재현이 이루어지는 곳은 영화가 아니라 관객의 의식 안이다. 영화를 보면서 또는 들으면서 관객은 이미지의 부재를 홀로코

---

17) 신명훈, 「드라마 〈홀로코스트〉와 독일의 과거청산」, 『역사와 문화』 20, 2010, 26쪽.

스트에 관련된 이미지들을 연상하며 채워 나간다. 이러한 강요되지 않은 기억이 관객으로 하여금 홀로코스트의 트라우마로부터 거리를 취하게 하고 성찰하게 함으로써 스토리텔링의 장애를 극복하게 한다. 이것이 비재현적 영화의 치유방식이다. 오펜하이머의 〈액트 오브 킬링〉은 첫 번째 유형도 아니고 두 번째 유형도 아닌, 픽션과 다큐멘터리의 절묘한 융합과 자기성찰을 통해서 전혀 다른 유형의 대안적 재현방식을 창조하고 있다.

2. 가해자의 영화 〈액트 오브 킬링〉

1) '영화 속 영화'를 통한 제노사이드의 재현

제노사이드를 다룬 영화들은 피해자의 시각에서 가해자들의 잔인성을 그리는 것이 일반적이다. 어디까지나 피해자가 주인공인 것이다. 그러나 오펜하이머 감독의 〈액트 오브 킬링〉은 전적으로 가해자가 주인공인 영화이다.[18] 오펜하이머가 가해자의 영화를 만들게 된 것은 인도네시아 제노사이드 이후 50년이 지난 후에도 당시 학살에 대한 공포가 아직까지도 지배하고 있는 현실 때문이었다. 오펜하이머 감독은 2001년 인도네시아 인권단체의 요청으로 북수마트라 메단 지역의 농장노동자들에 대한 다큐멘터리를 찍으면서 노동자들이 노조에 가입하기를 꺼린다는 사실을 알게 되었

---

18) 가해자를 다룬 영화로는 캄보디아의 다큐멘터리 감독 리티 판(Rithy Panh)이 2003년에 발표한 〈S-21: The Khmer Rouge Killing Machine〉이 있다. 이 영화는 캄보디아 제노사이드의 상징적인 장소인 뚜얼슬랭(Tuol Sleng) 수용소에 관한 다큐멘터리로서 희생자를 구타하는 간수를 그리고 있다. Saira Mohamed, "Of Monsters and Men:Perpetrator Trauma and Mass Atrocity", *Columbia Law Review* 115, 2015, p. 1196.

다. 당시 농장의 스태프들 모두가 공산주의자로 몰려 제거되었고 그들은 그러한 엄청난 일이 자기들에게 다시 일어날지도 모른다는 공포에 휩싸여 있었기 때문이었다. 아직 한 번도 가해자 처벌이나 재판이 진행되지 않았고 또한 여전히 그들이 권력의 핵심부에 자리 잡고 있는 상황에서 1965~66년의 트라우마가 그들을 옥죄고 있었던 것이다.

오펜하이머는 이 다큐멘터리 프로젝트에 참여하면서 희생자 가족들과 또 다른 영화를 찍을 계획을 가지고 있었으나 희생자 가족들의 공포와 군 당국 및 지방 당국의 방해로 인해 실현이 어렵다는 것을 알게 되었다. 그러나 가해자들을 인터뷰하면서 그는 의외로 가해자들은 자기들의 과거 학살 행위에 대해 조금도 거리낌 없이 오히려 자랑스럽게 이야기한다는 것을 확인했다. 그래서 그는 피해자의 시선이 아닌 가해자의 시선에서 인도네시아 제노사이드에 대한 영화를 만드는 것이 훨씬 수월하다고 판단했다. 2003~2005년 사이에 오펜하이머는 북수마트라 전체 41명 이상의 가해자들을 인터뷰하며 영화를 찍기 시작했다. 그 결과가 바로 가해자들의 영화 〈액트 오브 킬링〉이다.[19]

오펜하이머는 인터뷰한 가해자들 중 1965~66년 당시 북수마트라 메단 지역에서 암살단 리더로서 공산주의자 및 혐의자 천여 명을 죽였다고 스스로 말한 안와르 콩고와 그 일당에게 자신들이 행한 살인을 극영화로 만들자는 제안을 한다. 그리하여 이 영화는 가해자들이 시나리오를 쓰고 직접 배우로 등장하여 연기하고 연출까지 하면서 자신들의 영화를 만드는 형식으로 진행되며, 오펜하이머는 이 '영화 속 영화'에 대해 다큐멘터리를 찍는 또 한 사람의 보이는 않는 연출자로서 영화에 함께 참여한다.

---

19) Rose Pacatte, "Film exposes genocide's lingering legacy", *National Catholic Reporter* 51(21), 2015, p. 3A.

오펜하이머는 극영화적 서사장치를 이용하여 가해자로 하여금 마음껏 살인을 재연하도록 함으로써 제노사이드의 재현 불가능성을 정면으로 돌파하고 있다. 가해자들은 말할 수 없는 것, 말해서는 안 되는 것을 재현하는 것이 아니고 자신들의 실제 살인 행위를 그저 재연하기만 하면 된다. 자기들이 만드는 영화의 내용은 실제의 살인 행위이기에 더 이상 어떠한 상상력도 필요 없다. 실제와 영화가 동일하며 하나이다. 그들에게 제노사이드는 표현의 장애가 아니며 오히려 표현의 날개를 달아주고 있는 셈이다. 가해자들은 영화가 흥행에 성공하면 자신들은 스타가 될 것이라는 기대감에 젖어 살인의 광기를 마음껏 발산한다. 안와르 콩고는 피를 덜 흘리면서 죽이기 위해 철사 줄로 목 졸라 사람을 죽였던 상황을 상세하게 설명하며 살인을 재연한다. 죽은 시신의 배를 갈라 내장을 파먹는 상황까지 거침없이 연출하는 장면들에서 가해자들의 잔인성과 극악무도함은 그로테스크의 경지에 달한다. 오펜하이머는 역사적 실재와 영화의 절묘한 조합을 통하여 제노사이드 다큐멘터리의 새로운 패러다임을 창출함으로써 역사적 트라우마의 새로운 재현 가능성을 제시했다. 그는 진실을 탐구하고 추적하는 전통적인 다큐가 아닌 '상상의 다큐'를 만들었다. 시각을 거부하고 재현을 거부하며 총체적인 서사를 포기하는 〈쇼아〉적 다큐멘터리와는 달리, 오펜하이머는 오히려 영화의 재현적 서사장치를 활용하여 제노사이드의 재현 불가능성에 도전했다.

더욱이 흥미로운 것은, 가해자들이 만드는 '영화 속 영화'는 할리우드의 느와르, 서부극, 뮤지컬과 상호 텍스트적 관계를 가졌다는 것이다. 가해자들의 영화는 철저하게 할리우드 상업영화 문법을 따랐다. '영화 속 영화'의 제작자이자 감독인 안와르 콩고는 실제로 미국 영화와 관련이 깊은 인물이다. 그는 메단에서 영화관을 운영했으며 암표를 팔아 돈을 벌었다.

그가 암살단 리더가 되어 학살을 주동하게 된 직접적인 동기는 공산주의 자들이 미국 영화 상영을 축소하라고 함으로써 영화관 운영에 타격을 가했기 때문이었다. 그는 마론 브란도, 알 파치노, 존 웨인, 엘비스 프레슬리 같은 할리우드 배우를 좋아하며 살인의 기술도 갱스터 느와르 영화나 웨스턴 영화에서 직접 보고 배웠다고 말했다.

> "영화 장르마다 나름대로 방식이 있잖아요. 마피아 영화에서는 차 안에서 사람을 죽이고 시체를 파묻잖아요. 우리도 그렇게 했어요. (…) 사람들이 왜 제임스 본드 영화를 볼까요? 액션을 보려는 거잖아요. 나치 영화를 사람들이 왜 볼까요? 권력과 가학을 보기 위해서잖아요. 우리도 그런 걸 할 수 있어요. 나치 영화에서 보는 것보다 더 가학적인 영화를 우리도 만들 수 있단 말이죠. 그럼요, 할 수 있죠."[20]

안와르 콩고는 자신이 실재로 저지른 가학적 살인이 그대로 영화의 내용이 된다는 것을 강조한다. 그래서 자신의 영화는 할리우드 영화보다 더 가학적일 수 있다는 것이다. 그것은 곧 영화적 허구와 살인의 실재가 교묘하게 착종된 오펜하이머의 다큐멘터리 미학의 기본 콘셉트이다. 영화 만들기를 통해서 가해자들은 자신을 학살 행위와 동일시하면서 광기적 살인에 더욱 몰입하게 된다. 허구와 사실의 경계가 해체되고 가해자들은 자기들의 살인 행위와 영화가 하나라는 허구적 환영에 사로잡혀 더욱 더 거리낌 없이 학살극을 재연한다. 그들의 허구적 환영이 오히려 제노사이드의 사실성을 강화시켜주는 효과를 내고 있다.

---

20) 조슈아 오펜하이머, 〈액트 오브 킬링〉. 이하 영화대사 인용 시 각주는 생략한다.

안와르 콩고가 만든 '영화 속 영화'의 마지막 장면은 극히 초현실주의적으로 연출되었다. 뮤지컬의 형식을 취하고 있는 이 장면에서는 검은 색의 의상을 입은 안와르에게 철사 줄로 죽임을 당한 피해자가 나타나 죽여서 천국으로 보내준 것에 대해 감사하면서 안와르에게 메달을 걸어준다. 이러한 가해자와 피해자의 초현실주의적 화해는 오펜하이머의 상상적 다큐멘터리의 절정이다. 이러한 허구적 결말을 통하여 살인의 재연은 극에 달하고 있다. 오펜하이머는 할리우드적 영화장치를 활용하여 인도네시아 제노사이드의 재현과 폭로에 성공했다.

2) 가해자의 트라우마

오펜하이머의 다큐멘터리는 '영화 속 영화'를 통해 인도네시아 제노사이드를 적나라하게 재현하는 데 그치지 않는다. 그는 〈액트 오브 킬링〉에서 영화의 자기반영성을 통해 다층적인 의미망을 구축해낸다. 그것은 영화의 다층적인 서사 시점으로 구현된다. 즉 '영화 속 영화'의 감독과 주연배우로서의 안와르 콩고의 시점 외에 자신이 찍은 영화를 조그만 TV 화면으로 다시 보면서 동료들과 함께 비평하고 성찰하는 비평가로서의 안와르 콩고의 시점이 함께 존재하고 있다. 그들은 자신들의 영화 연출에 대해서 성찰하며 자신들의 살인과 과거 역사적 사실에 대해서도 토론한다. 또한 카메라 뒤에 숨어서 가해자들에게 질문을 던지면서 진실을 추적하고 폭로하려는 전통적 다큐멘터리 감독으로서의 오펜하이머의 시점이 있으며, 영화 〈액트 오브 킬링〉을 보는 관객의 시점이 있다. 이러한 다중적 서술 시점을 통해서 가해자들은 광기적 살인마로서 자신들의 잔혹한 살인에 대해 성찰하는 이중적 면모를 드러낸다. 40년 전 자신들이 저지른 만행과 동일시하면서 거침없이 살인을 재연하는 가해자들은 추호도 '후회하지 않는 괴물'의 모습이다. 그들은 죄와 처벌과 책임으로부터 완전히 자유로운 그 야말로 갱스터 프레만(preman)들이다.[21] 가해자들은 상부의 명령으로 살인한 것이 아니라 스스로의 의지로 학살에 가담했음을 공공연하게 주장한다. 이 점에서 그들은 기존의 제노사이드 영화들에 나타난 여타의 가해자들과 는 차원을 달리한다. 기존의 가해자들은 모두가 국가의 명령을 받아 제노 사이드에 가담했다고 주장함으로써 자신들을 희생자로 만들고 책임으로 부터 벗어나려 했지만 〈액트 오브 킬링〉의 가해자들은 적어도 '영화 속 영 화'에서 완벽한 가해자들로 나타난다. 오히려 그들은 자기들의 학살극을 자랑스럽게 재연하고 있으며 역사가 자기들을 기억해야 한다고까지 주장 한다.

가해자들이 자신들이 찍은 영화를 조그만 TV 화면으로 다시 보면서 자기성찰을 하는 부분에서도 그들은 여전히 완벽한 가해자로 나타난다. 안와르가 옥상에서 철사 줄로 많은 사람들을 죽인 살인의 장면을 재연한 후에 그는 즐거운 살인자로서 차차 춤을 추고 있다. 그리고 하얀 바지를 입지 말았어야 했다든가 또는 연기를 더 과감하게 했어야 한다는 등의 주 로 의상과 연기에 관한 자기성찰적 주석을 달고 있다. 이것은 그가 사람을 죽인다는 것의 의미나 살인자로서의 죄의식을 추호도 생각하지 않음을 드 러내고 있다. 그는 영화와 살인의 재연을 완전히 동일시하고 있는 것이다. 그러나 또 한편으로 그는 의식적으로 영화와 실재를 구분하고 있다. 오펜 하이머 감독의 반대에도 불구하고 안와르 콩고는 자신이 찍은 살인의 폭 력적인 영상을 자신의 어린 손자들에게 거리낌 없이 보여준다. 폭력은 폭

---

21) 영화 내내 가해자들은 인도네시아어로 갱을 의미하는 preman은 자유인(free man)이라고 반복적으로 정의내리고 있다.

력이고 영화는 영화라는 생각에서이다. 살인과 영화는 별개라는 것이다. 살인과 자신을 동일시했던 안와르가 이번에는 '영화 속 영화'와 살인은 다르다고 생각하는 것은, 그의 의식 안에서 동일시와 거리 취하기가 동시에 일어나고 있기 때문이다. 가해자 안와르는 이중적이며 분열적 인물이다. 이러한 이중성에서 가해자의 트라우마가 노출되기 시작한다. 안와르 콩고는 살인의 기억에서 연유한 트라우마를 '영화 속 영화' 만들기를 통해서 영화적 허구로 전가하고 있다. 그럼으로써 그는 역사적 범죄로부터 자유로울 수 있기를 무의식적으로 희망한다. 가해자들이 살인의 재연에 몰입하고 있는 실제적 이유는 자신들의 죄의식을 역으로 씻어내기 위함이다. 이런 의미에서 '영화 속 영화'는 자신의 트라우마를 비추는 거울이며 동시에 트라우마의 방어기제로 작동하고 있는 것이다.

자신과 역사의 동일시를 통해 제노사이드의 완벽한 재현을 주도하고 있는 안와르 콩고가 자신의 트라우마를 고백하는 이유가 여기에 있다. 그는 스크린 밖 보이지 않는 오펜하이머 감독에게 고백한다. "좋은 음악, 춤, 행복감, 약간의 술, 마리화나, 엑스타시로 이 모든 것을 잊어버리려고도 해보았지." 그리고 안와르는 동료 아디 즐카드리에게 자기가 철사 줄로 목졸라 죽인 사람들 때문에 매일 밤 악몽을 꾼다고 고백한다. 구체적으로 그의 트라우마의 핵심은 눈을 뜨고 죽은 자기의 희생자가 항상 자신을 바라보고 있다는 그 악몽이다. 죽은 자의 눈을 감기지 않은 것에 대해 그는 후회한다. 죽은 자의 눈은 어쩌면 자신의 살인을 찍고 있는 카메라의 눈으로 해석될 수 있다. 안와르 콩고는 살인을 과시하고 즐기면서 동시에 트라우마에 시달리는 전례 없는 가해자 유형으로 나타난다.[22] 가해자로서의 안와

---

22) Saira Mohamed, op.cit., p. 1194.

르는 반성과 후회는 있을 수 없다고 생각했다. 그러나 철사 줄로 목 조이면서 고문을 당하는 피해자의 역할을 연기할 때 그는 더 이상 감당하지 못하고 연기를 중단한다. 그리고 후회한다.

"내가 고문한 사람들도 내가 느낀 기분과 마찬가지 기분이었을까요. 고문 당한 사람들의 기분을 나도 알 것만 같아요. 나의 인격이 파괴되는 것만 같잖아요. 그곳의 두려움. 갑자기 공포감이 내 몸을 지배했어요. 내 몸을 휩싸고 지배했어요. (…) 내가 죄를 지은 건가요. 이런 짓을 너무 많은 사람들에게 했어요, 조슈아. 이 모든 게 나한테 되돌아오는 걸까요. 그게 아니라고 믿고 싶어요, 안 그랬으면 좋겠어요 조쉬."

여러 사람들을 철사 줄로 목 졸라 죽였던 마지막 옥상 장면에서 안와르 콩고는 자신이 저지른 살인을 기억하며 오랫동안 제어할 수 없는 헛구역질을 한다. 카메라는 롱테이크로 헛구역질을 하는 안와르를 내내 비춘다. 안와르는 살인의 재연을 통해서 자기가 행한 것이 무엇을 의미하는지 알게 되었다고 토로한다. 그는 살인이 잘못된 일이었다는 것을 알지만 그러나 해야만 하는 일이었다고 말한다. "왜 내가 그들을 죽여야 했지. 나의 양심이 말했다. 그들은 죽어야 한다고." 안와르는 다시 헛구역질을 계속하지만 아무것도 토해내지 않는다. 구토는 가해자로서의 자신의 정체성을 해체하는 행위이다. 구토에 실패한 것은 그가 후회의 장면을 연기할 수 없다는 의미이다.[23] 그래서 그의 오래 지속되는 무익한 헛구역질은 반카타르시스의 효과를 가지고 있으며, 이것은 곧 그를 사로잡고 있는 악몽과 트라

---

23) Elizabeth Wijaya, op.cit., p. 91.

우마로부터 벗어날 수 없음을 의미한다. 잘못은 알지만 해야만 했던 일이라고 하면서, 후회는 하지만 가해자로서의 정체성을 포기하지는 않는 이러한 분열된 의식에서 그의 트라우마는 계속된다. 이 점에서 그는 '후회하지 않는 괴물'이 아니라 단지 평범한 한 인간이라는 사실이 드러난다.

살인을 재연하고 차차 춤을 추었던 안와르 콩고가 이제는 살인이 잘못된 일이었음을 인정하는 것에서 가해자 안와르 콩고의 내적인 변화를 감지할 수 있다.[24] 그렇다면 '영화 속 영화' 만들기 자체는 안와르 콩고에게 일종의 이야기 치유 같은 것이었다고 할 수 있을까? 그것은 비약적 해석이다. 오펜하이머 감독도 구원이나 화해가 이 영화의 목적이 아니라고 하면서 "영화가 할 수 있는 것은 평범한 인도네시아인들이 자기들의 가장 고통스러운 문제를 처음으로 두려움 없이 말할 수 있는 공간을 열어주는 것"[25]이라고 했다.

3) 치유의 가능성

억압되어왔던 제노사이드의 기억을 말할 수 있게 하겠다는 오펜하이머의 감독의 목표를 넘어 그래도 이 영화가 희망을 던져주고 있는 것은, 가해자들이 자신들의 영화에 대해 성찰하는 장면들에서 화해와 치유를 향한 잠재적 가능성에 대한 암시들이 나타나고 있기 때문이다. 자신이 찍은 고문과 방화 장면을 보면서 안와르 콩고는 이 장면이 이렇게 끔찍하리라

---

24) 영화비평계에서는 변화가 있었다는 의견과 없었다는 의견이 엇갈리고 있다. 변화를 인정하지 않는 비평가는 마지막 옥상 장면에서의 헛구역질 자체도 단지 연기에 불과했다고 본다.

25) Rebecca Harkins-Cross, "Performing History, Performing Truth: The Act of Killing", *Metro Magazine* 180, 2014, p. 95.

고는 생각하지 못했다고 한다. 더구나 울부짖는 아이들과 여자들의 미래를 걱정하며 자기들을 저주하지 않겠느냐고 후회하는 모습을 보인다. 안와르 콩고와 같은 암살단원으로서 당시 학살에 가담한 동료 아디 즐카드리는 피해자의 입장에 서서 사과에 대해 처음으로 언급한다. 그는 용서를 위해서 정부의 사과가 필요하며 그러한 사과는 피해자들에게 고통을 줄여주는 치료약과 같은 것이라고 주장한다. 그러나 그는 자신의 개인적 책임은 회피하는 입장을 고수한다. 여기에서 자기성찰적 가해자들은 '결코 후회하지 않는 괴물'로서가 아니라 평범한 한 인간으로서의 면모를 보여주고 있다.

오펜하이머는 살인의 재연을 통해서 가해자의 잔혹성과 한 치의 후회도 없는 태도를 그 자체로서 노출시킴으로써 제노사이드의 재현에 성공하고 있으며, 동시에 영화적 서사를 활용한 역사적 트라우마의 반복적 재현을 통해서 제노사이드에 대한 비판적 태도를 자극시키고 있다. 고통스러운 과거를 영원히 묻어둘 때 트라우마의 치유는 있을 수 없다. 억압된 트라우마적 기억을 일단은 재현을 통해서 불러들이고, 그것을 의식의 체계 안에서 서사적으로 연결시키기 시작하면서 치유는 시작된다. 〈액트 오브 킬링〉은 언어적 재현의 위기를 아이러니하게도 영화 만들기를 통한 폭력의 과감한 재현을 통해서 극복하고 있다. 재현 불가능성에 저항하지 못할 경우 영원한 침묵이 지속될 뿐, 치유의 가능성은 열리지 않는다. 치유는 바로 침묵을 깨는 작업에서 시작된다. 오펜하이머의 서사 전략은 영화라는 장치를 활용하여 바로 이 침묵을 깨는 것이며 이를 통해 치유의 첫걸음을 내딛는 것이다. 이 영화로부터 인도네시아 사회 안에서 과거의 제노사이드에 대한 담론이 확장되고 성찰적 계기를 마련하게 된다면 영화의 사회치유적 가능성이 기대될 수 있을 것이다.

오펜하이머는 그의 영화 〈액트 오브 킬링〉이 인도네시아의 제노사이드에 대한 과거 기억을 상기시키고 진실, 국가적 화해, 정의를 향한 걸음을 내딛기 위한 새로운 공간을 창출함으로써 인도네시아의 변화를 촉진시킬 수 있다고 낙관한다.[26] 그러나 이에 대한 비판도 만만치 않다. 무엇보다도 가해자들로 하여금 그들의 폭력적 판타지를 무모하고 선정적으로 연기하도록 유도했고 폭력적 과거를 너무 열광적으로 재창조하고 상상하도록 함으로써 오히려 리얼리티를 오도했다는 비판이 있다.[27] 그리고 증거에 입각한 인과율적 개연성이 약하다는 비판도 있다. 필자는 여기에 동의하지 않는다. 우리는 제노사이드에 접근하는 이 영화의 예술적 방식, 즉 예술적 상상력을 통한 제노사이드의 재현 가능성을 높이 평가해야 한다. 오히려 잔인한 살인의 재연을 통해서 가해자들은 솔직한 성찰을 하고 있고 폭력을 쉽게 이해시키고 있으며 나아가 부패한 레짐을 폭로하고 있다. 이 영화의 효과는 무엇보다도 가해자들을 폭력의 괴물로서가 아니라 우리 주위에 있을 법한 친밀한 인간으로서 접근함으로써[28] 가해자들의 트라우마와 고통을 함께 드러내고 있다는 것이다. 그리하여 감독이 희망하고 있는 것처럼 장기적으로 국가의 화해와 사회적 치유에 한 걸음 더 다가가고 있다는 사실이다.

---

26) Adam Tyson, "Genocide documentary as intervention", *Journal of Genocide Research* 17(2), 2015, p. 177.

27) ibid., p. 181.

28) Peter Bradshaw, "The Look of Silence: Act of Killing director's second film is as horrifically gripping as first", *Venice film festival review*, 2015.

3. 피해자의 영화 〈침묵의 시선〉

1) 침묵의 트라우마

〈액트 오브 킬링〉으로 1965~66년 인도네시아에서의 공산주의자 대학
살극에 대한 50년 동안의 침묵을 깨버린 오펜하이머는 2014년 베니스 영
화제에서 그의 두 번째 다큐멘터리 〈침묵의 시선〉을 발표한다. 역시 인도
네시아 제노사이드를 다룬 〈침묵의 시선〉 또한 전 세계적인 주목을 받으
며 많은 영화제에서 수상하는 등 찬사를 받고 있다. 그의 영화가 이렇게
주목을 받는 이유는 백만 명의 학살극을 다루고 있기 때문만은 아니다. 그
의 영화는 기존의 다큐멘터리 전통을 넘어 영화미학적으로 전대미문의 스
타일로 역사적 트라우마의 재현을 시도하고 있다. 〈액트 오브 킬링〉은 안
와르 콩고와 그 일당으로 하여금 당시의 살인을 마음껏 재연하는 영화를
직접 만들게 함으로써 광기적 폭력의 극단을 보여주었다. 그리고 자기성
찰적 서사를 통해서 가해자들의 트라우마를 드러내주었다. 반면에 〈침묵
의 시선〉은 스네이크강가에서 처참하게 살해당한 형 람리의 죽음에 대한
진실을 추적하는 동생 아디를 통해서 보다 객관적인 시점에서 제노사이드
트라우마를 다루고 있다. 〈액트 오브 킬링〉이 가해자의 영화라면 〈침묵의
시선〉은 피해자의 영화이다.

이 글은 위에서 트라우마를 기억의 파편화를 통한 언어적 장애, 표현
의 장애, 나아가 인간 상상력의 총체적인 장애로 파악한 바 있다. 말과 언
어가 부재한 침묵은 분명 트라우마로 인한 장애이다. 트라우마의 증상으
로서의 침묵은 그 주체에 따라 다양한 양태로 나타난다. 첫째는 인도네시
아 전 국가적 침묵이다. 1965~66년 대량학살에 대해 인도네시아 사회 전체
가 50년간 침묵해왔다. 살인자들은 한 번도 재판에 회부된 적이 없었고 처

벌 받지도 않았다. 그 역사적 사건은 공론화되지 못하고 오랫동안 침묵 속에 묻혀 있었다. 둘째는 가해자들의 침묵이다. 가해자들 또는 그들의 가족들은 계속 침묵을 원한다. 그들은 모두 과거는 과거이며 이미 지나간 일을 무엇 때문에 들추어낼 필요가 있느냐고 반문한다. 기억을 거부함으로써 침묵이 지속되기를 원하는 것이다. 셋째, 희생자와 생존자들의 침묵이다. 죽은 자들은 영원히 침묵하고 있으며 생존자들은 아직도 공포에 질려 있다. 같은 일이 또 일어날까 봐 겁에 질려 있다. 아직도 가해자들이 권력을 쥐고 있고 영웅시되고 있기 때문이다. 그래서 그들 역시 가해자들처럼 침묵의 지속을 원한다. 람리 형이 살해된 스네이크강의 학살에서 살아남은 크맛의 입장이 그것이다. "다 지난 일인데 그런가 보다 해야지. 굳이 생각하고 싶지 않아. 그래봤자 문제만 일으킬 뿐이야. 이미 한 번 덮은 것을 뭐 하러 다시 들춰내? 다 아문 상처를 뭐 하러 긁느냐고?"[29] 가해자이건 희생자이건 자신들의 트라우마에 대해 모두가 침묵으로 대응하고 있다. 침묵은 그들의 공통분모이다. 넷째, 가해자와 희생자 사이를 지배하는 침묵이다. 가족을 죽인 자들이 여전히 같은 마을에서 살며 거리에서 만나기도 하지만 서로 아무 말도 할 수 없다. 모든 것을 알고 있으면서도 그들은 모른 채하며 침묵 속에서 살아간다. 오펜하이머의 영화는 가족을 살해한 자들과 그 희생자의 가족들이 함께 산다는 것이 무엇인지를 보여주는 영화이다. 다섯째, 잔혹한 살인이 일어났던 자연 풍경의 침묵이다. 특히 인도네시아의 자연을 사랑했던 오펜하이머는 영화에서 자연풍경을 자주 보여준다. 학살을 지켜보고 있는 산, 강, 밀림 등 아름다운 인도네시아 풍경은 말이 없다. 아름다운 자연과 잔인한 살인이 극한 대조를 이루면서 제노사이

---

29) 조슈아 오펜하이머, 〈침묵의 시선〉. 이하 영화의 인용은 각주를 생략한다.

드의 끔찍한 기억이 강조된다.

오펜하이머는 영화 속에서 지나가는 자동차 소리, 모터사이클 소리까지 모두 소거해버렸다. 의도적으로 침묵을 만들어낸 것이다. 침묵 자체가 이 영화의 실제 주인공이며 서술을 주도하는 보이지 않는 화자이다. 오펜하이머는 자신의 영화를 "폭력에서 태어난 침묵에 관한 시—그 침묵을 깰 필요성에 관한 시, 그러나 또한 침묵이 깨졌을 때 오게 될 트라우마에 관한 한 편의 시"[30]라고 했다. 영화 제목상의 침묵은 평화로운 침묵이 아니라 말해지지 않은 환영과 고통의 군집을 통해 구성된 침묵이다.[31]

〈액트 오브 킬링〉에서는 가해자들의 영화 제작을 통하여 광기적 살인을 몰입과 환영의 미학으로 구사한 반면, 〈침묵의 시선〉은 보다 분석적이고 냉철한 접근을 위하여 서사기법상 거리를 취하는 전략을 구사하고 있다. 오펜하이머 자신은 전면에 나서지 않고 항상 카메라 뒤에 숨는다. 대신 항상 자신의 대리인을 내세운다. 〈침묵의 시선〉에서는 아디가 그의 대리인으로서 내러티브를 이끌어간다. 안와르 콩고가 자유인을 뜻하는 갱스터로서 재기발랄하고 영화적이고 자기몰입적인 서술자라면, 아디는 점잖고 냉정하고 침착하고 집요하며 결코 화를 내지 않는, 감정의 기복이 없는 인물이다. 그는 살인자들에 대해서도 결코 복수심을 가지고 대하지 않는다. 더구나 형 람리가 죽은 지 2년 후에 태어난 아디는 사건을 직접 경험해 보지 못한 세대로서 학살극으로부터 어느 정도 거리를 취할 수 있는 인물이다. 그는 오펜하이머가 오래 전에 찍어놓은 영상자료를 봄으로써 살인을 간접경험하고 있다. 이러한 아디의 시선을 통해서 이 영화는 학살극을

---

30) Tania Glyde, "Film, 50 years of silence", *The Lancet* 385, 2015. 6. 20.
31) Nick Bradshaw, "The Atrocity Exihibition", *Sight and Sound* 25(7), July 2015, p. 40.

객관적 시각에서 접근하고 있다.

오펜하이머는 자신을 숨기고 대신 학살극에 관련된 다양한 사람들의 시각을 서로 만나게 하고 소통시킨다. 그는 어느 시각도 절대화하지 않으며 살인에 대한 다층적 국면을 편견 없이 제시하고 있다. 즉 영화 안에는 살인을 저지른 가해자들의 시점이 있는가 하면, 전혀 몰랐다고 주장하는 가해자 가족의 시점, 카메라 뒤에 숨어 가해자들에게 질문을 던지는 감독 자신의 시점, 또한 오펜하이머의 영상기록을 시청하는 아디의 침묵적 시점, 가해자들과 직접 만나 진실을 찾기 위해 인터뷰를 하는 아디의 시점, 카메라 뒤에서 아디에게 말을 거는 감독의 시점들이 복잡하게 얽혀 서로 교차하며 만나고 있다. 이러한 다층적 서술시점을 통해서 오펜하이머는 인도네시아의 공산주의자 집단학살을 분석적으로 해부하고 과거의 트라우마적 사건을 각자의 시점에서 대면할 수 있는 기회를 제공한다. 각 인물에 대한 자신의 단정적 심판을 포기함으로써 오펜하이머는 침묵으로부터 트라우마의 두꺼운 껍질을 하나씩 벗겨내고자 하는 것이다.

2) 진실과 화해를 향한 모험

영화의 초반부에서 아디는 화면 밖 무엇인가를 응시하고 있다. 그의 얼굴은 무표정하며 침묵적이다. 그의 침묵의 시선이 향하고 있는 것은 조그만 TV이다. 그것은 오펜하이머가 기록해놓은 살인에 관한 가해자들의 끔찍한 영상기록을 보여주고 있다. 오펜하이머의 영상기록을 통해서 아디는 형 람리가 스네이크강에서 처참하게 죽었다는 사실을 알게 된다. 이러한 폭력적 기록영상이 그의 시선을 살인의 진실로 향하도록 동기부여했다. 그는 오펜하이머에게 가해자들을 직접 만나 인터뷰하겠다고 제안했으나, 오펜하이머는 가해자들이 아직 권력의 핵심부에 있는 상황에서 그것이 얼마나 위험한 일인지를 경험상 잘 알고 있기에 극구 반대했다.[32] 그러나 아디는 진실과 화해를 위하여 무모한 모험을 감행하기로 한다. 아디가 이러한 결정을 내리게 된 계기는 오펜하이머의 폭력적 영상기록 외에 자신의 아이들이 학교에서 왜곡된 역사 교육을 받고 있다는 사실이었다. 아디는 자기 아이들을 통해서 학교 교사가 가해자들의 입장에서 프로파간다를 하면서 1965년의 학살을 정당화하고 있다는 것을 알게 된다. "공산당은 잔인한 놈들이에요. 공산당은 신도 믿지 않는 사람들이죠. 그들이 정권을 교체하기 위해서 6명의 누구를 어떻게 했죠? 납치! 납치했죠. 그들은 날카로운 칼로 장군들 얼굴을 잘랐어요. 눈알을 파버렸어요. 아팠겠죠." 교사는 아이들에게 공산주의자들의 잔인성을 강조하면서 공산당 탄압을 정당화했으며 가해자들을 민주주의를 위해 투쟁한 국가 영웅으로 미화했다. 아이들에게 '공포의 감옥'을 물려주지 않기 위해 아디는 가해자와 만나겠다는 무모한 결심을 한다.

아디는 가해자들로부터 진실을 들을 수 있을 것이라고 기대했다. 그는 2003년 4월에 오펜하이머가 찍은 학살을 묘사하는 한 가해자의 영상자료를 보면서 트라우마 극복을 위한 낙관적 태도를 보여준다. "아마도 이 사람이 이렇게 한 이유는 자신이 한 일을 후회하기 때문일 거예요. 사람들을 죽였던 것에 대해 후회가 되고 죄책감이 느껴져서 저렇게 아무렇지도 않은 듯 행동하는 거예요."[33] 그러나 실제로 아디의 인터뷰 과정에서 가해

---

32) 오펜하이머는 만약의 경우에 대비하기 위해 아디가 가해자들과 인터뷰를 하는 동안 도주 차량을 준비해두고 대사관과 신속한 연락을 위해 덴마크 번호가 입력된 핸드폰도 준비했다. 마치 첩보작전을 방불케 하는 모험이었다고 한다.

33) 아디의 이 말은 마치 〈액트 오브 킬링〉의 안와르와 그 일당을 두고 한 것으로 들린다. 이 글은 위에서 가해자들의 살인의 재연, 즉 영화 만들기는 그들의 범죄를 영화라는 픽션에

자들은 후회와 죄책감은커녕 침묵, 범죄의 불인정, 부정, 책임회피, 정당화 심지어 협박으로 반응한다.

아디는 가해자들을 찾아다니며 집요하게 진실과 책임을 강조한다. 그러나 아디는 자기가 만난 가해자들 중 어느 누구도 책임을 느끼는 사람이 없었으며 후회조차 하지 않는다는 것을 확인한다. 아디의 목적은 가해자들과 터놓고 진실을 말하는 것이다. 그럼으로써 오랫동안 억압적이었던 침묵을 깨자는 것이다. 그는 가해자의 가족들에게 자기의 목표는 결코 복수가 아니라고 분명히 단언한다. 그는 살인자들을 용서하고 싶고 사람과 죄를 분리할 수 있다고 주장했다.[34] 그리고 그는 가해자와 희생자 대신 인간으로서 함께 살아갈 수 있을 것이라고 믿었다. 그리고 그의 가족을 공포의 덫으로부터 해방시킬 수 있다고 생각했다. 아디가 응시하고 있는, 오펜하이머가 오래 전에 찍어놓은 TV 속의 영상자료는 과거의 학살사건을 상기시키고 있다. 아디의 시청을 통해 과거의 학살은 현재로 전이된다. 아디는 과거와 현재를 매개하는 기능을 수행한다. 과거의 트라우마를 현재로 가져옴으로써 진실과 화해를 추구하고자 한다. 그러나 그의 희망은 아직은 이루어질 수 없는 상황이다.

아디의 직업이 검안사인 것은 영화 전체의 내용에 중요한 시각적 상징으로 작용한다. 사물을 더 잘 볼 수 있도록 안경을 맞추어주는 작업은 곧 가해자들로 하여금 형 람리의 죽음을 더 잘 보게 함으로써 진실을 추구하려는 아디의 의지를 상징하고 있다. 나아가 1965~66년의 대량학살 사건을 더 객관적으로 바라보려는 아디의 시선과도 관계된다. 아디는 시력측정을

전가시켜 책임으로부터 빠져나오려는 무의식적 시도라고 해석한 바 있다.
34) Ethan Alter, "PRESCRIBING JUSTICE", *Film Journal International* 118(7), 2015, p. 27.

이유로 가해자들의 집을 방문하여 끈질기게 진실을 추적한다. 가해자들은 모두 역사적 시각장애에 시달리고 있는 환자들이다. 안경을 통해서 이들의 역사적 시각을 교정하는 것이 아디의 임무이다. 안경을 통해서 트라우마적 과거를 더 정확하게 보자는 의미이다.

진실을 향한 아디의 노력에도 불구하고 〈침묵의 시선〉에서 가해자들은 도무지 트라우마와는 상관없는 듯한 인물들로 나타나고 있다. 그들에게서 외상의 흔적은 찾아볼 수 없으며 여전히 그들은 당시처럼 완벽한 가해자로 머물러 있다. 그들은 자신의 범죄를 무조건 부정하며, 과거의 살인 행위에 대해 아직도 확신에 차서 당연시하고 정당화하는 입장을 반복한다. 아디가 계속 다그치면 그때 그 일이 다시 반복될 것이라고 오히려 위협하기까지 한다. 지나간 일은 지나간 일이고 상처가 치유되었으니 기억하지 말자고 주장한다. 상처가 치유되었다고 말하는 그들은 트라우마조차 의식하지 못하는 상태에 있다. 무의식에 가두어둔 죄의식과 외상은 전혀 의식되지 않고 있다. 알면서도 모른다고 하는 그들은 트라우마를 완강히 거부하고 있는 것이다. 50년 동안의 침묵은 그토록 단단하게 굳어 있었다. 영화 첫 장면에서 한 가해자가 부르는 노래는 가해자들의 이러한 입장을 대변한다. "나는 왜 노래를 하는가? 아픈 가슴의 상처를 달래기 위해서 노래하지. 어차피 끊어질 것을 알고 있으면서 무엇 때문에 물레에 실을 잣고 있는가? 어차피 가슴만 아플 뿐인데 무엇 때문에 묻어둔 기억을 들춰내는가?" 그들은 과거를 타자로서 인식하지 못하고 자신과 동일시함으로써 트라우마로부터 빠져나오지 못하고 오히려 상태를 고착시키고 있다. 그러나 아디의 집요한 질문에 그들은 과민반응을 보이기 시작하고 트라우마적 상흔을 서서히 노출시킨다. 아디의 진실규명은 가해자들의 무의식에 갇힌 외상을 최소한 의식시켜주는 작업이다.

아디는 당시 감옥의 간수였던 삼촌이 형의 죽음을 방조했다는 사실을 알고 학살을 방조했으니 책임이 있다고 삼촌을 몰아간다. 삼촌의 반응은 다른 가해자들과 대동소이하다. 자기는 죄수들을 감시하라는 군대의 명령을 따른 것뿐이고 나라를 지킨 것뿐이었다고 변명한다. 둘 사이엔 긴 침묵이 흐른다. 그 침묵에는 도덕적 책임과 책임회피, 피해자와 가해자의 접근 불가능한 시선들이 교차하고 있다. 32명을 죽인 가해자들 중 한 사람이었으며 람리의 잔인한 살인자인 하싼은 후손들에게 자기의 공적을 알리기 위해 직접 람리의 살해 장면을 그림으로 그려 책으로 남겼다. 어깨와 등을 칼로 찌르고 배도 칼로 찔러 내장이 쏟아져 나오게 하고 결국 음경을 잘라 람리를 죽인 이야기를 생생하게 책으로 남긴 그 살인자는 얼마 전에 사망했다. 아디는 그 그림책을 증거물로 들이대며 가족들에게 진실을 종용한다. 명확한 증거에도 불구하고 살인자의 아내, 아들, 친척은 이구동성으로 자기들은 몰랐다고 하며 기억을 거부한다. 오펜하이머가 다시 그 아버지의 살인을 묘사하는 영상자료를 증거로 제시하지만 가족들은 계속 진실을 부인한다.

역사적 진실을 밝히려는 아디의 노력에도 불구하고 드러나는 것은 진실과 화해의 불가능성이다. 과거를 현재로 가져오는 것은 침묵을 깨는 행위이다. 그러나 현재로 들어온 과거는 가해자들의 부인, 책임회피, 정당화를 통해서 또 다시 침묵을 낳는다. 이러한 변증법적 순환이 곧 진실과 화해의 불가능성을 시사하고 있다. 〈침묵의 시선〉은 아디를 통해서 진실과 화해의 필요성을 말하고 있으나 동시에 또한 그것의 실현 불가능성도 함께 말하고 있다. 치유의 불가능성은 아디의 부모들에게서 가장 잘 나타나고 있다. 아디의 어머니 로하니는 람리의 잔혹한 죽음에 대한 트라우마에 시달리고 있으나 그녀는 과거의 기억을 거부하지 않고 적극적으로 기억하는 인물로 등장한다. 그녀는 영화 내내 죽은 람리를 불러내고 있지만 현세에서는 트라우마가 결코 극복될 수 없다는 체념적 태도를 보인다. "신이 알아서 하시겠지. 그렇게 멋대로 살라고 그래. 다른 사람 인생을 망쳐놓고 지금은 잘 먹고 잘 살고 있지만, 저세상에서 어떻게 되는지 두고 봐. 나중에 다 벌 받을 거다. 괜히 지금 문제 키울 필요 없어." 더구나 알츠하이머에 걸려 있고 시각을 잃고 청각 장애인까지 되어버린 아버지의 처참한 모습에서 우리는 트라우마의 극단화된 모습과 함께 치유의 불가능성을 확인하게 된다. 실제 나이는 100살이 넘었으나 본인은 17세라고 생각하는 아버지는 현세의 시간 틀에서 이탈하여 초시간적 세계를 살아가고 있다. 그는 더 이상 아들의 죽음을 기억조차 하지 못한다. 그는 언어의 장애자이자 곧 소통의 장애자이기도 하다. 또한 아버지는 자기 집안에서 길을 잃고 헤매고 있다. 그는 시간적 인지력뿐만 아니라 공간적 인지능력마저 상실한 상태이다. 영화는 트라우마에 의해 완전히 파괴된 삶을 살아가는 아버지를 통해 트라우마의 고통을 극단적으로 보여주고 있다. 아버지의 장애야말로 가장 확실한 트라우마의 증거이다. 트라우마의 희생자로서 아버지의 이미지는 역으로 그만큼 더 잔혹했던 제노사이드를 폭로해주고 있다.

다행히도 아디는 어느 학살자의 딸로부터 유일하게 사과를 받는다. 그녀는 아버지가 공산당을 죽였기 때문에 자랑스러웠다고 말하지만 아버지가 학살에 가담했고 죽은 자의 피까지 마셨다는 얘기를 듣고 아디에게 사과한다. 여기에 대해 냉철하고 냉담한 아디는 "아버지가 살인자인 게 당신 잘못은 아니죠. 어떤 일을 했든 당신한테는 그냥 아버지일 뿐이에요"라고 하며 그녀의 사과를 받아들인다. "이제 서로 잘 지내요. 우리를 가족처럼 생각하고 아버지를 용서해요"라고 하면서 가해자와 피해자가 서로 포옹하는 장면은 제노사이드 영화가 침묵의 트라우마를 깰 수 있다는, 그래서 치유와 화해를 향해 갈 수 있다는 한 가닥 희망을 던져주고 있다. 〈침묵의 시선〉은 50년간 지배하고 있던 인도네시아의 침묵을 깨고 1965~66년의 대량학살 사태에 대해 공적으로 말할 수 있게 만들었다. 그것은 억압된 기억이 해방되는 순간이었으며 표현의 장애가 극복되기 시작하는 전조였다.

4. 가해자와 피해자의 영화 〈지슬: 끝나지 않은 세월2〉

오펜하이머의 〈액트 오브 킬링〉과 〈침묵의 시선〉이 50년간 인도네시아 사회를 지배했던 침묵을 깨는 제노사이드 영화였다면 오멸 감독의 〈지슬: 끝나지 않은 세월2〉 역시 기억의 억압으로 인해 파생된 침묵, 즉 언어의 위기, 표현의 위기, 상상력의 위기를 극복하려는 시도이다. 모든 사회적 치유는 과거의 트라우마에 대해서 말할 수 있을 때 시작된다. 트라우마에 대해 말할 수 있다는 것은 트라우마를 객관화하고 타자화함으로써 거리를 취할 수 있다는 의미이다. 제주 4·3은 제주인들에게 오랫동안 기억 속에만 가둬두고 입 밖으로 나오면 안 되었던 공포의 언어였다.[35] 공포의 언어를 넘어 그것은 내적으로 강요된 표현의 금기였다. 제노사이드 영화를 위시한 예술작품들은 언어의 장애와 표현의 장애를 넘어 희생자 및 가해자들의 고통에 쉽게 다가갈 수 있는 재현의 장치로 작동함으로써 치유를 실행한다. 〈비념〉의 감독 임흥순도 이런 관점에서 언어의 위기와 예술의 기능을 언급한 바 있다. "역사는 승자의 기록이다. 전쟁이나 참회는 패자에게 충격과 상처로 아무 말도 하지 못하게 한다. 그 아픔은 곧 익숙해져간

---

35) 문순덕, 「제주 4·3사건으로 침묵된 언어표현」, 『제주발전연구』 16, 2012, 220쪽.

다. 강상희 할머니가 그 대표적인 예다. 충격과 상처로 말문이 닫힌 것이다. 말을 못하고 더듬거리게 된 것을 내가 기록해서 대변하고 싶었던 것이다. (…) 예술은 이 세세한 부분을 기록해야 한다고 생각했다."[36]

오펜하이머와 오멸은 바로 영화 만들기를 통해서 트라우마에 시달리고 있는 각 개인들의 미시적이며 원초적인 고통에 말을 걸고자 한다. 그것은 외상 후 스트레스 장애(PTSD)를 앓고 있는 환자에 대한 치료가 아닌 인간으로서의 정상성을 회복하는 치유의 작업이다. 이 점에서 오펜하이머와 오멸은 재현의 방식은 다르지만 치유와 평화라는 같은 목표를 지향하고 있다. 오펜하이머는 미국에서 태어나 미국과 영국에서 교육받고 덴마크와 영국에서 영화 활동을 하는 아웃사이더적 인물이다. 그의 인도네시아에 대한 유별난 사랑에서 시작된 제노사이드 영화는 외부자의 시각에서 1965~66년의 대량학살 사건을 조명하고 있다. 반면에 〈지슬〉은 철저하게 제주인들에 의해 내부자의 시선에서 4·3을 이야기한다. 가해자에 집중된 오펜하이머의 영화 〈액트 오브 킬링〉은 제노사이드의 정치적 배경에 관한 서술이 결여되어 있다는 비판을 받았다. 〈지슬〉 역시 정치적 맥락에 대해서는 거의 언급하지 않고 있다.[37] 영화들은 공통적으로 탈정치적이며 탈이데올로기적 경향을 보이고 있는 것이다. 이는 두 감독이 모두 국가권력의 폭력을 둘러싼 역사적 진실을 정치사회적으로 파헤치기보다는, 가해자나 피해자 각 개인들의 트라우마적 고통에 초점을 맞추고 있다는 사실을 의미한다. 두 감독의 영화 모두 희생자나 가해자에 대한 인간적인 접근을 시

---

36) 손은하, 「재현된 이미지에 나타난 로컬의 기억—영화 〈지슬〉과 〈비념〉을 중심으로」, 『동북아문화연구』 48, 2016, 201쪽.
37) 두 영화 모두 영화의 첫 부분에서 한 번의 자막으로 사건의 배경을 간단히 제시하고 있을 뿐이다.

도함으로써 치유와 화해를 지향하고 있는 것이다.

　오멸 감독은 자기 영화의 기본 콘셉트를 구원과 치유로 설정하고 영화를 통해서 원혼들을 위로하고 생존자들의 상처를 씻겨드리고 싶었다고 말한다.[38] 영화의 형식이 신위(영혼을 모셔 앉히다)-신묘(영혼의 머무는 곳)-음복(영혼이 남긴 음식을 나눠먹음)-소지(신위를 태우며 염원함)의 제사 형식을 띠고 있는 이유도 여기에 있다. 따라서 〈지슬〉에서는 가해자들의 캐릭터가 〈액트 오브 킬링〉에서처럼 확실한 정체성을 보이지 않고 있으며 또한 가해자와 피해자의 적대적인 관계도 약화되어 있다. 토벌대의 대표 격으로서 국가의 사살 명령을 수행하고 있는 김 상사는 시체를 앞에 두고 사과를 먹는 등 잔인함을 보여주지만, 그의 폭력은 약물중독으로 환원되고 있어 상쇄되며 가해자로서의 정체성이 불안정적이다. 또한 김 상사와 같은 계열에 있는 고 중사 역시 어머니가 공산주의자에 의해 살해된 희생자로 나타나고 있다. 토벌대 구성원들은 저마다 각양각색의 모습을 보인다. 상사의 명령을 거부하는 부하, 김 상사를 죽이는 정길, 순덕에게 호감을 가지고 돕는 박일병과 김 이병, 마을 사람들의 간호를 받고 있는 한동수 이병 등 마을 사람들의 적대 세력으로서 가해자들의 정체성은 통일적이지 않으며, 또한 가해자와 피해자들 사이의 적대관계도 중화되고 있다. 이는 마을 사람들 사이의 관계에서도 그대로 드러난다. 경찰의 아들 상표도 함께 동굴로 피난 왔으며 마을 사람들은 그를 이해하고 포용한다. 친일 행적이 있는 병호를 그 때문에 아버지가 죽은 용필이 용서한다. 영화는 원래의 대립 구도인 '마을 사람들 vs 토벌대'를 '국가 vs 토벌대/마을사람들'의 대립으로 변형시

---

38) 오멸 감독 인터뷰, 『스포츠경향』, 2013. 3. 25.

키고 있다.[39] 〈지슬〉은 구조적 폭력에 관한 영화가 아니다. 오히려 모두 4·3의 희생자가 되어버린 사람들에 관한 영화이며 상생과 화해의 기표들로 가득 차 있다. 영화 초반부터 오랫동안 화면을 가득 채운 연기는 모든 대립적 요소들의 경계를 해체하고 중화시키는 상징이다.

아직 한 번도 가해자에 대한 재판 및 처벌을 위시한 진상규명이 이루어지지 않은 인도네시아 제노사이드와는 달리, 〈지슬〉은 1980년대부터 시작된 진상규명 및 국가 주도의 과거극복 운동이 있고 난 후 비교적 유리한 환경에서 나온 영화이기에 화해와 상생의 분위기를 제시하고 있다고 볼수도 있겠으나, 오히려 지슬에 나타난 화해와 상생의 코드는 제주의 원초적 신화적 상상력으로 거슬러 올라간다고 봄이 타당하다. 기존의 연구들이 〈지슬〉을 자신을 솥에 끓여 오백 장군을 먹여 살렸다는 설문대할망의 신화로 환원시키는 이유가 그것이다. 신화는 영화에서 무동의 어머니가 죽으면서 남긴 감자를 아들이 가져와 동네사람들에게 먹이는 장면으로 구체화되고 있다. 가해자와 피해자의 대립구도는 이 신화적 상상력에서, 그리고 그 구체적 상징물인 지슬에서 통합되고 있다. 영화에 나타나는 용서와 포용의 정신은 자신을 희생하여 평화를 실현시키는 설문대할망과 자식을 희생하는 무동 어머니, 즉 제주의 모성성에 기초하고 있다.[40] 〈지슬〉은 제주의 어머니처럼 그저 모두를 보듬고 싶은 영화이다. 〈지슬〉은 가해자와 피해자의 영화라기보다 피해자 모두를 위한 영화이며, 희생양 제주 자체를 위한 영화이다. 그래서 마지막에 태우는 지방은 가해자와 피해자의

---

39) 황인성, 「'기억'으로서의 영화 〈지슬〉과 〈지슬〉이 구성하는 '기억'의 의미에 대하여」, 『Speech & Communication』 23, 2014, 363쪽.

40) 장우진, 「설화, 땅, 그리고 모성에 대한 그들의 이야기, 〈지슬: 끝나지 않은 세월 2〉」, 『현대영화연구』 17, 2014, 113쪽.

구분 없이 제주인 모두를 위한 제의가 되고 있다.

〈지슬〉이 나오기 전 가해자와 피해자의 경계 와해는 2000년 하귀리에서 시작되었다. 항일운동가, 호국영령, 그리고 4·3 희생자를 함께 기리는 합동위령시설을 추진하여 2003년 영모원을 건립하고 합동위령제를 개최했다. 〈지슬〉이 나온 해인 2013년에는 4·3 이래 65년간 대립관계에 있었던 제주4·3희생자유족회와 제주특별자치도 재향경우회가 화해를 선언했다. 이듬해 2014년 10월 28일에는 4·3유족회장과 재향경우회장이 제주에서 개최된 95회 전국체전 개막식에서 공동으로 성화를 봉송했다. 그러나 아직도 4·3을 둘러싼 좌·우의 이념적 갈등은 지속되고 있다.

인도네시아에서는 아직 진상규명이 시작되지도 않은 반면, 제주에서는 1999년 '제주 4.3사건 진상규명 및 희생자 명예회복을 위한 특별법'이 통과되어 2003년 10월 진상조사보고서가 최종 확정되었고, 이어 대통령의 공식사과가 있었다. 인도네시아에서는 제노사이드 영화가 현실을 앞서갔고 제주에서는 영화보다 현실이 앞서갔다. 제주의 경우 중요한 것은 무엇이 앞이고 뒤인가가 아니라 화해와 치유, 그리고 상생과 평화가 제주의 원초적인 신화적 상상력에 뿌리를 두고 있다는 인식이다. 제주 4·3은 화해와 평화에 관한 신화적 상상력을 마비시켰고, 이제 그 상상력의 장애를 치유하고 있다. 거시적 관점에서 실행되는 국가 주도의 사회치유 정책들은 흔히 희생자와 가해자의 미시적 트라우마를 놓치기 십상이다.[41] 한 인간으로서 당하는 트라우마적 고통의 치유는 제도적·물리적 프로그램으로는 한계가 있다. '평화의 섬' 프로젝트에 대한 경계의 목소리가 나오는 이유이

---

41) 조명기·장세용, 「제주 4·3사건과 국가의 로컬 기억 포섭 과정」, 『역사와 세계』 43, 2013, 216쪽.

다. 그리고 미시적 고통에 대한 스토리텔링으로서의 영화적 치유작업이 중요한 이유이다.

불균형, 부조화, 혼돈, 분열, 갈등, 자아상실, 고통, 억압, 폭력, 멜랑콜리, 소외가 근대의 지배담론이라면 근대 이후 문학과 예술은 모두 잃어버린 조화와 질서와 균형을 향한 외침이다. 자유, 평화, 화해, 해방을 향한 치유의 몸부림이다. 치유는 상실된 총체성을 다시 찾는 것, 분열된 자아를 복구하는 것, 자연과의 친화관계를 재구성하는 것, 질서의 세계로 복귀하는 것, 훼손된 사람됨을 복원하는 것이다. 오펜하이머와 오멸의 영화는 트라우마를 가진 각 개인들의 고통을 얘기함으로써 본원적 의미에서의 사람의 치유를 향하며 이것이 사회적 치유로 이어질 수 있는 가능성을 보여주고 있다.

5. 〈킬링필드〉: 트라우마의 끝, 죽음

캄보디아 뉴욕타임즈 특파원 시드니 쉔버그는 1980년 그가 캄보디아에서 취재하고 경험한 내용을 담은 르포 〈디스 프란의 생과 사—한 캄보디아인의 이야기〉를 기고한다. 디스 프란은 쉔버그가 캄보디아 현지에서 채용한 조수 기자이자 통역관으로, 쉔버그와는 호형호제하는 각별한 사이이다. 쉔버그는 이 글로 그해 퓰리처상을 수상한다. 〈미션〉의 감독 롤랑 조페는 이 르포를 바탕으로 1984년 영화 〈킬링필드〉를 발표했다. 이 영화는 론 놀 정권을 무너뜨리고 농경사회를 바탕으로 급진 공산사회를 건설하고자 했던 폴 포트의 크메르 루즈가 자행한 200만 명의 대학살극을 다룬다. 그것은 1985년 유엔 경제사회이사회 보고서에서도 언급된 것처럼 "나치 이래 세계에서 일어난 가장 심각한 범죄"이다. 영화는 과연 이 엄청난 역사적 트라우마를 치유할 수 있는 것일까?

영화 〈킬링필드〉는 사실을 기반으로 한 극영화이기 때문에 고전적인 영화서사를 통해서 재현 불가능성을 비껴가고 있다. 영화 속에서 시드니 쉔버그는 미국의 융단폭격에 의해 많은 양민이 희생된 사건을 취재하기 위해 1973년 8월 프놈펜에 도착한다. 방콕에서 탑승한 프놈펜행 비행기가 수 시간 연착된 것과 미 공군의 공습이 연관이 있음을 직감한 시드니는 미군 당국의 은폐 시도에도 불구하고 조수 프란과 함께 현지 취재 활동을 과감하게 펼친다. 여기에서는 진실을 찾아 알리려는 도덕적 저널리스트로서 시드니와 프란의 이미지가 강하게 부각되고 있다. 그와 함께 두 사람의 우정의 스토리도 펼쳐진다. 따라서 영화에서는, 적어도 시드니가 주도하는 1부에서는 '왜 미국은 오랫동안 캄보디아를 공습해왔는가, 크메르 루즈의 학살극은 결국 미국의 잘못된 외교 정책의 산물이 아닌가'라는 질문에 대한 역사적인 성찰이 적극적으로 이루어지지 않는다. 영화는 두 사람의 우정의 이야기로 머물고자 하며, 영화 그 이상을 원치 않았던 것이다.[42] 영화가 진행되는 동안 관객은 이 영화가 과연 킬링필드를 다루는 영화인지 의구심을 갖게 된다. 캄보디안 내전에서 정부군이 계속 불리해지는 와중에도 그들은 가족들만 미국으로 피난시키고 현장에 계속 남아 기자의 사명에 충실하기로 한다. 크메르 루즈 군이 프놈펜을 장악하면서 체포되었다가 프란의 기지로 살아남고, 가장 안전한 프랑스 대사관으로 피신한다. 영화는 그 사이에 전쟁의 참혹상을 묘사하기는 하지만 그것이 주된 주제는 아니다. 이 영화는 전쟁 스토리가 아니라 두 사람의 러브스토리이기 때문

---

42) 아마도 제작자 프트넘과 감독 조페는 미국 영화시장을 고려했을 것이다.

이다. 프란은 캄보디아인이라는 이유로 결국 탈출하지 못한 채 쉔버그와 작별하며 크메르 루즈 치하에 내맡겨진다.

뉴욕으로 돌아온 쉔버그는 친구 프란을 찾기 위해 갖은 노력을 다하지만 별 성과를 거두지 못하고 캄보디아 특종기사 덕분에 퓰리처상을 받게 된다. 그의 수상 연설에서 그는 친구 프란과의 우정과 진실을 말하는 기자의 소명을 다시 강조한다. "나는 프란과 파트너로서 함께 있었다는 사실 때문에 대단히 행복합니다. 더욱 행복한 것은 우리가 서로 형이라고 부르게 되었다는 사실입니다. 캄보디아에서 나와 함께한 그의 미션은 절대적으로 불필요했던 전쟁에서 그의 국민들이 어떤 고통을 겪었는지를 세상에 말하는 것이었습니다. 그 미션은 나의 미션이 되었습니다. 나의 보도는 그가 없었다면 불가능했을 것입니다." 그러나 쉔버그는 동료 기자로부터 상을 받기 위해 프란을 사지에 남겨놓은 것 아니냐는 추궁을 당하기도 하면서 점점 더 캄보디아의 현실로부터 멀어져간다. 1부의 마지막 장면이 그것을 잘 표현해주고 있다. 쉔버그는 뉴욕의 자기 집 거실에 앉아 캄보디아에서 찍은 현장 사진들을 음미한다. 그리고 TV를 켜고 닉슨 대통령이 닉슨 독트린을 설명하는 영상을 본다. 닉슨에 이어지는 영상은 미국의 B-52 폭격기가 수많은 포탄들로 캄보디아를 폭격하는 장면과 함께 희생된 양민들의 처참한 사진들이다. 푸치니의 오페라 〈투란도트〉의 아리아 〈누구도 잠자면 안 돼〉가 배경음악으로 깔리면서 쉔버그가 보는 영상의 효과도 배가된다. 닉슨 독트린에 대한 비판과 함께 아름다운 음악과 강력한 대조를 이루는 양민들의 처참한 모습은 이미 TV 모니터 안에 박제된 현실이다. 생사를 알 수 없는 프란과 거실 소파에 앉아 영상을 보고 있는 쉔버그는 멀어진 존재들이다. 여기에서 영화는 제2부로 넘어가며, 크메르 루즈 치하에서 혹독한 강제노동을 당하고 있는 프란이 등장한다. 제2부는 프란이 직접 경험하는 킬링필드의 참상을 일인칭 시점으로 쉔버그에게 보고하는 형식이다. 프란이 멀어져가는 쉔버그에게 말을 걸고 있는 것이다. 두 사람은 다시 연결되어 있다. 그러나 두 사람은 동시에 멀리 떨어져 있다. 지식인은 숙청 대상이기에 신분을 감추고 있는 프란의 직접 체험을 통해 처참한 기아와 폭력, 크메르 루즈가 내세운 어린 소년 소녀 병사에 의한 양민학살이 재현된다. 우여곡절 끝에 프란은 마침내 강제노동수용소를 탈출한다. 도망가면서 그는 수백 개의 유골들이 뒹굴고 있는 논밭을 지나는데, 바로 킬링필드라는 이름이 여기에서 나오게 된 것이다. 예일대 연구팀에 의하면 200개의 킬링필드가 발견되었다고 한다.

1979년 10월 쉔버그와 프란은 마침내 태국 국경의 한 난민촌에서 재회하게 된다. 눈물어린 재회의 포옹을 하는 두 남자를 쳐다보고 있는 난민들. 두 남자는 감성적으로 자극되어 눈물을 흘리고 있지만 그저 물끄러미 바라보는 난민들은 아무런 표정이 없다. 표현이 없다. 텅 비어 있다. 트라우마의 고통에 억눌린 그들은 아무것도 생각할 수 없고 상상할 수 없는, 존재 없는 존재들이다. 영화는 다시 한 번 난민들의 고통이 아니라 두 사람의 우정이 영화의 중심이라는 것을 확인시켜주고 있다. 학살 난민들을 보여주면서 들리는 배경음악은 좀 더 나은 세상을 상상해보자는 존 레논의 〈이매진〉이다. 존 레논은 세계가 하나가 되어 살아가는 희망을 상상해보자고 노래하고 있다. 그러나 표현의 장애인이 된 난민들도 과연 그런 상상을 할 수 있을까?

이렇게 영화 〈킬링필드〉는 극영화로서 치유와 관련하여 많은 한계를 보여주고 있지만, 캄보디아에서의 세기적 집단학살을 서구 대중에게 알리는 기폭제가 되었다는 점에서 치유를 향한 조그만 발걸음으로 평가될 수 있다. 1977년 1월 프랑소와 퐁쇼우가 『캄보디아 0년』으로 민주 캄푸치아의 학살을 최초로 고발했다면, 1984년 롤랑 조페의 영화 〈킬링필드〉는 '킬링필드'란 말을 전 세계에 대중화시킴으로써 캄보디아의 200만 학살극을 고발하고 사람들로 하여금 그에 대해 성찰을 시작하도록 자극했다. 이 사실 하나만으로도 영화의 가치는 크다고 할 것이다.

실제인물 디스 프란은 뉴욕으로 돌아와 쉔버그와 함께 뉴욕타임즈 사진기자로 활동하면서 캄보디아의 제노사이드를 사람들에게 알리는 전도사로 활동했다. 나중에 그는 췌장암에 걸려 어려운 생을 살았다. 그는 말했다. "나를 치유할 수 있는 의사는 아무도 없습니다. 그러나 폴 포트 같은 사람이 나보다 더 아프다는 것을 잘 알고 있습니다. (…) 우리 두 사람은 머릿속에 공포를 가지고 있습니다. 캄보디아에서는 살인자와 희생자가 똑같은 병을 가지고 있습니다." 가해자의 트라우마 역시 인정했던 그는 1996년 로스앤젤레스의 아파트에서 싸늘한 시체로 발견되었다. 크메르 루즈의 살인으로 추정되고 있다. 그렇게 디스 프란의 트라우마는 끝을 맺었다.

6. 사회치유를 향한 길

인간의 이성과 상상력을 초월한 반인도적 현상으로서의 제노사이드에 대해 일련의 예술이론가와 역사학자들은 재현 불가능성 또는 '비재현의 윤리'로 대응했다. '비재현의 윤리'는 어디까지나 제노사이드에 대한 하나의 반응이며 대응책이지 결코 해결책은 되지 못한다는 것이 이 글의 출발점이다. 왜냐하면 인간은 본원적으로 치유를 추구하는 존재이기에 제노사이드의 트라우마로부터 해방되기를 바라며, 그것은 오로지 이야기하기, 즉 재현을 통해서 가능하기 때문이다. 따라서 이 글은 재현과 비재현의 딜레마에서 치유를 향한 새로운 형태의 재현이 불가피하다는 전제하에 논의를 전개했다. 이 같은 맥락에서 의학에 국한되어 사용되어왔던 트라우마의 개념을 언어의 장애, 표현의 장애 및 상상력의 장애로 확장하여 규정했다.

분석의 대상이 된 오펜하이머의 영화 〈액트 오브 킬링〉에서는 가해자들이 자신들의 살인을 재연하는 영화 만들기를 통해서 제노사이드의 재현 불가능성을 극복하고 있으며, 또한 다중적 서술시점들의 교차를 통한 자기반영성을 통해 가해자들의 트라우마를 드러내면서 표현의 장애를 극복함과 아울러 치유를 지향하고 있다는 것을 밝혔다. 또한 〈침묵의 시선〉에서는 희생자의 가족 아디가 가해자들을 직접 인터뷰하면서 침묵의 트라우마를 극복해가는 과정을 살펴보았다. 감독은 자신의 전지전능한 시점을 포기하고 카메라 뒤에 숨어 내러티브의 주도권을 피해자와 가해자들에게 부여함으로써 당사자들의 소통을 통해 표현의 장애를 극복하게 한다. 오멸의 〈지슬〉 또한 오랫동안 억압되었던 4·3의 기억을 불러들이며 가해자와 피해자의 대립구도를 중화시키면서 화해의 기호들로 채우고 있다는 점에서 오펜하이머의 영화들과 궤를 같이하고 있다. 〈킬링필드〉는 쉔버그와 프란의 우정에 초점을 맞추고 있다는 한계를 보여주지만, 그럼에도 불구하고 캄보디아에서의 학살극을 전 세계에 알려주었다는 점에서 치유를 향한 메시지를 담고 있다. 네 편의 영화들은 모두 정치적인 제노사이드를 다루면서도 정치적인 맥락을 매개하는 것을 절제하고 있다. 그것은 이 영화들이 거시적인 구조적 폭력보다는 개인들의 미시적인 고통에 대해 인간적인 접근을 함으로써 궁극적으로 치유를 지향하고 있다는 방증이기도 하다.

영화 〈액트 오브 킬링〉은 인도네시아 118개 도시에서 1,100회 상영되었고 일부 지역에서는 무료 다운로드가 가능했다. 친국가적 성향의 잡지 『템포(Tempo)』는 집단학살 이야기에 대한 비공식적 검열을 중지했다. 〈침묵의 시선〉은 인도네시아에서 가장 큰 극장에서 개봉되었고, 수만 명의 인도네시아인들이 이 영화를 보았다. 침묵을 깨려는 오펜하이머와 그의 영화 속 대리인 아디의 목표는 성취된 듯했다. 그러나 또 다시 침묵이 다가왔다. 경찰은 폭력배와 반체제인사들에 의한 폭력을 방지한다는 명분으로 상영을 중단했다. 아마도 그 폭력은 군대나 경찰 자신들에 의해 조직되었을 것으로 추정되고 있다. 바로 직후 인도네시아 검열청은 이 영화를 혼란스러운 불안을 가중시킬 수 있다는 이유로 동자바 지역에서 금지시켰다. 아디와 그의 가족은 살인자들과 군대의 위협 때문에 다른 지역으로 이주해야 했다.[43] 오펜하이머는 다시는 인도네시아에 들어갈 수 없다. 그러나 그의 영화는 사회치유를 향한 길을 계속 가고 있다.

---

43) Hanna Schenkel, "Clarifying the past. Joshua Oppenheimer's The Look of Silence", *Metro Magazine* 186, 2015, p. 101.

제6장

ECCC재판의 사회치유적 역할

전우택

1. 치유를 위한 법정, ECCC 재판

2016년 2월 3일, 우리 연구팀은 아침 일찍 길을 나섰다. 킬링필드의 범죄를 다루는 캄보디아 정부와 UN의 공동 재판정인 유엔 캄보디아 특별재판부(Extraordinary Chambers in the Court of Cambodia: ECCC)의 재판을 참관하기 위해서였다. 프놈펜 외곽 지역인 포센체이 지구 차옴차우에 위치한 재판소로 가는 좁은 4번 국도는 엄청나게 많은 차들로 가득 차 있었다.

마침내 재판소에 도착했다. 주차장에서 나와 재판소 입구에 들어서자 모든 전자제품, 핸드폰과 카메라 등을 다 제출해야 했다. 재판소 건물 앞마당의 대기 공간에는 아침의 서늘한 바람이 불어왔다. 기둥에 달아놓은 TV 모니터에서 과거에 이루어진 재판의 장면들이 방영되고 있었다. 똑같이 흰색 상의에 검은색 바지나 치마를 차려입은 대학생들 수십 명이 입장을 기다리고 있었다. 행정학과 학생들이 공공정책 참관 수업을 온 것이라고 했다. 킬링필드의 비극을 통해 죽어갔던 200만의 이야기는 이제 대학생들의 참관 수업 대상이 되고 있었다. 다시는 이 땅에 이런 비극이 반복되지 않으리라는 약속 같이 느껴지는 장면이었다. 노란색 승복을 입은 젊은 승려들 몇 명이 대기 공간으로 들어왔다. 불교 국가인 캄보디아에서 승려는 가장 존중 받는 존재들이다. 먼저 와서 기다리던 대학생들이나 우리보다 이들이 앞서서 건물 안으로 입장했다. 뒤이어 대학생들이 들어가고, 우리를 포함한 외국인 참관인들이 마지막으로 입장을 지시받았다.

거대한 극장 같은 재판정에 들어섰다. 재판 공간과 방청석 사이에는 방탄유리가 설치되어 있었다. 너무나도 비극적인 사건을 다루는 재판이었기에, 방청석에서 고성이나 돌발행동으로 재판을 방해하지 못하도록 막는 장치였다. 재판정의 모든 발언은 스피커를 통해 방청석에 들리게 되어 있었다. 개정 시간이 되자, 방탄유리 전체를 덮고 있던 거대한 커튼이 서서히 걷히면서 재판정 안이 보였다. 검은 법복을 입은 검사, 변호사들이 등장하여 자리에 앉았다. 이틀 전 방문했던 킬링필드 치유를 위한 법률 활동 NGO인 'Cambodian Defenders Project' 소속 변호사들이 우리 일행을 보고 환하게 웃으며 손을 흔들어주었다. 피해자 측 변호를 맡은 그들은 우리가 재판을 참관할 수 있도록 도와준 이들이기도 했다. 희생자 측 변호사들 뒤로 증인들이 들어와 자리에 앉았다. 그리고 마침내 오전 9시 5분. 붉은 법복을 입은 판사 7명이 입장하여 자리에 앉음으로써 그날의 재판이 시작되었다. 피고는 키우 삼판(Khieu Samphan)이었다. 그는 크메르 루즈 정권의 국방장관 겸 부총리, 국가간부회의 의장 겸 총리를 지낸 정권의 최고 핵심 인물 중 하나였다. 그러나 피고석에 앉은 그는 이제 머리가 하얗게 벗겨진 노인에 불과했다. 그는 40년 전 그가 했던 행동에 대한 재판을 받고 있었다.

캄보디아에서 '킬링필드'라는 반인륜적 대량학살 사건이 크메르 루즈에 의해 벌어진 것은 1976년부터 1979년까지였다. 크메르 루즈 정권이 무너진 지 30년, 그리고 캄보디아 내에서 재판 준비 논의가 시작된 지 12년이 되던 2009년, 마침내 킬링필드의 범죄를 다루는 캄보디아 정부와 UN의 공동 재판정인 '유엔 캄보디아 특별재판부(ECCC)'가 열리게 되었다.[1] 그러면서 재판에 참여할 원고 신청 및 증인 신청이 전국에 공고되었다. 가장 대표적인 학살 장소였던 S-21 교도소(뚜얼슬랭 교도소)에서 벌어진 범죄를 다루는 재판에 참여할 가족들의 신청을 받았다. 그런데 총 12,000명의 희생자들이 있는 이 재판에서, 참가 신청을 한 피해자 가족은 94명뿐이었다. 학살 이후 30년이 지난 뒤 시작되었음에도 이 재판은 이렇게나 극도로 조심스러운 재판이었다.

총 150만~200만 명이 죽은 소위 킬링필드 비극의 피해자들을 위한 재판에 참여 신청을 한 피해자는 8,202명에 불과했다. 이유는 다음과 같았다. 첫째, ECCC가 존재한다는 건 알았지만 자신들에게 이 재판에 참여할 권리가 있다는 충분한 통지를 받지 못한 피해자들이 많았고, 둘째, 이런 재판이 현재의 삶과 직접 연관이 없다고 느끼는 경우가 많았으며, 셋째, 재판에 참여했다가 나중에 보복을 당할까 두려웠기 때문이었다. 72일간 진행되었던 1번 사건 재판, 소위 '두크 재판'[2] 기간 중에 법정에서 24명의 증인, 22명의 원고, 9명의 전문가가 발언했다. 우리 연구팀이 방문한 것은 그 재판이 끝나고 2번 사건, 즉 과거 최고 권력가였던 누온 체아와 키우 삼판의 재판이 진행 중일 때였다.

ECCC 재판은 단순히 40년 전 범죄를 저지른 사람들에 대한 처벌만을 목표로 한 것이 아니었다. 재판은 40년 전 이루 말할 수 없이 큰 상처를 입

---

1) 강경모, 『유엔 캄보디아 특별재판부 연구』, 전환기정의연구원, 2016.
2) S-21 교도소장이었던 카잉 구엑 에아브(Kaing Guek Eav alias)는 두크(Duch)라는 별칭으로 불리기도 했다. 그는 이 재판에서 징역 35년형을 선고받았다.

었던 개인, 가족, 그리고 사회 전체를 향한 일종의 치유적 행사가 되었다. 이 과정에서 재판부는 사회치유적 효과(rehabilitative impact)를 고려했으나, 그것은 개인 단위를 대상으로 한 것이 아니라 사회 전체를 대상으로 하는 것이었다.[3] 실제로 법정 증언과 진실위원회 참석 발언 등이 트라우마 희생자들 개인에게 긍정적인 영향을 끼치는지, 또는 부정적인 영향을 끼치는지에 대해서는 많은 논란이 있다.

그러나 그와 함께, 이러한 재판이 가지는 사회적 차원의 치유 기능도 분석될 필요가 있다. 따라서 이 글은 캄보디아 ECCC 재판의 사회치유적 기능과 그 치유적 기능을 저해했던 요소들, 재판 관련자들에게 발생한 2차 심리적 문제들, 그리고 재판과 연관되어 이루어졌던 마을대화(community Dialogue)의 사회치유적 역할을 살펴보고자 한다.

2. ECCC 재판의 사회치유적 기능

재판은 단순히 과거의 범죄 사실을 조사하여 밝히고, 그를 처벌하여 정의를 세우는 것을 넘어 사회치유적 기능을 가지고 있었다.

1) 무기력한 피해자에서 힘 있는 역사 참여자로
원고와 증인들은 재판 전과 후에 스스로에 대한 느낌에 큰 변화가 있

---

3) John D. Ciorciari, Anne Heindel, "Trauma in the Courtroom", Autumn Talbott et al, *Cambodia's Hidden Scars: Trauma Psychology in the Wake of the Khmer Rouge - An Edited Volume on Cambodia's Mental Health*, Documentation Center of Cambodia, Phnom Penh, CAMBODIA, 2011, p. 123.

었다고 말한다. 재판 전까지는 자신들이 거대한 역사의 소용돌이 속에서 아주 작고 무기력한 존재라고 느꼈고, 그로 인해 자존감이 매우 낮은 상태였다. 그러나 재판에 참여하기 위해 여러 차례 준비회의에 참석하고 실제로 재판에 출석하여 증언하면서, 점차 스스로가 역사의 사건들에 대해 용감하게 증언할 수 있는 존재, 적극적으로 과거의 악에 저항하는 힘 있는 존재로 바뀐 것 같았고, 그로 인해 큰 자부심과 만족감을 느꼈다는 것이다. 그리고 정부가 과거 크메르 루즈의 행위를 범죄로 규정하고 자신들의 인권과 존엄을 인정해준 데 대한 안도감을 느끼고, 범죄자들이 처벌 받고 사회정의가 다시 세워지는 것을 보면서 치유적 느낌을 받게 되었다고 했다. 또한 원고와 증인들은 법정에서 자신들이 증언한 과거 경험이 공식 기록으로 남고, 자신들의 기억이 개인 기억이 아니라 공동체와 국가의 집단 기억으로 확정되는 데 대하여 큰 의미를 부여했다. 그것이 다음 세대의 역사교육에 자료가 되어 미래를 더 나은 세상으로 만드는 데 기여했다는 것, 그래서 자신들이 의미 있는 일을 했다는 것에 만족감을 느꼈다.

2) 고통받은 이들의 연대감 형성과 사회활동 강화

대부분의 피해자들은 세상에 나 혼자만 이런 고통을 겪었고, 다른 누구도 나의 고통을 이해할 수 없다는 고립된 생각과 감정을 가지고 살아왔다. 그러나 재판에 참여하면서 주변에 나와 같은 고통을 겪고, 나처럼 무기력하게 살다가, 이제는 서로 관심과 위로를 주고 힘을 합쳐 무언가 함께 할 수 있는 이들이 있다는 것을 알게 되었다. 이것은 강력한 유대감, 연대감으로 이어지면서 이들로 하여금 고립에서 벗어나게 했다. 한 원고는 다음과 같이 이야기했다. "이런 소송인이 된 것이 나에게는 긍정적인 영향을 주었다. 그 전에는 다른 사람에게 나의 과거 이야기를 하지 못했으나 이제는 나 자신에 대하여 스스로 명확해졌다는 느낌이다. 그 전에는 나 혼자만 이런 일을 당했다고 느꼈으며, 다른 소송인들을 몰랐다. 그러나 재판을 통해 나는 다른 소송인들이 나를 지지해주고 있음을 알게 되었고, 그들의 경험을 나에게 나누어주고 있음을 알게 되었다."[4]

또한 재판 과정에서 캄보디아의 과도기적 정의(transitional justice)를 위해 일하는 많은 시민단체들이 활성화되는 데도 재판의 원고와 증인들이 큰 역할을 했다. 즉 원고 및 증인들과 시민단체들이 서로 돕는 관계가 된 것이다. 이는 재판을 넘어서서 캄보디아 전체 사회의 발전과 변화에 기여하게 되었다.

3) 고통의 의미 발견과 성숙

증인과 원고들은 법정진술을 함으로써 억울하게 죽어간 가족과 친척들에 대한 생존자로서의 책임을 이제야 다하게 되었다는 안도감을 느꼈다. 이것은 캄보디아 사회에서 전통적으로 매우 중요하게 여겨지는 일이었다. 동시에, 사람들은 법정진술과 재판 참여를 통해 본인이 그동안 심한 고통을 받고도 끝까지 살아남은 의미를 비로소 느끼게 되었고, 그러면서 더 성숙한 인간으로 성장했다는 느낌을 가지게 되었다. 이것은 매우 중요한 치유적 경험이었다.

---

4) Judith Strasser, Julian Poluda, Chhim Sotheara, Phuong Pham, "Justice and Healin g at the Khmer Rouge Tribunal: The Psychological Impact of Civil Party Participation", Autumn Talbott et al, op.cit., 2011, p. 161.

3. 재판의 사회치유 기능을 가로막는 장애 요소

그러나 재판 참여는 위와 같은 사회치유적 기능과 함께 그 치유를 저해하는 많은 요소들도 가지고 있었다. 이런 요소들은 과거의 상처에 의한 트라우마를 더욱 악화시키기도 했다.

1) 증언 내용 선택에 의한 상처

법정은 사법적 논리를 가지고 진행되고 유·무죄라는 최종판결에 모든 관심이 주어지므로 그 과정에서 원고나 증인들이 체험하는 치유는 직접적인 관심의 대상이 아니었다. 그로 인하여 상처가 생길 위험성은 늘 상존했다. 법정에서는 증인과 원고들에게 엄격한 행동지침을 제시하여 법정의 필요에 맞는 증언만 하게끔 제한했다. 즉 판사가 조사에 필요하다고 인정한 부분에 대해서만 증언하도록 하면서 이곳이 법정임을 계속 상기시켰다. 증언자들은 법정에서 자신들이 증언하고 싶었던 것과 재판부로부터 요구받는 것 사이의 큰 차이 때문에 좌절감을 느껴야 했다. 증인들이 정작 가장 중요하게 생각했던 내용은 증언하지 못했고, 별로 중요하지 않다고 생각하는 내용에 대해서만 질문을 받아 그에 대한 심각한 갈등이 있었다.[5] 또한 증인들은 자신의 고통을 길게 설명하려 했지만, 재판관은 재판의 신속한 진행을 위하여 이야기를 짧게 해달라고 요청했기 때문에 양쪽의 필요가 계속 충돌했다. 재판은 진실위원회가 아니고, 공정성에 기초하여 피

---

5) S. Megan Berthold, Gerald Gray, "Post-Traumatic Stress Reactions and Secondary Trauma Effects at Tribunals: The ECCC Example", Autumn Talbott et al, op.cit., 2011, p. 106.

고인의 유·무죄를 밝히는 것이 목적이었기 때문에 생기는 현상들이었다.[6] 원고(희생자) 측 변호사 실케 스투드진스키(Silke Studzinsky)는 "법정은 매우 사무적이었고, 피해자들의 고통은 공감을 받지 못했으며, 어떤 원고도 증언에 대한 감사의 말을 듣지 못했다. 추가 질문도 없었기 때문에 법정이 그들에게 흥미와 관심이 없다는 느낌을 받아야 했다"고 지적했다.[7]

2) 증인으로서 적절한 감정 상태를 요구받는 것에 의한 상처

재판에서 증언할 때는 그 증인이 재판관에게 어떤 사람으로 보이느냐도 매우 중요한 문제이다. 예를 들어 증인이 재판 중에 감정적으로 무디고 둔한 것처럼 행동하면 재판관은 그 증인을 신뢰하지 않는다. 반대로 지나치게 감정적이고 예민해 보여도 신뢰를 받을 수 없다. 또한 법정에 나와 증언하는 것이 증인에게 2차적 이득(secondary gain)을 준다는 인상을 받으면 재판관은 그것을 강하게 의식했다. 그러나 외상후 스트레스 장애(PTSD) 증상의 일환으로 ECCC 재판의 증인들은 지나치게 무감정해 보이거나 지나치게 감정적일 수 있었다. 무엇보다도, 이들이 무감정해 보이는 데는 깊은 이유가 있었다. 눈앞에서 가족이 학살당하는 것을 목격한 사람들은 자신의 감정을 직접 표현하는 것이 목숨을 위협하는 일임을 배웠다. 울어도 안 되고 분노를 표현해서도 안 되었다. 그들은 가족이 죽어도 일반적인 애도와 장례를 하지 못한 채 즉각 일터로 돌아가야 했고, 그러면서 자신의 감정과 단절된 채 살아야 했다. 무감각으로 인해 일종의 '걸어 다니는 시체

---

6) John D. Ciorciari, Anne Heindel, "Trauma in the Courtroom", Autumn Talbott et al, op.cit., 2011, p. 131.

7) Toni Holness, Jaya Ramji-Nogales, "Participation as reparations; The ECCC and Healing in Cambodia", Autumn Talbott et al, op.cit., 2011, p. 176.

(walking dead)'가 되어야 했다.[8] 이렇게 수십 년이 흐르면서, 어떤 이들은 다시 감정을 표현할 수 있게 되었지만 어떤 이들은 그럴 수 없었다. 그런데 막상 증인으로 나서니 극도로 섬세하게 감정을 조절하도록 요구받았다. 감정을 잘 조절하지 못하면 제대로 된 증인으로 인정받을 수 없었다. 그러나 피해자들은 자신들의 고통을 잘 요약하고 조리 있게 이야기할 수 없었다.

1번 사건 재판 법정에서 원고나 증인들은 "피고인 두크를 증오한다, 죽이고 싶다, 그가 큰 고통을 당했으면 좋겠다"는 류의 발언을 모두 금지당했다. 희생자들의 감정을 직접적으로 표현하지 못하도록 한 것이다. 재판관은 "이 자리는 복수하는 자리가 아니라 정의를 찾는 자리"라고 이야기하곤 했다. 이런 것들이 재판에 나온 증인과 원고들에게 상처가 되었다.[9]

3) 정확한 기억을 요구하는 것에 의한 상처

법정은 오래 전의 일들에 대한 정확한 기억을 요구했지만, 원고와 증인들은 자신의 가족들이 학살당한 정확한 날짜, 그때 죽은 가족과 친척들의 숫자, 이름 등 가장 기초적인 정보조차 정확히 기억해내지 못하는 경우가 많았다. 이미 너무 오래 전의 일들이었고, 증인들이 나이가 들면서 기억력 저하가 오기도 했으며, 너무도 고통스러운 과거였기에 그런 핵심적 사항에 대한 기억의 해리(dissociation)가 오기도 했다. 과거에 자기 눈앞에서 실제로 펼쳐진 사건이었기에 아주 선명한 회상 장면(flashback)을 가지기도 했지

---

8) S. Megan Berthold, Gerald Gray, "Post-Traumatic Stress Reactions and Secondary Trauma Effects at Tribunals: The ECCC Example", Autumn Talbott et al, op.cit., 2011, p. 107.

9) Daryn Reicherter, Alexandra Aylward, "The Impact of War and Genocide on Psychiatry and Social Psychology", Autumn Talbott et al, op.cit., 2011, pp. 26~27.

만, 생각하고 느낀 것을 말로 정확히 표현하기는 어려웠다.[10] 그러나 이런 부정확한 기억은 재판에서 이 원고와 증인이 과연 진실을 이야기하고 있는지, 더 나아가 이 사람이 과연 진정한 원고이고 증인인지에 대한 의문을 불러일으켰고, 그것이 이들에게는 큰 상처가 되었다. 더구나 법정에서는 피고(가해자) 측 변호인들에 의한 공격적인 사실 확인 질문에 대해 원고(피해자)와 증인들이 일일이 대답해야 했는데, 이것이 그들에게는 매우 혼란스럽고 힘든 일이었다. 때로는 피고인(가해자)이 직접 증인의 말의 진위 여부에 대한 의견을 제시하기도 했다. 여기까지 오면 증인들의 입장은 매우 곤혹스러워졌고 큰 상처를 입을 수밖에 없었다.

그러나 크메르 루즈 시절 벌어진 일들을 기록한 많은 서류들은 이미 다 사라져버렸고, 희생자들이 고문당하고 죽어갔던 교도소나 처형장도 다 부서져 없어진 지 오래였다. 원고와 증인들의 증언을 뒷받침할 증거를 확보하기가 매우 어려웠던 것이다. 심지어 피고(가해자) 측 변호사들이 증인들에게 "당신의 고통에 대하여 동의하지 않는다"라고 말하는 일까지 발생했다.[11] 두크 재판의 최종판결 이후 한 원고(희생자)는 "나는 아프고 지쳤고 부끄럽다. 수치심을 느낀다. 이제 판결이 났고 나는 웃고 있지만 내 안에는 고통이 있다"라고 말했다. 원고와 증인들은 자신들의 증언이 재판에 큰 기여를 하기를 원했지만, 자기 차례가 오면 극도로 긴장했다. 재판정의 수많은 재판관과 변호사들을 보면서 자신이 실수나 잘못을 할까 봐, 그래서 그것이 재판 기록에 남을까 봐 몹시 겁을 냈다. 그 때문에 재판에 오기 전

10) Bessel A. van der Kolk, "Trauma and Memory", *Psychiatry and Clinical Neurosciences* 52(1), 1998.
11) John D. Ciorciari, Anne Heindel, "Trauma in the Courtroom", Autumn Talbott et al, op.cit., 2011, p. 129.

에 준비했던 발언을 그대로 하지 못하고 증인석에서 다른 이야기를 해버리게 되기도 했다.

4) 다시 과거 사실과 만나는 두려움에 의한 상처

재판에 참석하여 증언하면서는 수십 년간 가족들에게조차 말하지 않고 지냈던 과거를 다시 회상하고 끄집어내야 했다. 과거 트라우마 기억이 재활성화되면서, 자신을 보호하려고 기억을 억누르며 살았던 내용들을 다시 기억해내야 하는 입장으로 바뀐 것이다. 기억 속에서 해리되었던 것들이 다시 재생되어야 하는 상황 자체가 이들에게 큰 심리적 부담과 충격이 되었다.[12] 게다가 재판에 참석하면서 객관적인 사실의 전모를 더욱 정확하게 알게 되기도 했다. 자기 눈앞에서 직접 가족들이 죽임을 당한 경우에야 전후 상황을 이미 잘 알고 있었지만, 가족들이 어딘가 끌려가서 고문 받고 죽었을 경우, 그때의 상황을 이번 재판을 통해 비로소 구체적으로 정확하게 알게 되면서 다시금 큰 충격을 받을 수밖에 없었다. 어떤 원고들은 이 때문에 재판에 나오는 것을 포기하는 경우도 있었다.

또한 1번 사건 두크 재판의 경우, 원고와 증인들(희생자)은 가해자 앞에서 직접 증언해야 했다. 더구나 두크의 발언까지 면전에서 다 들어야 했는데, 이것이 그들에게는 너무도 힘든 일이었다. 원고 측 변호사가 두크의 증언을 중지시킬 것을 요구했지만 재판부는 받아들이지 않았다. 법정 진행상 편리를 위해 피해자의 고통이 충분히 고려되지 않은 것이다.[13] 또한

---

12) F. W. Putnam, "Dissociative Phenomenon, Dissociative Disorders: A Clinical Review", D. Spiegel ed., 1993.

13) John D. Ciorciari, Anne Heindel, "Trauma in the Courtroom", Autumn Talbott et al, op.cit., 2011, pp. 127~128.

원고와 증인들은 증언을 하고 나서 신변의 안전을 걱정했다. "나는 두크의 친척과 아들이 나를 공격할까 봐 두렵다"라고 말하거나, 과거 크메르 루즈 정권에 연관되어 있는 사람들이 보복 공격을 할까 두려워했다.[14] 원고와 증인들은 재판정에서도, 재판정을 떠난 뒤에도 계속 고통스럽게 울었고, 집으로 돌아가서도 다시 비극적 장면의 회상(flashback)이나 악몽에 시달렸다. 따라서 그들을 도울 수 있는 시스템이 만들어져야 했다.

5) 용서의 요구가 남발되는 것에 의한 상처

가해자인 피고가 희생자인 원고와 증인들에게 자신을 용납하고 회복할 수 있도록 도와달라며 용서를 구하는 것이, 원고와 증인들에게는 큰 심리적 압박이 되었다. 두크는 재판 과정에서 자주 희생자와 그 친족들에게 용서를 구했다. 그러나 이것은 원고와 증인들에게 심리적으로 큰 충격이었다. 원고와 증인들은 피고가 진심으로 사과하고 희생자에 대한 모든 진실을 밝히는 데 최대한 협조를 한 뒤에나 용서를 구할 수 있을 거라고 생각했는데, 두크는 그러지 않았던 것이다. 용서라는 단어가 먼저 나오는 것에 그들은 매우 당혹하고 상처를 받아야 했다.[15]

6) 재판 편의주의에 의한 상처

재판은 성(性) 문제에 충분한 주의를 기울이지 않았다. 너무나 거대한 규모의 살육을 다루는 와중에 강간 등의 문제는 그다지 주목을 받지 못한

---

14) ibid.
15) ibid., p. 124.

것이다. 1번 사건의 재판은 강간 문제를 아예 기소에서 누락시켰다.[16] 2번 사건 재판은 크메르 루즈 정권이 당시 많은 여성들을 강제결혼시킨 것을 강간으로 취급했지만, 이에 대한 적절한 대응은 없었다. 한 원고는 자신의 법정진술이 끝난 뒤 다른 원고의 증언을 듣다가 강간 이야기가 포함된 것을 알고 변호사에게 자신도 강간을 당했다고 이야기했다. 그러나 이미 증언 차례가 끝났고 재판의 시간이 촉박하다는 이유로 그것은 받아들여지지 않았다.

또한 원고와 증인들은 재판의 최종판결문에 자신들이 증언하고 문제로 지적한 내용들이 모두 포함되지 않은 것에 대해 매우 당혹해했다. 재판의 논리에 따라 그들의 주장이 선별되었다는 사실은 원고와 증인들에게 큰 상처가 되었다. 최종판결이 나기 전, 원고 측 변호사들은 원고의 주장 중 일부는 받아들여지지 않을 거라고 미리 설명해주고, 선고 이후에도 다시 원고와 증인들을 설득해야 했다. 법정이 원고와 증인들의 과거 고통을 부정해서가 아니라 단지 증거 문서들이 부족해서 판결문에 넣을 수 없었다는 것을 설득하기란 매우 어려운 일이었다.

재판부는 재판을 진행하면서 원고와 증인들의 심리에 그다지 신경을 쓰지 않았다. UN은 사전에 이런 재판에 참여하는 이들을 위한 교육 프로그램을 운영하고 심리사회적 교육훈련도 진행했지만, ECCC 관련자들은 법률 훈련에만 참석하고[17] 심리사회적 훈련(psycho-social training)은 거절했다.[18]

---

16) Toni Holness, Jaya Ramji-Nogales, "Participation as reparations: The ECCC and Healing in Cambodia", Autumn Talbott et al, op.cit., 2011, p. 176.

17) Suzannah Linton, "Safeguarding the Independence and Impartiality of the Cambodian Extraordinary Chambers", *Journal of International Criminal Justice* 4(2), 2006, p. 327.

18) John D. Ciorciari, Anne Heindel, "Trauma in the Courtroom", Autumn Talbott et al, op.cit., 2011, p.

재판장은 그저 "마음을 가다듬어라, 침착해라"라고 말하는 것 이상으로 그들을 이해하고 격려해주지 못했다.

일반적으로 대형 트라우마와 관련된 이슈와 증언에서 민간 소송인의 심리-사회적 지지를 위한 판사와 변호사의 교육과 훈련은 매우 중요하다. 또한 국제법정이라 해도 모국어로 이런 심리적 지원을 제공해줄 사람을 반드시 확보해야 한다. 하지만 이런 조치들은 모두 예산이 배정되어야 가능한 것들이었고, ECCC는 충분한 예산을 가지고 있지 못했다. 재판부는 처음에는 정신적·심리적 도움을 주는 사람이 법정에 들어오는 것을 허락조차 하지 않았다. 그에 대한 의식과 고려가 없었던 것이다. 하지만 재판이 진행되면서 점차 이것이 재판에서 매우 중대한 사안임을 인정하게 되었고, 그 후로는 관련 인사들의 재판 참석을 허용했다.[19]

7) 배·보상 사안에 의한 상처

재판의 가장 논쟁적인 주제 중 하나는 배·보상이었다. ECCC의 내부 원칙은 집단적이고 도덕적인 보상이었다. 즉 실제적인 개인적 경제적 보상을 하지 않기로 한 것이었다. 피해 당사자와 가족들은 이에 동의하지 않았다. 2번 사건 재판의 소송인 약 4천 명 가운데 18%가 의료 지원을, 16%가 주거환경 개선을, 16%가 학교 설립을, 12%가 개별 보상을, 13%는 종교 예식을 요구했다.[20] ECCC는 경제적 보상은 피고인이 개인적으로 하거나

135.

19) Judith Strasser, Julian Poluda, Chhim Sotheara, Phuong Pham, "Justice and Healin g at the Khmer Rouge Tribunal: The Psychological Impact of Civil Party Participation", Autumn Talbott et al, op.cit., 2011, p. 158.

20) ibid., p. 156.

기부에 의한 기금을 통해서만 가능하다는 원칙을 고수했다. 그러나 1번 사건 재판의 피고인 두크는 돈이 없어 어떤 경제적 보상도 할 수 없다고 대답했고, 그것으로 보상 문제는 더 이상 진전될 수 없었다.

변호인들은 심리적 돌봄, 집단학살에 대한 교육과 기념사업, 출판, 정보 확산 등을 계속 요구했지만, 결국 개인에 대한 경제적 보상은 이루어지지 않았다.[21] 캄보디아의 경제 상황이 좋지 못했기 때문에, 보상은 재정적 부담이 없는 도덕적·사회재건적 보상으로만 한정지어 이야기되었고, 재정이 소요되는 권리 회복 성격의 보상은 미루어졌다. 재정적인 난점 외에도 워낙 피해자와 연관자들이 많았기에 개인적 보상을 위해 해당 피해자를 구분해내기 어려워 집단적 보상만이 현실성을 가질 수 있다는 측면도 있었다.[22] 국제사법재판소의 로마법령에 의하면 배·보상으로는 복구(restitution: 원래 상태로의 복구), 복귀와 회복(rehabilitation: 사회복귀와 명예회복), 보상(compensation)이 이루어져야 하는데, ECCC에서는 이것들이 매우 제한적으로만 실현되었다. 결국 1번 사건 재판(두크 재판)의 경우, 최종판결에서 원고들의 이름과 피고인 두크의 사과의 말을 모두 기록에 남기는 것을 통해 명예회복을 해주는 것이 보상의 전부가 되고 말았다.[23]

8) 재판정 밖에서의 상처

심리적 치유의 난점은 재판정 밖에도 있었다. 전체 피해자 규모에 비해 재판에 원고나 증인으로 참여를 신청한 사람은 매우 적었고, 그들 중 실제

---

21) ibid.

22) Toni Holness, Jaya Ramji-Nogales, "Participation as reparations; The ECCC and Healing in Cambodia", Autumn Talbott et al, op.cit., 2011, p. 173.

23) ibid.

로 원고나 증인으로 채택된 사람들은 더욱 극소수였다. 대다수의 채택되지 못한 사람들은 재판 과정에서도 아무런 관심을 받지 못했다. 이들은 선택되지 못했다는 이유로 다시 큰 트라우마를 받아야만 했다.[24] 그들은 재판정에 서지 못한 것을 죽은 자들에 대한 책임을 다하지 못한 것으로 느꼈고, 친척이나 지역주민, 동료들에게 체면, 신분, 명예를 잃었다고 생각했다. 법정에 서지 못했다는 것은 곧 재판에서 증언할 만한 신빙성이나 가치가 없는 사람이라는 의미로 해석되어 주변 사람들의 시선이 차가워졌고, 이는 그들에게 심한 창피와 수치심을 느끼게 했다.[25] 그러나 증인으로 채택된 사람들 가운데도 10명 중 3명 정도만 프놈펜에 와서 법정에 설 수 있었다. 재판부의 별도의 재정적 지원이 없었기 때문에 매일 일해서 겨우 먹고 사는 가난한 사람들은 재판정에 갈 수가 없었던 것이다. 이것이 그들에게 또 상처가 되었다.

4. 재판 관련 스태프들의 2차 심리적 문제들

1) 내용과 증상

재판에 의해 심리적 충격을 받는 것은 원고나 증인, 희생자와 그 가족들뿐만이 아니다. ECCC의 스태프들, 즉 재판관, 검사, 변호사, 통역관, 번

---

24) Judith Strasser, Julian Poluda, Chhim Sotheara, Phuong Pham, "Justice and Healin g at the Khmer Rouge Tribunal: The Psychological Impact of Civil Party Participation", Autumn Talbott et al, op.cit., 2011, p. 149.
25) ibid., p. 155.

역자, 법의학자, 경찰 등도 모두 심리적 상처의 위험에 노출되어 있었다.[26] 재판에 관련된 모든 이들이 잔인했던 과거 일들에 대한 증언, 그림, 기록에 노출되면서 2차 트라우마를 받았다. 특히 그중에서도 스태프 자신이 외부에는 밝히지 않았던 자신만의 과거 트라우마를 가지고 있었을 경우 더 큰 어려움을 느꼈다. 일반적으로 그런 사람들이 이런 일에 대해 더 정의감이 크고 생존자들에 대한 동정심도 강하기 때문에, 스태프들 중에는 과거 트라우마를 가졌던 사람들이 많았던 것이다. 또한 더 나아가 이 피해자들과 2차 피해자들을 돕는 정신치료자들 중에서도 2차적인 심리적 문제들을 느낀 경우가 있었다.

스태프들이 심리적 문제를 얻게 되면 과거 비극과 범죄에 지나치게 몰두·집착하고 압도되어 자신의 일을 적절하게 수행하지 못한다. 직장과 개인의 삶의 구분이 모호해지고, 과거 일들에 대한 자료에 노출되는 것을 회피하고 싶어지며, 두려움과 불안, 수면장애, 악몽, 무기력, 건망증, 우울 등을 증세를 보인다. 이런 2차 트라우마는 점차 누적되면서 그들의 기억, 감정, 인지, 자존심, 안정감 등에도 영향을 준다.[27] 또한 직업적 자아감(professional sense of self), 세계관과 자기정체성이 흔들리고 깨지는 경험을 하게 된다. 즉 탈진(burn-out)을 겪는 것이다. 스스로가 이런 트라우마에 취약한 존재로 느껴지고, 이 세상이 더 이상 질서 있고 예측 가능하며 이해할 수 있는 곳이 아니라는 두려움을 느낀다.[28] 이런 2차 트라우마는 계속 누적되다

26) S. Megan Berthold, Gerald Gray, "Post-Traumatic Stress Reactions and Secondary Trauma Effects at Tribunals: The ECCC Example", Autumn Talbott et al, op.cit., 2011.

27) K. W. Saakvitne et al., *Transforming the Pain: A Workbook on Vicarious Traumatization*, W. W. Norton & Company, 1996.

28) R. Janoff-Bulman, *Shattered Assumptions: Towards a New Psychology of Trauma*, Free Press, 1992.

가 어느 날 갑자기 증상으로 나타날 수 있다.

2) 2차 트라우마의 예방

일반적으로 이는 예방과 치료, 그리고 회복이 가능하다. 방법은 다음과 같다. 첫째, 사전교육이다. 이런 현상이 있을 수 있음을 미리 교육시키고, 그런 현상이 나타나면 즉시 알려달라고 이야기해준다. 둘째, 정기적인 자기평가와 자기성찰이 필요하다. 극심한 스트레스에 노출된 사람들은 반드시 정기적으로 자기평가와 자기성찰을 통해 어려움을 예방하고, 초기 증상이 나타날 때 선제적으로 조치를 취해야 한다. 셋째, 동료 그룹을 만들어 자신의 느낌과 상황을 솔직하게 대화하고 격려하는 프로그램을 운영해야 한다. 이런 프로그램을 통해 동료를 돌보는 경험을 가지는 것이 자신의 문제를 해결하는 데도 도움이 된다. 넷째, 정기적으로 혹은 필요에 따라 일을 떠나 휴식의 시간을 가지도록 해야 한다. 많은 문제들은 일정 기간 그 일에서 떨어져 있음으로써 해결되기 때문이다. 다섯째, 일단 증상이 시작되면 즉각 전문가에게 치료를 받아 조기에 문제를 해결한다. 이를 위해 치료 프로그램인 'The Institute for Study of Psychosocial Trauma(ISPT)'[29]가 개발되어 있다. 프로그램은 강의와 그룹 토의를 통해 자기관리를 하고 타인을 돌보는 내용으로 되어 있다. 또한 이들의 상태를 평가하기 위한 도구로 30개 항목으로 구성된 'professional QOL scale',[30] 'Second Traumatic Stress

---

29) Y. Fischman, "Secondary Trauma in the Legal Professionals, a Clinical Perspective", *Torture* 18(2), 2008. ISPT에 대한 자료는 Institute for Redress and Recovery의 웹사이트(http://law.scu.edu/redress/)에서 볼 수 있다.

30) B. H. Stamm, *The professional Quality of Life Scale*, ProQOL, 2009(www.proQOL.org).

Scale(STSS)',[31] 'Self Care Assessment Worksheet'[32] 등이 있다.

5. 비극의 종식을 위하여

ECCC 재판은 많은 문제와 한계점을 노출한 재판이었다. 캄보디아 정부의 애매모호한 태도로 인해 재판부 구성부터 재판 진행 과정 전체가 정말로 과거의 범죄를 명확히 밝히고 가해자들을 처벌할 분명한 목적을 가지고 있는지 여부조차 불명확한 측면이 있었다. 40년 전의 사건을 다루면서 가해자인 피고 측 인권과 재판권을 우선시하는 것처럼 보여, 원고와 증인들, 피해자와 가족들이 분노했던 부분도 많았다. 그러나 그 모든 문제에도 불구하고, ECCC는 캄보디아 사회 전체를 놀랍도록 변화시키고 치유하는 기능을 수행해냈다. 무엇보다도, 30년 동안 한 번도 입 밖에 낼 수 없었던 크메르 루즈 시대의 비극을 사람들이 말할 수 있게 만들었다는 것이 중요했다. TV에 생중계되는 ECCC 재판을 보면서, 사람들은 이제 정말로 이 이야기를 할 수 있는 시대가 시작되었음을 체감했다. 비록 아직도 말하는 일은 두려웠지만, 강제에 의한 침묵의 시대는 갔고 말을 할지 안 할지 스스로 선택할 수 있게 되었다. 이는 캄보디아의 킬링필드 비극을 치유하는 첫 단추가 되었다.

법정에서의 여러 어려움에도 불구하고 치유는 일어났고, 법정에 원고

---

31) B. E. Bride et al., "Development and Validation of the Secondary Traumatic Stress Scale", *Research on Social Work Practice* 14(1), 2004, p. 33.

32) K. W. Saakvitne et al., *Transforming the Pain: A Workbook on Vicarious Traumatization*, W. W. Norton & Company, 1996.

나 증인으로 나가지 못한 이들도 마을 대화 등의 다양한 기회를 통해 과거의 상처, 현재의 삶, 그리고 미래 아이들에게 전할 교훈에 대해 함께 논의할 수 있었다. 이것이 가장 중요한 사회치유의 현상이었다고 할 수 있다. 그런 의미에서, 캄보디아 사회는 ECCC를 단순한 과거에 대한 재판으로 국한시켜서는 안 될 것이다. 이 재판을 토대 삼아 거대한 캄보디아 사회 재건을 이루어갈 수 있도록 노력해야 한다. 또한 국제사회는 그런 가능성을 적극적으로 지원해야 한다. 캄보디아에서 벌어졌던 비극이 세계 어느 나라에서든 다시 발생하지 못하도록 인류는 더욱 강력한 대항의 노력을 모아 나가야 할 것이다.

제7장

캄보디아와 증언치료요법

신보경

1. 초기 증언치료요법의 발전

증언치료요법(Testimony Therapy: TT)은 1983년 칠레의 심리학자인 리라(Lira)와 웨인스타인(Weinstein)이 인권침해 생존자들을 위한 개별적 정신치료 방법으로 처음 개발했다. 이들이 증언치료요법을 처음 개발했을 당시에는 신변보호를 위해 시엔푸에고스(Cienfuegos)와 모넬리(Monelli), 또는 도밍구에즈(Dominguez)와 웨인스타인(Weinstein) 등의 가명으로 활동하기도 했다.[1) 증언치료요법은 칠레 피노체트 군사독재정권의 인권탄압과 인권유린의 증거를 수집하는 과정에서 정치범으로 수감되었던 이들의 '증언' 행위가 피해자들의 치유에 도움이 된다는 것을 발견하면서 시작되어, 정치상의 박해나 고문 등 정부 주도(state-sponsored)의 폭력을 경험한 피해자들의 치료 방법으로 발전했다.[2) 이 치료법은 임상적 관점에서 환자를 두려운 상황에 노출시켜

---

1) Samuel & Okpaku, *Clinical methods in transcultural psychiatry*, American Psychiatric Press, 2005.

2) Dijk, Schoutrop & Spinhoven, "Testimony Therapy: Treatment Method for Traumatized Victims of

공포증을 극복하게 하는 인지행동요법(Cognitive behavioural therapy)의 정신심리요법 요소와 통합하여 발전했다.[3]

중언치료요법은 여러 방법적 수정을 통해 정치적 폭력뿐만 아니라 다양한 종류의 폭력과 관련된 트라우마를 경험한 생존자들을 돕기 위해 사용되어왔다.[4] 이 요법은 트라우마적 사건에 대한 피해자들의 감정적 처리를 용이하게 하는 방법으로서 정신건강 증진에 도움이 되며, 정치적 목적으로 직접 사용될 증거자료 역할을 겸한다는 장점이 있다. 하지만 이 요법은 지지적 상담(supportive counseling)을 기반으로 하는 일반적인 임상 또는 회복상담과는 달리 정신적-법적(psycho-legal) 접근의 치료법으로서, 정의(justice) 또는 인권(human right)의 맥락에서 개인의 고통을 공공과 정치적 영역에서 해결할 방안을 모색해보는 기법이다.[5] 때문에 일반적인 심리사회적 기관에서는 이 방법을 주류의 상담기법으로 사용하거나 발달시키지는 못했다.[6]

Organized Violence", *American Journal of Psychotherapy* Vol. 57, No. 3, 2003.

3) Mundt, Wunshe, Heinz & Pross, "Evaluating interventions for posttraumatic stress disorder in low and middle income countries: Narratives Exposure Therapy", *Intervention* Volume 12, Number 2, 2014, pp. 250~266.

4) Agger, 1994; Agger & Jensen, 1990, 1996; Akinyela, 2005; Curling, 2005; De la Rey & Owens, 1998; Luebben, 2003; Lustig, Weine, Saxe, & Beardslee, 2004; Somasundaram, 2007; van der Veer, 1992.

5) Inger Agger, "Testimony Therapy of Torture Survivors in Asia", Seminar presentation at Yonsei University, 6 May 2016.

6) Schauer, Neuner & Elbert, *Narrative Exposure Theory: A short-term treatment for Traumatic Stress Disorders*, Hogrefe Publishing, 2011.

2. 증언치료요법의 방법과 효과

증언치료요법의 방법은 다음과 같다. 환자(생존자)는 자신이 경험한 트라우마적 사건을 포함한 인생 전반의 이야기를 심리상담자에게 공유한다. 이때 환자는 어떤 에피소드를 공유할 것인지, 얼마나 자세하게 이야기할 것인지를 스스로 결정할 수 있다. 상담자는 환자가 풀어놓는 모든 이야기를 녹음하고 이를 문서화한다. 상담자에 의해 타이핑된 문서 내용을 환자와 상담자가 함께 검토한 후 각자 사인한다. 완성된 증언 문서는 환자 혼자 간직하거나 복사본을 가족, 친구들, 혹은 인권단체에 기증하는 등의 방법을 환자 스스로 선택하도록 한다.

리라와 웨인스타인(Lira & Winstein)에 따르면, '이야기하기(telling)'는 고통스럽고 굴욕적인 기억들로부터 벗어날 수 있는 유일한 방법이다.[7] 하지만 자신이 경험했던 트라우마적 사건에 대한 '기억하기(remembering)'의 과정에서 환자들은 두려움과 불안을 느끼며, 또다시 트라우마에 노출될(re-traumatization) 수도 있다. 다수의 학자들은 이에 대해 두 가지 중요한 방법을 제안하고 있다. 첫째, 환자가 증언치료요법의 진행을 위해 트라우마적 경험을 재상기(re-exposure)하기 전에 그들의 개인적 안전과 상담환경의 안정을 보장해주어야 한다. 환자들 중에는 여전히 위험에 노출되어 있거나 폭력을 경험하고 있는 경우가 있을 수 있기 때문이다.[8] 둘째, 증언치료에서 환자가 증언하기 이전과 증언하는 도중에 증언치료요법에 대한 정보를 제공

---

7) Cienfuegos and Monelli, "The testimony of political repression as a therapeutic instrument", *American Orthopsychiatric Association* 53(1), January 1983.

8) J. L. Herman, *Trauma and recovery*, New York: Basic Books, International Rehabilitation Council for Torture Victims, 1997.

<표 1> 증언치료요법의 개요

# 세션	주제
1	소개, PTSD 심리교육, 치료법 정보 제공
2	일대기 개요 서술 및 문서 사용에 대한 논의
3 & 4	period 1. 트라우마적 경험 이전의 삶에 대한 이야기
5 & 6	period 2. 트라우마적 경험에 대한 이야기
7	현재까지의 문서를 읽고 수정하기
8 & 9	period 3. 트라우마적 경험 이후의 삶에 대한 이야기
10 & 11	period 4. 현재 상황과 기대에 대한 이야기 현재까지의 문서를 읽고 수정하기
12	문서 확인 후 사인하기, 종료

* 자료: Schauer, Neuner & Elbert, *Narrative Exposure Theory: A short-term treatment for Traumatic Stress Disorders*, Hogrefe Publishing, 2011.

하고, 자신의 증언 내용과 그 추후 활용법을 환자 스스로 검토할 수 있도록 도와줌으로써 단계적으로 치료적 관계의 신뢰를 쌓고 환자들의 정서 안정을 도와야 한다(표 1 참조).

증언치료 과정을 통해 자신의 과거 경험을 직접 이야기함으로써 피해자들의 억눌려 있던 복합적인 감정이 표출된다. 또한 이것이 제3자에 의해 글로 쓰여지고 역사적 자료(historical document)로 만들어지는 것을 보면서, 환자들은 해소의 기분, 즉 카타르시스(catharsis)를 느끼게 된다. 뿐만 아니라 사건으로 인해 느꼈던 수치심과 죄책감 등이 감소되기도 하며, 자신이 경험한 사건을 재평가해볼 기회를 가짐으로써 자신들의 정치적 헌신 또는 수난의 의미를 이해하고 용기를 얻을 수 있게 된다.[9] 실제로 다수의 사례

---

9) Morkved, Hartmann, Aarsheim, Holen, Milde, Bomyea, & Thorp, "A comparison of narrative exposure therapy and prolonged exposure therapy for PTSD", *Clinical Psychology Review* 34, 2014, pp. 453~467; J.

분석을 통해 증언치료요법이 재경험(re-experiencing), 회피(avoidance), 각성과민(hyperarousal), 우울증(depression) 등과 같은 PTSD 증상을 감소시키는 데 긍정적인 영향을 끼친다는 연구 결과가 나왔다.[10]

증언치료요법은 정신·심리적 치료요법으로서의 의의뿐만 아니라 과거 반인권적 사건들로 고통받은 시간과 경험을 역사의 산증인인 생존자의 말과 글을 통해 공개적으로 공유함으로써 다음 세대를 위한 역사적 교육 자료로 삼는 중요한 가치를 지닌다.

3. 증언치료요법의 발전 및 최근 동향

최근 들어 증언치료요법은 지속노출치료법(Prolonged Exposure Therapy)과의 통합을 기반으로 한 내러티브 노출치료법(Narrative Exposure Treatment: NET)으로 발전했으며, 이 기법은 외상성스트레스증후군을 위한 단기 심리치료의 한 방법으로 현재 세계적으로 활용되고 있다. 주로 저·중소득 국가에서 발생하는 갈등(전쟁, 고문 등)과 자연재해 등으로 인한 트라우마 대응에 사용되며, 최근에는 고소득 국가에서의 정치적 망명 또는 난민들을 대상으로 널리 활용되고 있다.[11]

내러티브 노출치료법(NET)은 국가 간 문화적 차이의 영향을 받지 않고

L. Herman, *Trauma and recovery*, New York: Basic Books, International Rehabilitation Council for Torture Victims, 1997.

10) Weine SM, et al., 1998; Igreja, et al., 2004; Elbert, 2004; Van Dijk, et al., 2003; Agger et al., 2012.

11) Robjant & Fazel, "The emerging evidence for Narrative Exposure Therapy: A review", *Clinical Psychology Review* Vol. 30, 2010.

실행할 수 있는 치료법이다. 모든 문화에는 경험을 공유하는 구술문화(oral culture)가 있기 때문이다.[12] 또한 다수 논문을 통해 내러티브 노출치료법이 환자들의 PTSD 증상을 완화시켜준다는 효과성이 입증됨으로써, 트라우마적 기억에 환자 스스로 재노출되는 것이 트라우마로 인한 PTSD 증상을 완화시키는 치료적 방법으로 매우 중요하다는 가설에 힘이 실리고 있다.[13]

내러티브 노출치료법은 증언치료요법과 마찬가지로 상담 이전에 심리교육을 진행함으로써 환자들이 치료법을 보다 자세히 이해할 수 있도록 돕는다. 이후 환자들에게 치료 동의서(informed consent)를 받은 뒤 치료를 시작하는데, 대게 한 세션당 60~120분으로 한 주에 한 번 이상 최대 보름 동안 세션을 진행한다. 첫 세션에서는 환자들에게 '인생선(lifeline)'을 그려보게 한 뒤에 출생부터 현재까지 즐거웠던 일과 슬펐던 일 등을 시간 순으로 표시하게 하고 이후 자신의 삶에 대해 이야기할 수 있도록 돕는다. 이 치료법을 통해 환자가 자신이 경험한 과거 트라우마적 사건에 충분한 시간 동안 감정적으로 노출되게 함으로써 트라우마적 기억에 대한 습관적 반추와 감정적 반응을 감소시킨다.[14]

4. 증언의식

증언치료요법은 아시아 지역에 소개되면서 육체와 정신을 하나의 단

---

12) J. L. Herman, op.cit., 1997.

13) ibid.

14) Robjant & Fazel, op.cit., 2010.

위로 여기는(embodied spirituality) 아시아의 문화적 맥락과 각 지역의 전통적·종교적 관례와 연결되어 변화된 형태로 발전했다. 일반적인 증언치료요법의 방법을 넘어서서, 환자 자신 또는 자신이 속해 있는 집단이 믿고 의지하는 절대적 존재인 신과 그 종교의 의식을 통해 상처를 치유(healing)받는 새로운 접근방식이다.

과거 집단적 폭력을 경험한 피해자들 가운데 현실적으로 배·보상을 받거나 법적 재판을 통해 가해자를 처벌하는 경우는 극히 드물다. 따라서 그들의 트라우마를 치유하고 과거의 기억을 승화시킬 수 있도록 지역사회의 노력이 필요한데, 그 과정에서 증언의식(Testimony Ceremonies)도 발달할 수 있다. 예를 들어, 캄보디아의 경우 현재 UN이 참여하는 '민주 캄푸치아 시대 동안 자행된 범죄의 소추를 위한 캄보디아 법원 내 특별재판(Extraordinary Chambers in the Courts of Cambodia: ECCC)이 진행되고 있지만, 재판에서 처벌 받을 가해자의 수도, 피해자 가운데 법정에 증인으로 설 수 있는 인원도 매우 제한적이다. 또한 캄보디아 정부가 과거사 청산에 소극적인 태도로 일관하며 재판에 간섭해 전범 단죄를 지연시키고 있다는 지적까지 나오는 등, 피해자들의 트라우마 치유가 현실적으로는 잘 이루어지고 있는지 의문이 크다.

잉거 에거(Inger Agger)는 이와 같이 사회적 역할의 부재 혹은 약화로 인해 여전히 과거 트라우마적 사건으로부터 치유 받지 못하는 피해자들의 문제를 해결할 가장 좋은 방안으로 증언의식이 포함된 형태의 증언치료요법을 꼽았으며, 처음으로 동남아시아 지역 4개 국가—인도, 스리랑카, 캄보디아, 필리핀—의 고문 생존자들이 각 국가의 특색에 따른 문화적·종교적 의식(ceremony)을 증언치료요법과 함께 이행할 때의 효과에 대한 행동연구를 다

<표 2> 증언의식을 포함하여 재구성된 증언치료요법

# 세션	방식
1 & 2	생존자들이 경험한 과거의 트라우마적 사건에 대한 서술 및 기술을 지역 활동가들의 도움을 받아 진행
3	생존자들이 작성된 증언문서가 발표되는 의식에 참여
4	지역 활동가들이 추후 생존자들과 만남을 통해 그들의 삶과 복지를 재평가

* 자료: Agger et al., "Testimony ceremonies in Asia: Integrating spirituality in testimonial therapy for torture survivors in India, Sri Lanka, Cmabodia, and the Philippines", *Transcultural Psychiatry* 49(3~4), 2012.

년간(2008~2010) 진행했다.[15] 연구에서는 증언의식을 포함한 증언치료요법이 4개의 세션으로 재구성되었고, <표 2>와 같이 그 방법이 재개념화되고 수정되었다.

첫 두 세션에서는 일반적인 증언치료요법과 동일하게 상담사와 환자가 과거 트라우마적 경험에 대한 진술과 기술을 진행하며, 세 번째 세션에서는 진술된 내용을 상담사와 함께 문서화한다. 이 세션에서는 기존 증언치료요법에서 진화된 종교적·문화적·영적 의식을 증언자와 상담사가 참여하여 진행한다. 의식은 상징적 장소에서 진행되는데, 주로 종교적으로 신성한 곳이나 추모의 공간, 또는 과거 탄압의 장소 등이다. 또한 의식은 종교, 지역사회 지도자 혹은 집단에서 존경받는 인물에 의해 진행되며, 방청객은 주로 가족, 친구, 동료, 이웃 등 환자에게 중요한 이들로 구성된다.

국가별로 다른 사회·문화적, 종교적 특징에 따라 거행되는 의식의 형식 또한 각기 다르다. 인도의 경우 여러 종교가 공존하는 사회적 특수성을 고려하여 인권적 관점에서 의식이 진행되고, 스리랑카·캄보디아·필리

---

15) Agger et al., "Testimony ceremonies in Asia: Integrating spirituality in testimonial therapy for torture survivors in India, Sri Lanka, Cmabodia, and the Philippines", *Transcultural Psychiatry* 49(3~4), 2012.

핀에서는 각국의 대표적인 종교적 관점에서 의식이 진행된다. 공통적으로 모든 증언의식에서 집단적·종교적 정화의식, 노래 부르기, 춤추기 등의 다양한 형태의 영성 구현을 위한 의식이 진행된다. 의식의 진행자는 환자의 과거 트라우마적 경험이 고스란히 담긴 문서를 방청객들 앞에서 낭독하고, 환자는 지난 시간의 고통을 인정받고 더 나은 미래를 위한 덕담을 들으면서 지난날의 상처를 상징적으로 정화하고 치유받는다. 마지막 세션에서는 지역 활동가(local facilitator)들이 증언의식을 경험한 생존자들을 방문하여 의식 이후 그들의 삶에 긍정적인 변화가 있는지 평가하고 지속적인 관리를 이어 나간다. 연구에 따르면, 증언의식을 경험한 환자들은 증언의식을 통해 끔찍했던 지난날의 기억이 종결되는 것을 느끼고, 자아인식을 회복하며, 지역사회의 지지를 얻는 등 긍정적인 효과를 경험하게 된다고 한다.

5. 캄보디아의 증언치료요법

우리 연구팀이 방문한 캄보디아는 집단적 트라우마의 기억도 그 상처도 매우 깊은 나라였다. 훈센 총리의 "과거를 묻고 미래를 향해 나아가자(dig a hole and bury the past and look to the future)"라는 말처럼, 캄보디아에서 과거 크메르 루즈 정권 당시의 참혹한 경험에 대해 묻거나 그에 대한 이야기를 나누는 것은 금기시된다. 과거 지식인층에 대한 무차별한 살육의 공포가 여전하고, 그로 인해 자신의 신분이나 경험을 타인과 공유할 수 없는 두려움이 남아 있기 때문이다. 뿐만 아니라 캄보디아는 마을 단위의 공동체 생활을 하는데, 그 속에 대다수의 가해자와 피해자가 공존하고 있다. 그들은 마을 안에서 과거에 누가 가해자였고 피해자였는지 알지만 묻어둔 채 살아가고 있다. 과거의 상처를 치유하기 위해서는 밖으로 드러내는 과정이 절대적으로 필요한데, 캄보디아 사회는 여전히 안전(security)에 취약할뿐더러 전생의 소행 때문에 현세에 응보를 받는다는 '업(karma)'이라는 강한 불교적 신념을 대다수 국민들이 간직하고 있기에, 사실상 우리에게 익숙한 서구적 관점의 정신심리학적 치료가 진행되기에는 어려운 면이 많다.[16]

캄보디아에서는 1990년대부터 다수의 국제기구 및 민간단체들의 지원을 통해 캄보디아인들의 정신건강 치료 및 개선을 위한 프로그램들이 국소적으로 운영되어왔으며, 여러 단체 중 트라우마 관련 정신건강에 초점을 맞추어 활동하는 대표적인 단체로는 TPO(Transcultural Psychosocial Organization) Cambodia가 있다. TPO는 1995년 네덜란드 기반의 'TPO 인터내셔널'의 지부로 캄보디아인의 심리적·정신적 문제를 완화시킨다는 목표로 운영을 시작했으며, 2000년부터는 자립적인 캄보디아 지역 NGO로 등록되어 활동하고 있다. TPO는 ECCC에 증인으로 참석하는 피해자들에 대한 심리적·정신적 지원뿐만 아니라, 지역 NGO 단체인 'Kadei Karuna'와 협업하여 캄보디아 전역의 증언의식이 필요한 피해자들을 마을 단위 지역사회 협력자(local facilitator)를 통해 조사하고 방문하여 증언의식을 진행할 수 있도록 피해자와 관계(rapport)를 형성하는 일을 한다.

TPO 캄보디아에 증언의식을 의뢰한 피해자는 상담자와 기록자 앞에서 4일 동안 증언을 하고, 5일째에는 승려 앞에서 기록된 증언 내용을 상담사가 직접 읽는다. 이후 불교의식의 일환으로 빨간색 끈 표식으로 증언집을 묶어 피해자에게 전달하면서 증언의식은 마무리된다. 이는 불교가 캄보디아의 국교(國敎)인 이유도 있지만, 과거 사건이 종결된 현재에도 여

---

16) Royal University of Siem Reap 김경일 교수 면담 내용 요약.

전히 가해자와 피해자가 공존하는 상황 속에 살면서 가족조차 믿지 못하는 경우가 대다수기 때문에 승려 앞에서 의식을 진행하는 거라고 한다.[17] ECCC에서 증언한 피해자들도 다시 증언의식을 받는 경우가 많으며, 이들을 포함해 현재까지 3~400여 명의 피해자가 증언의식을 진행했다고 한다.

6. 증언치료요법과 증언의식의 역할 및 전망

이처럼 증언의식이 포함된 새로운 형태의 증언치료요법은 환자들이 자신들의 경험에 스스로 재노출됨으로써 억눌려 있던 복합적 감정을 발산하게 함과 동시에, 종교의식이나 인권적 접근의 정의 실현 의식을 통해 환자의 상처를 공개적으로 어루만지는 초월적 경험을 제공한다. 뿐만 아니라 증언의식을 포함한 새로운 형태의 증언치료요법은 환자들로 하여금 오랫동안의 '피해자 역할(role of victim)'을 벗어나 타인에게 도움이 되는 '생존자 역할(role of survivor)'로 전이하게 하는 통과의례(rites of passage)의 기능을 지니고 있다.[18] 즉 외상 이후 개인의 긍정적인 심리 변화를 추동하는 주관적인 경험으로서 외상 후 성장(posttraumatic growth: PTG)을 이끌어냄으로써, 단순히 외상 이전으로의 회복뿐만 아니라 개인의 이전 적응 수준, 심리적 기능 수준, 또는 삶의 자각 수준을 넘어서는 진정한 변화를 경험하게 한다. 또한 자신과 비슷한, 혹은 같은 경험으로 고통받고 있는 타인에게 자신이 트라우마를 극복한 과정을 공유하며 긍정적인 영향을 끼치는 것까지도 예상해

---

17) Dr. Chhim Sotheara 인터뷰 내용.
18) Dr. Chhim Sotheara 인터뷰 내용.

볼 수 있다.

하지만 증언의식은 아시아 국가들의 문화적·정치적·사회적 맥락에 맞추어 발전한 형태로 서구 사회에서 일반적으로 활용되는 트라우마 상담기법이라 설명할 수는 없으며, 이와 같은 사회적 요소들이 트라우마 치료에 어떤 영향을 미치는지에 대한 연구도 더 심화되어야 한다. 또한 단일 종교를 믿지 않는 국가에서 증언의식의 역할과 방안을 보다 심도 깊게 고민해봐야 할 것이다. 종교의식이 아닌 인권적 접근의 정의 실현 의식으로 진행한다 하더라도, 해당 국가 국민들의 인권의식 수준이나 관련 교육을 이행할 사회적 시스템의 수준 등이 증언의식의 효과성에 많은 영향을 끼칠 것이라 예상되기 때문이다.

분명한 것은, 여전히 과거의 집단적 트라우마 사건에 의해 정신적·육체적으로 고통받고 있는 피해자들에게 자신의 경험을 공공연하게 털어놓을 수 있는 자리를 그가 속한 사회가 마련해주고, 많은 사람들이 피해자의 경험을 귀 기울여 들어주는, 어찌 보면 매우 단순하고도 기본적인 '말하고 들어주기' 행위가 충분히 이루어질 때 비로소 상처 치유의 첫 걸음이 시작된다는 것이다. 뿐만 아니라 증언치료기법과 같은 다양한 심리상담 기법의 등장은 트라우마 피해자들을 동일한 '생존자 증후군(Survivor Syndrome)'을 나타내는 '생존자'로 일원화하여 접근하는 것을 넘어서, 개개인의 기질이나 그들이 경험한 사건의 성격 등에 따라 다양한 대응 유형이 있을 수 있다는 인식과 태도의 변화를 나타내기도 한다.

증언치료요법과 증언의식은 아직 더 많은 연구와 고찰을 필요로 하는 상담기법이다. 하지만 여전히 어둠속에 자신의 상처를 숨겨놓고 살아가는 피해자들을 보다 밝은 세상으로 이끄는 중요한 방법임은 분명하며, 이 상담기법의 효과성 증대를 위한 지속적인 관심과 연구가 시급하다.

제8장

문화를 통해 본 화해의 가능성

강효인

캄보디아 '킬링필드'는 약 200만 명이 목숨을 잃은 20세기 최악의 대학살 중 하나로 알려져 있다. 이후 약 30년이 지난 2000년대 중반, 유엔의 지원하에 관련 전범을 재판하기 위해 크메르 루즈 특별재판소(Extraordinary Chambers in the Courts of Cambodia: ECCC)가 설립되었다. 이 시기에는 국제사회의 이목이 집중되어 인권 NGO 및 학자들 사이에서는 전범 재판소의 사례 중 성공담이 나올 것이라는 기대감으로 캄보디아 사회의 치유 및 화해와 관련한 연구가 급증했고, 국제 NGO에 의한 원조의 규모도 증가했다.[1]

그러나 이 미증유의 대학살 사건은 캄보디아 정권이었던 크메르 루즈 (Khmer Rouge) 외에도 마을 내에 피해자와 가해자가 전방위적으로 혼재한다는 특수성을 보이고 있어, 화해 당사자의 범위를 논하기 어렵다. 또한 당시 쏟아져 나온 화해 연구는 서구의 시각을 반영하고 있어 캄보디아 현실에 맞지 않는다는 비판을 받았다. 그에 따라 캄보디아의 문화적 맥락을 고

---

1) Margolis, J. Eli, "Trauma and the Trials of Reconciliation in Cambodia", *Georgetown Journal of International Affairs* 8(2), 2007.

려한 화해와 갈등 해결 방법에 대한 요구가 점차 증대했다.

이 글은 문화적 접근 방식에 입각해 캄보디아의 불교문화의 윤리규범, 그리고 불교기관과 의식을 살펴보고, 캄보디아 불교문화에 내재된 화해의 개념과 그것이 실제 캄보디아 사회에서 문화적으로 작동되는 양상을 탐구하고자 한다. ECCC의 사례를 통해 이러한 화해가 실제 법과 제도상에 어떻게 구현되어 있는지, 또 NGO로 대표되는 시민사회 주도의 화해 프로그램에서 어떻게 발현되고 있는지 살펴본다. 그리하여 캄보디아 불교문화의 화해 개념이 법과 제도, 그리고 시민사회 모두에 작용하고 있음을 밝히고, 캄보디아식 화해의 달성과 사회치유에 대한 긍정적 전망을 시도한다.

1. 왜 문화를 통한 화해인가

'화해(Reconciliation)'는 라틴어 'conciliatus'에서 유래된 것으로, '함께 오다' 또는 '같이 모이다(coming together)'라는 뜻을 지니고 있다. 즉 화해는 갈등으로 인해 소원해지고 관계가 단절되었던 당사자들이 모이고, 깨진 관계가 다시 건설되고 회복되는 것을 의미한다. 다시 말해, 어제의 갈등과 증오에 더 이상 사로잡히지 않는 관계를 구축하는 것, 혹은 그런 관계를 복원한다는 의미를 지니고 있다.[2]

캄보디아 킬링필드 사건은 학살 대상자뿐만 아니라 그 가족까지 처형당하는가 하면, 한 가족 내에도 가해자와 피해자가 모두 존재하는 등 매우

---

2) 프리실라 B. 헤이너 지음, 주혜경 옮김, 『국가폭력과 세계의 진실위원회』, 역사비평사, 2008, 284쪽.

복잡한 국면으로 전개되었다. 이처럼 기본 단위의 공동체마저 철저히 파괴된 캄보디아 사회에서 '관계회복으로서의 화해'를 달성하기란 결코 쉬운 일이 아니다. 일각에서는 화해를 온전히 달성하려면 진실규명 및 응보적 정의 실현이 배제되어서는 안 된다는 견해를 고수하기도 한다.[3] 반면 과거에 대한 철저한 수사를 통해 가해자를 색출하는 방법을 지양하고 사면과 용서로 나아가야 한다는 입장도 있다.[4] 그러나 진정한 의미의 화해는 처벌과 용서 중 한 가지 방법만으로 달성할 수 없다. 정의와 진실규명 없이 이루어진 화해는 가해자의 잘못을 덮고 넘어가기 위한 정치적 수사에 그칠 수 있으며, 용서가 지닌 긍정적 파급력을 인정하고 그 가능성을 열어두지 않는다면 진정한 이상적 화해에 결코 도달할 수 없다. 즉 처벌과 용서가 함께 이루어지는 통합적인 의미의 화해가 달성되어야 하는 것이다.

이러한 화해를 달성하기 위한 문화적 접근법은 다음 두 가지의 문화에 대한 이해를 배경으로 삼는다. 첫째, 지적인 삶 혹은 예술로서의 문화가 아닌 삶의 양식으로서의 문화이다. 이는 독일의 철학자인 헤르더(Johann Gottfried von Herder)로부터 기원한다. 그는 당시의 유럽중심적, 일직선적 진보 사관을 비판하고 개체성과 다양성을 강조했다. 유럽적 보편주의에 의하면 지구상에 존재하는 모든 문화적 활동과 현상은 그 최고 정점이라고 할 유럽 문명을 지향하며 발전한다. 그러나 헤르더는 이에 대항하여 문화는 복

---

3) Žalec, Bojan, "Reconciliation: A conceptual Analysis", Janez Juhant and Bojan Žalec (ed.), *Reconciliation: The Way of Healing and Growth*, LIT Verlag, 2012, pp. 87~95; Huyse, Luc, "The Process of Reconciliation", David Bloomfield, Teresa Barnes, and Luc Hyuse (ed.), *Reconciliation after Violent Conflict: A Handbook*, Stockholm, Sweden: International Institute for Democracy and Electoral Assistance, 2003.

4) Halpern, Jodi and Harvey M. Weinstein, "Rehumanizing the Other: Empathy and Reconciliation", *Human Rights Quarterly* 26(3), 2004, pp. 561~583.

수로 존재한다고 주장했다. 이때 문화는 어떤 부족, 국민, 시대가 지닌 특정한 삶의 양식이다.[5] 문화 연구의 시초를 확립한 윌리엄스(Raymond Williams) 도 헤르더가 문화를 "특수하고 독특한 '삶의 양식들'을 형성하는 근본적인 사회과정"이라 개념화한 것을 강조하면서, '전반적인 삶의 양식(a whole way of life)'이라는 제2의 문화 개념을 내세웠다. 이는 사회적으로 문화를 정의한 것으로, 특히 인류학 분야에서 문화를 생각하는 새로운 방식을 열어주었다.[6]

이처럼 문화를 삶의 전반과 연결시키는 것은 삶의 전반이 파괴된 킬링 필드 사건에서 화해를 논하기 위해 반드시 필요한 접근방법이다. 캄보디아의 크메르 루즈는 당시 국민의 노동뿐 아니라 여가시간까지 통제했으며, 어린이를 가족과 분리하여 새교육을 받게 하고 아이들에게 부모와 이웃을 밀고하도록 가르쳐 전통적인 캄보디아의 가족 구성을 개조하고 유대감을 철저히 파괴했다. 화폐가 사라졌고, 외국어로 말하는 자는 사형에 처해졌다. 그들의 정신적 근원인 절은 곡물창고로 바뀌거나 감옥이나 처형 장소로 사용되었으며, 승려는 성직을 박탈당하고 절을 떠나야 했다. 이처럼 캄보디아 전 사회에 전방위적으로 가해진 제노사이드 폭력은 사회의 하위 단위로 뿌리내려 일상의 문화를 규율했던 것이다. 때문에 화해의 방법 역시 문화적 접근법을 통해 전방위적으로 달성되어야 한다.

둘째, 문화 본질주의가 아닌 도구로서의 문화이다. 스위들러[7]는 문화를 레파토리(repertoire) 또는 툴킷(tool kit)으로 이해한다. 그에 따르면 행위자들

---

5) 요한 고트프리트 헤르더 지음, 강성호 옮김, 『인류의 역사철학에 대한 이념』, 책세상, 2002.
6) 레이먼드 윌리엄스 지음, 박만준 옮김, 『마르크스주의와 문학』, 지식을만드는지식, 2009.
7) Swidler, Ann, *Talk of Love: How Culture Matters*, Chicago and London: The University of Chicago Press, 2001.

은 기존의 문화가 내포하고 있는 다양한 규범과 상징들을 자율적·의식적으로 선택하여 자신의 행위 전략(strategies of action)을 구성한다. 도구들 역시 행위자가 속한 문화 내에 존재한다는 점에서, 행위자들은 이 문화에 속해 있다. 그럼에도 행위자는 주어진 문화 내에서 한계를 수용하는 데 그치지 않고, 개별 상황에서 자신의 행위를 설명할 용어를 찾아 문화를 선별적으로 이용하기도 하고 레퍼토리를 바꾸기도 한다.[8] 이로써 문화는 행위자들과의 관계를 통해 끊임없이 구성 및 재구성되면서 변하게 된다. 이러한 관점에 입각한다면 행위자들은 문화에 본질적으로 갈등 혹은 화해가 깃들어 있다는 결정론에서 벗어나, 문화에 포함된 요소를 도구적으로 활용함으로써 점진적으로 화해 프로세스를 달성해 나갈 수 있다.

2. 캄보디아 문화와 화해

1) 왜곡된 화해의 의미

화해는 인류 역사상 항존했던 일반 용어이다. 본래 개인 간의 관계에서 사용되었고 신학적으로 탐구되던 개념이었다. 그런데 1990년대의 갈등 이후(Post-conflict), 혹은 제노사이드 이후의 사회에서 과거사 문제의 해결을 위한 정치적 용어로 널리 사용되기 시작했다.[9] 제노사이드 이후의 사회는 형사처벌, 피해배상, 제도개혁이 필요하다. 그러나 실상 이러한 요구는 힘의

---

8) ibid.

9) Hamber, Brandon and Grainne Kelly, "Beyond Coexistence: Towards a Working Definition of Reconciliation", Joanna R. Quinn (ed.), *Reconciliation(s): Transitional Justice in Postconflict Societies*, McGill-Queen's University Press, 2009, pp. 286~287.

논리에 의해 외면당하고 지배세력의 시각에서 조율된 국민화해론이 활개를 치곤 한다.[10] '킬링필드' 이후의 캄보디아도 마찬가지였다. 1990년대의 캄보디아에서 '화해'라는 단어는 캄보디아 정치 엘리트 간 권력투쟁을 은폐하기 위한 유행어가 되었다.

1993년 총선거를 통해 '캄보디아왕국(Kingdom of Cambodia)'이 수립된 이후, 캄보디아 정부는 크메르 루즈 지도자들을 포함한 가해자들에게 어떠한 처벌도 취하지 않았으며, 캄보디아 시민들의 정신의학적이며 심리학적인 필요를 해결하려는 노력 역시 전무했다.[11] 1997년 6월 20일 캄보디아의 두 수상은 UN 측에 "민주 캄푸치아 시대에 자행된 범죄의 책임에 대해 법적 문제를 다루기 위해서는 정의를 최우선으로 고려해야 한다"고 입을 모아 말했다. 그러나 훈 센(Hun Sen)과 노로돔 라나릿(Norodom Ranariddh) 간의 권력투쟁, 크메르 루즈를 끌어들이기 위한 경쟁, 크메르 루즈 해체 등 복잡하고 어지러운 국내 정치 상황을 겪으며 '정의'는 곧바로 '화해'라는 단어로 대체되었다. 캄보디아 정부는 크메르 루즈와 캄푸치아 공산당(Communist Party of Kampuchea: CPK)이 통합되었고, 더 이상 군사충돌이 없다는 사실 자체를 화해로 볼 수 있기 때문에 "과거를 뒤로하고 이제 그만 용서하고 잊으라"고 했다. 훈 센 총리는 "구멍을 파서 과거를 그 안에 묻으라(dig a hole and bury the past in it)"는 말을 남겼다. 또 정부는 "크메르 루즈와의 화해는 평화의 대가"라는 말을 서슴없이 했으며, 크메르 루즈와 관련한 과거사를 언급할 때 '화해'라는 말을 자유롭게 사용했다. 캄보디아인들은 수백만 생명의 손실과 그들이 겪은 고통에 대한 책임도 없이, '화해'라는 문구 아래 크메르 루즈 지

---

10) 이재승, 「화해의 문법—시민정치의 관점에서」, 『민주법학』 46, 2011, 124~125쪽.
11) Linton, Suzannah, *Reconciliation in Cambodia*, Documentation Center of Cambodia, 2004, p. 12.

도자들과 그들의 군사력이 다시 받아들여진 데 대해 혼란을 느꼈다. 정치인들만의 방식으로 정치적 거래를 통해 서로 화해했을 뿐, 정작 캄보디아 국민들은 화해 혹은 통합되었다는 느낌을 받지 못했고 지도자들 또한 믿을 수 없었다.[12]

캄보디아 정권은 책임자 처벌과 정의의 측면에서 최소한의 책임을 다하지 않았다는 비판을 회피할 수 없다. 이 점은 훈 센 총리가 1997년 7월 쿠데타를 일으켜 권력을 독점했다는 점에서 더욱 명백해진다. 그는 원내 1당 대표인 노로돔 라나릇 제1총리를 캄보디아에서 쫓아냈고, 축출된 노로돔 라나릇에게 동조하는 부대원들의 아내와 자녀들을 학살하라는 명령을 군에 내렸다. 그들은 전기충격은 기본이고, 달군 쇳덩이로 몸을 지지거나 머리를 비닐봉지로 묶어 질식시키는 등 잔인한 고문을 감행했다. 그 이후 1998년 말에는 화해가 가장 중요한 정책 고려사항이 되었으며, 캄보디아의 모든 갈등과 아픔을 치유할 만병통치약처럼 언급되고 있는 실정이다.[13]

2) 캄보디아 불교의 윤리규범과 화해

2008년 캄보디아 당국의 인구센서스에 의하면 캄보디아 총인구의 96%가 불교도이다. 캄보디아는 헌법으로 종교의 자유를 허용하고 있지만 동시에 불교를 국가종교로 명시적으로 규정했으며(제43조), 국가는 팔리어 학교와 불교교육기관을 보급하고 발전시킬 것을 명시했다(제68조).[14] 이처럼 캄보디아는 불교국가로서의 국가정체성을 유지하고 있다. 식민지배기, 사

---

12) ibid., p. 12.

13) ibid., p. 13.

14) 나희량, 「베트남, 캄보디아, 태국 헌법에 보이는 전통적 문화 요소」, 『수완나부미』 2(2), 부산외국어대학교 동남아지역원, 2010.

회주의 체제, 그리고 개혁개방의 역사적 물결을 거쳐오면서 캄보디아 국민의 일상생활 속에 불교의 가치, 관습, 교리가 스며들어, 마치 보이지 않는 손처럼 국민정서를 지배하고 있다.[15]

불교에서 카르마와 자비는 처벌과 용서를 모두 고려한 통합적인 화해를 달성하도록 하는 요소들을 모두 포함한다. 불교에서 자비와 용서란 모든 사람들, 즉 친구와 적까지 사랑하는 것이다. 캄보디아 승려 요 홋 케마자로(Yos Hut Khemacaro)는 "만일 어떤 사람이 잘못을 저질렀다면 사회는 그 사람을 자비로 용서함으로써 그 사람이 올바른 생각을 하도록, 또 옳지 않은 행동을 하지 않도록 도와야 한다. 불교에서는 선한 행위로 악한 행위를 이기고, 사랑과 용서, 자비를 받아들여 불평을 이기며, 친절함으로써 탐욕을 이기고, 항상 진실을 말함으로써 잘못을 이기라고 가르치고 있다"[16]고 했다. 캄보디아에서 가장 존경받는 대승이자 '불교 다마이엣트라 평화와 비폭력 센터(Buddist Dhamayietra Centre for Peace and Non-violence)'의 창립자인 마하 고사난다(Maha Gosananda)는 화해에 관해 이렇게 언급했다.

"나는 적을 사랑하는 것이 가장 어려운 일인 것을 알고 있다. 캄보디아인들이 크메르 루즈를 사랑하게 되는 일 역시 마찬가지이다. 그러나 우주의 법칙상 보복과 증오, 복수는 (일단 시작되면) 계속 순환되며 절대로 멈추지 않는다. 화해는 (어쩔 수 없이) 환경에 굴복하는 것이 아니라, 타협 과정 중 사랑을 드러내는 것을 의미한다. 캄보디아인들은 오랫동안 전쟁과 무기로 인해 끔찍한 고통

---

15) 정미경, 「직업 선택에 있어서 종교의 사회경제학적 영향—캄보디아 프놈펜 지역 사례연구」, 『아시아연구』 18(2), 한국아시아학회, 2015.
16) Linton, Suzannah, op.cit., p. 76.

을 겪었다. 이제는 평화와 비폭력적 해결을 지향할 때다. 승가(Sangha)를 다시 세우고, 인간관계를 회복시켜야 한다. 아무리 서로 차이의 폭이 크다고 할지라도 말이다."[17]

용서와 자비를 강조한다고 해서 불교가 형사적 사법절차나 가해자 처벌에 반대하는 것만은 아니다. 불교 윤리체계에서 정의와 처벌은 다르마와 카르마를 함께 고려하여 설명될 수 있다. 크메르어로 정의는 'Yuttethor'로, 다르마(Dharma, 계율戒律)에서 유래했다. 다르마는 상좌불교에서 중시하는 윤리규범이며 승가(Sangha)의 생활을 규범하는 위치에 있다. 상좌불교의 전통적 윤리체계에서 다르마만큼 중요한 위치를 차지하는 것이 바로 카르마(Karma, 업설)이다. 다르마가 승가에 귀속된 윤리적 개념이라면, 카르마는 윤회설과 함께 승가와 재가 일반을 아우르는 윤리규범이다. 카르마는 인과응보의 근본적인 교리로서 자업자득을 핵심 내용으로 하고 있으며, 인간의 자유의지를 중시하고 그에 따른 도덕적 책임과 윤리적 노력을 강조한다. 또 부처와 승가에 대해 보시하고 공양함으로써 현세와 내세의 공덕을 쌓으려는 공덕 지향적 측면이 있다.[18] 예를 들어, 어떤 사람이 다르마를 어기면 카르마에 따라 윤회(Samsara)를 개선할 수 있는 능력에 중대한 영향을 받는다. 즉 전생에 했던 일의 카르마적 결과에 의해 성격(어리석거나 명석함) 혹은 상황(가난하거나 부유함)이 주어진다는 것이다.

불교에서의 정의는 정치·사회적 관계에서의 정의와 반드시 일치하는

---

17) Linton, Suzannah, op.cit., p. 76.
18) 배상환, 「동남아시아 불교의 전통윤리와 그 근대적 적용—캄보디아 불교를 중심으로」, 『대각사상』 15, 대각사상연구원, 2011.

것은 아니다. 개인이 자비의 가르침으로부터 벗어난다면 잘못된 행동, 즉 보복의 연쇄를 낳을 수 있다고 보기 때문이다. 또한 자발적으로 행동할 때만 정의를 달성할 수 있다고 본다. 이는 가해자들에게 자백, 후회, 사과를 강제해야 한다는 내용의 응보적 정의와는 다르다.[19]

3) 캄보디아 불교의 사회문화적 특징

폴 포트 정권 시기 캄보디아 불교는 심각한 박해를 당했으며 무차별적으로 사원이 파괴되었다. 이후 1981년 6월에 실시된 전국인민대회에서 불교의 통일과 복원의 필요성이 강조되었고, 불교 사원이 복구되었으며, 파기했던 승려들의 재서품이 이루어졌다.[20] 대중은 불교를 더욱 적극적으로 재수용했고, 파고다와 절은 마을 공동체의 사회적·교육적·정신적 활동의 중심지가 되었다.[21]

캄보디아 불교의 가장 중요한 특징은 승려들의 권한과 지배력이 매우 크다는 점이다. 이는 불교문화 자체에서 파생된 특징이라기보다는, 기존의 캄보디아 사회의 관계가 후견-피후견(patron-dient)의 특성을 띠고 있기 때문이다. 사회주의 혁명 이후 기존 왕족 중심의 근본주의 토마이웅파는 점차 세가 약화되고 대중적인 마하니까이파가 불교계의 중추적 역할을 하게 되어 각 지역에서 승려들의 사회적 권한이 상승했다.[22] 마하니까이 승려들은 농촌과 산간 중심으로 포교 활동을 펼쳐 마을 단위에서 지도적 위치를

---

19) Gellman, Mneesh, "No justice, no peace? National reconciliation and local conflict resolution in Cambodia", *Asian Perspective* 32(2), 2008.
20) 정미경, 앞의 글, 2015.
21) Gellman, Mneesh, op.cit., 2008.
22) 정미경, 앞의 글, 2015.

점했다. 캄보디아인들은 직업 선택 등 개인의 중대사를 결정할 때 승려를 비롯한 종교 지도자나 마을 지도자들에게 자문을 구한다.[23] 마을 지도자들 대부분은 승려를 지냈던 경험이 있으며, 불교사원과 평신도의 연결고리 역할을 하거나 사원에 기부되는 것들을 관장하는 일도 병행하고 있다.[24]

이처럼 캄보디아 불교는 국가가 하향식으로 규정한 국가종교가 아니라 마을 단위에서부터 주민들에게 밀착되어 있는 국민종교이다. 실제로 불교가 사회 속에서 작동하는 모습을 살펴보면, 불교의 윤리규범을 최우선순위로 두기보다는 후견인-피후견인의 전통하에서 승려의 권위를 인정하는 방식으로 작동하고 있음을 알 수 있다. 예를 들어, 불교 교리에 맞지 않는 직업이라고 해도 각 지역 사원을 대표하는 승려나 마을 지도자가 승인할 경우 일정 부분 받아들여지기도 한다.[25] 즉 캄보디아의 불교문화에 본질적으로 화해의 요소가 존재한다기보다는 행위자에 의해 어떻게 이용되느냐에 따라 그 해석과 실천이 상이해진다는 것을 알 수 있다. 이는 앞서 살펴본 행위자의 재량을 강조하는 툴킷으로서의 문화에 대한 이해와도 상통한다.

3. 캄보디아 화해의 경과와 그 가능성

캄보디아는 국제사회의 도움으로 처벌을 통한 정의와 용서를 통한 회

---

23) 위의 글.

24) Harris, Ian, *Cambodian Buddhism: History and Practice*, University of Hawai'i Press, 2005, p. 74.

25) 정미경, 앞의 글, 2015.

<**표 1**> **캄보디아 불교문화와 화해**

불교문화에서 화해의 요소	화해의 실현
카르마적 정의	법과 제도의 영역
	ECCC를 통한 책임자 처벌
	↓↓
용서와 자비	시민사회의 영역
조정자로서 승려의 역할	NGO를 통한 당사자 간 화해

복을 동시에 만들어가는 화해를 구축하기 위해 노력해왔다. 물론 국가적 화해를 모범적으로 달성하고 있는 독일 등의 경우와 비교하자면 아직 미미한 수준으로, 이제 초기 단계에 진입했다고 볼 수 있으며 국민정서상으로도 화해의 달성을 실감하지 못하고 있다. 그럼에도 ECCC라는 제도의 성립으로 국가폭력의 수행자였던 크메르 루즈와 그 책임자들을 향해 정의가 작동하고 있으며, NGO의 도움과 승려의 중재를 통해 갈등이 조금씩 해소되고 있다. 용서와 화해가 조금씩 이루어져가고 있는 것이다. 〈표 1〉은 캄보디아 불교문화의 요소가 제노사이드 이후의 화해에 영향을 미친 과정을 정리한 것이다.

1) ECCC: 카르마적 정의

캄보디아 법원 내 특별재판부(ECCC)는 국제연합 크메르 루즈 재판 지원단(United Nations Assistance to the Khmer Rouge Trials: UNAKRT)을 통해 국제적인 지원을 받는 캄보디아의 특별 재판부이다. 비공식적으로 크메르 루즈 전범 재판소(Khmer Rouge Tribunal)나 캄보디아 전범재판소(Cambodia Tribunal)로 불리기도 한다.

캄보디아 내전이 종식될 무렵인 1997년 6월, 캄보디아 제1총리인 노로돔 라나룻 왕자와 훈 센 총리는 캄보디아 사법부의 역량 부족 및 내부적 청산 동력 부족 등의 이유로 유엔 사무총장에게 크메르 루즈 정권 치하의 과거 불법 청산에 대한 도움을 요청했다. 수년에 걸친 협의 끝에 2003년 6월 캄보디아 정부와 유엔은 캄보디아인 판사와 유엔이 임명하는 외국인 판사가 공동으로 재판부를 구성하는 혼합재판소(Hybrid courts)의 형식으로, 캄보디아 프놈펜에 크메르 루즈 특별재판소(the Extraordinary Chambers in the Courts of Cambodia)를 설립하기로 합의했다.

ECCC는 국제 사법 기준에 따라 공정하게 재판이 이루어지도록 설계되었으며, 국내법과 국제법 모두의 적용을 받는다. 재판부는 민주 캄푸치아 기간, 즉 1975년 4월 17일부터 1979년 1월 6일까지의 사건을 관할하며, 구체적인 관할 범죄는 ① 캄보디아 형법(1956)하의 고문, 살인, 종교박해, ② 학살(genocide), ③ 반(反)인도적 범죄, ④ 제네바협약(1949)의 중대한 위반, ⑤ 외교상 비엔나협약(1961)하 국제적으로 보호받아야 할 이들에 대한 범죄이다.

재판 대상은 민주 캄푸치아의 고위 지도자들과 민주 캄푸치아 기간 동안 자행된 범죄에 가장 책임이 있는 자들이다. 재판부는 수사에 착수하여 현재까지 총 5명의 책임자를 차례로 기소했다. 첫 번째는 전 프놈펜 안보감옥 S-21(뚜얼슬랭Tuol Sleng)의 소장 카잉 구엑 에아브(Kaing Guek Eav)에 관한 사건이었다. 그는 반(反)인도적 범죄와 제네바협약의 중대한 위반에 해당하는 범죄를 자행했다는 명목으로 기소되어 2012년 2월 3일 반인도적 범죄와 비인간적 행위에 대해 각각 유죄 판결을 받았고 종신형이 선고되었다. 두 번째 케이스는 두 명의 전(前)크메르 루즈 지도자들, 전 공산당 부서기 인민의회의장 누온 체아(Nuon Chea)와 전 국가원수 키우 삼판(Khieu Samphan)에 대한 재판이었다. 또 이엥 사리(Ieng Sary)와 그의 아내 이엥 티릿(Ieng Thirith) 역시 기소되었으나 2013년 3월 14일 이엥 사리의 사망으로 관련 법적 절차가 종료되었다. 이엥 티릿 역시 치매 증세로 인해 재판에 참여하는 것이 부적절하다고 판단되어 2011년 11월 사건에서 분리되었다.

그렇다면 재판 및 형사처벌은 캄보디아인들에게 어떻게 받아들여지고 있는가? 앞서 언급한 불교의 윤리규범 중 하나인 카르마는 실제 현실에서 법보다 상위에 놓인 자연법 같이 여겨지고 있다. 캄보디아의 정신보건과 관련한 NGO의 일원인 소파 이어(Sophar Ear)는 "크메르 루즈 생존자들은 단지 몇몇 책임자들의 처벌만 논하는 ECCC의 재판, 즉 이생에서의 처벌 시스템에 의지하기보다는 악한 행위를 한 사람은 바퀴벌레로 환생한다는 것을 굳게 믿음으로써 현실을 감내할 수 있었다"고 말한다.[26] 카르마는 인간의 사법 시스템이 아닌 자연법이기 때문에 사법적 판결과 독립적으로 기능한다는 것이 그들의 믿음이다. ECCC의 법정에 서지 않는 낮은 지위의 크메르 루즈들 역시 어느 순간이 되면 자신의 악행에 따른 응보를 받게 될 것이라고 믿는 것이다.[27] 따라서 카르마를 믿는 피해자들은 보복이나 복수에 매달리기보다는 불교의 명상이나 수행을 통해 스스로 내면의 평화를 찾고자 한다.

그러나 모든 크메르 루즈 생존자들이 카르마적 정의만 믿고 복수를 포기하는 건 아니다. 또 종교적 이상과 사회 현실 사이에는 괴리가 존재하기 마련이다. 1980년대 초반에는 희생자 가족들이 크메르 루즈 군인들을 찾

---

26) Gray, Tallyn, "Justice and the Khmer Rouge: concepts of just response to the crimes of the democratic Kampuchean regime in Buddhism and the extraordinary chambers in the courts of Cambodia at the time of the Khmer Rouge tribunal", *Working papers in contemporary Asian Studies* No. 36, Center for East and South-East Asian Studies, Lund University, 2012.

27) ibid.

아내 폭력을 행사하거나 죽이고, 다시 그 가족이 가해자를 찾아와 복수하는 식으로 악순환이 계속된 시기가 있었다.[28] 랄스 올슨(Lars Olsen)은 "상당수 캄보디아인들은 (가해자들에게) 되갚아주고 싶어 하며, 가해자들이 자신의 악행에 대해 책임을 지기를 원한다. 크메르 루즈가 감옥에 가기를 원하는 사람들, 직접 만나서 때려눕히고 싶어 하는 사람들 역시 존재하는 것이다. 이를 '서구적인 것'이라고 볼 수는 없다"고 말했다.[29] 이렇게 현세에서의 가해자 처벌을 바라는 이들에게는 ECCC가 바로 정의를 실현하는 제도적 방편이 된다. 이는 '일반 카르마'라는 개념을 도입하여 불교적으로 해석할 수 있다. 일반 카르마에서는 자연법이 아닌 이생에서의 헌법이나 국가법을 중시한다. 때문에 규범이나 법을 어긴다면 카르마적 결과에 의해 사회나 자신이 속한 집단으로부터 처벌, 벌금, 매질을 당하고, 더 심각한 범죄의 경우 생존자의 가족에게 배상할 것이 요구되거나 사형을 언도받을 수도 있다. 이 역시 카르마라는 종교규범을 행위자의 의도에 걸맞은 툴킷으로 변형하여 적용한 사례라 할 수 있다.

2) NGO: 용서와 자비, 그리고 승려의 역할

캄보디아에서 용서와 자비 측면의 화해는 주로 직접적인 당사자들 간에 이루어지고 있다. 당사자들 간 화해는 정치적 차원의 화해보다 훨씬 복잡하므로 다양한 요소를 고려해야 한다. 때문에 캄보디아의 정신보건 및 사회치유 활동에 주력하는 NGO들은 불교 윤리와 문화적 요소를 프로그램에 도입하여 지역 공동체 및 개인 간의 화해를 중재하고 있다. 특히 승

---

28) 부경환, 「'킬링필드'의 기억과 재현」, 서울대학교 석사학위논문, 2011.

29) Gray, Tallyn, op.cit., 2012.

려가 마을 공동체에서 차지하는 위치를 고려하여 화해를 위한 중재자 및 조정자로 삼아 갈등을 해결하는 점은 주목할 만하다. 이는 아래에 소개할 사례 모두에서 두드러지는 특징이다.

(1) TPO 캄보디아의 증언기법을 통한 화해 프로그램

'The Transcultural Psychosocial Organization(TPO) Cambodia'는 캄보디아의 정신보건과 사회심리학적 지원 분야에서 선도적인 NGO이다. TPO 캄보디아는 1995년 2월 캄보디아인들의 정신적 문제 및 정신보건 문제를 완화하기 위해 네덜란드 기반의 NGO인 'TPO 인터내셔널'의 한 부서로 설립되었다. 2000년에는 독립적인 지역 NGO로 등록되었으며, 현재는 캄보디아인들에 의해 운영되고 있다. 1995년 설립 이래로 20만 명이 넘는 캄보디아인들에게 정신보건 지원을 제공하고 있다.

TPO는 문화적 맥락에 따라 변용된 치료법인 증언치료법(Testimonial Therapy)을 시행하고 있다. 이는 국제적으로 인정된 실용적인 트라우마 치료법이며, 특히 조직적으로 자행된 폭력에 의한 트라우마의 사후 치료법이다. TPO는 캄보디아의 정신문화를 기반으로 한 전통적 문제해결법이 중요하다는 점을 고려하여, 지역의 사찰 및 불교 수도승들과 협력해 전통적이고 종교적인 방법과 결합한 증언기법을 활용해왔다. TPO는 피해 당사자들 및 크메르 루즈의 트라우마 생존자들을 초청하여 그들의 트라우마 경험에 대해 이야기하도록 한다. 상담자와 함께 증언기록을 작성하여 다른 생존자, 친지, 공동체 구성원, 지역 권위자, 정부 관료, NGO 대표 등이 지켜보는 가운데 지역 사찰의 승려—혹은 의뢰자의 종교를 반영하여 지역 모스크, 교회 또는 사원의 종교인—앞에서 그들의 증언을 낭독하고 전달한다. 이로써 고통을 인정하고 생존자의 낙인을 제거(de-stigmatization)하며 그들의 존엄성을 회복시킨다. 이는 또한 생존자들이 조상의 영혼의 고통을 완화하고 고인이 된 친척들에게 존경을 표하는 방법의 하나로도 볼 수 있다.

(2) Kdei Karuna의 피해자와 전 크메르 루즈 간 대화 프로젝트

'Kdei Karuna'는 2005년 캄보디아에서 보스턴 기반의 국제화해센터 (International Center for Conciliation: ICfC)의 지사로 시작되었다. 기관은 역사적 상흔을 치유하려는 노력의 일환으로 마을 주민들을 지원하기 위해 2007년 국제화해센터의 역사적 화해기법을 사용한 프로젝트에 착수했다. 또, 지역민들 스스로 치유와 화해를 달성할 창조적인 아이디어를 구상할 수 있도록 참여 기법을 사용한다. 이러한 접근법은 14곳의 마을에서 시행된 '정의와 역사 아웃리치 프로그램(Justice & History Outreach program)'을 포함해 기관의 모든 사업에서 사용되고 있다.

Kdei Karuna의 화해 프로그램 중 '피해자와 전(前)크메르 루즈 간의 대화 프로젝트(Victim-Former Khmer Rouge Dialogue Project: VFKR)'는 Kdei Karuna와 국제화해센터, 그리고 TPO 간의 협력 프로젝트이다. 이 프로젝트는 피해자와 가해자의 단절된 관계를 이해하고 관계를 구축하는 데 목표를 둔다. 피해자들은 그들의 직접적 가해자로부터 인정과 사과를 받고 싶어 하는 경우가 종종 있다. 그러나 문화적 장애물 때문에 가해자들이 범죄를 인정하는 것조차 어려우며, 사과를 받아내기는 더더욱 어렵다. 피해자와 가해자의 대화를 시작하는 것은 민감하고 어려운 문제이므로, 이 프로젝트는 캄보디아 사회 내에서 화해가 가능한지 조사하기 위한 시범사업으로 고안되었다. 프로젝트의 목표는 전 크메르 루즈와 피해자 간의 대화를 시작하여 향후 상호이해와 공감을 증대시키는 것이다.

대화 프로그램의 프로세스는 다음과 같다. 먼저 Kdei Karuna의 직원이 마을을 방문하여 직원과 마을 사람들 간에 신뢰가 쌓일 수 있도록 시간을 함께 보낸다. 그동안 가해자와 가까운 곳에 거주하거나 가해자를 잘 아는 지역 조력자(local facilitator)를 파악·선발하여 피해자와 가해자 사이 중재 역할을 맡도록 한다. 지역 조력자는 갈등 혹은 폭력 상황이 발생할 경우 가해자 혹은 피해자와 가까운 사람들에게 중재를 시키거나 경찰에 신고하는 등 즉각적으로 대응해야 한다. 이렇게 수개월간 직원과 지역 조력자의 도움으로 양자의 중재를 시도한 결과 마침내 피해자와 가해자가 상호 동의하면 마을 승려가 참여하는 가운데 파고다에서 만남을 약속하게 된다. 파고다에는 피해자와 가해자뿐 아니라 가해자의 가족과 피해자의 가족, 지역 조력자, 심리상담사, 승려 등이 함께 모여 증언을 하고 불교의식을 진행한다. 이후 화해가 이루어졌음을 상징하는 공양탑을 세움으로써 마무리된다.

이 프로젝트 종료 이후 피해자들은 분노와 고통에서 해방되었다고 했다. 프로그램에 참가했던 전 크메르 루즈 간부는 그동안 피해왔던 공동체 내 불교 행사에 참여할 수 있게 되는 등 더 나은 관계를 형성할 수 있었다. 모니터링 요원으로 활약한 지역 조력자 또한 프로젝트가 성공했다고 여기며, 프로젝트를 통해 갈등해결기법에 대해 더 잘 이해할 수 있게 되었다고 말했다. 가족, 마을 및 공동체 권위자, 존경받는 종교 지도자, 그리고 연장자들 등의 공동체 구성원들은 프로젝트의 성공에 대한 믿음과 공동체에 대한 헌신을 표했다. 한 관련자는 "사람들은 이 기관이 프로젝트 참가자들을 화해시킬 수 있으리라고는 상상하지 못했다. 그래서 그저 어떤 결과를 낳을지 지켜보았다. (…) 그러나 프로젝트 이후, 많은 이들은 그들이 불가능하다고 보았던 프로젝트의 성과에 감사하며, 피해자와 전 크메르 루즈 간부가 관계를 개선한 것이 매우 놀랍다고 말했다"고 전했다.[30] 이처럼 Kdei Karuna의 프로젝트는 공동체 내의 연대, 한 개인의 과거, 피해자와 가해자 관계에서 지역적 화해가 가능하다는 것을 보여주면서, 문화적 요소를 활용한 모범적인 화해 사례가 되었다.

(3) 승려 고사난다의 평화행진

마하 고사난다(Maha Ghosananda)는 캄보디아의 승려로, 비폭력과 평화 정신을 실천함으로써 현재까지도 캄보디아인들에게 추앙받는 인물이다. 그는 노벨 평화상 후보에도 여러 차례 거론된 세계적인 평화의 대사이기도 했다. 그가 본격적으로 활동하기 시작한 시기는 1979년, 베트남이 캄보디아를 침략할 당시부터였다. 전쟁으로 인해 피난민들이 태국 국경에 설치된 난민 캠프로 밀려들어오자, 고사난다는 캠프에 간소하게 절을 짓고 난민들에게 명상법과 내적 평화의 유지법을 가르쳤다. 비록 전투의 양 진영에서 모두 환영받지 못했지만, 그는 어느 편에도 속하지 않는 비당파성을 꿋꿋이 견지했으며 사원 내에서 누구도 무기를 소지하지 못하게 하여 사원을 중립의 공간으로 유지시키는 등 비폭력 정신을 몸소 실천했다. 1988년에는 시하누크(Sihanouk) 왕에 의해 종정(Supreme Partriarch)으로 지목되었으며, 일군의 승려를 이끌고 UN이 주도하는 캄보디아 4개의 파벌 간 평화대담에 참가하기도 했다. 그는 당시 승려들과 평화운동가들을 제5의 군대, 즉 화해라는 전장에서 '용기'와 '자비'의 총탄을 사용하는 '평화의 군대(army of peace)'라고 불렀다.

UN이 캄보디아-태국 양 진영의 평화협정을 중재하면서, 고사난다와

---

30) Kdei Karuna 홈페이지 참조.

국제구호단체의 엘리자베스 언스타인(Elizabeth ernstein)과 밥 마앗(Bob Maat)은 치유를 위한 비당파적이며 정신적인 성격의 화해 프로세스가 필요하다는 사실을 깨닫게 되었다. 이들은 모두 간디의 비폭력 운동에 대해 배웠고, 퀘이커 교도들로부터 합의를 구축하는 전략과 비폭력 운동의 전략을 전수받았다. 이렇게 평화와 비폭력의 정신으로 무장한 이들은 담마이야트라(Dhammayietra)라고 불리는 평화행진을 개시했다. 행진은 태국 국경의 난민 캠프를 출발하여 크메르 루즈의 영토와 갈등이 첨예한 지역을 거쳐 프놈펜에서 마무리되는 코스였다. 처음에는 백여 명의 캄보디아 난민들로 시작했지만 점차 행진이 계속되면서 수백 명이 참가하게 되었다. 이는 캄보디아인들이 간절히 평화를 원한다는 사실을 증명했다. 행진 도중 가난한 마을 주민들과 군인들도 합류했고, 행진 중이던 승려의 축복을 받기도 했다. 군인들은 '더 이상 누구도 죽이고 싶지 않다'며 무기를 내려놓았다. 행진 행렬이 지나가는 마을의 주민들은 이른 아침에 정신의 정화를 위해 승려들에게 세례를 받기 위해 모여들었다. 그 자리에서 수십 년간 만나지 못했던 친척들을 만나는 참가자들도 있었다. 이 행진은 'Dharma Contact'라 불렸으며, 정서적 치유와 공포의 제거, 그리고 지인들의 재결합이 이루어지는 화해의 장이 되었다.

행진의 첫 성공 이후, 담마이야트라는 일 년간의 준비와 훈련이 포함된 연례행사가 되었다. 참가자들은 매년 극도의 더위와 불충분한 음식물, 지뢰의 위험, 공격받을 위험 등을 견뎌내야 했다. 무장한 지원군이 동행하기도 했지만 오히려 지원군 때문에 공격을 당해 두 명의 참가자가 목숨을 잃는 사고가 발생하기도 했다. 해를 거듭하면서 담마이야트라는 산림 보호, 민주선거, 민주헌법, 여성문제, 지뢰제거 캠페인 등으로 영역을 넓혀갔다. 그러나 '마하 고사난다가 이끄는 이들이 비폭력 정신을 갖추고 불교 명상

훈련을 받은 뒤 평화적으로 행진한다'는 기본 틀은 변하지 않았다. 고사난 다는 "가슴에 평화를 품은 사람들이 거리를 행진할 때, 평화는 전쟁을 이긴다"는 말을 남겼다.[31)]

4. 정의 실현과 화해를 위한 종교의 역할

캄보디아의 불교문화에는 정의, 용서와 비폭력 등 화해와 연관된 규범이 내포되어 있다. 또한 민주 캄푸치아 이후 사회 재건 과정에서 불교 역시 다시 중흥되고 있기 때문에, 역사적 상흔을 딛고 화해 무드가 조성될 수 있도록 불교문화가 활용될 여지가 보인다. 그러나 무엇보다 캄보디아 사회는 후견-피후견의 전통을 간직하고 있고 승려의 사회적 권위가 강하여, 마을 공동체가 승려나 지도자의 가르침에 의존하고 있다. 이 때문에 앞서 살펴본 TPO, Kdei Karuna, 그리고 마하 고사난다에 이르기까지 모든 화해와 치유 프로그램에서 승려 주도의 불교의식이 포함되는 것이다. 또 평화행진을 제외하면 프로그램의 모든 불교의식은 사원이라는 공간 내에서 진행된다. 이로써 캄보디아 마을 공동체에서 사원의 지위와 승려의 권위가 중대하다는 점을 알 수 있다. 불교문화에 본질적으로 내재된 자비와 용서라는 윤리규범의 역할을 배제할 수는 없지만, 실제 영향력을 쥔 행위자로서 승려의 역할이 결정적이라는 점에서 문화를 도구로 삼는 화해 프로세스 접근법이 활용되고 있음을 확인할 수 있다.

---

31) Weiner, Matthew, "Peace Wins: Maha Ghosananda, the "Gandhi of Cambodia", *Fellowship* 73, 2007, pp. 36~39.

TPO 캄보디아의 한 직원은 ECCC가 시작되지 않았더라면 현재와 같은 문화에 기반한 치유 및 화해 프로세스의 도입 역시 불가능했을 거라고 언급한 바 있다.[32] ECCC로 인해 '킬링필드' 이후 오랫동안 지속되었던 침묵이 깨지고 캄보디아 전역에서 과거사와 관련된 다양한 사회참여 및 NGO 활동이 촉진되었다는 것이다. 이렇게 본다면 캄보디아의 화해는 ECCC라는 제도에 의해 우선적으로 촉발되고, 뒤이어 TPO나 Kdei Karuna와 같은 NGO의 활동이 개인의 화해, 사회적 화해를 도움으로써 시민사회의 역할을 충실히 이행하고 있다고 볼 수 있다. 결론적으로 불교는 '공유되는 가치 및 규범으로서의 문화'의 한 형태로서, ECCC라는 법과 제도의 영역과 NGO에 의한 시민사회의 영역 모두에 작동하고 있다. ECCC를 통해서는 카르마가 실현되어 위로부터의 국제적 인정, 책임, 처벌이 가능해지고, NGO 중심의 시민사회의 활동은 자비와 용서의 정신에 입각하여 승려의 중재를 통해 아래로부터의 개인 및 공동체에서 화해와 용서를 가능하게 하는 프로세스인 것이다.

　　현재 ECCC는 훈 센 정부의 정치적 의도에 따른 '보여주기식 재판'이라는 국내외적 비난에 직면해 있고, 캄보디아 시민사회는 NGO 중심의 기초적 단계에 머물러 있으며, 관련 화해 프로그램도 소규모에 불과한 것이 사실이다. 그러나 앞서 살펴본 성공담에서 알 수 있듯이, 문화적 요소를 도구적으로 활용하고 사회적 위치를 이용하는 화해의 가능성이 입증되고 있다. ECCC와 NGO의 활동이 이를 충실히 반영하며 화해를 위한 활동을 강화해 나가고 국제사회의 관심과 국내의 정치개혁이 더해진다면, 캄보디아의 세계사적 비극의 사회치유는 먼 미래의 일이 아닐 수 있을 것이다.

---

32) Gray, Tallyn, op.cit., 2012.

3부

기억, 용서, 화해, 그리고 치유

TRAUMA
SOCIAL
HEALING

제1장

인간비극과 인간화해
—용서와 정의의 공존을 통한 통합치유를 향하여

박명림

'아우슈비츠 이후의 아우슈비츠', 또는 '아우슈비츠 이전의 아우슈비츠'

대체 인간들은 왜 대량살상을 낳는 폭력을 반복하는가? 지구적 차원에서 볼 때 아직까지는 평화의 세기를 구가하고 있는 21세기에도 계속되고 있는 시리아 내전의 참상은 인간갈등의 완전 종식에 대한 희망을 접게 한다. 평화의 시대라는 21세기 초엽 세계 난민의 숫자는 사상 최악이었던 제2차 세계대전 시기를 이미 넘어선다.

일찍이 테오도르 아도르노(Theodor Adorno)는 가공할 아우슈비츠 학살을 두고 "상상도 할 수 없는 것 이상의 상상도 할 수 없는 어떤 것(something unthinkable beyond the unthinkable)"이라고 말한 바 있다.[1] 이 말은 인류사적 비극 아우슈비츠에 대해 그동안 접했던 인간의 언어들 중에 가장 적확한 어떤

---

1) Theodor Adorno, *Metaphysics: Concept and Problems*(1965), Edited by Rolf Tiedemann, Translated by Edmund Jephcott, Stanford University Press, 2001, p. 116.

것이라고 생각된다.

　불행하게도 인간 역사에서는 "상상도 할 수 없는 것 이상의 상상도 할 수 없는 어떤 것"들이 계속 반복되었다. 아도르노에 따르면 "아우슈비츠 이후에도 아우슈비츠는 계속 존재해왔다."[2] 소련과 중국에서의 집단죽음도, 인도네시아와 베트남에서의 대량학살도, 캄보디아의 킬링필드도, 보스니아에서도, 아프리카 르완다도, 최근의 시리아도 무고한 집단희생자들에게는 모두 '아우슈비츠 이후의 아우슈비츠'였다.

　나치와 히틀러(Adolf Hitler), 그리고 홀로코스트와 아우슈비츠(Auschwitz)를 맞서 싸운 스탈린(Joseph Stalin) 시기 소련의 사망자는, 전쟁으로 인한 2,650만 명을 빼더라도, 무려 1,200만에서 2,000만 명에 달할 것으로 추정된다. 일부 전문가들은 1,200~1,400만 명으로 추정한다.[3] 중국혁명을 성공시킨 마오쩌둥(毛澤東) 집권 초기 10년 동안에는 최소 500만 명 이상의 민간인들이 목숨을 잃었다.[4] 폭력에 맞서 성공한 혁명과 해방은 희생자들에게 과연 무엇을 의미하였는가? 인간 역사의 본질이 폭력과 혁명과 전쟁의 반복은 아닌지 무겁게 물어야 할지도 모른다. 20세기 말 르완다에서는 홀로코스트의 세 배 속도로, 인구 열 명 중 한 명을 죽이는 대량학살이 발생했다. 살해 속도는 전광석화처럼 빨랐다.[5]

　인간 세사에서 비극은 왜 끊임없이 계속되는가? 인간들은 이미 '아우

---

2) 물론 이때 아도르노가 든 사례는 베트남전쟁이다. *Metaphysics: Concept and Problems*, 제13강. p. 101.

3) 스티븐 F. 코언, 김윤경 옮김, 『돌아온 희생자들—스탈린 사후 굴라크 생존자들의 증언』, 글항아리, 2014, 10~11쪽.

4) 프랑크 디쾨터, 고기탁 옮김, 『인민 3부작 1. 해방의 비극—중국혁명의 역사, 1945~1957』, 열린책들, 2016, 15쪽.

5) 필립 고레비치, 강미경 옮김, 『내일 우리 가족이 죽게 될 거라는 걸 제발 전해주세요!—아프리카의 슬픈 역사, 르완다 대학살』, 갈라파고스, 2011.

슈비츠 이전의 아우슈비츠'라고 불러도 좋을 만한 종족 대량살상의 경험을 갖고 있다. 일례로 한 연구에 따르면, 유럽의 서반구 '문명화' 진행 과정에서 모두 합쳐 1억 명이 넘는 토착민이 '제거'된 것으로 보아야 한다(강조는 원문 그대로).[6] 인류 개척정신의 상징으로 불려온 이른바 '지리상의 발견', '신대륙 발견'을 말한다. 섬뜩하지 않을 수 없다. 히틀러, 스탈린, 마오쩌둥의 학살을 합쳐놓은 것의 몇 배가 아닐 수 없다.

'카인의 후예들'

사실 인간(관계)의 첫 선조의 출발은 살인과 함께였다. 그것도 가장 가까운 형제살인과 함께였다. 즉 신의 첫 자녀 사이의 최악의 행동은 형제살인(Cainism)이었다. 가장 가까운, 인류 첫 형제 사이 인간관계가 살해 관계였다는 점에서 우리 모두는 '카인의 후예'가 아닐 수 없다. 게다가 살인 이후 카인의 첫 답변은 "모릅니다"가 아니었는가? 전자가 학살의 범죄라면, 후자는 범죄 부인의 죄였다.

최근 노벨문학상 수상자 주제 사라마구(Jose Saramago)는 『카인』이라는 제목의 소설에서 아예 "모릅니다"를 넘어, "노아와 그 가족은 어디 있느냐"고 묻는 자신의 창조주에게 정면으로 대드는 카인을 보여주고 있다. "모두 죽었습니다… 모두 내가 죽였습니다. 이제 나를 죽여도 좋습니다."[7] 상상을

---

6) Henry F. Dobyns, "Estimating American Aboriginal Population: an Appraisal of Techniques with a New Hemispheric Estimate", *Current Anthropology*, No.7, pp. 395~416(워드 처칠, 황건 옮김, 『그들이 온 이후—토착민이 쓴 인디언 절멸사』, 당대, 2010, 18쪽에서 재인용).

7) 주제 사라마구, 정영목 옮김, 『카인』, 해냄출판사, 2015, 206~207쪽.

초월하는 충격적인 결말이다. 한국의 성직자 문익환(文益煥)은, 보복과 대속이라는 서로 완전히 다른 양가적인 의미에서, "카인이 아벨을 죽인 후 인류의 역사는 피의 역사"라고 한마디로 압축한다.[8]

적어도 인간 상호의 증오와 폭력에 관한 한 인간들의 만단(萬端) 세사(世事)들은 거듭 우리 모두를 '카인의 후예'가 아닌지 묻게 한다.[9] 기실 카인주의는 카인과 아벨의 개별 행동을 넘어 인간관계의 일반적 폭력성을 상징한다. 신화의 영역에서도 제우스와 크로노스와 우라노스, 로마 건국의 형제인 로물루스(Romulus)의 쌍둥이 동생 레무스(Remus) 살해 (시도) 사례들은 지독한 부자, 형제 사이의 증오와 살육 시도의 중단 없는 반복성을 증명한다. 가장 위대한 한 교부는 지상도성의 건설자와 로마의 건설자는 형제살인자였음을 반복하여 언명한다.[10] 신화와 역사 속 인류의 출발을 알면 알수록, 미리 말하건대, 인간으로서의 우리는 화해가 정녕 얼마나 어려운가를 알 수 있게 된다.

성서의 카인과 아벨뿐만 아니라 이삭과 이스마엘, 그리고 그들의 후예인 현실의 기독교와 이슬람의 장구한 갈등 역시 대표적이다. 그러나 종교 간은 고사하고, 같은 종교 내부 역사 속의 가톨릭과 프로테스탄트의 30년 전쟁, 오늘에도 지속되고 있는 수니파와 시아파의 잔혹한 살육과 장구한

---

8) 문익환, 「피는 피를 부른다」(1960), 『문익환 전집 제12권 설교』, 사계절출판사, 1999, 210쪽.

9) 필자가 '카인의 후예'라는 말을 처음 접한 것은 1978년으로, 한국전쟁 직후인 1954년에 발표된 황순원의 저명한 소설을 통해서였다. 황순원, 『카인의 후예』, 문학과지성사, 2006, 7~250쪽. 물론 그 책의 내용은 이 글의 본문과 전혀 직접적인 관련은 없다. 주지하듯 카인은 인류 최초의 살인자인 동시에 인류 최초의 곡물 경작자라는 의미를 동시에 갖는다. 이 글에서 필자는 전자로만 한정하여 사용한다.

10) 성 아우구스티누스, 조호연·김종흡 옮김, 『신국론—하나님의 도성』, 크리스천다이제스트, 2016, 제3권 6장, 제14권 1장, 제15권 5장, 178~179쪽, 655~656쪽, 703~704쪽.

갈등은 대체 어떻게 설명해야 하는가? 정의와 사랑, 용서와 관용을 근본 가르침으로 삼는 같은 종교 내부에서의 허다한 적대와 살육의 사례들은, 차라리 인간의 다른 영역에서의 공존과 화해의 성정에 대한 역설적인 반면 고구를 필요로 하는지도 모른다.

그러나 장구한 과거의 인간 '전체' 기록을 살펴볼 때, 인류 자체로는 지구적 인간폭력, 또는 폭력의 총량이 줄어들고 있는 것은 사실이다. 노베르트 엘리아스(Norbert Elias)의 탁월한 선구적 연구인 『문명화 과정』[11]을 포함해, 최근의 세계 담론을 주도하는 스티븐 핑거(Steven Pinker)와 재레드 다이아몬드(Jared Diamond)의 초거시적인 탐색과 통찰 역시 폭력의 감소를 보여주고 있다.[12] 특별히 핑거는 인간본성론과 연결하여 인간 역사에서 현재로 오면서 폭력의 감소는 분명하다는 희망을 보여준다.

이러한 연구들은 인간들의 본성은, 적어도 살인과 살육과 전쟁에 관한 한 시대와 상황에 따라 변화한다는 점을 시사한다. 아니면 폭력과 평화 지향의 두 본성을 다 갖고 있음을 증거한다. 21세기 오늘날 존재하는, 인류의 등장 이래 유례없는 장기 평화와 공존의 시대는 출발로서의 카인주의가 불변의 절대적인 인간 본성이 아니라는 점을 증명한다. 폭력은 분명 특정의 조건과 상황에 맞추어 드러나는 인간 본성의 한 측면이었던 것이다. 즉 폭력성은, 특히 잔인한 대량살상은 인간성의 불변의 본질은 아닌 것이다.

모두에서 길게 무겁고 전체적인 질문을 던지는 이유는 분명하다. 특정 사례를 통해 폭력이 초래한 절대비극에 대한 인간화해의 절대적 필요성과

---

11) 노르베르트 엘리아스, 박미애 옮김, 『문명화 과정 I, II』, 한길사, 1999.
12) 스티븐 핑커, 김명남 옮김, 『우리 본성의 선한 천사―인간은 폭력성과 어떻게 싸워왔는가』, 사이언스북스, 2014; 재레드 다이아몬드, 강주헌 옮김, 『어제까지의 세계―전통사회에서 우리는 무엇을 배울 것인가』, 김영사, 2013.

가능성의 문제를 짚어보기 위함이다. 이 글은 20세기 후반의 또 하나의 '아우슈비츠 이후의 아우슈비츠'라고 불릴 만한 캄보디아 크메르 루즈(Khmer Rouge)의 이른바 킬링필드(Killing Fields)의 사례[13]를 중심으로 학살과 화해와 치유를 둘러싼 몇몇 이론적 실천적 문제에 대한 간략한 탐색을 모색하는 하나의 시론이다. 끝에서는 북아일랜드와 한국의 사례들도 간략히 언급하면서 마치려 한다. 그러나 많은 사례들에 대한 심층 비교분석을 통한 이론화의 시도는 추후 과제로 미루기로 한다.

---

13) 이미 이 비극에 대해서는 적지 않은 주목할 만한 소개, 연구, 증언들이 존재한다. 차제에 다음의 본격적인 연구를 위해 분야별로 기초적인 안내서들을 간략히 소개하고자 한다. 먼저 가장 개략적인 안내는 Khamboly Dy, *A History of Democratic Kampuchea, 1975~1979*, Phnom Penh: Documentation Center of Cambodia, 2007; 대량학살과 범죄에 대해서는 Ben Kiernan, *The Pol Pot Regime: Race, Power, and Genocide in Cambodia under the Khmer Rouge, 1975~1979*, Chiang Mai, Thailand: Yale University Press, Silkworm Books, 1996, 1997; Stephen Heder and Brain D. Tittemore, *Seven Candidates for Prosecution: Accountability for the Crimes of the Khmer Rouge*, Phnom Penh: Documentation Center of Cambodia, 2001, 2004; Meng-Try Ea and Sorya Sim, *Victims and Perpetrators? - Testimony of Young Khmer Rouge Comrades*, Documentation Center of Cambodia, Phnom Penh, 2001; 미국의 캄보디아 침공과 대량살상에 대해서는 William Shawcross, 김주환 옮김, 『미국의 캄보디아 침공―숨겨진 전쟁』, 선인, 2003; 학살에 연루된 개인에 대한 연구는 필립 쇼트, 이혜선 옮김, 『폴 포트 평전―대참사의 해부』, 실천문학, 2008; 티에리 크루벨리에, 전혜영 옮김, 『자백의 대가―크메르 루즈 살인고문관의 정신세계』, 글항아리, 2012; 사후 복구와 회복 과정의 내면에 대해서는 Evan Gottesman, *Cambodia After the Khmer Rouge: Inside the Politics of Nation Building*, Chiang Mai, Thailand: Silkworm Books, 2003; 생존자들의 증언에 대해서는 Huy Vannak, *Bou Meng: a Survivor from Khmer Rouge Prison S-21*, Phnom Penn: Documentation Center of Cambodia, 2010; Chum Mey, *Survivor: The Triumph of An Ordinary Man In the Khmer Rouge Genocide*, Phnom Penh: Documentation Center of Cambodia, 2012; 정신건강에 대한 조사에 대해서는 Royal University of Phnom Penh, Department of Psychology, *Cambodian Mental Health Survey*, 2012; 캄보디아 특별재판부에 대한 심층연구는 강경모, 『유엔 캄보디아 특별재판부 연구―캄보디아 전환기 정의와 한반도 통일』, 전환기 정의 연구원, 2016을 각각 참조할 수 있다.

역사적 영년

캄보디아에서 1975년, 또는 1975~1979년은 역사적 영년이었다. 일찍이 1947년에 거장 로베르토 로셀리니(Roberto Rossellini)는 〈독일 영년(*Germany, Year Zero, Germania, Anno Zero*)〉이라는 영화를 만든 바 있다.[14] 영년(零年)이라는 표현은 필자가 아는 한 이때 처음 등장했다. 한 소년의 삶을 통해 완전한 폐허와 잿더미로부터의 죽음을 추적하며 영화는 절대파괴와 절대절망을 다루고 있다.

병든 아버지를 죽인 소년의 자살로 귀결되는 영화에서 형은 자기가 아버지를 죽였다고 진술한다. 그 사실을 모르는 누이는 아버지 장례에 가자고 동생을 계속 부른다. 소년은 건물 위에서 자신이 죽인 아버지의 시체가 운구되는 것을 본다. 누나의 부름에도 내려다볼 뿐 대답 대신 건물 아래로 몸을 날려 자살을 택한 소년의 행동은 전쟁 직후의 모든 희망의 상실을 의미한다. 전후 독일 사회의 극단의 절망 상황을 그린 인간 고발 드라마로서 부모를 죽여야 하는 현실, 그리고 자신도 죽는 현실이다. 사회가 강요한 부친살해(patricide)의 현실은 우리에게 무엇을 의미하나? 역사의 안티고네가 아닌 현실의 한 안티고네였던 것이다.

1945년은 확실히 인류에게 역사의 0년이었다.[15] 모든 희망은 끊겼고, 절망은 세계를 덮었다. 피와 시체는 넘쳤고, 죽음과 다름없는 삶들이 지천이

---

14) 하승희, 「표현주의적 의미망의 미학」, 홍성남·유운성 엮음, 『로베르토 로셀리니』, 한나래, 2004, 118~131쪽.

15) 최근의 대중적인 한 역사서 역시 1945년을 '백지상태'라면서 독일 사회민주주의자들 및 로베르트 로셀리니로부터 '독일 0년' 표현을 빌려와 '0년', '폐허의 0년'을 사용하고 있다. 이안 부루마, 신보영 옮김, 『0년—현대의 탄생, 1945년의 세계사』, 글항아리, 2016, 315~316쪽.

었다. 이 날카로운 영화감독은, 자신의 개인적 비극을 안은 채 인간의 절대참상으로부터 완전한 파괴와 전면적 출발을 의미하는 영년을 인식했던 것으로 보인다. 자살로 귀결되는 주인공 소년의 최후 선택은 영화의 주제나 화면 속의 베를린 모습보다도 더 깊게 우리 가슴을 베어놓고 만다. 그 최후 장면의 잔상은 너무도 오래 간다.

절대전쟁의 종식 직후인 1949년 신부 게오르규(Constantin Gheorghiu)는 『25시』를 집필하여 전 세계에 충격을 던진 바 있다. 이때 '25시'는 '0년'과 마찬가지로 인간이 존재할 수 없는 시간을 의미했다. 즉 '0년'과 '25시'는 같은 의미였다. 게오르규 역시 "인간에게 아무런 구원을 가져오지 못하는 사회적 완성의 절정"을 통렬하게 비판하고 있다. 세계가 다시 읽어야 할, 인류 최대의 비극 직후의 고전이 아닐 수 없다.[16]

1960년대와 70년대에 집필된 2차대전에 대한 고전적 저작에서 프랑스 역사학자 앙리 미셸(Henri Michel)은 1945년을 영년으로 지칭한다. 절대 폐허와 절대 파괴의 개념화였다. "독일의 재난은 전면적이었다. 1945년은 영년(Année Zéro)이었다. 그렇게 짧은 기간 동안 그와 같이 자극적인 승전과 영토 확장 후에 그와 같이 완전한 패배를 경험한 나라도 드물다. 공장, 철도, 도로는 폐허가 되었고… 독일이라는 국가는 이미 존재하지 않았다."[17]

아도르노가 '아우슈비츠 이후의 아우슈비츠'를 말했듯 '역사적 영년' 역시 동일했다. 프랑스와 퐁쇼(Francois Ponchaud)는 완전히 새로운 무균사회를 건설하려는 급진 이념주의가 초래한 전면살상과 완전파괴의 인간참상을

---

16) Virgil Gheorghiu, *The Twenty-Fifth Hour*, Translated from the Romanian by Rita Eldon, Chicago: Henry Regnery Company, 1950; Virgil Gheorghiu, *La Vingt-Cinquième Heure*, Traduit du Roumain par Monique Saint-Come, Paris: Plon, 1949, 1966, 1990; Virgil Gheorghiu, 원용서 옮김, 『25시』 상/하, 삼중당, 1976.
17) 앙리 미셸, 김용자 옮김, 『제2차 세계대전』(1975), 박영사, 1986, 149쪽.

고발하며 『캄보디아: 영년(*Cambodge: Année Zéro; Cambodia: Year Zero*)』를 집필한다. 저자 퐁쇼는 1965년부터 1975년까지 10년 동안 현장에 체류했던 가톨릭 선교사였다.[18]

민주캄푸치아의 가공할 폭정과 학살을 폭로한 최초의 출판물이자 증언록에서 그는 "캄보디아 역사에서 영광의 날인 1975년 4월 17일 앙코르제국 시대보다도 더 놀라운 시대로 들어섰다"는, 1975년 이후 반복되는 공식 구호이자 언명을 소개한다. 1975년은 완전한 새 사회를 향한 완전 혁명 시작이었다. 크메르 루즈는 완전한 새 출발을 다짐했다. 그에 따르면 캄보디아 학살은 "의심의 여지 없이 우리 세기 최악의 유혈혁명"이었다.[19]

그러나 퐁쇼가 소개하는 촘스키(Noam Chomsky)-포터(Gareth Porter)-라쿠트레(Jean Lacouture)-퐁쇼 논쟁에서 보다시피, 학살의 진실을 둘러싼 논쟁은 당시에도 여전히 뜨거웠다.[20] 물론, 진실이 드러난 이후에는 이념을 고리로 삼은, 사실 자체를 둘러싼 이러한 논쟁은 오늘날 더 이상 진행되지 않는다. 이는 마치 한국전쟁을 둘러싼 1950년대 유럽의 지성들인 사르트르(Jean Paul Sartre)-메를로 퐁티(Maurice J. J. Merleau Ponty)-레이몽 아롱(Raymond Aron)-카뮈(Albert Camus) 사이의 개전 주체 및 한국전쟁의 성격, 사회주의 문제를 둘러싼 분열과 논쟁, 견해 차이를 연상케 한다.[21] 급진혁명과 인간비극의 관계 문제에 있어, 이념을 고수할 것인가, 사실을 존중할 것인가를 둘러싼 인간들의

---

18) Francois Ponchaud, *Cambodia Year Zero*, Translated by Nancy Amphoux, New York: Holt, Rinehart and Winston, 1977, 1978.

19) Ibid, p. xiv.

20) Ibid, pp. xiii~xvi.

21) 정명환·장 프랑수아 시리넬리·변광배·유기환 공저, 『프랑스 지식인들과 한국전쟁』, 민음사, 2004; 최정호, 「기만된 평화, 거북한 승리—6·25전쟁의 발발과 지식인」, 『계간 사상』 1990년 봄호, 303~331쪽.

고전적인 분기가 아닐 수 없다. 물론 한국전쟁을 둘러싼, 이념에 바탕을 둔 남침-북침 논쟁 역시 오늘날에는 완전히 잦아들었다.

그러한 한국 역시 역사적 영년을 경험한 바 있다.

1953년 7월 27일 휴전협정의 조인과 함께 3년 1개월 2일간 계속돼온 전쟁의 포성은 멎었다. 이로써 20세기 한국의 역사에서 가장 비극적인, 20세기 세계사의 한 중요한 전환기적 사건이었던 한국전쟁이 끝났다. (…) 전쟁이 끝났을 때 어떤 한국인도, 한국 사회의 어떤 부분도 전쟁 전의 모습과 의식을 간직한 채 남아 있을 수는 없었다. 혁명적 물결이 가득하고 새로운 국가와 사회를 건설하기 위한 부푼 희망과 빠른 움직임들로 넘실대던 해방의 해인 8년 전 1945년의 상황과, 좌절, 죽음, 기아와 절망, 시체와 분단, 그리고 미래에 대한 암울한 전망만이 모든 이들의 사고와 삶을 무겁게 짓누르는 1953년의 사회상의 차이는 이 사이 8년 동안 한국에서 과연 무슨 일이 있었는지를 뚜렷하게 보여주고도 남았다.

모든 게 바뀌었다. 전전의 모습을 고스란히 보존하고 있는 것은 아무것도 없었다. 모든 사람들의 삶은 갈기갈기 찢겼고 갈라졌다. 많은 사람들이 죽임을 당했고, 한반도 곳곳은 전쟁의 참화를 상징하는 주검들로 가득 찼다. 살아남은 자들도 전쟁의 광포성에 떨었다. 거대한 역사적 파랑에 휩쓸렸던 노동자와 농민들이 제자리로 돌아왔을 때 자신들을 포함하여 그들 주위에서 전전의 모습을 간직하고 있는 것은 아무것도 없었다. 한국인들에게 1953년은 역사적 영년이었다.[22]

---

22) 박명림, 「한국전쟁의 구조—기원·원인·영향」, 박현채 편, 『청년을 위한 한국 현대사: 1945~1991, 고난과 희망의 민족사』, 소나무, 1992, 123~124쪽.

동근원성의 역설: 내전, 또는 자족(自族) 집단학살

바로 직전 세기까지도 인류는 두 번의 세계대전과 세계 곳곳의 전체주의를 포함한 최악의 폭력을 지속해왔다는 점에서 알 수 있듯이, 반복되는 인간 비극들은 최근까지도 끊임이 없었다. 아니 현대사인 20세기야말로 문명 내의 폭력, 인간들 사이의 폭력이 가장 절정에 달했던 최악의 세기였는지도 모른다.

지구 전체에 미만한 대량살상과 폭력을 언급하면서 마르타 미노우(Martha Minow)는 "20세기는 무엇보다 먼저 대량 잔혹성의 세기로 기억될 것인가?"를 묻는다. 20세기가 보여준 산업발전, 기술진보, 문명발달, 민주주의 확산에도 불구하고 두 번의 세계대전과 홀로코스트, 그리고 세계의 끝없는 대량살상과 대량폭압을 언급하며 미노우는 위와 같이 묻고 있는 것이다.[23] 분명 20세기는 전쟁과 전체주의를 포함한 폭력의 전 지구화라는 점에서 가장 전면적이고도 예외적인 시기였다.

그렇다면 극단적인 세계적 전체적 학살의 세기를 지난 뒤에서야 우리는 왜 치유(healing)의 절대적 필요성을 말하는가? 또 그것이 왜 전체의 회복이어야 하는가를 묻고 있는가? 인류 대학살의 세기 이전에 치유를 말할 수 있었으면 좋았으련만, 그리하여 조금이라도 절대비극을 막을 수 있었으면 좋았으련만 인간 사유의 궤적은 언제나 사후적이다. '비극 이후', 특히 '전체 비극 이후'인 것이다. 전체가 비극을 당하기 이전에는 아무도 타인들의 비극에는 심각한 관심을 기울이지 않았던 것이다. 즉 내 가족과 내

---

23) Martha Minow, *Between Vengence and Forgiveness: Facing History after Genocide and Mass Violence*, Boston: Beacon press, 1998, p. 1.

옆을 포함한 인류 전체의 절대비극을 치른 뒤에서야 인류는 비로소 인간 공존의 절대요소로서 화해와 치유에 눈을 뜬 것이다. 그러니 우리 인간들은 얼마나 몽매한가? 따라서 치유는 반드시 개인과 전체 회복의 공동 결과가 아닐 수 없다. 학살이 곧 개인과 전체에 대한 공동파괴를 의미하기 때문이다.

주지하듯이 학살에 대한 일련의 개념들—genocide, holocaust, mass killing, slaughter, massacre, atrocity를 포함하여—중 가장 표징적인 홀로코스트(1944)는 '번제(holocautōma, whole burnt offering)'라는 말에서 유래했다. 즉 '전체(holos, whole)'와 '태우다(kaustos, to burn)'의 합성어로서 '전체를 태우다'라는 뜻을 갖는다. 이 말은 성서 히브리서 10장 5~6절 "그러므로 주께서 세상에 임하실 때에 이르시되 하나님이 제사와 예물을 원하지 아니하시고 오직 나를 위하여 한 몸을 예비하셨도다. 번제와 속죄제는 기뻐하지 아니하시나니"에서 유래한다. '치유(healing)' 역시 '전체'라는 같은 말에서 유래했다.

폴란드 출신의 유태인 법학자로서 가족을 남겨둔 채 홀로 탈출한 바 있는 라파엘 렘킨(Raphael Lemkin)은 1944년 『점령 유럽에서의 주축국 통치(Axis Rule in Occupied Europe)』라는 책에서 '제노사이드'라는 용어를 처음 사용했다.[24] 이 말은 종족/인종이라는 뜻의 'genos'와 살인이라는 뜻의 'cide'가 결합된 말로서 "한 국민이나 한 민족집단에 대한 파괴"를 의미했다.

렘킨이 보여주는 바는 직접 체험자들의 승화된 연구와 고발이 갖는 엄청난 논리와 인간적인 설득력이다. 이러한 체험자들에 의한 인간성 고양

---

24) 최호근, 『제노사이드—학살과 은폐의 역사』, 책세상, 2005, 21~22쪽.

의 저술들은 한나 아렌트(Hannah Arendt)[25]와 빅터 프랭클(Victor E. Frankl)[26]과 미로슬라프 볼프(Miroslav Volf)[27]를 포함해 우리 앞에 적지 않게 제공되어 있다. 그런데 이들은 모두 다른 종족, 또는 다른 민족에 의한 학살을 말했다.

그렇다면 가공할 절대폭력들은 과연 독일인들의 유태인들에 대한 범죄처럼 다른 종족과 민족에 대해서만 자행되었는가? 우리가 사례로 삼은 크메르 루즈의 경우만 하더라도 자기 종족에 대한 대량살상이었다. 파괴와 학살은 자기 공동체 내면을 향해서도 똑같이 자행된다. 일찍이 근대 정치사상의 문을 연 홉스는 감당할 수 없는 내전(bellum civille)의 인간 고통을 언급하면서 "통치 형태를 불문하고 인간이 겪는 그 어떤 극심한 불편도 내전에 따르는 비참과 공포의 재난에 비하면 (…) 아무것도 아니다"[28]라고 말한 있다. 그는 묻는다.

기독교 세계에서도 사도시대 이래 지금까지 서로 밀어내려는 전쟁과 내전이 그친 날이 없었고, 자기의 처지가 조금이라도 난감해지면 그리고 다른 사람의 지위가 조금이라도 높아지면 부정한 짓을 서슴지 않았다. '복됨'이라는 동일한 목표를 가진 사람들이 이렇게 서로 다른 길로 달려가고 있으니, 우리가 밤의 어둠 속에 있지 않고서야, 적어도 안개 속에 있지 않고서야 어떻게 이런 일이 벌어질 수 있겠는가? 그러므로 우리는 아직도 어둠 속에 있다.[29]

25) 한나 아렌트, 이진우·박미애 옮김, 『전체주의의 기원』 1·2, 한길사, 2006.
26) 빅터 프랭클, 이시형 옮김, 『죽음의 수용소에서』, 청아출판사, 2005.
27) 미로슬라브 볼프, 박세혁 옮김, 『배제와 포용』, IVP, 2012; 미로슬라브 볼프, 홍종락 옮김, 『기억의 종말』, IVP, 2016.
28) Thomas Hobbes, 진석용 옮김, 『리바이어던 1』, 나남, 2008, 247쪽.
29) Thomas Hobbes, 진석용 옮김, 『리바이어던 2』, 나남, 2008, 310쪽.

결국 인간들에게 가장 깊은 하나의 의문은 가혹한 내전, 즉 동족과 근친상잔(相殘)의 문제이다. 자족학살(self-slaughter)과 자족말살(auto-genocide)을 말한다. 다른 말로 하여 자기학살, 자족근절, 자족절멸이다. 형제를 죽인 카인의 후예들로서 자기 종족과 자기 민족 내에서 서로 신고하고 서로 학살하며 서로 증오하는 인간 청소와 같은 상호 죽임이다. 혹여 다른 동물들과는 달리 오직 인간들만이 자기 종족=인간에 대한 최악의 학살을 반복하는 것은 아닌가?

에라스무스를 포함해 이 문제는 사실 이미 오래 전부터, 특히 근대로의 진입 문턱 이후 한 근본적인 물음이자 원초적인 고뇌였다.[30] 내전 개념을 고안한 홉스는 말할 필요도 없었다. 다시 강조하자면 인류의 첫 살인은 형제살인이었다. 근대식으로 말하면 내전이요 동족살상이었다. 그러나 기실 인간은 모두가 한 종이 아니던가? 그렇게 볼 때 인간들 사이의 모든 전쟁은 넓은 의미에서는 동종(同種)인 인간들 사이의 일종의 내전이 아닐 수 없다.

라쿠트레(Jean Lacouture)는 자족말살(auto-genocide)을 말하며 일반적으로 제노사이드는 타인종 타종족을 향해서 시도되나, 캄보디아에서는 자기 종족, 자기 민족을 향하여 시도되었다고 진술한다.[31] 앞의 퐁쇼는 크메르 인민들의 자족학살(self-slaughter)과 영년(year zero)을 말하며 "그렇게 짧은 기간에 시행된 지금까지 가장 급진적인 혁명"이라고 고발한다.[32] 그러면서 과연 "인간

---

30) Desiderius Erasmus, "A Complaint of Peace/Querela pacis", Edited by Erika Rummel, *The Erasmus Reader*, toronto: University of Toronto Press, 1990, pp. 288~314.

31) Jean Lacouture, "The Bloodiest Revolution", *The New York Review of Books*, March, 31, 1977, pp. 9~10.

32) Francois Ponchaud, *Cambodge: Année Zéro*, p. xvi, p. 192.

은 어디에 있는가?" 절규하듯 묻는다.[33] 모든 것을 청소하려는 완전무결한 정화(purification)의 히스테리에 빠진 이념주의자들이 모든 과거를 완전히 묻으려고 시도했으며, 삶의 새 기술을 배우기 위해 살아 있는 많은 사람들이 살해되어갔다는 가혹한 역설을 고발한다.[34] 20세기의 대량살상을 탐구한 모록(Richard Morrock) 역시 캄보디아의 자족살해를 언급한다.[35]

내부의 자기공격, 즉 자민족학살/자족학살(自族虐殺)을 어떻게 이해해야 할 것인가? 인종청소(ethnic cleansing)의 다른 한 유형으로서의 자민족청소/자족청소(自族淸掃, self-ethnic cleansing)를 우리는 정녕 어떻게 이해해야 할 것인가? 물론 방금 위에서 말했듯 근본적으로 인간들의 종족청소는 넓은 의미에서는 '인간에 대한 인간의 청소'라는 점에서 모두 자기청소요 자족학살이 아닐 수 없다. 카인의 후예로서의 행동인 것이다.

그렇다면 우리가 일반적 관념처럼 타족에 의한 인종청소는 철저히 증오하고 처벌하면서도 자기 종족에 의한 자족청소는 용서하고 관용(해야)한다는 명제는 과연 받아들일 수 있는 것인가? 이른바 학살 이해에서의 민족주의적 접근을 말한다. 외부의 폭력은 처벌해야 하나, 내부의 폭력은 용서해야 한다? 이러한 이중기준은 똑같이 평등한 의미를 갖는 한 인간과 한 생명을 단위로 생각할 때 있을 수 없는 일이다. 내부폭력도 똑같은 인간폭력이다. 내부 집단살해 역시 똑같은 집단살해다. 게다가 지극히 모순적인 동근원성의 역설을 기억해야 한다.

인간들은 왜 갈등하는가? 다른 모든 것이 같더라도 인간들은 종종 너

---

33) Francois Ponchaud, *Cambodge: Année Zéro*, p. 192.

34) Ibid, p. 192.

35) Richard Morrock, *The Psychology of Genocide and Violent Oppression: a study of mass cruelty from Nazi Germany to Rwanda*, McFarland & Company, 2010, p. 87~101.

무도 사소한 차이에 대한 자기집착과 확대해석으로 인해 증오와 폭력과 살육으로 치닫는다. 인류의 시작이 카인의 아벨에 대한, 가장 가까운 '형제'살인으로부터였다는 점은 인간 본질의 핵심을 함축한다. 근린학살은 자주 내전 또는 자족청소와 겹친다. 실제로 캄보디아의 경우 종족, 역사, 문화, 국가, 언어 등 모든 것이 완전히 같았으되 단지 외부로부터 삽입된 이념 하나만이 달랐던 한 거의 완전한 동질사회에서 거대한 학살극이 자행되었다. 소위 냉전시대 살상과 학살은 대부분 이런 유형들이었다. 일찍이 프로이트(Sigmund Freud)는 '사소한 차이에 대한 자기집착(the Narcissism of Minor Difference, der Narzissmus der kleinen Differenzen)'이 사랑과 증오, 단결과 폭력으로 함께 연결되는 인간 모순을 날카롭게 지적했다.[36]

동족을 포함해 사랑하는 또는 가까운 인간들은 '사소한 차이'에 대한 과도한 자기집착과 확대해석으로 인해 점차 증오·갈등·전쟁으로 치닫는다. 사랑과 증오, 인간애와 폭력의 병행 발전에 대한 깊은 통찰이다. 종교·형제·종족·문화·생활권 등 근원이 같고 오랠수록 인간들은 사랑과 증오가 함께 자라난다. 숱한 인간폭력과 대량살상의 사례들을 천착하면 할수록 프로이트의 명제는 잘 들어맞는다. 기독교와 이슬람도 한 뿌리, 한 형제에서 나왔다. 분리된 상대는 공동체를 파괴한 이단과 병균으로 간주되고, 제

---

36) Sigmund Freud, *Civilization and Its Discontents, Taboo of Virginity, Group Psychology and the Analysis of the Ego* 의 공통적인 한 핵심테제다. 이는 장구한 동근원성의 사회, 공동체, 인간 단위에서의 사랑과 증오, 단결과 폭력이 함께 가는 평행 현상에 대한 가장 깊은 통찰이 아닐 수 없다. Glen O. Gabbard, M.D., "On Hate in Love Relationships: The Narcissism of Minor Differences Revisited", *Psychoanalytic Quarterly LXII*, 1993, pp. 229~238; Michael Ignatieff, *The Warrior's Honor: Ethnic War and the Modern Conscience*, Henry Holt and Co., 1998, pp. 34~71; Robert J. Sternberg, "A duplex theory of hate: Development and application to terrorism, massacres, and genocide", *Review of General Psychology*, Vol 7(3), Sep 2003, pp. 299~328.

거를 위한 의지와 수단은 가장 강력하다. 폭력은 물론 전쟁도 불사한다.

캄보디아는 종족·언어·문화·정치·종교가 희귀할 정도로 오랫동안 일치해온 사례에 속한다. 그런 그들에게 세계이념을 따르는 갈등과 폭력은 예외이자 배반이었다. 한 형제, 한 동포, 한 종교, 한 백성으로 살아온 초장기 단일공동체를 파괴한 상대는, 오직 이념이라는 단 한 가지만 달랐음에도 과도한 집착으로 학살로 치달았다. 그렇다면, 반대로 사소한 차이를 넘는다면 대동이 가능하다는 역설이 가능하다.

가해자-피해자 구분, 또는 소위 '가피해자'에 대하여

자족학살 못지않게 더욱 곤혹스런 문제가 남아 있다. 어이없는 자기종족살해의 만연과 함께 캄보디아에서 인간으로서 가장 깊게 물어야 하는 점은, 가해자들의 악행에 대한 명백한 분노는 물론이려니와, 가해-피해, 가해자-피해자의 명확한 구별이 어렵다는 점이었다. 국가와 중앙정부 차원에서는 분명 둘의 구분이 명백했다. 그러나 마을 차원에서 그것은 너무도 어려운 문제였다.

우리는 일반적으로 가해와 피해를 구분하지 않으면 정의는 물론 화해도 불가능하다고 여긴다. 말할 필요도 없이 분명하게 나눌 수 있다면, 인간들의 정의와 화해를 위해 가해-피해의 선명한 구분보다 더 중요한 것은 없다. 그러나 적지 않은 경우 둘은 깊이 뒤섞인다. 즉 가해와 피해의 구분과 계선은 서로 뒤엉키는 것이다. 인간들은 행동과 반응의 악순환으로 인한 상호 악화로 인해 점점 더 많은 폭력을 사용하는 폭력의 상승과 나선형 구조로 빠져든다.

그럴 때 마침내 양측 모두가 피해자라는 것이 진실임을 알게 되지만, 동시에 양측 모두가 가해자라는 것도 피할 수 없는 진실이다. 따라서 양측 각각은 협력적 관계를 향하여 나아가려면 자신들의 파괴적 행동을 인정하고 용서해야 한다. 가해자는 말할 필요도 없지만, 희생자들도 역시 비인간화의 범죄를 저질렀을 수 있다. 따라서 상호 존중과 상호 안전에 대한 새로운 균형과 참된 인지를 통해 상호 피해에 대한 양쪽의 애도는 완성된다.[37]

크메르 루즈는 크게는 가해 주범이지만, 어느 마을에서는 피해의 희생양이기도 했다. 너무도 복잡한 관계양식, 즉 가해자와 가해자, 가해자와 피해자, 피해자와 피해자 사이에 더하여 다른 개념, 이를테면 가해자인 동시에 피해자인 '가피해자'는 과연 가능한 개념인지 묻지 않을 수 없을 정도였다. 가장 가혹했던 S-21 감옥에서 살아남은 젊은 생존자들에 대한 한 종합연구는, 아예 그들 젊은 생존자들을 크메르 루즈의 "가해자인 동시에 희생자로 간주되어야 한다"고 결론짓는다.[38] 이들을 일방적인 피해자로만 여겼던 시각에 대한 실증적인 반증이 아닐 수 없다.

필자가 현장에서 직접 만났던, S-21 감옥의 7인의 생존자 중 1인인 보우 멍(Bou Meng)에 대한 증언에 바탕한 한 연구에 따르면, 오늘날 캄보디아에서 희생자들과 가해자들은 '(무죄)방면의 문화' 속에 같은 공동체들에서 서로 함께 살고 있다. 연구는,—당시까지는—크메르 루즈의 지도자들에 대

---

37) Ronald J. Fisher, "Social-Psychological Processes in Interactive Conflict Analysis and Reconciliation", Mohammed Abu-Nimer ed., *Reconciliation, Justice, and Coexistence: Theory and Practice*, Maryland: Lexington Books, 2001, pp. 38~40.

38) Meng-Try Ea and Sorya Sim, *Victims and Perpetrators? - Testimony of Young Khmer Rouge Comrades*, Documentation Center of Cambodia, Phnom Penh, 2001, p. 45.

한 단 하나의 신뢰할 만한 재판도 이루어지지 않았다고 비판한다. 그 때문에 많은 크메르 루즈 생존자들은 아직도 우울증을 포함한 여러 심리적 증세로 고통 받고 있다. 진실과 사과가 캄보디아인들에게 결정적으로 중요한 까닭이다.[39]

그러나 이러한 현상은 캄보디아만의 문제는 아니었다. 외려 캄보디아는 더 나은 경우였는지 모른다. 독일, 일본, 소련, 중국, 한반도(남한과 북한), 남북 베트남, 인도네시아, 남아프리카공화국 등, 어디에서도 처벌은 아예 없었거나 극소수였다. 엄청나게 떠들썩하게 진행된 몇몇 사건들로 인해 독자들은 이러한 주장에 대해 크게 놀라겠지만, 그것이 대량학살에 대한 인류의 일반적 사후 대응 방법이었다. 불의하고 화가 나지만 인간사(人間事)의 실제 현실이다. 20세기 최악의 학살을 불러일으킨 소련에서 책임자 처벌은 전무했다. 중국도 마찬가지였다. 이유는 단 하나, 권력이 패배하지 않았기 때문이다. 패배한 독일과 이탈리아와 일본의 사례라고 해서 특별히 엄중한 처벌이 있었던 것은 아니다. 가공할 학살에 비하면 인류의 처벌 수위는 언제나 너무도 낮았다.

캄보디아의, 특히 지방 수준에서 숱한 가피해자의 존재는, 희생자의식과 희생학만으로 과거극복이 과연 충분할 것인지를 묻게 한다. 그들의 진정한 고통은 어쩌면 가해자를 응징하지 못한다는 사실보다, 오히려 가해자와 함께 살아가야 하는 현실에 있지 않나 여겨질 정도였다. "한 마을에서 진실규명과 처벌이 어려운 이유는 모두가 가해자이고 모두가 피해자이기 때문이다. 게다가 모두 함께 살았고, 앞으로도 함께 살 것이기 때문이

---

39) Huy Vannak, *Bou Meng: a Survivor from Khmer Rouge Prison S-21*, Phnom Penn: Documentation Center of Cambodia, 2010, pp. 68~69.

다." 캄보디아에서 수차 들었던 이 말은 정의와 불의집단을 분명하게 나눠 온 일반적 관점에서 볼 때 인간비극과 학살 현장의 용서, 공존, 화해 문제 는 대체 어디서부터 어떻게 접근해야만 정의의 수립이 가능한지 근본적인 문제를 던지게 한다.

그리하여 이른바 신화적 폭력과 신적 폭력, 나아가 전통적 폭력과 근대 적 폭력, 전통문화와 첨단이데올로기, 전통 종교와 과학적 이념, 전통 인간 관계와 근대 관료조직이 온통 뒤엉킨 인간학살의 현장은 어느 측면이 더 주요한 요인인가를 끝없이 묻게 한다. 물론 아직까지 단일 정답은 없다. 그러나 근대 들어 대량살상의 최대의 책임요소가 국가폭력과 국가이데올 로기라는 점은 의심의 여지가 없었다. 다른 요인들은 국가라는 요인의 가 속요인, 또는 배경변수는 될 수 있을지언정 그 어느 것도 국가를 대체하지 는 못한다. 근대 이후 대량학살은 바로 국가폭력의 문제이기 때문이다.

'토착적 세계갈등', 또는 '세계적 토착갈등' —세계시민전쟁의 문제군들

인간들의 오랜 관념에 따르면 '문명 밖에는 안전/안보가 없다(Extra Civitatem Nulla Securitas)'. 즉 야만상태에서는 평안과 평화가 없다. 문명상태와 야만상태, 국가상태와 자연상태의 구별을 말한다. 경계를 넘을 때 후자 안 에서 안전은 없다. '문명 선 밖에는 평화가 없다'고 보는 것이다.[40] 홉스가

---

40) Thomas Hobbes, Edited by Howard Warrender, *De Cive The English Version*, New York: Oxford University Press, 1983, 1987, X. 1, pp. 129~130; Thomas Hobbes, 진석용 옮김, 『리바이어던 1. 교회국가 및 시

이 유명한 테제를 말한 이래 근대 이래 문명과 야만에 대한 구획과 충돌 관념은 폭력과 전쟁에 대한 가장 일반적인 해석을 구성한다. 심지어 그것은 거꾸로 '문명충돌(론)'의 이름 아래 오늘에마저도 그러하다.[41]

따라서 문제는 민족 내부이건 세계 차원이건 자기를 문명상태와 국가상태로, 반면 다른 진영, 타자, 적을 자연상태와 야만으로 규정할 때이다. 당연히 정의는 독점된다. 따라서 반면적이지만 이 경계를 넘어 정의를 공유할 때 평화와 공존, 용서와 화해는 가능해진다. 유럽 내전 이래 현대 세계의 대결 역시 자본주의 대 사회주의, 자유주의 대 공산주의의 구분처럼 서로 가장 분명한 문명/야만의 구분을 전제한다. 문명인 각각에게 상대 각각은 문명 밖 야만일 뿐이었다.

캄보디아에서의 우파 대 좌파, 론 놀(Lon Nol) 대 폴 포트(Pol Pot)의 대결은 이미 두 문명의 충돌, (미소) 세계이념의 캄보디아 내 세계시민전쟁의 성격을 띠고 있었다. 토착적이지만 세계적인 전쟁, 즉 세계시민전쟁[42]이었다.

민국가의 재료와 형태 및 권력』, 나남, 2008, 168~175쪽; Carl Schmitt, Foreword and Introduction by George Schwab, Translated by George Schwab and Erna Hilfstein, *The Leviathan in the State Theory of Thomas Hobbes*, Westport, Connecticut: Greenwood Press, 1996, pp. 47~48; Carl and Roberta Bridenbaugh, *No Peace Beyond the Line: The English in the Caribbean 1624~1690*, New York: Oxford University press, 1972.

41) 새뮤얼 헌팅턴, 이희재 옮김, 『문명의 충돌』, 김영사, 1997, 2016, 제9·10·11장, 340~500쪽.

42) 세계시민전쟁-세계계급투쟁-세계혁명-세계내전에 대한 관념과 철학은 칼 마르크스와 레닌과 스탈린에게서 가장 분명하고 선명하다. 강력한 비판을 포함해 이 문제는 다른 글에서 상론하려 한다. 이에 대한 주요 이론은 Carl Schmitt, *The Leviathan in the State Theory of Thomas Hobbes: Meaning and Failure of a Political Symbol*, George Schwab and Erna Hilfstein trans., Westport, Connecticut: Greenwood Press, 1938, 1996, p. 48; Carl Schmitt, *The Nomos of the Earth in the International Law of the Jus Publicum Europaeum*, G. L. Ulmen trans., New York: Telos Press Publishing, 1950, 2006, p. 296; Ernst Junger, *The Peace*, Stuart Hood trans., Hinsdale, Illinois: Henry Regnery Company, 1944, 1948, p. 24; Sigmund Neumann, "The International Civil War", *World Politics*, Vol. 1, no. 3, April 1949, pp. 333~350; Hannah Arendt, *On Revolution*, Penguin Books, 1963, 1965, p. 17을 참조. 한국전쟁 해석의 세계시민

무엇보다 캄보디아인들은 그들의 역사에서 그토록 잔혹한 상호학살의 내전도 없었고, 종족 간 부족 간 학살의 역사도 없었다. 문화적 역사적 요인의 어떤 것에서도 이 나라에서 잔혹한 집단적 동해보복법(lex talionis) 전통과 경험들을 찾을 수 없다. 누가 어떻게 학살의 이념과 논리를 들이밀었나? 혁명을 향한 절대이념은 대체 무엇이기에 자신들의 오랜 역사를 부정하고 완전한 새 역사를 꿈꾸는 창세의 절대영년, 절대세계를 상상하게 했던가?

아우슈비츠 이후, 굴락(Gulag) 이후, 그들은 혁명과 사회주의의 이름으로 또 하나의 완전 청소, 절대 정화를 시도했던 것이다. 그럴 때 미국, 중국, 소련, 프랑스의 개입은 무엇을 의미했나? 이 말은, 지방성 또는 토착성과 연결된 거대학살이 지닌 근대성과 세계성을 지적하기 위함이다. 크메르 루즈를 통해 발현된 세계이념과 세계갈등의 외삽이 결정적으로 중요했다는 점이다. 이 점은 우리에게 근대 이전의 토착적 갈등들이 근대 시대의 세계적 폭력보다 작은 피해를 낳은 현상을 어떻게 볼 것인가 묻게 한다. 오래된 설명들인 문화요인에 대한 강조를 전면적으로 재고해야 하는 지점이다.

즉 세계시민전쟁(global civil war, Weltbürgerkrieg)-세계내전(world civil war) 시대의 지구적 토착갈등(global indigenous conflict)으로서의 킬링필드를 말한다. 토착적 요인이냐 국제적 요인이냐의 양자택일이나 이분법으로 이해되어서는 안 된다. 개인들이 발사하는 총구로 인한 편재(遍在)한 비극은 세계나 국가 중

전쟁론에 대한 필자의 입론은 Myung-Lim Park, "Der Koreakrieg"(The Korean War), in Lee Eun-Jeung / Hannes B. Mosler Hrsg, *Landerbericht Korea* [BPB Country Report: Korea], Bonn: Bundeszentrale fur Politische Bildung, 2015, (in German), pp. 67~81; 박명림, 「우리시대 한국의 세계(사)적 향방―평화와 통일」, 『문화의 안과 밖 제8권 시대상황과 성찰―공동체의 삶』, 민음사, 2016, 233~281쪽.

심의 체계적인 이념과 전략이 없었다면 가능하지 않았다. 강조할 필요도 없이 폴 포트와 크메르 루즈의 악행에 대한 책임추궁은 조금도 회피되어선 안 되지만, 동시에 그들이 세계이념과 세계제국과 만나기 전에는, 즉 그것들과 캄보디아인들이 만나기 전에는 대량학살이 존재하지 않았다는 점은 무엇을 말하는가?

요컨대 원초적 폭력, 또는 작은 마을 수준의 살인들로 끝날 수도 있었던 내부 갈등이 거대한 대량살상, 세계학살로 돌변한 까닭에 대해 우리는 엄중히 물어야 한다. 세계이념 및 세계대결과의 만남이었다. 인종, 이념, 언어, 문화, 종족, 종교 등, 그 어떤 대결도 없는 무균사회에 무균이념을 자임하는 세계이념과 세계대결이 주입되었을 때 폭력은 개별폭력이 아닌 국가를 매개로 연결된 세계폭력이 되었다. 물론 우리는 조심해야 한다. 외부 제국의 폭력을 강조할수록 국가의 책임이 축소되듯, 후자가 강조될수록 전자의 역할을 가려진다.

인간평등의 낙원을 꿈꾸던 이상주의가 어떻게 인류 최악의 지옥을 현세에 구현했는가 하는 물음에 대해 나치, 소련, 중국의 문화혁명, 크메르 루즈 등 급진 전체주의(㉠) 사례들로부터 인류는 반드시 어떤 해답을 찾아야 한다. 인간 공동체는 부분이익과 부분진리의 상호 대화와 타협의 산물이기 때문에, 정의의 독점추구는 특수이익의 옹호자가 국가이익을 들어 보편이익의 수호자를 자임할 때 가능하다. 그러할 때 폭력은 제어 받지 않는다. 특수이익의 주창자가 전체의지의 담지자로 자임하며 그것을 타인에게 강요할 때 폭력은 극대화한다. 잔인한 개별학살과 원초적 처형이 강력한 인간의 언어로서 비판받아야 하는 것은 말할 필요도 없다. 그렇다고 해서 집단학살, 초토화, 단체소살이 그러한 살인보다 덜 반인도적인 범죄이라거나 덜 비판받아야 하는 악행이라고 말할 수는 결코 없다. 더욱 큰 범죄인 것이다.

진실은폐 및 왜곡, 치유지연 및 불능을 포함해 캄보디아의 대량학살은 국내 권력관계와 국제 권력관계의 총체적 귀결이었다. 무균사회에 무균이 념을 주입하려는 혁명, 즉 완전히 새로운 사회 건설을 시도한 역사를 극복하려 할 때 만약 크메르 루즈 때리기에만 집중하는 한, 표면적 반발은 없더라도, 내면적 응어리와 찌꺼기는 계속 남아 있을 것임에 틀림없다. 대량학살에 대한 크메르 루즈의 가장 명백한 최고 범죄를 인정하더라도 과연 베트남이 학살 책임이 없는 민주국가였고, 미국 역시 책임에서 자유로운 도덕적 인권 후원 국가라고 할 수 있을까?

따라서 순수 독립 자치 공간일 때는 존재하지 않았던 거대한 자족학살이 어떻게 경계국가로 전변되면서 국제정치의 소용돌이 속에 외부 세력과 이념의 삼투와 함께 급격하게 국제 세력다툼, 국제 이념쟁투의 소용돌이 속으로 빨려들어갔는지를 규명하지 않으면 국내-국제적 권력길항 속에 캄보디아의 내연은 계속될 것이다. 그러나 문제는 거기에서 그치지 않는다. 현지 면담과 취재 결과, 거의 모든 과거극복 관련 시민단체들이 국제지원으로부터 시작되었다는 점은, 치유의 단계에서도 지속되는 국제연대로 인해 더욱 깊은 생각을 자아내게 한다. 이것은 국제적 책임의 표현인 동시에 자발적인 치유의 한계라는 이중성을 함께 드러내기 때문이다. 생각할수록 어려운 문제가 아닐 수 없다.

대량학살: 문화담론을 넘어

문화는 학살을 저지하지 못할 뿐만 아니라 반대로 대량학살의 제일 요인도 아니다. 반인륜 범죄는 어디서나 국가와 권력의 것이며, 당, 군대, 경찰, 정보조직을 포함한 체계적인 조직과 관료기구의 책임이다. 그것이 종교와 문화를 활용하고 동원했다 하더라도 그러하다. 어떤 문화도, 인간학살의 가속요소요 촉진요인일 수는 있어도 학살의 근원요인은 결코 될 수 없다. 종교와 이념은 정당성과 동원을 위한 명분과 논리를 제공해준다. 그러나 이념조차 국가권력의 학살 행위의 정당화의 한 요인을 넘지 않는다.

문화적 설명에 관한 한 더욱 결정적인 문제가 존재한다. 즉 대량살상 및 정의실현의 지연에 관한 한 토착 문화와 종교를 강조하는 서구중심주의나 오리엔탈리즘 담론들은 정반대의 역사적 사실에 대해 객관적인 해답을 제시할 수 있어야 한다. 비교역사사회학의 지평을 열었던 20세기 최고 사회학자의 1인이었던 배링턴 무어(Barrington Moore, Jr.)는, 심층 비교 연구의 결과 자신을 가장 놀랍게 한 사실의 하나로서 대량박해를 초래한 도덕적 순결성(moral purity)의 이론과 실천이 유대교, 기독교, 이슬람교라는 세 단일암체적(單一嚴體的, monolithic) 종교에 한정된다는 점을 들고 있다.[43]

실제로 가공할 대규모 잔인성, 대량학살, 제노사이드, 세계전쟁, 홀로코스트, 전체주의 등은 유일신 종교, 단성사회, 단일암체 종교, 단일암체 도그마, 단일암체 정당, 단일 이념국가를 추구했던 근대 서구에서 빈발했다. 제1차 세계대전, 제2차 세계대전, 나치즘, 파시즘, 스탈린주의는 서구의 반인륜주의의 절정들이었다. 서구의 도래 이전에 아시아의 종교들, 즉 힌두교, 불교, 유교는 도덕적 순결성의 실현을 위한 단지 부분적 단초를 보여주었을 뿐이었다. 그러나 서구의 도래 이후 아시아 종교들의 침식은 일본

---

43) Barrington Moore, Jr., *Moral Purity and Persecution in History*, Princeton, New Jersey: Princeton University press, 2000, p. 128.

의 군국주의, 마오쩌둥주의(Maoism), 힌두교 등처럼 잔인한 대량박해의 토양을 제공했다.

말할 필요도 없이 무어의 위의 설명방식이 역(逆)오리엔탈리즘이나 옥시덴탈리즘을 주장하려는 것이 아님은 강조할 필요도 없다. 필자 역시 그러하다. 전통 동양사회의 반(反)인륜주의적 야만은 그것대로 비판받아야 한다. 그러나 특정의 종족, 이념, 진영 전체의 말살 시도를 보며 왜 게오르규와 아렌트는 문명 내의 문명자살과 문명자폭, 즉 서서갈등에 그토록 주목했는가를 깊이 성찰해야 한다. 30년전쟁, 제1차 세계대전, 제2차 세계대전, 홀로코스트, 나치즘, 볼셰비즘, 핵무기 등이 모두 서구에서 등장하고 서구에서 진행되었다. 이 오랜 참상과 비극의 반복은 그렇다면 기독교(문화)의 책임인가? 우리는 그렇게 물어도 되는가? 필자는 아니라고 생각한다.

'단일암체'라는 어휘는 하나라는 말과 돌이라는 말의 결합으로서 단 하나로 이루어진 거대한 돌덩어리를 말한다. 다른 어떤 요소도 뚫고 들어갈 수 없는 철통같은 단성 구조를 말한다. 수없이 많은 사람들이 모여 사는 인간공동체를 다원적 다성적 대화적으로 구성하지 않고 단 하나의 요소, 즉 단일 인물, 단일 종교, 단일 이념, 단일 정당, 단일 조직으로 완전히 통일하려는 것처럼 위험천만한 시도도 없다.

제2차 세계대전 이후 빈발한 아시아, 아프리카, 라틴아메리카, 중동 지역의 상당수 세계시민전쟁과 대량학살들은 토착적 책임 못지않게 세계와 국제사회, 미국과 소련의 발원적 책임이 중요했다. 대량학살에서 습속과 문화는 폭력의 매개체계요 정당화의 요인일 뿐이다. 캄보디아의 경우에도 관료적 체계성, 철저한 공산주의 교의, 상명하복의 명령조직과 위계, 비밀주의 등 전형적인 전체주의의 특징이 나타났다. 국가권력의 가공할 위협에 복종하여 학살을 자행하는 수동적 기계인간과 부품인간들도 허다하게 양산되었다.

지연된 정의, 정의의 부재, 그리고 완강한 범죄 부인

학살의 책임자들에 대한 비처벌은 지극히 세계 일반적이었다. 권력을 빼앗긴 학살의 최고 책임자 폴 포트는 실권 이후에도 19년을 더 생존하여 천수를 누렸다. 그는 말년에 체포되어 대중집회에서 종신형을 선고받았으나 처벌 없이 심장마비로 사망했다. 한 전기는 그의 죽음을 "잠자는 중에 편안하게 숨을 거두었다"고 기록하고 있다.[44]

목(Mok)은 수감 중 질병으로 사망했다. 수옹 시코온(Suon Sikoeun)은 투항했고 누온 체아(Nuon Chea), 이엥 사리(Ieng Sary)와 키우 삼폰(Khieu Samphan)은 민간인으로 상당 시간을 평범하게 생활했다. 두크(Deuch)는 수감되어 재판을 받았다. 심지어 오늘날까지 총리를 역임하고 있는 훈 센(Hun Sen)은 크메르 루즈의 연대 부지휘관 출신이었다.[45] 너무 놀랍지 않은가? 오랫동안 킬링필드 주요 전범자들은 거의 모두 처벌받지 않았다. 가장 최근 들어 킬링필드의 핵심 가해자 키우 삼판 전 국가주석과 누온 체아가 캄보디아 특별 법정(Extraordinary Chambers in the Courts of Cambodia, ECCC)으로부터 다시 종신형을 선고받았다.[46] 이는 아마도 국가원수급으로서는 최고 수위의 처벌일 가능성이

---

44) 필립 쇼트, 이혜선 옮김, 『폴 포트 평전―대참사의 해부』, 실천문학, 2008, 834~835쪽.

45) 위의 책, 855~867쪽.

46) ECCC, Trial Chamber, *Summary of Judgement, Case 002/02*, 16, Nov. 2018, p. 30(https://www.eccc.gov.kh/sites/default/files/documents/courtdoc/%5Bdate-in-tz%5D/20181119%20Summary%20of%20

높다.

그러나 이들은 학살 자행(1975년 4월 17일~1979년 1월 6일) 이후 무려 40여 년 만에야 국제개입을 통해 처벌을 받은 것이었다. 이는 지연되어도 너무도 '지연된 정의'가 아닐 수 없었다. 인류의 오랜 잠언을 떠올리며, 킹(Martin Luther King Jr.) 목사가 언급하듯 "너무 오래 지연된 정의(justice delayed)는 거부된 정의(justice denied)인 것이다." 그가 이해하기에 정의 요구에 대해 "기다려라! 기다려라!" 하는 말은 거의 항상 "결코 안하겠다!"는 말을 뜻했다.[47] 모두 죽는 유한한 인간들에게, 죽은 뒤의 정의는 정의가 아니다.

그러나 더욱 큰 문제는 악행을 저지른 자들에 대한 비처벌이 세계 모두에서 너무도 일반적이라는 점이다. 소련의 스탈린 공포정치와 공산주의 시대의 악행, 중국의 대약진 운동과 문화대혁명, 일본의 제2차 세계대전 범죄, 독일의 나치, 타이완의 2·28 사건, 남북 베트남 및 남한과 북한의 학살, 인도네시아, 남아프리카공화국, 남아메리카 국가들에서도 역시 큰 차이가 없거나 더 심했다. 어디서 무엇이 잘못된 것일까? 정의와 관용은 무엇이 우선해야 하는가? 또 진실과 화해, 용서와 처벌은? 잔혹한 반인도 반평화 범죄를 저지른 자들이 천수를 누리는 것은 대부분 용서 자체를 상념할 수 없는 억압의 지속 때문이었다.

오늘날 500만 명을 학살한 마오쩌둥의 범죄는 중국 내에서 전혀 언급조차 되지 않는다. 북한에서 김일성의 학살과 탄압 역시 비판과 진상규명

Judgement%20Case%2002-02%20ENG_checked%20against%20delivery_amended%20a.pdf. 2018년 11월 19일 검색).

47) Martin Luther King Jr., Edited by James M. Washington, "Letter from Birmingham City Jail" (1963), in *A Testament of Hope: The Essential Writings and Speeches of Martin Luther King, Jr.*, New York: Harper Collins, 1986, 1991, p. 292.

은커녕 언급 자체가 심각한 처벌을 받는 범죄를 구성한다. 대량살상과 탄압의 경우 최고 지도자들은 거의 모두 비처벌이었다. 그렇다면 인간사회에서 치유와 화해는 어떻게 가능할까? 왜 사건 당시 악행의 책임자들은 낮게 처벌받거나 처벌받지 않았는가? 처벌이 가능하려면 폭력의 중지를 위한 체제이행과 권력교체가 우선이자 선결요건이기 때문이다. 폭력(의 조건)이 지속되는 상태에서 용서와 공존, 치유와 화해를 말하는 것은 성립할 수 없다. 처벌이나 관용, 용서나 공존, 상생과 화해는 어디서나 권력교체와 체제이행이라는 최소 요건 실현 이후의 문제다. 결국 우리는, 정의가 폭력은 아니며 처벌이 보복은 아닐지라도, 체제전환이라는 최소한의 정의로부터 출발해야 한다는 점을 깨닫게 된다. 그렇다면, 일단 체제의 전환 이후에는 과연 비극을 그대로 두는 망각과 침묵이 치유일 수 있는가? 결코 아니다. 반대로 비극을 끄집어내 문제를 삼는 것이 치유인가? 후자가 치유 자체는 아니지만 분명 궁극적 치유를 향한 시작일 수는 있다. 인간들이 정의를 포기할 수 없는 까닭이다.

킬링필드가 학살의 근접 당대 시기—1970년대—라는 점을 제외할 경우, 독일, 일본, 소련, 중국, 북한, 인도네시아의 장기간의 은폐, 억압, 왜곡에 비하면 시기와 강도 면에서 캄보디아의 그것이 예외적으로 더 은폐되고 더 방관적인 사례였는지 묻게 된다. 결코 아니다. 중세와 근대 서구의 은폐는 더 길고 더 교묘했다. 우리가 문화적 설명에 대해 강력한 반론과 저항을 표출하는 소이다. 한국에서도 제주 4·3이나 한국전쟁에서의 민간인 학살은 오랫동안 금기와 탄압의 주제였다. 결국 캄보디아를 포함해 대량학살과 침묵을 개별 문화적으로 설명하려는 시도는 맞지 않는다.

독일의 나치 홀로코스트 만행조차 유럽 전체의 68혁명이 없었다면 독일의 자발적 과거청산은 실패했을 것이 분명하다. 전후 초기 독일은 청산과 치유의 모범이 결코 아니었다. 최고 직위 키징거(Kurt Georg Kiesinger) 총리와 한스 글로브케(Hans Globke)의 대표적 사례를 제외하고라도, 나치시대 악명 높은 특별재판소 재판관 검사들의 상당수가 서독 사법부에 다시 근무했으며 인종주의자들 역시 대거 생존했다. 군대에서는 고위급에 대한 면죄부 부여가 허다했다. 재판조차 없는 경우가 대부분이었다.

관료 부문의 경우 심지어 유태인 학살 직접 연루자들도 처벌을 면제받았다. 내무부·법무부·재무부·교통부의 고위관료들은 물론 나치와 유착되었던 대기업들 역시 처벌받지 않거나 가볍게 처벌받았다. 2015년에 발표된, 1949~70년 시기를 조사한 한 권위 있는 연구소의 조사보고서에 따르면, 내무부 관료의 경우 54%가 나치 출신이었으며, 56~61년 사이에는 무려 66%에 달했다.[48] 한국의 친일관료보다 압도적으로 높은 비율이다. 독일의 과거청산을 이상적 경로로 잘못 알고 있던 사람들에게는 큰 충격이 아닐 수 없다.

전후 독일 학계를 주름잡은 하이데거(Martin Heidegger)나 칼 슈미트(Carl Schmitt)를 포함해 많은 대가들 역시 나치 주도자들이거나 부역자들이었다. 예술과 문학의 정점인 카라얀(Herbert von Karajan)과 귄터 그라스(Gunter Grass)도 그러했다. 게다가 그들은 자신의 죄나 과오를 인정하지 않았다. '히틀러의 법률가'로 불린 나치의 핵심 법철학자 칼 슈미트는 "강요를 받아서 어쩔 수 없었다"고 항변했다. 유대인 학살의 전모가 공개되었을 때도 "내가

---

48) 포츠담현대사연구소(the Center for Contemporary History: ZZF, Potsdam) 조사 중간보고서. "Over Half of West Germany's Interior Ministry Workers Were Ex-Nazis"(https://sputniknews.com/europe/201511081029781755-west-germany-interior-ministry-nazi/)("Half of post-WWII interior ministry were ex-Nazis"(https://www.thelocal.de/20151107/between-1949-70-half-of-interior-ministry-were-ex-nazis 보도에서 재인용).

한 일 가운데 책임져야 할 부분은 기본적으로 학자들의 의견을 공개해 그 것을 생산적인 토론으로 이어지게 한 것"이라고 응수했다. 그는 탈(脫)나치 화를 위한 모든 시도를 거부했다. 독일의 주요 대학들은 그의 연구를 전폭 적으로 지지했다. 그는 나치에 관여한 사실에 대해, 그리고 유대인 학살에 대해 반유대적인 글을 발표한 사실에 대해 사죄한 적이 한 번도 없었다.[49] 그러나 그는 좌우 양쪽 모두에서 가장 중요한 학자의 한 명으로 받아들여 지는 세계적 학자가 되었다. 지독한 아이러니였다.

'히틀러의 슈퍼맨'으로 불린, 전후 세계 철학계에 커다란 영향을 끼친 하이데거는 어떠한가? 그가 비판받고 잠시 기소되었을 때조차 그는 "나 는 내가 일고 있는 가장 강력한 표현을 동원해 나의 신변과 나의 일에 대 한 공격에 저항하고자 한다"고 격하게 응수했다. 이 말을 들은 이후 우리 는 대체 '철학하는' 그의 정신상태를 어떻게 이해해야 하는가? 그는 나치 에 개입한 사실을 축소했으며 유죄가 될 만한 저작과 강연을 정교하게 편 집 삭제했다. 그는 자신이 끼친 피해에 대해 사과한 적이 한 번도 없으며, 히틀러의 희생자들이 겪었던 고통에 대해 연민을 표명한 적도 없었다. 그 가 하이데거였다. 대체 그의 그 방대한 철학은 인간의 무엇을 위한 것이었 을까?[50]

캄보디아 특별법정(ECCC)의 2016년 2월 3일 방청 당시 소감을 보면, 현 장에서 필자는 '악의 범속성' 테제를 제시하여 세계적인 논쟁을 불러일으 킨 한나 아렌트의 아이히만 재판 방청 장면을 떠올리는 동시에 나치에 대

---

49) 이본 셰라트, 김민수 옮김, 『히틀러의 철학자들—철학은 어떻게 정치의 도구로 변질되는 가』, 여름언덕, 2014, 제4장 '히틀러의 법률가—카를 슈미트', 142~157쪽.
50) 이본 셰라트, 김민수 옮김, 『히틀러의 철학자들』, 제5장 '히틀러의 슈퍼맨—마르틴 하이데 거', 158~189쪽, 350~358쪽.

한 협력자들의 사후 인식과 진술을 연상했다. 하나도 차이가 없었기 때문이었다. 크메르 루즈의 해군장교 보운(Meas Voeun, 1976년 초부터 1978년 8월까지 코콩Koh Kong 지방 파견군 제1부대Division 부사령관)의 진술은 나치에 대한 하이데거와 칼 슈미트의 진술과 태도,[51] 또는 예루살렘에서의 아이히만[52]과 너무도 유사했다. "모른다", "기억나지 않는다", "상부 지시만을 따랐다", "베트남인에 대한 살해와 증오는 당연했다"고 증언한다.

그들 자신의 입장에서는 퇴각 후에도 폴 포트와 크메르 루즈의 저항은 당연했다. 그들이 판단하기에 자신들은 지은 죄가 없었기 때문이다. 게다가 그들은 악으로부터 조국을 구출한 선한 행동가들이었다. 캄보디아에서 숱한 학살을 자행한 폴 포트와 두크의 태도와 진술은 위와 같은 학살 범죄자 일반의 성정을 완벽하게 반영한다. 폴 포트는 죽어가는 상황에서도 '놀랍도록 완고했다'(강조는 원문 그대로). 그는 자신은 사죄할 일을 전혀 저지르지 않았다, 나는 양심에 거리낌이 없다고 했다.[53] 우리는 이 진술을 과연 학살을 명령한 최고 책임자의 말이라고 어떻게 믿을 수 있는가?

두크는 말한다. "나쁜 짓을 저지른 사람들이 목숨을 잃게 된 부분에 대해서는 안타깝다고 생각해본 적이 없습니다." "저는 1999년 5월 8일자로 수감되었어요. 10년 하고도 6개월 18일이 흘렀군요. 그러니 이제는 저를 감옥

---

51) 칼 슈미트의 상세한 답변은 "Interrogation of Carl Schmitt by Robert Kempner (I)", *Telos 1987*, no. 72, pp. 97~129 참조.

52) 한나 아렌트, 김선욱 옮김, 『예루살렘의 아이히만』, 한길사, 2006. 이 책의 역자 서문과 정화열의 해설은 아렌트의 분석 못지않게 필독을 요한다. 이에 대한 정반대의 주장은 Bettina Stangneth, *Eichmann Before Jerusalem: The Unexamined Life of a Mass Murderer*, Ruth Martin trans., New York: Vintage Books, 2014 참조.

53) 필립 쇼트, 이혜선 옮김, 『폴 포트 평전—대참사의 해부』, 실천문학, 2008, 834쪽.

에서 풀어주시기를 간곡히 요청하는 바입니다."[54] 다른 사람을 숱하게 죽인 그가 너무 긴 투옥 생활이라며, 즉 자신의 죄 값을 초과하여 치르고 있다며 방면해달란다.

신념에 찬 정치적 범죄자들의 경우, 자신의 죄를 정의의 실현으로 간주하기 때문에 인간들은 자신의 죄를 인정하지 않는다. 최근 세계의 많은 사람들을 충격에 빠뜨린, 크로아티아-보스니아전쟁에서 인도에 반하는 전쟁범죄로 인한 헤이그의 구(舊)유고슬라비아 국제형사재판소에서 열린 재판 도중, 20년형 판결—사형이 아니었다—을 인정하지 않으며 법정 현장에서 음독을 감행하여 자살한 슬로보단 프랄략(Slobodan Praljak)의 사례는 인간의 범죄 인정이 자기 생명과의 교환을 통해서라도 부인해야 할 만큼 어렵다는 점을 보여준다.[55] 그는 "나는 전쟁 범죄자가 아니다. 나는 이 판결을 거부한다"라는 말과 함께 재판 현장에 선 채로 음독자살했다. 일시는 가장 최근이라고 할 수 있는 2017년 11월 29일이었다. 놀라운 그의 음독자살 장면은 아직도 크로아티아 국영TV, BBC, NBC 뉴스를 포함해 인터넷에 생생한 현장화면 동영상으로 볼 수 있다.

용서와 화해는 가능할까?—우리는 과연 인간인가?

킬링필드 초응 엑(Choeung Ek)을 두 차례 방문했을 때 보고 들었던 소름

---

54) 티에리 크루벨리에 지음, 전혜영 옮김, 『자백의 대가—크메르 루즈 살인고문관의 정신세계』, 글항아리, 2012, 395쪽, 508쪽.

55) https://www.bbc.com/news/world-europe-42163613; https://uk.reuters.com/article/uk-warcrimes-bosnia/bosnian-croat-war-crimes-convict-dies-after-taking-poison-in-u-n-court-idUKKBN1DT1E1.

이 돌을 만큼 충격적인 학살 증언들과 장면들은 인간으로서는 "상상도 할 수 없는 것 이상의 상상도 할 수 없는 어떤 것들"이었다. 처음 들었을 때는 누구나 계속해서 가위가 눌리고 신열이 오르는 현장이 아닐 수 없다.

처음에 들은 것은 소년 크메르 루즈들이 채택한 학살의 방법이었다. 총을 아끼고, 무기 사용을 줄이고, 죽어가는 어린 아이의 고통을 극대화하기 위해, 아이의 두 발끝을 모아 잡고서는 커다란 나무에 아이의 머리가 으깨지고 깨져서 죽을 때까지 세차게 부딪히는 방법이었다. 나무는 물론 발끝을 잡은 소년 크메르 루즈의 얼굴과 옷에도 피가 튀겼다.

그렇게 참혹하게 죽이는 행위를 멈추지 않고 반복했다. 힘에 부치면 나눠서 죽였다. 이때 들은 으깨진 머리와 박살난 육체에 대한 소름끼치는 증언은 필자로 하여금 캄보디아 특유의 박스밧(Baksbat)[56]과 키얄타격(Khyâl attacks),[57] 즉 트라우마로 인해 으깨진 정신, 부서진 영혼에 대해 상념하게 했다. 이는 외상 후 스트레스 장애(post traumatic stress disorder: PTSD)와 유사하면서도 약간 달라서 그것만으로는 설명이 안되는 어떤 마음상태와 현실, 강력한 스트레스와 중첩적 공포감을 말했다. 인간으로서는 감당할 수 없을 정도로 충격이 컸기 때문이었는지도 모른다.

두 번째 역시 초웅 엑에서 보고 들은 학살방법이었다. 차라리 이것은 죽어가는 사람들에게는 좀 덜 잔인한 방법이라고 말할 수 있을까? 무거운

---

56) Chhim S., "Baksbat (broken courage): a trauma-based cultural syndrome in Cambodia", Transcultural Psychosocial Organization, Phnom Penh, Cambodia, *Med Anthropol*, 2013, 32(2), pp. 160~173; Chhim S., "Baksbat (broken courage): the development and validation of the inventory to measure baksbat, a Cambodian trauma-based cultural syndrome of distress", *Cult Med Psychiatry*, 2012 Dec, 36(4), pp. 640~659.

57) Hinton DE, Pich V, Marques L, Nickerson A, Pollack MH., "Khyâl attacks: a key idiom of distress among traumatized cambodia refugees", *Cult Med Psychiatry*, 34(2), 2010 Jun, pp. 244~278.

우마차의 바퀴를 누워 있는 사람의 목숨이 끊어질 때까지 목 위로 굴리는 행위를 왕복하는 것이었다. 물론 결박된 이들은 함께 포박되어 꼼짝할 수 없었다. 어떤 때는 여러 사람을 청어나 굴비처럼 묶어서 눕혀놓고 그들이 죽을 때까지 바퀴를 굴렸다. 한 사람도 벗어날 수 없었다.

세 번째는 이 인간싸움의 본질을 묻는다. 아버지는 전선에 나가서 크메르 루즈를 위해 싸우는데 고향집에 머물고 있는 아들과 가족들은 지역 크메르 루즈의 손에 의해 무참히 학살을 당하는 경우이다. 전체 국가이념이나 충성의 단위와는 관계없는 개인적 원한관계의 표출이었다. 필자에게 자기 가족이 연루된 이 끔찍한 실화를 증언한 피해자는 지식인이었다. 그는 당시를 떠올리며 이 세상의 공산주의자들을 모두 다 죽이고 싶다고 했다. 그는 아직 지구상에 남아 있는 북한 공산주의도 쓸어버리고 싶다고 말할 만큼 공산주의에 대한 증오가 뼈에 사무치도록 깊었다.

넷째는 기아선상에 빠지도록 굶겨서 남과 자기의 인분을 먹도록 강요하는 것이었다. 외부로부터의 음식 반입은 철저히 금지했다. 그리고는 살기 위해 무엇이라도 먹을 수밖에 없을 때까지 인간을 굶겼다. 밀폐된 공간에서 여러 명을 계속 굶겨서 끝내 자신의 인분을 스스로 먹도록 강요하는 상황도 빈번했다. 이것이 20세기에 인간이 인간에게 자행한 행위였다.

다섯 번째는 살아 있는 건강한 사람의 신체 상체를 칼로 가른 뒤 몸 속으로 손을 집어넣어 장기를 빼내 피가 뚝뚝 떨어지고 뜨끈뜨끈한 상태 그대로 크메르 루즈 장교들끼리 나눠먹는 것이었다. 더 건강하고 더 좋은 신체를 가진 사람의 장기는 더 고위급 장교들에게 상납되었다. 이 글을 쓰고 있는 지금 이 시점에도 필자는 이 증언 현실을 실제로 믿어야 할지 말아야 할지 판단이 서질 않는다. 그러나 당시 현장을 옮겨놓은 그림 속의 실제 장면들은 이를 사실로서 실증해주고 있었다.

우리는 과연 인간인가? 인간 공동체의 보편은 늘 한 사람이라는 구체를 통해 드러난다. 또 인간들의 마음은 항상 행동과 사태를 통해 드러난다. 그러나 인간들이 가능한 한 피하려고 노력하는 비극은 불가피하게 인간 역사의 한 필수요소이다. 이러한 인간성 바닥의 사례들을 듣고도 인간에 대한 신뢰가 남아 있을 수 있는가? 인간은 인간을 과연 용서할 수 있고 화해할 수 있는 것인가? 그래야만 하는 숙명이 인간의 조건이라는 데 인간 본질의 한계와 가능성이 함께 숨어 있다.

용서와 화해의 절대 요청: 생명과 생존의 지속
—'아우슈비츠 이후'에도 인간은 시를 써야 한다. 아니 인간은 무엇보다도 계속 살아야 한다

문제는 우리가 '아직' 살아 있다는 점이다. 생명과 세계가 존재하는 한 지속을 위한 방법의 모색은 필수다. 즉 살려면 어떻게든 최악의 현실조차 이겨 나가야 한다. 아니 최소한 버티고 견디기라도 해야 한다. 그것은 어쩌면, 칸트(Immanuel Kant)를 변용하여 인용하자면, 불멸과 자유를 향한 실천이성의 요청(Postulat/postulate)[58]을 넘는 일종의 '절대요청'일는지 모른다. 그 절대요청은 인간 생존을 말한다. 비극과 학살이 하나의 인간 조건이라면, 비극 이후의 버팀과 견딤 또한 살아 있는 인간들의 살기 위한 필수조건이다. 그 점에서 실존은 인간 생명의 본질이 아닐 수 없다.

인간 공동체에 가능한 한 비극은 없어야 한다. 할 수만 있다면 인간들

---

58) 임마누엘 칸트, 백종현 옮김, 『실천이성비판』, 아카넷, 2002, 2009, A238~A239, 229~230쪽.

은 비극 자체를 영원히 없애고 싶어 한다. 그럼에도 불구하고 인간들에게 비극은 끝이 없다. 하여 비극 이후에도 어떻게든 살아야만 하는 인간이기에 화해는 정언명령과도 같은 숙명이 아닐 수 없다. 비극이 운명이라면 화해는 숙명인 것이다. 그것이 인간의 두 조건이다.

용서와 화해는, 따라서, 반드시 불의의 제거 이후에만 추구되어야 하는 것은 아니다. 용서와 화해가 없다면 우리는 '피해' 이후에도 남은 삶을 '피해(자)'가 지배하는 '2차 피해', '항구 피해'에 묶여 있게 되기 때문이다. 피해 이후에도 가해(자)의 긴박에 갇혀 살아야 한다면 인간으로서는 큰 불행이다. 피해와 단절하고 자아를 회복하기 위해서라도 나를 파괴한 그 악의 사슬고리를 끊어야 한다. 그로부터 용서와 화해의 필요성은 시작된다. 즉 용서와 화해는 무엇보다도 나의 과거단절, 나의 회복, 나의 미래 삶을 위해 필요하다.

제2차 세계대전 직후 아우슈비츠 참상을 떠올리며 "(오늘날) 문명비판은 문명과 야만 사이의 변증법의 최후 단계에 직면해 있음을 깨닫고 있다. 아우슈비츠 이후에도 시를 쓴다는 것은 야만이다"(1949)라고 언명한 바 있는 아도르노(Theodor Adorno)는, 자신의 이 논쟁적인 발언에 대한 극적으로 모순적인 두 해석을 모두 인정한다. 인간으로서의 위의 절대요청에 대한 인지 때문이었을 것이다.

아도르노는 "아우슈비츠 이후에는 더 이상 시를 쓸 수 없다고 나는 한때 말했다. 이는 내가 이 말을 쓸 때는 예상하지 못했던 많은 토론을 불러일으켰다"[59]라며, "자신이 그것을 예상하지 못한 것은 그것이 철학에 관련

---

59) Theodor Adorno, *Metaphysics: Concept and Problems*(1965), Edited by Rolf Tiedemann, Translated by Edmund Jephcott, Stanford University Press, 2001, p. 110.

된 것이기 때문이며, 자신이 서술하는 모든 것은 불가피하게 철학이기 때문이다"라고 했다. 나아가 그는 계속 언급한다. "철학은 사실의 진술로 구성되지는 않기 때문에 철학적 진술을 액면 그대로 받아들여 '그(아도르노—인용자 주)는 아우슈비츠 이후에는 인간은 더 이상 시를 쓸 수 없다고 썼다. 그래서 인간은 실제로 시를 쓸 수 없고, 만약 시를 썼다면 (인간이 아닌—인용자 주) 악한이나 냉혈한이거나, 또는 그는 틀린 것이다. 그리고 말하면 안될 것을 말한 것이다'라고 말하는 것은 철학에 대한 오해이다."[60]

그는, "아우슈비츠 이후 인간은 시를 쓸 수 없다"와 "아우슈비츠 이후에도 인간은 시를 써야 한다"는 완전히 반대되는 두 가능성의 모순을 모두 받아들이고 있다. 그는 자신에 대한 후대의 오해를 근본적으로 전복시킨다.[61] 나아가 그는 이 둘 사이의 이율배반을 자신이 해결할 수 있다고 주장하지는 않는다며, 차라리 자신은 정확하게는 후자, 즉 "아우슈비츠 이후에도 예술은 존재해야 한다"는 편이라는 것이다. 우리의 오랜 오독과는 달리 아우슈비츠 이후에도 인간은 시를 써야 한다는 것이다. 게다가 전술했듯 그는 "사실 아우슈비츠 이후에도 (또 다른) 아우슈비츠는 계속 존재해왔다"고 말한다. 계속되어온 아우슈비츠에도 불구하고 우리는 계속 살아야 한다. 그리고는 언젠가 끝장낼 수 있다는 희망을 계속 추구해야 한다.

아우슈비츠를 방문했을 때 내가 계속 떠올린 것은, 저 끔찍했던 유대인 집단학살의 참상과 동시에 바로 인간 모두가 직면하게 되는 이 모순적 조건이었다. 없다(a)는 말과 길(poros)이라는 말이 합쳐져 만들어진 일종의 아포리아(aporia) 상태를 말한다. 즉 살아서 감당할 수도, 뒤따라 죽을 수도 없는

---

60) Ibid., p. 110.
61) 이하 ibid., pp. 110~111.

상황에서, 살 수도 죽을 수도 없는 상황에서조차 인간은 어떻게든 앞으로 나아가야 하는 것이었다. 아도르노가 그랬고, 브레히트의 '후손들에게'가 딱히 또 그랬다.[62] 죽느니만 못한 '아우슈비츠 이후'를 살아 있다는 이유로 어떻게든 견뎌내야만 했던 것이다.

아도르노에 따르면 그가 던지고 싶었던 진정한 질문은 형이상학적인 문제다. 그에 따르면 "아우슈비츠 이후에도 과연 인간이 살 수가 있느냐는 물음 그것이다." 그가 계속해서 답을 찾아 헤맨 이유는 바로 이것 때문이었다. 모든 비극 직후 우리가 던질 수밖에 없는 물음이다. "이 물음은 나를 괴롭히는 반복되는 꿈들 속에 계속 나타났고, 그 가운데 나는 내가 더 이상 진정으로 살아 있지 않다는 느낌을 가졌으며, 나는 단지 아우슈비츠의 어떤 희생자가 가진 소망의 발산물일 뿐이었다." 우리에게 이 말은 한 인간으로서 그의 가장 깊은 내면의 도덕적 자책감과 성찰의 어떤 절대적인 문제로 다가온다.

아도르노는, 자신처럼 그런 생각을 하는 사람들은 자살을 하는 것이 낫다는 주장에 대해 강하게 반박한다. "나는, 내가 표현하고자 하는 것을 표현할 수 있는 한, 그리고, 그렇지 않다면 아무것도 찾을 수 없기에 말(언어)을 찾을 수 있다고 내가 믿는 한, 극단적인 강요가 아닌 바에야, 그러한 희망과 바람(자살해버리려는—인용자 주)에 결코 무릎 꿇지 않을 것이다." 우리가 인간인 한 최악의 고통인 아우슈비츠 이후에도 버텨내야 할/버텨내고야 말 강렬한 삶에의 의욕을 읽을 수 있지 않은가? 즉 우리는 자살해서는 안 된다. 비극 이후에도 살아야만 하는 것은 인간의 피할 수 없는 필요이자 요청이며, 명령이자 숙명인 것이다.

---

62) Bertolt Brecht, 金光圭 옮김, 『살아남은 자의 슬픔—베르톨트 브레히트 시선』, 한마당, 1985.

그러면서 아도르노는 사르트르의 한 중요한 희곡이 던지는 중대한 형이상학적 질문을 언급한다. "고문을 당한 한 젊은 레지스탕스 전사는, 인간이 뼈가 으깨질 때까지 두들겨 맞는 세상에서도 인간은 과연 살아야 하는가 말아야 하는가, 산다면 왜 살아야 하는가 묻고 있다"면서 "사상은 바로 이러한 피할 수 없는 문제를 다루어야 한다. 어떠한 사상이 이러한 기준에 의해 측정되지 않고, 또 그것이 마땅히 다루어야 할 문제들을 애초부터 간단히 제쳐놓는다면 그것은 진정 사상이라고 전혀 부를 수조차 없을 것"이라고 마무리한다.

한국의 사유와 담론에 관한 한, 지구 최악의 세계내전=한국전쟁을 경험한 인간비극의 정점에 서 있던 우리의 사상과 철학이 과연 과거 우리의 비극을 용서, 화해, 생명, 실존이라는 절대요청의 관점에서 정면으로 다루었는가? 아니 과거는 고사하고 세계 최고의 자살율과 최저의 출산율을 포함한 지금 우리 현실의 비극은 정면으로 다루고 있는가? 이러한 피할 수 없는 생명 문제들을 똑바로 다루지 않는다면 우리의 사상과 학문은 사실 아무것도 아닌지 모른다.

용서와 화해: 제2의 시작, 제2의 탄생

인류는 최근 들어서야 용서와 치유와 화해를 종교와 신앙의 차원으로부터 개인과 사회, 정치와 공동체 차원에서 접근하기 시작했다.[63] 특히 이

---

63) 용서에 대한 포괄적인 접근은, 손운산, 『용서와 치료』, 이화여자대학교출판부, 2008; 강남순, 『용서에 대하여―용서의 가능성과 불가능성』, 동녘, 2017 참조.

를 국가의 정치와 정책, 정부 구성과 입법의 차원에서 접근하기 시작한 것은, 극히 몇몇 예외를 제외한다면, 거의 현대에 들어와서였다. 이러한 세계 반응을 불러일으켜 비극에의 대응방향을 전환시킬 정도로 인류 최초의 세계대전으로서 제2차 세계대전이 끼친 인류학살의 피해가 실로 얼마나 컸었는지를 웅변한다. 동시에 인간학살의 기나긴 역사에 비한다면 인간 공동체 전체 차원의 치유와 화해의 역사는 지극히 짧다는 점에 더욱 놀라게 된다. 화해가 개인적 차원에서 정치적 정책적 차원으로 진화해온 것은 극히 최근 들어서였다.[64]

인간에 대한 용서는 실로 너무도 어려운 것이다. 너무나도 어렵기에 인간에 대한 용서는 하느님에게 용서를 받기 위한 절대적 선결요건이었다. 성서는 인간 사이의 용서와 관용을 반복하여 먼저 요구하고 있다. 그렇지 않을 경우 하느님은 우리를 용서하지 않는다고 분명하게 가르치고 있다. 신에게보다 인간들 사이의 용서가 먼저인 것이다.[65] 성서의 가르침은 직접적이고 끝없이 반복된다. 성서에서 신의 용서에 앞서 인간 사이의 용서보다 더 반복되는 가르침은 없다.

"너희가 사람의 과실을 용서하면 너희 천부께서도 저희 과실을 용서하시려니와, 너희가 사람의 과실을 용서하지 아니하면 너희 아버지께서도 너희 과실을 용서하지 아니하시리라"(마태 6:14~15), "너희가 각각 중심으로 형제를 용서하지 아니하면 내 천부께서도 너희에게 이와 같이 하시리

---

64) Brandon Hamber and Grainne Kelly, "Beyond Coexistence: Towards a Working Definition of Reconciliation", Joanna R. Quinn ed., *Reconciliation(s): Transitional Justice in Postconflict Societies*, Montreal: McGill-Queen's University Press, 2009, p. 290.

65) Hannah Arendt, *Human Condition*, Chicago: The University of Chicago Press, 1958, 1998(2nd Ed), pp. 236 ~243.

라"(마태 18:35), "서서 기도할 때에 아무에게나 혐의가 있거든 용서하라. 그리하여야 하늘에 계신 너희 아버지도 너희 허물을 사하여주시리라"(마가 11:25), "우리가 우리에게 죄 지은 자를 사하여준 것 같이 우리 죄를 사하여 주옵시고"(주기도문, 마태 6:12), "너희 가운데 죄 없는 자 먼저 돌로 치라"(요한복음 8:7), "삼가 누가 누구에게든지 악으로 악을 갚지 말게 하고 오직 피차 대하든지 모든 사람을 대하든지 항상 선을 좇으라"(데전 5:15), "만일 하루 일곱 번이라도 네게 죄를 짓고 일곱 번 네게 돌아와 내가 회개하노라 하거든 너는 용서하라"(누가 17:4).

특별히 재림과 심판(죽음)이 다가올수록 관용해야 한다. 심판이 다가온다는 말은 죽음에 가까울수록 죄가 큰 만큼 더욱 용서하라는 가르침이다. "너희 관용을 모든 사람에게 알게 하라. 주께서 가까우시니라"(빌 4:5). 결국 "인자가 아버지의 영광으로 그 천사들과 함께 오리니 그때에 각 사람의 행한 대로 갚으리라"(마태 16:27)라고 정면으로 언명한다. 모든 인간행위들을 지켜본 뒤, 최후의 심판은 용서도 사랑도 아닌, 인간들 각자가 행한 대로 받는 '공정한 응보'다. 인간은 자신부터 매일 죄를 짓는 존재다. 따라서 탄생과 함께 원죄만큼이나 용서는 인간의 필수불가결한 양대 본질을 구성한다.

그렇지 않으면 인간세계는 결코 평화를 꿈꿀 수 없다. 이때의 '공정한 응보'는, 정확하게 다시 한 번 더 보고 걸러낸다(re+warder)는 뜻이다. 남을 용서하지 않고, 남을 사랑하지 않고, 남을 관용하지 않은 우리가 신으로부터 자기에 대한 용서와 사랑과 관용을 기대하는 것은 어불성설이다. 용서와 화해가 갖는 자기 재생의 기능처럼 용서가 바로 힘이고 지혜인 까닭이다. 즉 개인에게는 보복이 아니라 용서가, 적대가 아니라 관용이 힘이다.

그러나 분노와 증오, 보복과 복수는 일반적인 반면 용서와 화해는 너무도 어렵다. 일종의 기적이랄 수 있다. 용서는 자주 용서할 수 없는 것들에 대한 용서를 의미하기 때문이다. 하나의 예로서 '기적의 눈(The Magic Eyes)' 이야기는 피해자가 가해자를 보는 새로운 길을 스스로 어떻게 찾아야 하는가를 보여준다. 기적의 눈은 가해자와 가해행위를 분리하고, 가해자에 대한 방면의식과 공감 및 호의를 포함한 새로운 감정으로 이끄는 새로운 통찰을 창조하게 한다. 즉 '기적의 눈'은 과거를 바라보는 '새로운 눈'을 말한다. 피해의 눈이 아니라 치유의 눈이며, 과거의 눈이 아니라 미래의 눈이다. 우리는 과거를 바꿀 수는 없고, 오직 과거가 내게 준 상처를 치유할 수 있을 뿐이다. 그리고 치유를 통해 우리는 '다시' 밝음과 기쁨으로 나아갈 수 있다.[66]

용서와 화해는 한나 아렌트의 어법을 따르자면 일종의 시작이요 탄생이랄 수 있다. 즉 죽음으로서의 폭력과 트라우마를 극복하고 다시 사는 제2의 시작이요 제2의 탄생에 해당된다. 자기를 구하는, 그리하여 자기 삶으로서의 세계를 다시 구하는 기적은 새로운 시작을 이룬 새 자기의 탄생과 불가분 직결된다. 죽음의 상처를 받은 우리가 새로운 사람으로 태어나지 않으면—폭력과 학살과 적대와 증오의 옛—자기와 세계를 구할 기적은 나타나지 않는다.[67]

근본교리를 가장 철저하게 부인하고 파괴한 개인들에 대한 용서를 보

---

66) 푸케(Fouke)와 힐다(Hilda) 부부의 사례를 통해 본 '기적의 눈'을 통한 치유의 유명한 우화에 대해서는 Lewis B. Smedes, "The Magic Eyes: A Little Fable", in *Forgive & Forget: Healing the Hurts We Don't Deserve*, San Francisco: Harper & Row, 1984, pp. xvii~xix. 일반화의 위험성은 있지만, 이 하나의 사례는 치유와 화해가 피해 주체의 시각 변화를 통해(서도) 가능하다는 경로를 보여준다는 점에서 의미가 크다.

67) 아렌트 철학에서 중요한 의미를 갖는 시작과 탄생에 대해서는, Hannah Arendt, *The Human Condition*, pp. 8~9, 62~63, 96~97, 177~178, 189, 222~224, 246~247 참조.

여주는 종교 영역의 역사를 돌아볼 때 생각과 이익, 종족과 이념의 차이로 초래된 비극에 대한 인간들 간의 용서와 화해는 결코 불가능한 상상이 아니다. 아래의 갈릴레오 갈릴레이(Galileo Galilei)와 찰스 다윈(Charles Darwin)의 사례를 보자. 그것들은 화해를 향한 인간의 가능성을 최대한으로 고양시켜 준다.

이탈리아의 위인들을 모셔놓은 피렌체의 산타 크로체 성당에서 특히 주목을 끈 묘지는 마키아벨리(Niccolo Machiavelli)와 갈릴레오 갈릴레이의 무덤이다. 이들이 이곳에 안장된 것을 우리는 대체 어떻게 이해해야 되나? 주지하듯 마키아벨리는 기독교에 의해 악의 화신으로 까지 묘사된 사람이다. 금서 조치는 물론이었다. 갈릴레이는 지동설을 주장하여 당대 기독교의 핵심교리인 천동설에 정면으로 반기를 든 사람이다. 둘 다 가장 반기독교적인 인물들로 낙인찍힌 사람들이다. 그럼에도 불구하고 그들은 위대한 프란체스코 성인을 기리는 성당에 안장되었다.

웨스트민스터 사원의 무덤들은 또 어떠한가? 찰스 다윈과 그의 친구 후커(Joseph D. Hooker), 이들은 창조론, 성서, 예수에 대한 부정을 포함해 가장 강력하게 기독교의 근본교리를 반대한 사람들이다. 진화론은 창조론을 반박한 가장 강력한 과학이론으로 간주되었다. 그럼에도 불구하고 그들의 무덤은 웨스트민스터 사원에 모셔져 있다. 권위 있는 다윈의 전기에도 이 부분은 상세히 설명되어 있지 않다. 다윈의 묘가 그의 고향 다운이 아닌 웨스트민스터로 모셔질 때도, 교회 내부에서 어떤 커다란 논란도 없었다. 그의 장례식은 웨스트민스터에서 거행되었고, 성가대의 찬송이 불려졌다.[68]

---

68) 재닛 브라운, 이경아 옮김, 『찰스 다윈 평전—나는 멸종하지 않을 것이다』, 김영사, 2010, 798~

세속 현실에서 이 화해는 무엇을 의미하는가? 일반적으로 묘지는 숭배나 기념의 대상이다. 아니면 적어도 참배의 대상이다. 우리는 그동안 마키아벨리, 갈릴레이, 다윈 묘지들의 위치에 주목하지 않았다. 이제 인간들 사이의 갈등의 정점인 종교갈등을 넘은, 신의 가르침을 정면으로 부인한 인물들을 포용한 종교 역사를 볼 때, 훨씬 더 작은 생각과 이념, 언어와 민족의 차이로 인한 인간갈등의 역사를 용서하지 못한다면 인간의 증오와 폭력이 언제나 지속될 뿐일 것이다.

값싼 용서, 값싼 화해, 거짓 화해를 넘어

그럼에도 불구하고 현실에서 용서는 지극히 귀하고 비싸다. 하물며 생명을 잃은 폭력에 값하는 용서는 생명만큼이나 가장 비싸야 한다. 나치에의해 처형당한 본회퍼(Dietrich Bonhoeffer)의 말처럼 '값싼 은혜(cheap grace)'가 있을 수 없듯, '값싼 용서(cheap forgiveness)'도 없다.[69] 본회퍼에 따르면 값싼 은혜는 싸구려 상품이며 떨이로 팔아버린 위로다. '죄를 의롭다'고 인정하는 것이며 '참회가 없는 사죄'다. 따라서 그것은 시체요, 한 인간에게는 잔인하고 무자비한 것이다. 그러나 은혜는 참으로 이해하기 어려울 만큼 값비싼 것이다.[70] 마찬가지로 용서는 인간 정신의 구극처럼 고결하고 고귀한

802쪽.

69) Nicholas Frayling, "Towards the Healing of History: an Exploration of the Relationship Between Pardon and Peace", In *Reconciliation(s): Transitional Justice in Postconflict Societies*, edited by Joanna R. Quinn, Montreal: McGill-Queen's University Press, 2009, p. 29.

70) 디트리히 본회퍼, 「값비싼 은혜」, 손규태·이신건 옮김, 『나를 따르라—그리스도의 제자직』,

것이다.

어렵고 힘든 만큼 용서야말로 화해로 연결되는 가장 귀한 통로다. 따라서 용서와 화해에는 감정이입이 필수다. 감정이입이 없는 공존은 피상적이고 부서지기 쉽다. 표피 바로 밑은 불신, 분노, 심지어 증오이기 때문이다.[71] 감정이입을 통과해야 하기에 피해자의 위치에서 가해자와의 화해는 얼마나 어려운 것인가? 소극적 화해가 방면과 공존에 그친다면 적극적 화해는 훨씬 더 깊은 개인적 사회적 상호작용을 필요로 한다. 따라서 그것은 감정이입이 없이는 불가능하다.

그러나 화해는 말할 필요도 없고 용서 역시 피해자가 먼저 말하지 않으면 안 된다. 피해자가 먼저 말하지 않는 용서와 화해를 가해자나 제3자가 말하는 것은 폭력일 수 있다. 다시 트라우마를 유발하거나 상처를 덧나게 할 수 있기 때문이다. 내면의 자기 결단의 문제라고 하더라도 용서는 우리가 억압과 불의의 희생자가 아니라면 정녕 말하기 어렵다. 즉 피해자만이 용서할 수 있고 피해자만이 사과를 요구할 수도 거부할 수도 있다. 희생자가 아닌 우리는 희생자들에게 그들의 적을 용서하라고 말할 수도 없다. 물론 억압자들에게 용서를 구하라고 하기는 상대적으로 쉽다. 그러나 그럴 때 용서는 권력관계를 조작하는 도구가 되며, 억압받은 자들을 더욱 심각한 불의의 희생자들로 만들 수도 있다. 즉 다시 강조컨대 화해와 용서는 피해당사자들이 아니라면 요구하는 순간 또 다른 폭력이 될 수도

대한기독교서회, 2010, 33~51쪽.

71) Jodi Halpern and Harvey Weinstein, "Rehumanizing the Other: Empathy and Reconciliation", *Human Rights Quarterly* 26, 2004, pp. 561~583(Brandon Hamber and Grainne Kelly, "Beyond Coexistence: Towards a Working Definition of Reconciliation", Joanna R. Quinn ed., *Reconciliation(s)*, pp. 288~289에서 재인용).

있는 것이다.[72]

따라서 현대 최고의 정치신학자 중 한 사람인 미로슬라브 볼프(Miroslav Volf)가 남아프리카공화국의 카이로스 문서(the Kairos Document)를 인용하며 정면으로 비판하는 '값싼 화해(cheap reconciliation)'는 위험하다. 카이로스 문서에 따르면, '값싼 화해'는 불의가 제거되지 않은 화해이며 정의와 함께하지 않는 화해를 말한다. 따라서 정의 없는 화해는 불가능하다.[73] 그것은 정의와 평화를 서로 대척점에 놓이게 한다.[74]

더 나아가 이그나티에프(Michael Ignatieff)는 '거짓 화해(false reconciliation)'[75]를 비판한다. 그것은 정치인들이 주도하며 과거의 진실을 은폐하려는 시도들이라고 할 수 있다. 불의에 책임 있는 당사들과 함께 용서와 망각의 마음을 강요하려 한다. 사실 남아프리카공화국의 진실화해위원회의 일부 증인들도 이미 이러한 거짓 화해를 불평한 바 있다. 진실이 진실하지 않았거나, 화해가 자발적이지 않았을 때 화해는 거짓이요 가짜다.

일단 시작된 바른 화해는 궁극적으로 '얇은(thin)' 화해에서 '두터운(thick)'

---

72) John W. De Gruchy, *Reconciliation: Restoring Justice*, Minneapolis: Fortress Press, 2002, p. 171.

73) *The Kairos Document: Challenge to the Church. A Theological Comment on the Political Crisisn in South Africa*, Grand Rapids, Mich.: Wm.B.Eerdmans, 1986(Art.3.1. in Miroslav Volf, "Forgiveness, Reconciliation, and Justice: A Christian Contribution to a More Peaceful Social Environment", in Raymond G. Helimck, S.J., and Rodney L. Petersen eds., *Forgiveness and Reconciliation: Religion Public Policy and Conflict Transformation*, Philadelphia: Templeton Foundation Press, 2001, p. 35에서 재인용).

74) 이하의 진술은 졸고, 「정의의 회복과 과거 극복의 완전성의 문제—거창 사건을 중심으로」, 『일감법학』 제42호, 2019를 수정 인용.

75) Michael Ignatieff, "Articles of Faith", *Index on Censorship* 5, 96, 1996, pp. 110~122(Brandon Hamber and Grainne Kelly, "Beyond Coexistence: Towards a Working Definition of Reconciliation", Joanna R. Quinn ed., *Reconciliation(s)*, pp. 303~304에서 재인용).

화해로 나아가야 한다.[76] 입술로 하는 옅은 화해는 화해의 이름을 빈 일종의 회피적 위선일 가능성마저 내포하고 있다. 반성이 없는 또는 표피적인 옅은 반성 때문이다. 그것은 두터운 반성이 아니다. 가슴으로 하는 두터운 사과 없이 두터운 화해는 어렵다. 역사 은폐와 역사 망각의 가장 큰 문제점은 바로 이러한 기억의 책임 기능을 무화하여 어떠한 도덕적 윤리적 장애도 없이 미래에 악행의 재발을 다시 시도할 수 있게 해주기 때문이다. 이것은 근본적으로 인권의 문제이자 국가 공동체의 기본 책무에 관한 문제이다. 즉 국민에 대한 권력의 불법행위에 대한 책임이행은 국민보호라는 국가의 존재이유의 하나이다. 그것은 국내 차원과 국제 차원을 가리지 않는다.[77]

통합치유, 통합화해의 요목과 이유들

권력과 정의의 역전, 또는 전환 이후 궁극적인 통합적 치유의 도정은 두 가지의 이상적 결합으로 가능하다. 즉 국가적 차원의 처벌과 개인적 차원의 용서, 국가적 차원의 정의와 개인적 차원의 화해가 결합될 때 비로소 가장 바람직한 통합치유가 가능하다. 그러나 그것은 오늘의 세계현실에 비추어 아직 매우 멀다. 아마 진실규명, 책임자 처벌, 사과와 위로, 재발방

---

76) 옅은 화해와 두터운 화해에 대해서는 David Crocker, "Reckoning with Past Wrongs: A Normative Framework", *Ethics and International Affairs* 13, 1999, pp. 43~64.
77) 국가책임을 포함한 이 점에 대한 포괄적이며 체계적인 논의와 자료는 방대한 James Crawford, Alain Pellet, and Simon Olleson eds., *The Law of International Responsibility*, New York: Oxford University Press, 2010을 참조할 수 있다.

지체계 마련, 위령과 기념사업, 트라우마 치료, 배상 및 보상, 화해교육 등의 여덟 가지 요소들이 잘 배열되고 어우러질 때 마침내 통합치유(integrated healing/integral healing)는 가능해질 것이다.

이들이 바로 과거극복을 통한 과거통합, 통합치유를 통한 개인과 공동체 복원의 핵심 요목들이 아닐까 싶다. 그들이 또한 내면치료와 외면치료, 개인치유와 사회치유를 하나로 묶는 필수단계요 절차들이 아닌가 싶다. 여기에서 중요한 문제가 대두된다. 즉 치유가 갖는 전체적 통합적 본질에 비추어 개인치유와 사회치유 중의 일부, 또는 어느 하나만으로는 온전한 치유가 불가능하다는 점이다. 이것이 통합치유가 필수불가결한 까닭이다. 치유(healing), 전체(whole), 건강(health)이라는 어휘가—홀로코스트처럼—완전히 같은 말(kailo)에서 나온 연유이기도 하다. 치유는 곧 전체—한 사람의 내면과 외면, 한 공동체의 개인과 사회—의 건강을 온전히 회복하는 것이라고 할 수 있다. 따라서 부분적 치유나 불균등 치유는 사실 엄밀한 의미에서 치유가 아닌 것이다. 통합치유만이 제대로 된 치유라고 할 수 있는 것이다.

따라서 통합치유의 준거를 만들기 위해서는 여러 분과학문들이 공동으로 가능한 한 위 항목들 하나하나의 요목들을 최대한 상세하게 지표화하여 통합지표를 만든 뒤, 다음 단계로 여러 사례들, 이를테면 아르메니아, 제2차 세계대전, 홀로코스트, 위안부, 소련, 중국, 북한, 한국, 타이완, 남아프리카공화국, 북아일랜드, 캄보디아, 베트남, 인도네시아, 통일독일, 르완다, 아르헨티나, 시리아 등 국제 사례들의 종합적 비교를 통해 표준지표를 만드는 데 본격적으로 도전할 필요가 있다.[78] 지금부터 인류는 20세기

---

78) 현재까지 수행된 과거극복 사례에 대한 대표적인 비교연구는 프리실라 B. 헤이너 지음, 주

의 가장 대표적인 과거극복 경로였던, 그러나 많은 한계를 노정한 진실화해(Truth and Reconciliation Commission: TRC) 모델이나 전환적 정의(transitional justice) 모델 이후 보다 바람직한 보편적 과거극복과 통합치유 모델을 창출하기 위해 더욱 적극적으로 이 문제와 대면하지 않으면 안 된다.[79]

이때 화해의 최종 요소와 단계는 주체들의 상호 안전과 복리에 대한 기대라고 할 수 있다.[80] 즉 안전과 안정, 그리고 배상과 보상을 포함한 삶의 복지와 복리의 제공이다. 실질적 화해를 위해서는 이 문제가 가장 중요하다. 피해 이후 과거극복에서 안정과 안전, 배상과 보상 없이 회복과 미래 생존에의 희망은 불가능하다. 실제로 남아프리카공화국의 '진실화해 모델'과 유럽의 '복지제공 모델' 중에서 훨씬 더 안정적인 과거극복의 사례는 후자였다.

진실의 교환 이후에도 나아지지 않는, 어떤 면에서는 더 나빠지고 있는 부의 집중, 빈부격차, 삶의 차별 문제는 남아프리카공화국을 다시 격렬한 저항과 충돌, 시위와 폭력의 소용돌이로 몰아넣고 있다.[81] 진실과 화해

혜경 옮김, 『국가폭력과 세계의 진실위원회』, 역사비평사, 2008이 가장 포괄적이다. 그러나 정독하면 이 연구도 지나치게 피상적이고 서구중심적이다. 당연히 치유의 문제는 포함하고 있지 않다. 두 문제가 연결되어 있다는 문제의식 자체가 아직 없는 것이다.

79) 전환적 정의, 정의의 전환에 대해서는 Neil J. Kritz ed., *Transitional Justice Vol. I. General Considerations, Vol. II. Country Studies, Vol. III. Laws, Rulings, and Reports*, United States Institute of Peace Press, 1995; Ruti G. Teitel, *Transitional Justice*, Oxford University Press, 2000 참조.

80) Ronald J. Fisher, "Social-Psychological Processes in Interactive Conflict Analysis and Reconciliation", Mohammed Abu-Nimer ed., *Reconciliation, Justice, and Coexistence*, p. 42.

81) 이에 대해서는 Helen Scanlon, "The Waning Rainbow?: Truth, Justice and Reconciliation in South Africa", Paper presented at the International Conference, co-hosted by the Jeju 4·3 Peace Foundation and the Center for Human peace and healing, Yonsei University, The 7th Jeju 4·3 Peace Forum: Reconciliation, Peace and Community Rehabilitation - Jeju and the World in Comparison II(jeju, 10 November 2017); Helen Scanlon, "Nelson Mandela's Legacy: The Creation of an Icon and a Contested History in South Africa", Paper

의 교환을 통해 아파르트헤이트를 극복했다고 알려진 남아공으로서는 주목할 만한 현상이다. 20세기 후반 세계의 대표적인 과거극복 사례로 인식된 진실화해 모델은 억압 받은 자들의 장기적인 삶의 안정과 복리를 제공하지 못함으로써 결국 단기적 화해의 효과에 그쳤던 것이다.

그곳에서 진실과 화해의 교환은 삶의 평등과 복지에 어떤 실질적인 효과를 초래했던 것인가? 진실이 추상적 심리적 정의라면 복리는 실질적 구체적 정의라고 할 수 있다. 이 점에 비추어 실질적 정의를 통한 진정한 과거극복은 과거처벌보다는 과거치유이며, 과거청산보다는 과거통합이랄 수 있다. 말을 바꾸면 향후 과거대면의 중심은 20세기 인류의 전통과는 반대로 가해자를 향한 것이 아니라, 피해자를 향한 것이 되어야 한다. 정확하게 말하면 전자는 필요조건이고, 후자는 충분조건이라고 할 수 있다. 그러나 필자는 후자를 더 강조하고자 한다.

왜냐하면 가해자에 대한 처벌은 (가해자의) 과거(행위)를 단절시킬 수는 있지만 (피해자의) 미래(복리)를 보장하지는 못한다. 특별히 과거단절이 주로 피해자들의 마음과 심리 차원이라면 미래복리는 그들의 실존과 복지의 차원이라는 점에서 더더욱 그러하다. 마음은 상처받은 자 스스로도 극복할 수 있지만, 복리는 반드시 외부로부터 제공되지 않으면 안 된다. 강조컨대 과거대면은 미래창조를 목표로 하지 않으면 안 된다. 가해자 처벌 중심의 20세기 전후(戰後) 모델은 21세기에는 피해자 구제 중심으로 전환해야 한다.

presented at the International Conference, hosted by the Kim Dae-Jung Presidential Library and Museum, Kim Dae-Jung, Willy Brandt and Nelson Mandela: The Politics of Reconciliation, Coalition and Peace(the Kim Dae-Jung Presidential Library and Museum, Yonsei University, Sep. 14th, 2018).

통합치유를 위한 길: 정의 있는 화해, 정의와 함께하는 화해—유공과 희생의 영구 통합의 문제

필자는 한국전쟁 이후 극단적 갈등과 상쟁을 보여온 한국 사회를 향해 오랫동안 보상과 포용, 화해와 상생, 정의와 관용, 유공과 희생의 통합을 말해온 바 있다. '국가를 위한 유공'을 더욱 보상하는 일방, '국가에 의한 희생'을 더욱 포용하여 마침내 '유공적 희생', 또는 '희생적 유공'과 같은 동일 범주로서 모든 사회적 죽음(social death)들을 하나로 통합해내자는 것이다. 한국에서 이 말의 실천적 가치와 현실적 법제화는 아직 멀다. 물론 세계적으로도 사례가 드물다. 지난 경험에 비추어 두 대립되는 요소의 이러한 통합이 지난하다는 점은 강조할 필요도 없다.

그러나 둘을 합칠 수 있을 때 죽음의 통합을 통한 삶의 통합이 비로소 가능해진다. 실제로 오늘의 우리에게 정몽주와 정도전은 고려의 충신과 조선의 충신, 조선의 역적과 고려의 역적으로 각각 기억되어서는 보편적 의미를 갖지 못한다. 그들의 상호 희생은 상호 유공으로서 사실상 차이가 없는 것이다. 서로의 권력에 의한 차별로서의 단기적 희생은 권력투쟁을 넘는 유장한 역사 지평과 항구적 인간가치에서는 똑같은 유공인 것이다. 말을 바꾸면 희생은 유공으로 마침내 함께 재탄생하는 것이다.

그럴 때 유공과 희생을 통합하려면 죽음을 초래한 논리를 넘어 보편적 생명 지평으로 나아가야 한다. 세계 이념대결의 토착적 희생양, 즉 세계시민으로서 당한 피해는 마땅히 세계시민, 더 나아가 인간으로 극복해 나가야 한다. 이를테면 한국의 경우 한국 최대의 이념갈등과 학살을 노정한 제주에서의 희생과 유공의 통합적 화해를 보며 이곳보다는 갈등이 적었던 한반도의 다른 지방이 못할 까닭은 없다. 당연히 유공적 희생과 희생적 유공의 통합을 추구해야 한다. 가장 격렬한 갈등과 학살의 현장이 화해를 성취하는데, 그보다 덜한 갈등을 치른 곳들이 화해를 이루지 못할 이유가 없는 것이다. 세계 역시 그러해야 한다.

그러나 전술했듯 화해에는 필수적으로 정의가 요구된다. 화해는 정의와 분명 다르지만, 동시에 정의 없이는 완성되지 않는다. 그리하여 볼프는 화해보다는 정의에 우선을 두는 동시에, 화해로 나아가는 정의를 추구한다. 절묘한 통합이다. "화해는 정의를 요구한다. 그러나 정의를 위한 투쟁은 그 자체 목적으로 간주되어서는 안 되며, 그 궁극적 목적이 사랑의 공동체인 화해를 달성하려는 수단으로 간주되어야 한다. 다른 말로 하면 정의는 화해에 종속적이다."[82] 그리하여 정의는 끝내 궁극적 화해를 위해 인간에 대한 사랑과 함께 간다. 정의는 사랑과는 분명 구분되지만 분리될 수는 없다.

말을 바꾸면 단테가 말하듯, "보편적 사랑의 구축은 정의의 통치를 위한 필요조건이다."[83] 따라서, 정의에 바탕하고 적극적 화해로 나아간다면, 어렵지만 틸리히(Paul Tillich)가 말하는 '창조적 정의(creative justice)' 안에서 사랑과 정의는 경청과 나눔과 용서를 통해 유지된다.[84] 왜냐하면 화해는 과거의 공유가 아니라 미래의 공유이기 때문이다. 화해를 통해 통합적인 미래 비전을 갖는 것이다. 화해를 위해서는 과거에 대한 망각이 아니라 용서가 필요한 이유도 거기에 있다. 화해는 미래를 공유하는 것이기 때문이다.

따라서 용서와 화해는 강요될 수 있는 것이 아니다. 인류에게 필요한

---

82) Miroslav Volf, "The Social Meaning of Reconciliation", *Interpretation* 54, No. 2, April, 2000, pp. 168~170, 166, 163, 165; John W. De Gruchy, *Reconciliation: Restoring Justice*, Minneapolis: Fortress Press, 2002, p. 199.

83) John W. De Gruchy, *Reconciliation*, p. 202.

84) Ibid., p. 203.

것은 사회적 정의가 있는 자발적 화해, 정의와 함께하는 화해다. 피해자들은 진실을 드러내고 명예를 회복하며, 가해자의 사과를 촉구하고 재발 방지 약속을 받아내야 한다. 필요하고, 또 가능할 때는 도덕적·정치적·법적 책임을 추궁하는 것도 필요하다. 정의 없는 화해, 밖과 위로부터 강요된 화해는 '값싼 화해', '거짓 화해'가 된다.

궁극적으로 우리는 정의가 없는 '거짓 화해'와 용서가 없는 '항구 피해'를 모두 넘어서야 한다. 화해를 위해 정의와 용서가 함께 필요한 명백한 이유다. 즉 '정의'와 '화해'의 결합을 통한 치유와 회복을 말하는 것이다. 이는 곧 '개인적 치유'와 '사회적 치유'가 결합된 '통합적 치유'를 말한다. 내면적 치유와 외면적 치유의 결합 역시 통합치유에 필수적이다. 우리가 피해자들과 함께, 또 전체 공동체를 위하여 '정의 있는 화해'를 추구해야 하는 까닭도 여기에 있다.

기실 참된 화해는 안으로부터 시작되고 밑으로부터 발원하기 때문에 고결하다. 그리하여 화해는 공감을 포함한 인간들의 보편적 능력을 통해 가능하다. 가장 어렵다고 할 수 있는 공감은 적과 자신을 인간화(humanization)할 때 시작된다. 재인간화(re-humanization)를 통한 상호 인간화를 말한다. 타인을 악마가 아닌 인간으로 '다시' 보게 되는 것은, 내가 나 자신을 항구적 희생자/피해자에서 항구적 인간으로, 즉 항구적 주체로 재탄생·재인간화할 때 가능하다. 결국 자아회복과 타인 공감이야말로 자신과 타인을 다시 인간화하는 결정적 치료제인 것이다.

탈인간화/비인간화(dehumanization)는 악마화이자 원수화이며 적 만들기라고 할 수 있다. 이 때 탈인간화/비인간화는 타자를 적으로 간주하기 때문에 정체성의 상호 상실로 연결된다. 물론 순서는 가해자가 먼저다. 그러나 결과는 양쪽 모두의 탈인간화/비인간화로 귀결된다. 반면 재인간화는 적에서 인간으로 정체성의 변형을 의미한다. 화해를 위해 정체성의 변화가 필요한 이유다.[85] 그런 점에서 인간화는 사실은 트라우마 이전의 인간성의 복원을 의미하는 재인간화를 뜻한다. 타자에 대한 악마화와 탈인간화/비인간화로 인해 발생했던 증오와 폭력의 고리를 반대의 방향에서 끊어버리는 것이다.

항구적인 희생자/피해자 의식이 무서운 것은 상대에 대한 악마화를 단절하지 못하기 때문에 용서도 자기치유도 불가능하다는 점이다. 나를 위해서라도 저항자/투쟁자, 즉 희생자/피해자의식을 넘어, 또는 적어도 그것과 함께 주체의식으로 나아가야 할 필요가 존재하는 것이다. 그런 점에서 내면적 용서와 화해는 무엇보다 나 자신을 위한 결단이 된다. 그러나 이것은 사회적 정의의 추구와 분리된 것이 결코 아니다. 우리가 정의의 추구를 멈춘다면 악은 재발하며 따라서 영원히 창궐할 것이기 때문이다.

개인적 결단으로 가능한 용서와는 달리 화해는 상대와의 상호작용이 필수적이다. 그런 점에서 치유와 화해를 위해서는 두 차원의 결합이 필요하다. 개인적으로는 용서의 추구이며, 사회적으로는 정의의 실현이다. 전자가 내면적으로 가능한 결단의 차원이라면, 후자는 공동체 차원의 치료적 정의, 또는 회복적 정의를 말한다. 보복적 정의가 아닌 회복적 정의가 화해와 상생을 낳는다.

---

85) 인간화, 탈인간화/비인간화, 재인간화에 대해서는 Barbara Simonič, "The Horizons of Reconciliation after Traumatic Experience", Janez Juhant and Bojan Žalec eds, *Reconciliation: The Way of Healing and Growth*, Zürich: LIT, 2012, pp. 267~274; Ronald J. Fisher, "Social-Psychological Processes in Interactive Conflict Analysis and Reconciliation", Mohammed Abu-Nimer ed., *Reconciliation, Justice, and Coexistence: Theory and Practice*, Maryland: Lexington Books, 2001, pp. 25~45; Lisa Schirch, "Ritual Reconciliation: Transforming Identity/Reframing Conflict", Mohammed Abu-Nimer ed., *Reconciliation, Justice, and Coexistence*, pp. 145~161.

개인적으로 용서를 추구한다는 사실은 가장 높은 수준의 인간성을 보여주는 것이 아닐 수 없다. 그러나 사회는 피해자들의 용서를 가능하게 하고 가치 있게 만들기 위해서라도 그들이 용서할 수 있도록 정의를 세우려 분투해야 한다. 그것이 비극을 겪은 사회가 희생자들에게 돌려줄 수 있는 공통의 책임윤리인 동시에 미래 비극의 재발을 함께 막는 처방이 된다. 사회 전체에 악행을 초래한 불의가 계속된다면 피해자들의 용서와 치유는 불가능하다. 화해 또한 마찬가지다.

'개인적' 용서와 '사회적' 정의의 결합에 진정한 치유와 화해의 길이 있다. 근대 이후 비극이 많았던 한국 사회는 이 숭고한 개인적 집합적 두 정신상태의 만남을 언제 어디에서 어떻게 보여줄 수 있을 것인가? 인간비극과 인간화해를 어떻게든 연결해보려 탐색하며 묻게 되는 가장 궁극적인 동시에 가장 절실한 질문이 아닐 수 없다.

아래로부터의 대화해를 위하여

인간의 무한한 과거극복, 생존, 화해, 그리고 미래 개척의 가능성을 증거하는 몇몇 사례들로 이 글을 마치려 한다.[86] 북아일랜드에는 적어도 필자가 직접 방문하거나 접촉한 세 단체들—TUC(Towards Understanding and Healing), Cunamh, Building Bridge for Peace—이 존재한다. 서로 격렬하게 적대하고 갈등한 개신교도/연합주의자와 가톨릭교도/민족주의자, 그리고 아일랜드 공화군과 피해자 유족, 부모 학살자와 피살자 자녀, 가해자와 피해자들이 한

---

86) 이하는 졸고, "Reconciliation From Below: The Case of Korea"(2018) 참조.

조직, 한 공간에서 자신들과 타인들의 용서와 화해, 치유를 위해 '일상적으로 함께' 활동하는 모습은 인간비극의 절대적 크기와 인간 가능성의 무한성을 함께 보여준다. 이 중의 한 활동가는 자신의 부모를 죽인 살해자를 직접 만나 용서하고 그와 함께 용서·평화·치유 활동을 전개하고 있다. 그녀는 필자에게 "나 자신을 위해서나 그를 위해서나, 내게 용서 이외의 다른 길은 없었다"는 말을 반복했다.

한국의 비극들에도 역시 도저한 인간 용서와 인간 화해의 사례들이 존재한다. 물론 한국의 용서와 화해 경로는 국가의 민주화와 진실규명 노력 및 사과라는 정의의 부분적 실현이 함께했다는 점이 중요했다. 하나는 제주의 경우로서, 이곳에는 적지 않은 사례들이 존재한다. 먼저 일제 식민시대의 순국, 제주 4·3에서의 군경과 무장대의 상호 비극과 상호 희생, 한국전쟁에서의 호국에 대해 아래로부터 공동위령과 화해와 통합, 그리고 마을공동체 복원을 이뤄낸 하귀리 영모원의 선구적 대통합과 대화해의 사례다. 제주의 상가리와 장전리의 경우도 하귀리와 유사한 화해와 통합의 경로를 보여준다. 다른 하나는 제주 4·3 당시 서로 진압과 저항으로 나뉜 경우회와 4·3유족회의 화해와 상생의 연례 회합과 공동 참배다.

두 번째 사례는 좌익과 우익에 의한 마을 내 상호 학살의 비극을 넘어 용서와 화해의 위령탑 건립과 합동위령제를 지내고 있는 전남 영암군 구림마을의 경우이며,[87] 세 번째는 역시 양측에 의해 희생된 피해자들을 함께 위령비에 모시고 합동위령제를 지내는 전남 나주 다도면의 사례다.

---

87) 최정기·양라윤, 「어떤 화해: 가해와 피해를 넘어서—전남 영암군 구림마을의 경우」, 『황해문화』 67, 2010 여름, 69~85쪽; 정찬대, 『꽃 같던 청춘, 회문산 능선 따라 흩뿌려지다—한국전쟁 민간인 학살의 기록: 호남·제주편』, 한울아카데미, 2017, 17~54쪽.

적과 학살자에 대한 제의는 몸과 마음을 가다듬어 자신의 온 영혼과 온 삶을 교환하며 기도하는 재기(齋祈)의 절대 표현이라고 할 수 있다. 감당할 수 없는 비극에서 생에의 의지를 추슬러 일어나 감연한 용서를 통해, 함께 일어서자, 함께 살아가자는 생존자들과 유족들의 내강(內剛)한 모습은 다른 많은 지역과 가해자들의 참회를 불러일으키고 끝내 공동체를 바꾸고 있다. 세계 일반도 동일할 것이다. 그들의 이토록 형형(炯炯)한 영혼 덕분에 오늘의 한국과 세계는 그들에게 빚 진 채 살아가고 있음을 또렷하게 깨닫는다. 하여 우리는 그 거듭난 영혼들의 도덕적 비약 앞에 숙연히 머리를 숙인다.

잔인무비하기 이를 데 없는 인류는 자기를 죽이려던 자를 위한 장례와 제의의 예마저 갖추곤 했다. 우리 인류의 오랜 선조의 선조들이 이미 그러한 위대한 마음을 갖고 있었으니 오늘의 우리라고 그리 못할 것은 없을 것이다. 일찍이 노자는 전쟁에서 사람을 많이 죽이면 슬퍼하고 애통해하며 나아가고, 승전을 했을 때는 승전고를 울리고 축제를 벌이는 것이 아니라, 죽은 자와 패자를 위한 상례(喪禮)를 올리라고 하고 있다(殺人衆, 以哀悲莅之. 戰勝, 以喪禮處之).[88] 상례는 곧 장례(葬禮)를 말한다. 우리 인간들 중 누가 과연 자기를 죽이려다 죽은, 원한 맺힌 적을 위한 상례를 갖출 수 있을 것인가? 앞서 말한 증거들이 존재한다.

베르길리우스(Publius Vergilius Maro) 역시 목숨을 걸고 싸운 뒤 자기 손에 죽은 적을 위해 애통해하는 아이네아스를 칭찬한다. 그는 방금 전까지 끝내 자기를 죽이려던, 자기 손에 죽은 적장(Mezentius)의 아들(Lausus)의 죽음을 애

---

88) 김충열, 『김충열 교수의 노자강의』, 예문서원, 2004, 87~90쪽; 김홍경, 『노자—삶의 기술, 늙은 이의 노래』, 들녘, 2003, 2015, 816~824쪽.

도한다.[89] 온갖 인간 비극과 잔인성의 세상이기에 역설적으로 성 아우구스티누스(Aurelius Augustinus)는 "우리는 왜 아이네아스를 칭찬하는가?"라고 묻고 있지 않은가?[90]

장례는 안티고네가 보여주듯 죽음의 문제가 아니라 산 자의 생명을 가르는 삶의 문제였다.[91] 고전고대 시기 인류의 비극은 수많은 학살극을 통해 현세에도 지속되었다. 우리는 역사의 안티고네가 아닌 오늘의 안티고네들 앞에서 전율한다. 자살을 하도록 내몰렸던 숱한 안티고네적 상황에서도 끝내 자살하지 않고 살아남아 자신과 공동체를 살리는 인간들은 실로 얼마나 대단한가? 인간학살의 현장들은 그곳들이 바로 안티고네적 상황임을 보여준다.

동서를 막론하고 애도와 위무의 표현인 매장과 참배의 예를 적에게 갖춘다는 것은 죽음을 차별하지 않는 관념이 아닐 수 없다. 그것은 죽음의 포용을 통해 이생의 갈등을 용서하는 동시에 용서를 빌며, 또 관용하는 동시에 관용 받고 싶은 인간의 생명 열망과 화해 열망을 내포한다. 제주, 구림마을, 북아일랜드는 지금 자기의 죽음보다 더한 고통인 자기 부모형제를 죽인/죽이려 했던 자들에게 서로 참배하고 서로 제의(祭儀)와 상례를 갖추며, 함께 살아가는 대비약(grand jete), 즉 대용서와 대관용과 대생명의 장소가 되었다.

인간비극과 인간화해의 족적들은, 지울 수 없기에 용기로 대면하여 미

89) 베르길리우스, 천병희 옮김, 『아이네이스』, 숲, 2004, 2007, 821~832쪽, 357쪽.
90) 아우구스티누스, 성염 옮김, 『신국론: 제1~제10권』, 분도출판사, 2004, 348~357쪽; 성 아우구스티누스, 조호연·김종흡 옮김, 『신국론: 하나님의 도성』, 크리스천 다이제스트, 1998, 2016, 188~192쪽.
91) 임철규, 『고전―인간의 계보학』, 한길사, 2016, 177~262쪽.

래에 비극의 반복을 방지할 수 있는 탄탄한 인간역사들로 마땅히 함께 기록되고 함께 증거되어야만 한다. 아프리칸 미국인 작가 마야 앙겔로(Maya Angelou)는 말한다. "역사는 그 쓰라린 고통에도 불구하고 지워질 수는 없다. 그러나 용기를 갖고 대면한다면 반복할 필요는 없다."[92] 이 말은 과거의 객관적 엄존성과 미래의 희망적 가능성에 대한 동시 진술로 이해된다. 어떤 경우에도 인간으로서 우리는 이 둘의 결합 시도를 멈춰선 안 된다. 과거는 지워져서도 안 되지만, 지속해서도 반복해서도 안 된다.

---

92) Maya Angelou, *On the Pulse of Morning*, New York: Random House, 1993(Nicholas Frayling, "Towards the Healing of History: an Exploration of the Relationship Between Pardon and Peace", Joanna R. Quinn ed., *Reconciliation(s): Transitional Justice in Post-conflict Societies*, Montreal: McGill-Queen's University Press, 2009, p. 29에서 재인용).

제2장

치유의 마지막 여정, 용서와 화해

전우택

　인간의 거대한 악과 사회적 트라우마를 만나는 곳이 북아일랜드나 캄보디아만은 아니다. 아프리카 노예사냥과 노예매매, 열강 제국들의 식민지 건설과 통치, 나치의 홀로코스트, 구소련의 거대한 정치범수용소와 숙청, 일제통치와 위안부, 한국전쟁기 민간인 학살, 제주 4·3 등, 세계 역사와 우리 역사는 '인간의 근본적인 악과 그로 인한 거대한 사회적 트라우마'로 점철되어 있다. 이 현상들은 우리에게 좀 더 근본적인 질문을 하게 한다. 인간은 왜 이렇게 다른 인간에게 잔인한가? 인간은 어떤 존재인가? 우리는 타인의 악 앞에서 어떻게 행동해야 하는가? 피해자가 받은 상처의 본질은 무엇인가? 가해자는 어떤 이들인가? 정의는 무엇인가? 용서와 화해는 가능한가? 사회적 트라우마의 근본적 치유를 위해 우리는 무엇을 해야 하고 무엇을 할 수 있는가? 이 책을 마무리하면서 그런 생각을 조금이라도 정리해보고자 한다. 물론 이 질문들은 각각 너무 큰 주제이기에 여기서 모든 것을 자세히 다루지는 못하고, 추후 연구 주제로 삼아야 할 것이다.[1]

---

1) 이 글을 쓰는 데 다음 글을 크게 참고했다. Johnston McMaster and Cathy Higgins, *Ethical and*

1. 피해자와 가해자

1) 피해자의 세 가지 상처와 치유

거대한 트라우마 앞에서 피해자는 크게 세 가지 영역에서 상처를 가지게 된다. 신체적 상처, 심리적 상처, 그리고 관계적 상처가 그것이다. 이 각각의 상처들은 각기 다른 치유의 양상을 가진다.[2]

신체적 상처는 적절히 치료되면 일정 시간이 지난 후 아문다. 장기적·영구적인 후유증이나 장애를 가질 수도 있지만, 피해자는 그런 상황에 점차 적응할 수 있다. 이런 신체적 상처는 치유 과정에서 가해자와의 만남을 필요로 하지 않는다.

심리적 상처는 치유에 훨씬 더 긴 세월이 필요하고 때로는 평생 지속되기도 한다. 따라서 주변 사람들의 이해와 도움, 전문 의료진의 치료가 필요하다. 그러나 '세월이 약'이라는 말처럼, 시간이 흐르면서 많은 사람들은 어떤 형태로든 점차 적응하게 된다. 초기에는 그 심리적 상처가 생각과 삶의 중심에 있지만, 점차 과거 트라우마 사건에 대한 감정이 줄어들면서 상처에 대한 생각과 느낌도 삶의 주변부로 옮겨간다. 그 과정에서 가해자와의 화해적 만남이 있으면 더 좋겠지만 필수적인 것은 아니다.

하지만 관계적 상처는 좀 다른 성격을 가진다. 가해자에 의한 트라우마가 발생했을 때, 피해자는 신체적·심리적 상처뿐만 아니라 가해자와의 '관계'에서도 상처를 받는다. 이 관계적 상처는 피해자 혼자 치유할 수 없다.

Shared Remembering: Commemoration in a New Context, Ethical and Shared Remembering Project, 2011.

2) 미로슬라브 볼프 지음, 『기억의 종말』, IVP, 2006, 120쪽의 내용에서 아이디어를 얻은 구분이다.

반드시 가해자와 피해자가 다시 만나 관계를 복원할 때만 상처를 치유할 수 있다. 그렇지 못하면 그 관계적 상처는 평생 지속된다. 관계적 상처의 치유는 가해자와 피해자의 만남을 반드시 필요로 한다.

북아일랜드에서 1998년 평화협정이 맺어진 후 약 20년의 세월이 흘렀다. 캄보디아에서 1979년 크메르 루즈 정부가 패퇴해 산 속으로 들어가 게릴라 투쟁을 시작한 것은 약 40년 전의 일이다. 북아일랜드에서나 캄보디아에서나, 살아남은 피해자들의 신체적 상처는 그 사이에 다 치료되거나 영구장애로 남아 정리되고 안정되었다. 심리적 상처는 큰 고통을 주었지만 세월이 흐르면서 주변 사람들의 위로와 격려, 사회의 인정과 배·보상, 상담 및 정신의학적 치료 지원, 종교 활동, 또는 시간의 흐름 자체에 의해 나름대로 정리가 되기도 했다. 그러나 수십 년 세월이 흐른다 해도, 관계적 상처의 치유는 매우 어려웠다. 가해자와 피해자는 여전히 서로를 증오하면서 만남을 기피했고, 가해와 피해가 뒤섞인 복잡한 상황 속에서 무엇을 어떻게 할지 혼란스러웠기 때문이다. 물론 그 와중에도 '관계적 치유'를 위한 작은 노력들은 있어왔고, 이 책은 북아일랜드와 캄보디아의 그런 사례들을 소개했다. 그러나 이는 매우 적은 숫자에 불과하다. 사회 전체가 관계적 치유를 받는다는 것은 현실적으로 매우 어려운 일이었다.

2) 피해자들의 선택

극단적인 비극과 고통은 인간으로 하여금 자기 자신, 사회, 신(神)에 대한 생각을 근본적으로 재조정하게 만든다. 스스로가 나름대로 강하고 선하고 일관성이 있다고 생각해온 것이 틀린 것 같다고 느껴진다. 우리가 사는 사회에 나름의 원칙과 상식, 균형이 존재한다는 생각도 틀린 것 같이 느껴진다. 신(神)은 악한 사람을 벌하고 선한 사람을 지켜주신다는 믿음도 잘못된 것으로 여겨진다. 신은 '선한 나'를 위해 존재하며, 내가 선하게 살면서 신을 잘 모시면 신도 내 인생을 축복해주고 비극을 막아주리라는 생각을 버리게 되는 것이다. 이와 같이 그동안 믿어온 것들이 모두 틀렸다고 생각하게 되면서, 트라우마를 받은 사람들은 두 가지 선택의 갈림길에 서게 된다.

자기 자신과 관련된 선택지의 하나는 자신에 대한 실망과 경멸, 포기이다. 비극을 방지할 만큼 강하지 못했을 뿐만 아니라 그 과정에서 자기 마음속에도 가해자와 똑같은 증오, 살의, 혼동이 존재한다는 것을 알게 되면서 본질적으로 선하지 않았던 자기 자신에게 실망하고, 경멸하고, 그리하여 스스로를 포기하는 것이다. 반면 또 다른 선택은 자신의 약함, 선하지 않음, 일관성 없음을 알게 되었기에 이제부터 진정 더 강하고 더 선하고 더 일관성 있는 존재로 바뀌어 나가도록 노력하는 것이다. 또한 자신의 못난 모습을 직시하면서 타인들 역시 이해하고 인정해주는 사람이 되기 위해 노력하는 것이다. 이 선택은 깊은 자기성찰과 때로는 종교적 믿음까지 필요로 한다.

사회에 대한 선택에서 하나의 선택지는 원칙, 상식, 균형이 없는 사회에 절망하고 사회로부터 스스로를 격리해 심리적 혹은 물리적으로 은둔하는 것이다. 이는 사회를 구성하는 모든 인간에 대한 절망과 포기를 의미하기도 한다. 또 다른 선택지는 자신이 당한 비극이 다시 재발되지 않도록 하기 위해, 그리하여 자신이 사는 사회가 사람 살 만한 사회가 될 수 있도록 무너진 원칙과 상식, 균형을 바로세우는 데 인생을 바쳐 노력하는 것이다.

신에 대한 하나의 선택은 이런 악과 비극을 방치하고 막지 못했던 신의 존재를 부정하고 신을 원망하며 마음속에서 그 신을 버리는 것이다. 반면 또 다른 선택은 이 세상의 중심은 자신이 아니라 신이며, 그래서 자신과 가족의 안전, 부, 명예, 권력을 보호하는 것이 신의 유일한 책임이거나 역할이 아님을 인정하는 것이다. 그리고 이 세상 속에서 신의 편에 서서 악을 없애 나가기로 결심하는 것이다. 이는 자기중심적 세계관이 아니라 신(神)과 선(善) 중심의 세계관을 가지고 살겠다는 의미이다. 그리고 그 과정에서 나의 고통만큼, 혹은 그 이상으로 신도 나와 함께 고통스러워하고 같이 애통해 한다고 믿는 것이다.

3) 가해자, 또 다른 피해자

폭력은 피해자뿐만 아니라 가해자도 파괴한다. 가해자들은 비인간적인 폭력을 행사함으로써 자기 안의 잔혹하고 비인간적인 힘을 분출한다. 그 분출물은 피해자에게 쏟아지기 전에 먼저 가해자 자신의 내부를 거치기 때문에, 가해자는 피해자보다 먼저 그 힘에 노출될 수밖에 없다. 그 내용을 좀 더 구분해보면 다음과 같다.

첫째, 가해자들은 피해자들을 비인간화함으로써 자신도 비인간화된다.[3] 그들은 가해 행위를 할 때 희생자들을 '인간'으로 생각하지 않는다. 단순한 고깃덩어리, 또는 사상, 종교, 조직의 구성요소나 도구, 때로는 악 자체로 보고 가해한다. 즉 인간을 어떤 형태로든 '비인간화'하는 것이다. 그래서 가해자 조직은 "네가 죽이는 것은 인간이 아니라 우리에게 적대적인 세력의 도구"라고 가르친다. 하지만 피해자를 인간이 아닌 존재로 보게 되면서 가해자 자신도 인간이 아닌 존재, 하나의 도구로 바뀌어간다. 자신이 의식하든 하지 못하든, 가해자도 비인간화되는 것이다.

---

3) Johnston McMaster and Cathy Higgins, op.cit., p. 32.

둘째, 가해자들은 자신들의 집단 내부를 향해서도 잔혹한 폭력을 사용하게 된다. 다른 집단 사람들에게 잔혹한 폭력을 휘두르는 이는 결국 그 잔혹한 폭력을 자기 내부 사람들에게도 사용하게 된다. 한번 분출된 폭력성은 점차 강화될 수밖에 없기 때문이다. 구소련 체제하에서 스탈린에게 숙청된 이들 가운데 다수가 레닌, 스탈린과 함께 공산혁명에 임했던 공산주의자들이었다. 캄보디아 킬링필드에서도 크메르 루즈에 의해 처형된 이들 중 상당수는 크메르 루즈 내부자들이었다. 가해자들은 피해자들에게 그랬던 것처럼 내부적으로도 서로 의심하고 경계하고 증오하고, 결국 극단적인 폭력을 가한다. 그러하기에 폭력은 피해자의 삶만 황폐하게 만드는 것이 아니라 가해자의 삶도 황폐하게 만든다.

셋째, 악을 행했던 가해자들의 기억이 그들의 삶을 파괴한다. 극단적인 반사회성 인격장애(antisocial personality disorder)를 가진 경우가 아니라면 큰 명분이 있는 전쟁에 나갔던 군인들조차 자신들이 전쟁 중에 했던 잔혹한 행동을 이야기하기를 몹시 꺼린다.[4] 인간성에 반하는 일이라고 스스로 의식하기 때문이다. 이는 그들이 정상적이고 건강한 삶을 살아가는 데 많은 어려움을 만든다. 더구나 자신들이 참여한 일이 명분도 없고 역사적으로 죄악시되는 일이라면, 가해자들은 자신이 속한 지역 공동체의 일원으로 참여하는 것도 거부당하고 스스로도 나서지 못한다. 이 책에서 소개한 화해 프로그램들을 통해 캄보디아 지역 공동체가 구 크메르 루즈 사람들을 용서하고 받아들였던 사례들이 더욱 큰 의미를 가지는 데는 이런 이유도 있다.

한반도의 이념 대결과 전쟁, 상호폭력 역시 이런 가해자의 문제를 양산해왔다. 남북한 사람들은 모두 이 분열과 분단 과정을 통해 자기 안의 중

---

4) ibid., p. 9.

오를 끌어올려 상대방을 극도로 증오했고, 그러면서 스스로를 파괴해갔다. 적뿐만 아니라 '우리편'에 대해서도 증오하고 의심하는 일들이 수없이 일어났다. 북한은 물론 남한 사회도 사회적 갈등해결 능력이 부족하고 늘 긴장된 분위기로 경직되어 있으며, 세계적으로 가장 높은 자살률을 보이는 데는 이런 이유도 있을 것이다. 한반도 역시 세계의 많은 갈등 지역과 마찬가지로 근본적인 치유를 필요로 하고 있는 것이다.

2. 정의에 대하여

사회적 불의와 그로 인한 고통 앞에서 우리는 정의가 바로세워지기를 열망한다. 그런데 '정의를 바로세운다'는 것은 과연 어떤 의미일까? 북아일랜드의 상황 속에서 우리는 정의에 대하여 다음과 같은 생각을 가지게 되었다.[5]

1) 정의 개념의 재조정과 통합

누구나 '정의(正義)'에 대한 정의(定意)'가 다를 수 있다. 예를 들어 북아일랜드의 경우, 신교도가 바라보는 정의란 곧 '법, 질서, 안전'이었다. 주어진 사회체제 아래서 법과 질서가 잘 작동하고 모든 사람들이 안전하게 살 수 있도록 하는 것이 바로 '정의'였다. 그러나 구교도들에게 정의란 '평등, 동등한 자격, 사회정의'를 의미했다. 종교나 민족에 따른 차별과 그로 인한 압박과 착취가 없는 세상, 그래서 모두가 평등한 사회를 만드는 것이 '정

---

5) ibid., pp. 31~32.

의'라고 본 것이다. 신교도들은 평등이나 사회정의를 주장하면서 폭탄 테러로 법과 질서를 깨는 것을 정의라고 받아들일 수 없었던 반면, 구교도들은 신교도들이 법과 질서를 앞세우면서 평등, 동등한 자격, 사회정의를 무시하고 억압하는 것을 정의라고 받아들일 수 없었다. 그래서 양쪽 모두 '자신들의 정의'를 위해 상대방을 향한 적대적 행위를 했다. 서로의 역사적 경험과 정치사회적 입장에 따른 서로 다른 '정의' 개념을 어떻게 해야 하는 것일까? 진정한 정의는 과연 무엇이어야 했을까? 이에 대해 맥매스터는 신교도와 구교도가 생각하는 정의가 다르다는 것을 서로 대화를 통해 이해하고 두 가지 정의를 합쳐 조화를 이루어야 진정한 의미의 정의를 세울 수 있다고 말했다.

2) 처벌을 넘어선 정의

정의를 바로세운다는 것은 불의를 행한 사람들이 자신들의 악행에 대해 분명한 처벌을 받는 것을 의미한다고 생각하기 쉽다. 그러나 문제는 그런 처벌이 정의의 최종 목표도, 최종 단계도 될 수 없다는 것이다. 가해자의 입장에서는 처벌을 받고서도 자기 행동에 대한 자책감이나 죄책감 없이 오히려 더 커진 증오심으로 처벌 이후에 다시 과거 피해자에게 재공격을 시행할 수 있다. 혹은 처벌을 받고 자신의 죄를 뉘우치고도 여전히 죄책감에 사로잡혀 다시는 지역사회의 일원으로서 정상적으로 살아가지 못한 채 회피자, 은둔자의 비참한 삶을 살 수도 있다. 어느 쪽이든 처벌만으로는 무언가 불충분하고 가해자를 최종적으로 회복시키지 못하므로, 진정한 정의가 회복되지 못한 것이다. 한편 피해자의 입장에서는 가해자가 처벌 받는 것을 보고도 여전히 과거 상처로 인해 고통스럽고 불안과 우울에 시달리며, 인간으로서 존엄성을 회복했다는 느낌을 갖지 못할 수 있다. 이 경우에도 처벌만으로는 불충분하고 피해자를 최종적으로 회복시키지 못하므로, 진정한 정의가 회복되지 못한 것이다.

중요한 것은 비극적 트라우마가 발생한 이후 진정한 정의가 다시 세워지는 것이다. 그 정의는 피해자와 가해자를 비롯해 연관된 모든 사람들이 사건 이전보다 더 높은 단계의 성찰, 위엄을 가지도록 하는 것이고, 그를 통해 더 나은 사회를 구성하는 것이다. 그러나 많은 경우, 사회는 가해자의 악한 '행동'에 초점을 맞춘다. 가해자라는 '인간' 자체는 관심의 대상이 되지 않는다. 그래서 추구되는 것은 언제나 사법적·처벌적 정의일 뿐이다. 이는 피해자에게도 마찬가지이다. 희생자라는 '인간' 자체에 대한 관심보다는 희생자가 겪은 '범죄'에만 관심을 가진다. 그러면서 가해자도 피해자도 처벌의 과정 속에서 회복되거나 더 높은 단계로 올라갈 기회를 가지지 못한다.[6]

3. 용서에 대하여

1) 용서에 대한 몇 가지 오해

잔혹한 사건으로 트라우마가 발생한 사회에서 용서라는 단어를 꺼내는 것은 정말로 힘들고, 때로는 위험하거나 부도덕한 일이 될 수 있다. 일반적으로 사람들은 '용서'라는 단어에 대해 다음과 같은 몇 가지 오해를 가진다.[7]

---

6) ibid., pp. 33~34.
7) ibid., pp. 21~23, 27~28.

첫째, 용서가 '망각'을 의미하는 것이라고 생각한다. 용서란 과거의 아프고 슬픈 일들을 다 잊어버리고, 마치 그런 일이 없었다는 듯이 사는 것이라고 생각한다. 그래서 테러로 죽은 자식을 도저히 잊을 수 없는 어머니는 용서도 불가능하다고 생각하는 것이다. 그러나 용서는 망각을 의미하지 않는다. 오히려 과거에 일어난 일을 철저히 기억하는 가운데 가능하다. 기억을 해야 자신이 무엇을 용서하는지 알 수 있기 때문이다. 예를 들어, 큰 정신적 충격에 의해 피해자에게 기억상실이 생겼다거나 치매 상태가 되면 진정한 용서는 불가능해진다.

둘째, 가해자가 진심으로 잘못을 회개하면 그 다음 순서로 용서가 가능하다고 생각한다. 물론 이것은 바람직한 용서의 진행 과정이 될 수 있다. 그러나 여러 이유로 가해자들이 자기 잘못을 공개적·공식적으로 인정하고 사과하고 회개하는 일들은 매우 드물다. 가장 대표적인 이유는 가해자 자신도 그럴 만한 이유가 있어 가해를 했다고 생각하기 때문이다. 그리고 자신도 나름대로 피해자요 희생자이기 때문에, 자신만 그렇게 무릎 꿇을 수는 없다고 주장하게 된다. 이것은 어려운 딜레마 상황을 만든다. 그래서 때로는 먼저 용서를 하고 그 다음에 회개가 오도록 하는 것이 필요한 경우도 있다. 당연히 이는 매우 어려운 일이다. 하지만 기독교적으로 보면 회개는 용서에 대한 반응이지 용서의 전제 조건이 아니다. 그런 의미에서 진정한 회개가 이루어지려면 누군가 먼저 용서해야만 한다.

셋째, 용서를 '정의의 원칙'에 따라 부도덕하고 악한 일이라고 생각한다. 악에 대한 확실한 응징만이 이 땅에 정의를 세우고 미래에 발생할 악을 예방할 방법이라고 믿는 것이다. 때문에 제대로 된 처벌 없이 먼저 용서 운운하는 것은 매우 부도덕하고 불의한 일이 된다. 이런 경향은 특히 악을 증오하고 선을 강조하는 종교를 가진 종교인 집단에서 더 뚜렷하게 나타난다. 여기서 종교와 정의의 문제를 잠깐 살펴보기로 하자.

어떤 종교관에서, 신은 '현세적' 차원의 정의를 구현하는 존재로 규정된다. 그래서 이 세상의 악인들은 신에 의해 단호하고 분명하게 처벌 받아야 하고, 선인에게는 칭찬과 보상이 따라야 한다고 믿는다. 이 질서가 깨지면 세상은 악으로 가득 차고 신은 신답지 못하게 되므로 이 원칙을 반드시 지켜야 하며, 그것만이 옳은 신앙의 길이라고 믿는다. 그러나 이런 믿음은 몇 가지 딜레마를 품고 있다. 먼저, 현실적으로 악인들이 반드시 다 처벌 받지는 않는다. 그렇다면 이를 막지 못하고 개입하지 않은 신 역시 악에 대한 책임에서 벗어날 수 없다. 그러다 보면 정말로 신이 존재하는지, 정말로 전지전능하고 선과 정의를 지키는 존재가 맞는지 혼란이 생기게 되는 것이다. 이런 갈등을 직면할 때, 인간은 새로운 시각을 가지게 된다. 즉 신이 악과 악인을 다루는 방식의 깊은 뜻을 인간이 다 이해하지 못함을 인정하게 되는 것이다. 신이 전지전능하지 못해 악인을 즉각 처벌하지 못하는 것이 아니다. 신은 악과 악인을 구분하고 있고, 세상의 악을 없애는 일을 꾸준히 하고 있지만, 그 악의 도구로 사용된 인간, 즉 악인에 대한 심판은 일정 시간 유보하고 있다. 때로는 그 유보 기간이 인간에게 부여한 회개의 기회라고 볼 수도 있다. 그러므로 인간은 신이 세상에서 악을 소멸시켜 나가는 과정에 도구로서 동참해야 하며, 마지막 순간에 신이 악의 근본과 악 그 자체를 소멸시킬 것임을 믿는 것이야말로 종교의 근본이 된다.

한편, 종교적 차원에서 '용서'를 신과 악한 사람 사이의 개인적인 일로 한정시키는 사고방식도 문제이다. 인간이 타인에게 악행을 하고 그로 인해 죄책감을 가지게 되었을 때, 그것을 신 앞으로 가져가 개인심리적이고 신앙적인 차원에서 죄를 회개하고 신의 용서를 받았다고 느끼는 것으로는 부족하다. 회개와 용서는 인간과 신의 수직적 관계 회복을 한 축으로 하지만, 그것이 회개와 용서의 전부는 아니기 때문이다. 신의 용서와 나란히 인간과 인간 사이, 가해자와 피해자 사이의 관계 회복이라는 또 다른 축이 반드시 필요한데, 이것이 무시되는 용서나 회개는 충분한 용서와 회개라 할 수 없다. 이청준의 소설 『벌레 이야기』[8]나 이 소설을 영화화한 〈밀양〉(이창동 감독, 2007)이 이런 주제를 다룬 대표적인 작품이다. 이는 신의 용서에 대한 잘못된 개념을 보여준다. 용서는 자신과 신 사이의 내면적 측면과 함께, 자신이 지은 죄에 대해 책임감을 가지고 그것을 해결하기 위해 구체적인 사회적 노력을 다하는 외면적 측면을 가진다. 진정한 용서는 내면적·외면적 회개를 동시에 보여주면서 이루어질 수 있다.

다시 본론으로 돌아가서, 용서에 대한 네 번째 오해는 '필요에 따라 쉽게 할 수 있는 것'이라는 생각이다. 용서는 피해자에게 너무도 어려운 일이다. 그러나 거대한 사회적 트라우마가 발생할 경우, 그 트라우마는 해당 사회에 정치적·사회적·종교적으로 큰 부담이 된다. 이럴 때 피해자에게 용서하라는 요구를 '쉽게' 꺼내놓는 이들이 있다. 예를 들어 정치적으로 부담스러운 트라우마 사건에 대해, 국가와 사회의 미래를 위해 가해자를 용서하라고 피해자들을 '압박'하는 광경을 우리는 보아왔다. 때로는 가해자 스스로 그런 말을 하기도 한다. 미디어는 감정적이고 감동적인 상황을 연출하면서 피해자가 가해자를 용서하고 포용하도록 유도한다. 미디어 앞에서 일시적 감정에 따라 용서의 제스처를 보였던 피해자들은 많은 경우 자기 행동을 후회하고 당황과 혼란, 깊은 우울감에 빠진다. 혹은 종교 지도자들이 교리를 근거로 아직 준비되지 않은 피해자들에게 섣불리 용서를

---

8) 이청준, 『벌레 이야기』, 문학과 지성사, 2013.

요구할 수도 있다. 이 경우 자신이 가해자를 용서하지 못한다는 이유로 피해자가 가해자보다 더 큰 죄의식을 가지기도 한다. 이런 일들은 모두 '값싼 용서'를 강요하는 제2의 트라우마 유발 사건들이다. 용서는 한 인간이 긴 시간에 걸친 깊은 성찰 끝에 최종적으로 결단하여 행하는 숭고하고 초월적인 행위다. 이런 용서를 다른 목적으로 조급하게 요구하고 함부로 유도하는 일은 없어야 한다.

용서에 대한 다섯 번째 오해는 '지금 용서하지 못하면 앞으로도 영원히 용서하지 못하는 것'이라는 생각이다.[9] 그러나 도덕적, 인격적, 신앙적 이유 등으로 언젠가는 가해자를 용서할 수도 있겠지만 그것이 '적어도 지금은 아니다'라는 생각은 얼마든지 가능한 정직하고 합리적인 이야기다. 용서가 가능한 시기는 매우 천천히 올 수 있다. 그러나 천천히 오는 것과 영원히 오지 않는 것은 완전히 다르다. 그것을 인정하는 것이 중요하다.

2) 진정한 용서란 무엇인가?

한 유대교 랍비는 피해자가 용서를 해야 하는 이유는 가해자에게 그럴 만한 가치가 있어서가 아니라, 피해자가 더 이상 비통하게 탄식하기를 원치 않기 때문이라고 말했다. 이런 점에서 용서는 자기치유의 중요한 요소이다. 아픔과 원한을 내면에 담고 있는 것은 자신을 파괴시키고, 용서는 자기파괴적 증오로부터 피해자를 해방시킨다. 용서는 희생자 자신이 내면의 고통으로부터 자유로워지고, 사회가 더 건강하게 앞으로 나아갈 수 있도록 만들어주는 것이다. 용서는 화해에 대한 희망을 준다. 카터 헤이워드(Carter Heyward)는 진정한 용서를 다음과 같이 다섯 가지 내용으로 설명했

---

9) Johnston McMaster and Cathy Higgins, op.cit., p. 21.

다.[10]

첫째, 용서는 우리와 가해자의 잘못된 행동의 결과로 만들어진 분노와 수치를 떠나보내는 것이다. 이는 창조적이고, 해방적이며, 생명을 주는 열망이다. 둘째, 용서는 과거로부터 미래로 나아가는 사회적·정치적·심리적 도약이다. 이는 과거의 잘못에 대한 집착을 '쓱 옆으로 지나가버리는 것'이다. 셋째, 용서는 삶을 잘 살기 위해, 생명과 잘 지내기 위해, 과거에 대한 분노를 떠나보내는 것이다. 우리는 타인만큼이나 우리 자신과 우리의 행복을 위해 용서한다. 넷째, 용서는 배신, 폭력, 아픔이 우리를 규정짓지 못하게 하는 지속적인 영적 행위이다. 다섯째, 용서는 망각하지 않는 것이다. 이는 일어났던 일들을 최대한 선명하게 기억하는 것이며, 그리고 나서 그것이 계속 우리를 규정하게 하지 않고 떠나보내는 것이다.

이 설명은 용서에 대한 시각을 명확히 해준다. 용서란 망각이 아니라 기억이고, 기억과 동반되는 과거 고통에 대한 집착과 자책감으로부터 자신을 해방시키는 결단이라는 것이다. 용서는 가해자를 위한 일이 아니라 피해자인 나 자신을 위해, 나의 삶을 더 행복하게 만들고 높이기 위해 하는 것임을 말하고 있다.

아프리카 잠비아의 정치 지도자였던 카운다(Kenneth Kaunda)는 조국의 정치 현실 속에서 진정한 '용서'에 대해 다음과 같이 이야기했다.[11] 첫째, 용서는 단순한 사면(pardon)이 아니다. 과거를 돌아보면서 쓰라림과 분노를 샅샅이 뒤지고 또 뒤지기를 그만두고 이제부터 새로운 날들을 살겠다는 의

---

10) ibid., p. 24.
11) Robert and Judy Zimmerman Herr (ed.), *Transforming Violence: Linking Local and Global Peacemaking*, Herald Press, 1998, p. 72.

지를 지속적으로 다지는 것이다. 둘째, 용서는 정의의 대치물이 아니다. 용서가 있었는데도 불의가 지속된다면 무언가 거짓이 있다는 뜻이다. 정의 없는 용서는 가치 없고 공허하다. 셋째, 용서의 힘은 사람들을 과거 죄의식의 무거운 짐으로부터 자유롭게 하고, 그들이 현재 속에서 용감하게 행동할 수 있도록 해준다.

'용서'에 대한 카운다의 이해와 접근은 일반적인 도덕 관념이나 종교의식을 넘어선다. 용서는 인간을 '온전히' 존재하게 하고 '온전한' 정신을 가지게 한다. 카운다의 시각에서 보면, 용서는 우리가 스스로를 더 이상 과거에 의해 지배당하고 조정되도록 허락하지 않는 것이며, 용서와 사회정의가 함께하도록 묶는 것이며, 우리를 과거로부터 해방시켜 새로운 날과 길을 향해 나아가도록 하는 것이다.[12]

3) 용서와 화해를 위한 사고의 전환

노르웨이의 Nansen Dialogue Network에서 활동하는 에릭 클레벤(Eric Cleven)은 대립하고 갈등하는 사람들이 서로 대화하기 위해서는 세 가지가 인정되어야 한다고 말했다.[13] 첫째, 상대방도 스스로를 희생자로 보고 있음을 받아들여야 한다. 둘째, 상대방은 벌어진 사실들에 대해 다른 생각을 가지고 있음을 인정해야 한다. 마지막으로 셋째, 상대방도 이미 충분히 고통받았음을 받아들여야 한다.

용서와 화해를 위한 대화는 '객관적 사실'의 규명과 판결을 추구하는

---

12) Johnston McMaster and Cathy Higgins, op.cit., p. 24.
13) Erik Cleven, "Between Stories and Faces: Facilitating Dialogue through Narratives and Relationship Building", *Dialog-Mer Enn Ord*, Lillehammer: Nansenskolen, 2005.

것이 아니라 상대방의 입장이 나와 다르다는 것을 서로 '인정'하고 받아들이는 것이다. 여기서 '인정'은 '동의'를 의미하는 것은 아니다. 적어도 "그럴 수도 있었겠다"는 것을 서로 인정해줄 때 대화에 나설 수 있다는 의미이다. 위 세 가지 대화의 조건을 조금 더 자세히 살펴보자.

첫 번째, '상대방도 스스로를 희생자로 보고 있음을 받아들여야 한다'. 가해자가 스스로를 희생자라 생각한다는 사실 자체가 피해자에게는 또 다른 상처와 분노가 될 수 있다. 그러나 가해자들도 어떤 측면에서는 희생자일 수밖에 없다는 사실을 인정해줄 때 비로소 대화의 마음이 열릴 수 있다. 가해자나 가해 집단의 과거 역사를 이해함으로써, 그리고 그들의 행동 배경을 이해함으로써 대화를 향한 첫 걸음을 내딛을 수 있다. 객관적으로는 그들이 가해자임에 분명하더라도 그들 스스로가 자신을 희생자로 보고 있다는 것을 일단 인정해주어야만 대화가 시작될 수 있다. 이것은 어렵지만 중요한 결단이다.

두 번째, '상대방은 벌어진 사실들에 대해 다른 생각을 가지고 있음을 인정해야 한다'. 갈등하는 양측, 또는 가해자와 피해자는 객관적인 사실인식이나 해석, 의미부여, 교훈이 서로 완전히 다를 수 있음을 인정해야 한다는 의미이다.

세 번째, '상대방도 이미 충분히 고통받았음을 받아들여야 한다'. 이 역시 피해자 입장에서 받아들이기 몹시 힘든 부분이다. 그 비참했던 사건 속에서 고통받은 것은 피해자이지, 가해자는 무슨 고통을 받았다는 것인가? 그러나 고통의 발생 시점을 좀 더 넓게 잡는다면 이야기는 달라질 수도 있다. 가해자는 과거 사건이 벌어지기 이전에 희생자이자 피해자로서 고통을 받아왔을 수 있다. 사건 이후에 그 사건 때문에 또 다른 고통을 받았을 수도 있고, 앞으로 받을 수도 있다. 그 역시 충분한 고통이라고 인정해주는 것은 매우 어려운 일이지만, 그것을 인정해줄 때만 비로소 대화가 열릴 수 있다는 것이다.

예를 들어, 한국인들이 제2차 세계대전과 연관된 일본인들의 태도에서 가장 경악하고 분개하는 지점은, 일본이 현대사에서 스스로 가해자였음을 전혀 인정하지 않고 오직 피해자라고 주장한다는 것이다. 그들은 원자폭탄으로 인한 고통과 희생만 강조할 뿐, 왜 원자폭탄이 히로시마와 나가사키에 투하되었으며, 원폭 이전에 일본의 야욕에 의해 얼마나 많은 사람들이 고통을 겪고 죽어갔는지에 대해서는 전혀 생각하지 못하는 것처럼 보인다. 이런 상황에서 일본인들과의 대화는 조금도 진전될 수 없다. 그렇다면 어떻게 대화를 가능하게 만들 수 있을까? 어렵지만, 일본과의 대화도 위의 세 가지 사항에 대한 '인정'에서 시작되어야 할지 모른다. 물론 북한에 대해서도 마찬가지이다. 서로 다른 입장과 기억, 고통을 인정해줄 때 비로소 통일에 대한 대화를 시작할 수 있을 것이다.

4) 용서를 넘어 화해로 가는 길

도널드 슈라이버(Donald Shriver)는 용서의 핵심을 네 가지로 정리했다.[14] 첫째, 기억에 대한 도덕적 판단: "기억하고 용서한다." 둘째, 복수의 포기. 셋째, 적의 인간적 속성에 대한 공감: "그 사람도 인간이었다." 넷째, 개신(改新, renewal)과 공존의 결단. 이를 좀 더 풀어서 살펴보면 다음과 같이 말할 수 있을 것이다.

첫째, '기억에 대한 도덕적 판단'이다. 용서한다는 것은 가해자의 행동에 대한 도덕적 판단을 포기하거나 회피하는 것, 또는 망각하는 것이 아니

---

14) Donald Shriver, *An Ethic for Enemies in Politics*, Oxford: Oxford University Press, 1995.

다. 용서는 모든 것을 기억하고 모든 것을 판단하고 있을 때 가능하다.

둘째, '복수의 포기'이다. '눈에는 눈'이라는 복수가 반복된다면 세상 사람들은 모두 맹인이 될 것이라는 말은 맞는 말이다. 복수에 대한 파괴적 폭력의 갈망은 모든 인간의 본능이다. 복수를 할 만한 정당한 자격이 있다고 생각될 때 그 본능은 더욱 강렬해질 것이다. 그러나 복수는 새로운 희생자를 만들어내고, 희생자는 다시 가해자가 되는 악순환에 들어간다. 그 가능성을 인식하는 것이 매우 중요하다. 그것이 복수를 포기하는 어려운 첫걸음이 된다.

셋째, '적의 인간적 속성에 대한 공감'이다. 폭력은 상대방을 '인간이 아닌 존재'로 인식할 때 나타난다. 누군가에게 폭력을 행하고 악을 행한다는 것은, 상대방을 더 이상 인간으로 인식하지 않는다는 의미이다. 그러나 용서는 반대의 생각을 필요로 한다. 악한 사람이라도 여전히 인간이라고 여기는 생각의 변화가 용서를 만들어낸다.

넷째, '개신(renewal)과 공존의 결단'이다. 용서의 관점에서 인간성에 대한 공동의 관념을 새로이 하고 공존을 추구할 때 폭력의 순환은 깨질 수 있다. 용서는 법정이나 다른 권위에 의해 부과되지 않는다. 용서는 상처받은 사람의 내면에서 나오는 힘으로만 이루어진다. 가해자가 잘못을 인정하고 참회하며 용서를 구하건 그러지 않건, 용서는 오로지 피해자의 결단에 의해 이루어질 수 있다.

로빈 휘부쉬(Robyn Fivush)는 화해에 대해 다음과 같이 이야기했다. "화해는 용서나 이해에 그치지 않는다. 화해는 이미 벌어진 일들을 돌이킬 수 없다는 것, 이제 벌어진 일들과 함께 살아갈 수밖에 없음을 받아들이는 것이다. 사람은 이미 벌어진 일과 어떻게 함께 살아가야 하는지를 변화된 세계 속에서 배워야 한다."[15)

화해는 용서를 한 다음에, 자신이 용서한 사람과 함께 살아가는 결단을 하는 것이다. 그것은 이미 벌어진 과거의 비극을 스스로 인정하며 받아들이고, 화해를 통해 달라진 관계 속에서 다시 새롭게 살아갈 방향과 힘을 갖추는 것이다. 그러나 때로는 용서 없이 화해적 삶, 공존의 삶을 시도하는 경우도 있을 수 있다. 하지만 그것은 위험한 일이다. 로버트 엔라이트(Robert Enright)는 용서 없는 화해란 전쟁에서—종전협정이 아닌—정전협정과 다를 바 없다고 이야기했다.[16) 그러면서—북아일랜드의 경우—진정한 화해는 양쪽의 용서를 요구한다고 했다. 왜냐하면 많은 경우 양쪽에 모두 서로에 의한 상처가 있기 때문이다. 화해는 양쪽에 관계를 새롭게 하려는 마음의 준비를 요구하지만, 때로는 한쪽만 그런 노력을 하겠다는 마음을 가질 수도 있다. 이는 불완전한 상태이다. 하지만 먼저 그런 생각을 하게 된이가 화해의 손을 내밀어야 역사가 전진할 수 있다. 또한 화해는 신뢰를 필요로 하는데, 이는 때로 불가능해 보이지만 아무리 오랜 시간이 걸린다해도 지금부터 그 노력은 시작되어야 한다.

5) 용서와 화해의 길 위의 위험요소들
(1) 준비되지 않은 성급한 용서와 화해
마리 브렌 스미스(Marie Breen Smyth)는 BBC에서 방송한 북아일랜드 다큐

---

15) Robyn Fivush, "Reconciling Trauma and the Self: The Role of Narrative in Coping with Sexual Abuse and Terrorism", Amy Benson Brown and Karen Poremski (eds.), *Roads to Reconciliation: Conflict and Dialogue in the Twenty-first Century*, New York: M. E. Sharpe, Inc., 2005.

16) Robert Enright, *Forgiveness is a Choice: A step-be-step process for resolving anger and restoring hope*, Washington DC: American Psychological Association, 2001.

멘터리 프로그램의 사례를 이야기한다.[17] 제작진이 노벨평화상을 수상했던 남아공의 투투 주교를 초대해 마련한 자리에서 가해자와 피해자들이 마주앉았다. 투투 주교는 용서는 의도적으로 꾸며서 하면 안 되는 일이라고 여러 차례 이야기했고, 참석한 희생자들은 가해자들과 용서를 뜻하는 악수를 나눴다. 이 프로그램의 세 번째 시간, 피해자 실비아 해켓(Sylvia Hackett)이 가해자인 스톤(Stone)에게 '나는 이제 당신에게 아무런 나쁜 감정이 없다'고 말했다. 그러자 투투 주교는 정말 그렇다면 서로 악수를 하라고 권했다. 그러자 실비아는 스톤에게 악수를 청했는데, 손이 닿는 순간 그 손을 놓아버리곤 옆에 있던 시동생에게 "나 헷갈려!"라고 소리쳤다. 전 세계인이 시청하는 TV 카메라 앞에서 말이다.

그녀는 사전에 이 프로그램에 나오겠다고 동의했었고, 나름 생각이 잘 정리되었다고 믿었다. 그리고 권위있는 사람으로부터 악수를 권유받았다. 화해의 모든 조건이 갖춰진 듯했지만, 여전히 그녀의 마음은 복잡했다. TV 카메라 앞에서 악수를 권유받는 건 그녀에게 거대한 '압력'이 되었다. 그리고 그녀는 크나큰 혼란에 빠졌다. 용서란 복잡한 것이다. 누구에게도 용서를 요구할 수 없다. 망각을 요구할 수도 없다. 다만 참회를 요구할 수는 있지만 그조차 강요할 수는 없다. 모든 것은 철저히 한 개인이 스스로 성찰하고, 고민하고, 결단해야 하는 일이다. 그러기에 성급한, 때로는 거짓의 화해를 강조하는 것은 진실의 회복이 아니다.

브랜든 햄버(Brandon Hamber)는 용서를 지나치게 강조하는 데 대해 다음과 같이 경고한다.[18] "남아프리카공화국의 진실과화해위원회에서 내가 경

---

17) Marie Breen Smyth, *Truth Recovery and Justice After Conflict*, London: Routledge, 2007.
18) Brandon Hamber and Grainne Keely, "A Place For Reconciliation?", Conference Ropert, 29 Novemebr

험한 바에 의하면, 희생자들은 용서라는 단어를 거의 사용하지 않았다. 이는 국제사회가 남아공 진실과화해위원회에 대해 생각했던 것과는 다른 현실이었다. 사실 많은 희생자들은 가해자들이 사면을 받은 데 대해 화가 나 있었고, 가해자들의 진심어린 사과가 없었다고 느꼈다. 그것이 그들로 하여금 용서하지 못하게 하고 있었다." 다른 남아공 관련 연구들도 희생자의 증언에서 용서는 주요 요소가 아니었다고 했다. 그리고 희생자들이 가해자를 용서하려 하지 않았다고 했다.[19]

햄버(Hamber)도 실제로 남아공의 위원회 활동 과정에서 용서에 대한 이야기가 나오긴 했지만, 그것이 전체 활동의 핵심은 아니었다고 보고했다.[20] 남아공에서는 가해자들도 자신들에게 용서를 요구할 권리가 없다고 느꼈고, 용서를 요구하는 것은 오히려 희생자들에 대한 모욕이며 희생자 가족에게 새로운 부담을 지우는 일이라고 생각했다고 한다. 실제로 용서를 요청하는 것은 희생자 가족의 필요보다 가해자의 필요에서 나오는 것이다. 그러나 이는 가해자가 용서의 과정을 통해 변화될 수 있는 상황에서나 언급될 수 있는 문제다. 가해자들이 스스로 아무것도 잘못한 게 없고, 사과할 것도 변화되어야 할 것도 없다고 느낀다면, 용서를 구하는 일은 없을 것이었다.

(2) 정치적으로 강요되는 거짓 용서와 화해

'용서'와 '화해'라는 단어는 늘 정치적으로 악용될 위험이 있다. 이 단

2005(Belfast: Healing Through Remembering, 2005).

19) Liam O'Hagan, *Training Manual: Toward Understanding and Healing*, Toward understanding and healing, 2014, p. 103.

20) Brandon Hamber and Grainne Keely, op.cit., p. 145.

어들이 개인적 차원이 아닌 사회적 차원에서 정치적 목적을 가지고 조작(manipulation)될 가능성이 있기 때문이다. 예를 들어, 과거의 거대한 사회적 악을 용서와 화해라는 구호를 이용해 드러나지 않게 덮어 숨겨버리려고 할 수 있다. 그 과정에서 정치인들이 용서와 화해라는 말을 쉽게 꺼내고, 희생당한 개개인의 아픔을 무시하거나 그에 무관심한 모습도 볼 수 있다.[21] 이에 대해 미카엘 이그나리프(Michael Ignatieff)는 다음과 같이 말했다.[22] "거짓 화해는 역사의 진전을 위해 미래로 나아가라는 압도적인 압력을 주고, 희생자들이 과거를 흘려보냈다는 착각(illusion)에 빠져들게 한다." 또한 샘슨 문(Samson Munn)은 다음과 같이 말했다.[23] "화해가 필요하다는 요구는 일견 단순해 보이지만, 북아일랜드에서 그것은 누군가 치유되어야 하고, 따라서 누군가 과거를 잊어야 하며, 그러기 위해 누군가 용서해야만 한다는 뜻이다. 그러나 이러한 연쇄는 개인이나 집단에게 불가능할 뿐 아니라 해롭기까지 하다. 타인의 기대에 떠밀려 용서하고 잊으려 열심히 노력하는 사람들은 그 노력이 실패로 돌아갔을 때 죄책감을 느낄 수 있다. 이런 요구는 너무 말만 그럴듯한 낙관론이다. 너무나도 가슴아픈 요구이고, 너무나도 불공평하고 잔인한 요구이다. 최악인 것은, 그런 요구가 실제로 참된 용서를 만들어낸 적이 거의 없다는 것이다."

사회적·정치적으로 조급하게 용서와 화해가 강요될 경우, 미처 용서하지 못하고 여전히 고통 속에 있는 피해자가 미래를 향한 전진의 장애요소

---

21) ibid., p. 146.

22) Michael Ignatieff, "Articles of Faith", *Index On Censorship* 25, 1996, pp. 110~122.

23) Samson Munn, "'Storytelling and Encounter' Keynote address at the Storytelling as the Vehicle?", conference, 29 November 2005, Antrim, Northern Ireland, Sponsor: Healing Through Remembering (Belfast).

가 된다. 피해자가 오히려 역사의 죄인, 역사의 가해자라는 식으로 상황이 역전될 수도 있다. 피해자에게 제2의 트라우마를 안기는 일이 벌어지는 것이다. 이에 대해 햄버는 다음과 같이 말한다.[24] "개인과 국가의 치유는 같은 것이 아니다. 고통을 인지하고 희생자가 말할 수 있는 공간을 제공하는 것이 출발점이 되어야 한다. 이후의 진행은 무계획적으로 천천히 흘러가는 대로 이루어질 것이다. 정치적 과정은 개인의 치유 과정과 근본적으로 다르다. 그러나 국가와 정치인들은 희생자들이 개인적 고통을 감당할 수 있게 되기도 전에 이미 앞으로 나아갈 준비를 해버린다." 사회는 개인의 고통을 다루는 일에 무심하다. 타인의 문제이기 때문에, 역사의 진전이라는 추상적인 미명하에 과거의 아픔을 잊어버리라는 폭력적인 요구를 서슴지 않는 것이다. 용서와 치유는 함부로 이야기할 것이 아니다. 그것이 최종적으로 가장 중요하고 숭고한 인간 정신의 현상이라 할지라도, 인간은 그것조차 이용해 자신들의 또 다른 목적을 추구할 수도 있는 존재임을 늘 경계해야 한다.

6) 용서의 실천을 위한 구체적 방법들

이러한 위험성을 극복하고 진정한 용서와 화해를 이루기 위해서는 그를 위한 구체적인 방법을 가지는 것이 중요하다. 과거 큰 상처를 주고받았던 이들이 하나의 지역사회 안에서 함께 살아가기 위하여 헤이워드 (Hayward)는 여섯 가지 방법을 제안했다.[25] ① 지역사회에서 우정을 통한 연대(solidarity) 구축, ② 정의를 위한 투쟁에 함께 참여하기, ③ 연민과 겸손, ④

---

24) Brandon Hamber and Grainne Keely, op.cit., p. 162.
25) Johnston McMaster and Cathy Higgins, op.cit., p. 26.

자신에게 솔직하기, ⑤ 상상력, ⑥ 기도와 묵상 등이다. 이를 하나씩 살펴보자.

첫째, 지역사회에서 우정을 통한 연대(solidarity)를 구축하는 것이다. 필자는 북아일랜드를 방문했을 때, 가장 극심한 신·구교도 테러 충돌의 현장이었던 벨파스트나 런던데리에서 화해와 공존, 용서를 위한 지역사회의 노력이 주로 마을의 주민건강센터, 청소년 체육시설, 학교 등으로 구체화되고 있는 것을 보면서 의아함을 느꼈다. 얼핏 생각하기에 그런 화해와 용서의 프로그램은 좀 더 추상적이고 초월적인, 혹은 종교적인 성격이 어울리지 않나 싶었기 때문이다. 하지만 이런 현실적이고 구체적인 프로그램들이 마을 안에서 운영되면서 신교도와 구교도들 사이에 연대감이 형성되고, 그것이 진정한 화해와 공존, 용서를 만들어가는 모습에서 강한 인상을 받았다. 이는 앞으로 한반도에서 남북통일이 이루어진 뒤 어떻게 해야 할지를 생각하게 해주기도 했다.

둘째, 정의를 위한 투쟁에 함께 참여하는 것이다. 평화협정 이후 북아일랜드에는 지역주민을 구분하는 새로운 기준이 생겨났다. 과거에는 신교도와 구교도라는 구분만 있었는데, 평화협정 이후에는 진실을 밝히고 사회적 화해를 추구하며 평화를 추구하는 이들인가, 아니면 그것을 막아서고 평화를 깨는 폭력을 사용하려는 사람들인가가 중요한 기준이 된 것이다. 진실과 정의, 평화를 위한 투쟁을 함께하는 이들은 그들만의 새로운 연대감을 키워 나갔고, 그것이 분열된 사회를 하나로 만드는 힘이 되었다. 정의를 위한 투쟁에 함께 참여하는 동지라는 새로운 정체성을 공유하게 된 것이다.

셋째, 연민, 측은히 여기는 마음(compassion)과 겸손이다. 용서의 실천에서 중요한 것은 가해자이든 피해자이든, 또는 가해자면서 동시에 피해자이든, 상대방을 불쌍히 여기는 마음(연민)을 가지는 것이다. 즉 내가 당한 고통뿐만 아니라 상대방의 고통에 대해도 마음 아파해줄 수 있는 것이 중요한 조건이 된다. 그것은 타인의 고통도 나와 똑같은 크기와 깊이, 감정의 고통이라는 것을 인정하는 인간에 대한 '겸손'에서 나오는 마음이다.

넷째, 자신에게 솔직할 수 있는 능력이 중요하다. 용서는 '자기기만'이 아니다. 용서할 마음이 전혀 없는데도 타인의 시선 때문에, 혹은 자신의 고통을 경감시키기 위해 용서를 선택한 것은 아닌지 스스로 명확히 해야 한다. 용서가 스스로와 타인들 모두를 위해 더 가치 있고 행복하고 필요한 일이라는 확신이 있을 때 용서를 결단할 수 있다.

다섯째, 용서의 실천에는 상상력이 필요하다. 일반적으로 피해자는 가해자를 용서하고 그와 평화롭게 공존하며 행복하게 사는 것을 그야말로 '상상할 수도 없는 일'이라고 생각한다. 그러나 그런 상상이 불가능하다면 실제로 용서도 불가능하다. 만일 피해자가 가해자를 용서하고 화해하는 일을 '상상'할 수 있다면, 그래서 가해자와 피해자가 새로운 인간관계 속에서 평화롭고 행복하게 살아가는 것을 '상상'할 수 있다면, 그를 통해 더 나은 삶을 선택하는 것을 '상상'할 수 있다면, 용서는 좀 더 현실에 가까워질 수 있을 것이다.

여섯째는 기도와 묵상이다. 이 마지막 조건은 다소 종교적으로 보이지만, 용서는 본질적으로 인간의 일이 아닌 측면이 매우 크다. 신의 사랑과 용서를 인정하고 받아들이지 못한다면, 자신에게 해를 끼친 사람을 사랑하고 용서하는 일은 사실상 거의 불가능할 것이다. 그래서 헤이워드는 용서의 실천에서 마지막 방법으로 '기도와 묵상'을 꼽았다. 이것이야말로 가장 구체적이고 현실적인 방법이라고 본 것이다. 거대한 트라우마에 깊은 상처를 입은 사람들이 용서라는 거의 불가능한 주제 앞에 설 수 있는 방법은, 용서할 힘을 달라고 신에게 기도하는 것, 그리고 정의와 용서에 대한 진정한 성찰과 묵상이라고 보았기 때문일 것이다.

7) '악은 미워하되 악인은 미워하지 말라'

용서의 가장 중요한 전제 조건은 '악'과 '악인'을 구분하는 것이다. 한 인간이 악행을 저질렀을 때, 일반적으로 사람들은 악을 처리하기 위해 악한 인간을 처벌하고 죽이면 된다고 생각한다. 그러나 이와 다른 시각도 있다. 바로 '악'과 '악인'을 별개로 보는 것이다. 기독교적 관점에서, 악은 인류의 첫 역사 때부터 이미 존재했다. 악을 인간의 내면 상태로 보든, 초자연적인 외부의 실체로 보든, 악은 존재하고 있고 사람들은 그 악의 영향 아래서 악행을 저지른다고 보는 것이다. 이런 시각에 따르면 악행을 한 가해자는 존재 자체가 악한 것이 아니라, 악에 휘둘려 악행을 저지른 '도구적 존재'가 된다. 그래서 악행을 한 사람도 일종의 피해자가 되는 것이다. 이와 같이 악을 악인과 구분하면, 우리가 상대하고 처리할 직접적인 대상은 '악' 그 자체이지, 악행을 저지른 인간이 아니다. 우리는 악을 증오하고 악을 없애기 위해 노력하지만, 악인을 증오하고 악인에 대한 보복 행위에 집착하지 않을 수 있다. 소위 "죄는 미워하되 죄인은 미워하지 말라"라는 말이 의미를 가지게 되는 것이다. 물론 이를 이해하고 받아들이는 것은 매우 어려운 일이다. 어쩌면 관념적이고 추상적인 개념의 유희라고 말할 수도 있다. 그러나 간음하다 잡힌 여인을 향해 예수가 보였던 반응,[26] 간디가

---

26) 신약성서 요한복음 8장 1~11절의 내용이다. 간음 현장에서 잡힌 여인을 돌로 쳐 죽이려는 유대인들을 향해 예수는 너희 중 죄 없는 자가 먼저 돌로 치라고 말한다. 그러자 사람들이 모두 자리를 떠난다. 마지막으로 남은 예수는 여인에게 나도 너를 정죄하지 아니하니 가서 다시는 죄를 범하지 말라고 한다. 간음의 죄는 악으로 규정했으나 죄를 지은 인

독립운동을 하면서 영국에 보였던 반응들을 보면,[27] 실제로 그들은 악과 악인을 구분했음을 알 수 있다.

4. 사회치유를 위해 무엇을 해야 하는가

1) 사회치유의 전제조건들

극단적 갈등과 트라우마가 있었던 사회에서 치유가 시작되기 위해 필요한 것은 다음 세 가지를 인정하는 것이다.[28]

첫째, 가해자와 피해자의 복합성을 인정해야 한다. 긴 세월 동안의 사회적 갈등과 폭력적인 사건들은 매우 복잡하게 진행되며, 그 복잡성은 가해자인 동시에 희생자인 사람들을 양산한다. 폭력을 가한 사람들은 자기 잘못을 인정하면서도 스스로가 이미 희생자였기에 그에 대한 보복을 한 것뿐이라고 주장하기도 하고, 이런 폭력을 유발한 지역사회, 국가, 세계질서 등이 실질적인 원인 제공자라고 강변하기도 한다. 북아일랜드의 경우, 폭력과 테러에 적극적으로 참여했던 신교도, 구교도 출신 준군사조직들의 젊은 조직원들은 출신 집단이 가지고 있던 역사의식, 정치, 교육, 종교의 산물이었다. 그런 점에서 직접 행동에 나서지 않았다 해도 테러 행동을 선동하고, 유도하고, 때로는 묵인했던 정치 지도자, 종교 지도자들 역시 테러의 책임에서 벗어날 수 없다. 그리고 그 지도자들에게는 또한 그런 파벌주

간에게는 관용을 베푼 것이다.

27) 전우택, 「기독신앙과 평화」, 『평화에 대한 기독교적 성찰』, 홍성사, 2016, 26~29쪽.
28) Johnston McMaster and Cathy Higgins, op.cit., pp. 26~27.

의적 행동을 취하게 만든 역사와 국내외 사정들이 있었다는 점에서, 책임의 범위는 점점 더 넓어진다. 따라서 벌어진 비극과 트라우마에 대한 종합적이고 깊이 있는 시각을 가지고 그 복합성을 인정하는 것은 사회치유를 위해 가장 먼저 필요한 조건이다.

둘째, 방관자들이 자신들의 책임을 인정해야 한다. 북아일랜드의 현장에서 테러로 살인을 감행한 것은 준군사조직의 조직원들이었다. 그러나 그 현장에는 수많은 구경꾼들, 방관자들, 침묵자들이 있었다. 그들이 실제로 행동한 것은 아니었지만, 그들 역시 살인에 일정 부분 참여했다고 보아야 한다. 침묵하던 방관자들도 준군사조직의 조직원들과 마찬가지로 어느 한쪽의 열렬한 분파주의자들이었기 때문이다. 그들의 생각과 편견으로 인해 준군사조직의 조직원들은 폭탄을 설치하고 총을 쏘는 것이 논리적인 행동이라고 믿게 되었다. 침묵하는 방관자들은 폭력 행동을 유발하고 지지하는 역할을 했다. 유대인 역사학자 예후다 바우어(Yehuda Bauer)는 홀로코스트에 대한 글에서 "피해자가 되지 말지어다. 가해자도 되지 말지어다. 방관자도 되지 말지어다"[29]라고 했다. 치유에 나서야 할 시기가 왔을 때, 과거 침묵했던 방관자들은 자신들의 과거에 대한 책임을 인정해야 한다. 그럴 때 비로소 진정한 치유를 위한 움직임이 시작될 수 있다.

셋째, 행동하는 용감한 소수의 역할과 가치를 인식해야 한다. 역사의 큰 변화는 아주 작은 이들에 의해 점화된다. 힘없고 때로는 초라해 보이는 소수의 무리가 사회와 역사 속에서 거대한 의미와 힘을 가지게 된다. 극단적인 갈등과 상처를 지닌 사회에서 치유와 화해, 온전함을 만들어가는 것은 너무나 거대한 일이다. 그야말로 전 국민, 전 국가, 전 세계가 나서도 불

---

29) Donald Shriver, op.cit., p. 73.

가능할 것처럼 보일 때도 많다. 그러나 이 거대한 일은 자신이 과거 가해자였고 방관자였음을 깊이 인식하고 인정하는, 그리고 그 상처를 치유하는 첫 번째 행동에 나설 책임이 있음을 인식하고 행동에 나서는 '소수'에 의해 시작되고 마침내 이루어질 것이다. 그들의 각성이 더 많은 사람들을 움직이게 하고, 마침내 모두를 움직일 것이기 때문이다.

2) 정의로운 평화 만들기

그 토대 위에서 상처받은 사회가 치유되고 회복되기 위해 구체적으로 어떤 활동들이 필요할까? 이하 내용은 저자의 허락을 받아 존스톤 맥매스터와 캐시 히긴스(Cathy Higgins)의 책 *Ethical and Shared Remembering: Commemoration in a New Context*(Ethical and Shared Remembering Project, 2011, pp. 37~40)를 인용하여 소개하고자 한다(음영 표시 부분).

북아일랜드에서는 지난 20년간 23명의 학자가 '정의로운 평화 만들기(Just Peacemaking)' 비전을 개발해왔다. 여기에는 이념적으로 한쪽 학자들만이 아니라 전쟁당위론자(just war theorist)와 평화주의자들이 함께 모여 활동했다. 그들은 자신의 입장과 생각의 한계를 넘어서고자 노력했다. 즉 전쟁당위론자들은 전쟁의 정당한 조건, 정당한 의도, 최후의 수단에 대한 개념 정의에서, 평화주의자는 지나치게 수동적이고 위축되어 있다는 점에서, 공히 혼란과 약점을 지니고 있음을 인정했다. 이 프로젝트의 리더인 기독교 윤리학자 글렌 스타센(Glen Stassen)과 이들 그룹은 전쟁을 방지할 열 가지 적극적인 실천방안을 개발했다.[30]

---

30) Glen Stassen, (ed.), *Just Peacemaking: Transforming Initiatives for Justice and Peace*, Westerminter, John Knox

'정의로운 평화 만들기'는 정의를 실천해 갈등의 본질적 뿌리를 뽑아야 한다고 믿는다. 그것을 통해 전쟁을 예방할 수 있다고 보기에 '선제적 평화'라고도 할 수 있다. 또한 정의의 실천은 전쟁이나 폭력적 갈등 이전 단계에만 적용되는 것이 아니라, 지역사회 재건이 요구되는 갈등 후 상황에도 필요하다고 본다. 다음의 여섯 가지 실천 사항은 종교적 가르침(기독교)에 뿌리를 두고 있다.

(1) 진실을 고백하기

진실을 말하는 것은 '정의로운 평화 만들기' 과정에서 핵심적이다. 트라우마로 고통받은 이들은 자신의 상처, 사랑하는 이들의 죽음과 실종에 대한 진실을 알길 원한다. 따라서 그런 트라우마에 책임이 있는 이들은 그들이 가해자로서 했던 일들에 대해 비난게임(서로가 서로의 잘못이라 주장하는 것)이나 처벌적 사법체계를 넘어 이야기할 필요가 있다. 폭력을 야기하고 유지해온 불의는 수많은 원인을 가지고 있고, 그 책임은 조직, 시스템, 지도자, 전투원, 방관자 등 모두의 것이다. 방관자들의 침묵 역시 결코 중립적인 것이 아니었고, 그들은 비판적인 말과 행동을 하지 못함으로써 불의와 폭력에 기여한 것이 사실이다. 진실된 고백은 잘못을 인정하고 지역사회 안에서 벌어진 모든 수준의 폭력적 갈등에 대한 책임을 지는 것이다.

(2) 비폭력적인 직접행동

폭력은 지난 400년간, 또는 그 이상 천 년간 아일랜드를 지배해왔다. 그

Press, 1992; Glen Stassen, (ed.), *Just Peacemaking: Ten Practices for Abolishing War*, Pilgrim Press, 2004; Glen Stassen, (ed.), *Just Peacemaking: The New Paradigm for Ethics of Peace and War*, Pilgrim Press, 2008.

러나 그 과정 속에도 적극적인 비폭력의 전통이 있었다. 그것은 항상 대안은 있었다는 의미이다. 즉 잔혹과 유혈사태만이 유일한 방법은 아니라는 것이다. 간디는 비폭력으로 독립을 이루었고, 동독은 촛불혁명, 체코는 벨벳혁명으로 역사를 만들었다. 모두 압도적이고 적극적인 비폭력이 만들어낸 일이었다. 북아일랜드의 미래도 비폭력 직접 행동에 달려 있다.

(3) 공동의 갈등해소

지금도 서로가 서로를 비난하고 있지만, 북아일랜드에 죄없는 자들은 없었다. 서로를 비난하는 비난게임은 핵심을 놓친 것이고, 평화 구축의 장애물일 뿐이다. 자발적인 진실고백은 집단의 영혼(collective soul)에 좋은 영향을 주지만, 갈등은 하룻밤 사이에 없어지지 않는다. 긴장, 분노, 의심, 신뢰 부재, 증오, 편 가르기는 지독히 나쁜 관계를 지속시키고, 기존의 평화마저 위태롭게 한다. 현재 북아일랜드는 2012~2022년까지 10년의 추모 기간을 두고 있는데, 이는 정치적·이념적 목표를 위해 악용될 수도 있고 젊은 세대를 폭력으로 유도할 수도 있다. 분단된 지역사회들이 함께 갈등을 해결해야 하고, 새로운 폭력의 유발 요인과 그 뿌리를 밝혀야 한다. 사람들은 대부분 폭력적인 과거로 돌아가기를 원치 않지만, 의도적이고 적극적인 공동의 갈등해소를 위해 더욱 나서야만 한다.

(4) 민주주의와 인권의 진전

전체적으로 볼 때, 북아일랜드의 역사는 최소한 어느 한쪽이 국가나 집단의 주도권을 독점하지 못하게 하는 민주주의를 위한 투쟁의 역사였다. 영국으로부터 아일랜드의 분리가 이루어진 1921년부터, 그리고 북아일랜드에서 테러가 시작된 1972년부터, 특히 평화협정이 맺어진 1998년 이래,

많은 것이 변화했다. 통치 구조에 어떤 오류가 존재한다 할지라도, 민주주의는 더 대의적이고 참여적인 형태로 성장해왔다. 일방적인 한쪽에 의한 '국가 만들기'가 영원히 사라지고 권력과 책임을 나눔으로써 민주주의를 이루어온 것이다. 성숙이나 만족은 아직 멀다. 민주주의는 지역사회 내의 관계에서 법 아래 평등을 제공하는 인권에 뿌리를 두어야 한다. 지역사회 내의 관계형성과 인권의 확대는 분리될 수 없는 문제들이다. 참여적 민주주의와 인권은 정의로운 평화 만들기의 기본이고, 트라우마를 받은 사람들에게 지금과 다른 폭력 없는 미래에 대한 희망을 가지게 한다.

(5) 정의롭고 지속적인 경제개발

폭력과 갈등의 핵심에는 빈곤과 사회적 불의가 있다. 경제적으로 자원이 부족하고 미개발되어 가난과 주민 건강 악화에 시달리는 지역사회는 결코 안정성과 좋은 사회적 관계를 제공하지 못한다. 실업 상태가 3대째 지속되고, 그 원인이자 결과로서 학력 성취가 극히 낮다면, 지역사회의 행복(웰빙)은 불가능하다. 정의로운 경제, 교육과 취업에서의 기회 평등은 경제개발의 핵심이다. 폭력으로 고통받은 지역사회에서 경제 전략은 반드시 지속가능한 것이어야 한다. 사람들이 가난의 덫에 걸려 신음하고 경제적으로도 희망이 없을 때, 트라우마는 치유되지 않는다. '정의로운 평화 만들기'는 정의롭고 지속가능한 경제개발을 필요로 한다.

(6) 국제적 노력과 기구들

이런 실천은 국제적 논쟁 및 지구적 갈등과 연관을 가진다. 북아일랜드 갈등과 같은 지극히 지역적인(local) 갈등도 국제적 연대를 필요로 한다. 폭력적 갈등은 국제 지원과 제3자의 개입이 없이는 해결되기 어렵다. 국제적인 재정 지원이 없으면 평화 및 화해 활동이 이루어지기 어렵다. 북아일랜드의 갈등은 세계적으로 가장 잘 해결된 갈등이지만, 국제적인 친선과 지원이 없었다면 지금의 평화는 이루지 못했을 것이다. 우리의 생각은 지엽적이고 내부적이지만, 세계의 정보기술과 지구적 소통 및 여행, 세계화와 더 큰 상호의존 등이 시각을 넓혀주고 있다. 새롭고 정의로운 북아일랜드는 국제적인 친구들을 필요로 하며, 국제적 투자와 문화적 연결을 위해 더 넓은 세계로 뻗어 나가야 한다. '정의로운 평화 만들기'는 국제 네트워크를 통해 좋은 원칙과 실천을 배우는 것이 핵심이다. 북아일랜드 사람들은 세계시민으로서 의식과 경험을 개발할 필요가 있다.

5. 한반도의 치유를 향하여

북아일랜드나 캄보디아에 있었던 트라우마와 사회치유의 과정을 보며 한반도를 생각한다. 북한은 말할 것도 없고 남한도 근현대사 속에서 식민지 통치와 이념갈등, 전쟁과 분단 이후의 극단적 대립, 그 과정의 수많은 인권침해와 연좌제에 의한 고통, 상호 의심, 급속한 산업화와 경제성장, 인간 소외 등을 겪으면서 아직도 깊은 트라우마와 상처를 치유하지 못한 채 많은 사회적·개인적 고통을 겪고 있다. 한국 사회는 이 상처들을 어떻게 치유해 나가야 하는 것일까? 이 책을 마무리지으면서 몇 가지 생각해보고자 한다.

첫째, 악으로 악을 이겨 최후의 승자가 결국 다시금 '악'이 되는 것을 막아야 한다. 인류 역사의 수많은 비극들은 악으로 악을 이기려 하면서 만들어졌다. 악의 피해자들은 그 피해를 근거로 더 잔혹한 보복의 악을 정당화했다. 이 끝없는 악의 순환을 끊어내지 못하면, 상처의 치유 및 새로운 상처의 생성을 막을 수 없다.

둘째, 정의와 평화를 위한 노력은 하찮아 보여도 거대한 것이라 믿어야 한다. 비극적인 사건들과 트라우마에 의해 죽은 사람들은 어떻게 해도 살아 돌아오지 못한다. 그래서 사회의 상처와 트라우마는 결코 완전히 치료되지는 못한다. 그러나 불완전한 정의와 평화라 해도 없는 것보다는 좋은 것이며, 최소한 인간은 그런 불완전한 정의와 평화를 위해 노력하면서 인간의 존엄성과 진정성을 확인할 수 있다.[31] 그리고 트라우마로 무너진 국가와 지역사회를 재건하는 과정에서 살아남은 사람들과 차세대 어린이들은 그런 비극을 다시 겪지 않도록 만들 수 있다. 그것이 죽은 이들을 위한 가장 큰 보상이 될 수 있을 것이다.

셋째, 용서는 너무나 어렵고 힘든 일이지만 그 시도를 포기하지 말아야 한다. 긴 세월이 필요한 일이지만, 정의를 동반하는 용서의 긴 과정을 통해 피해자와 가해자의 삶이 더 황폐해지는 것을 막고, 인간과 사회를 더 높은 차원으로 성장시킬 수 있기 때문이다. 이를 신중하게, 하지만 진정성 있게 진행할 수 있는 공동체만이 더 나은 사회를 가질 자격이 있다. 이는 한반도 통일을 이루는 가장 어렵고도 중요한 조건일 것이다.[32]

---

31) Johnston McMaster and Cathy Higgins, op.cit., p. 30.
32) 전우택 외, 『용서와 화해에 대한 성찰』, 명인문화사, 2018.

부록

더 읽을 거리

제1부 북아일랜드에서 배우다

강준수, 「스토리텔링 서사구조를 통한 치유」, 『복지행정연구』 30(0), 2014.

김상숙, 「'사회적 타살'의 시대, 트라우마 극복의 길 찾기」, 『역사비평』 110, 2015.

김종곤, 「'역사적 트라우마' 개념의 재구성」, 『시대와철학』 24(4), 통권 65호, 2013.

김헌준, "Expansion of transitional justice measures: A Comparative Analysis of Its Causes", Ph.D., University of Minnesota, 2008.

류승아, 「대학 공동체의식이 개인의 안녕 및 사회적 관심에 미치는 영향과 촉진 방안」, 『한국심리학회지: 사회 및 성격』 28(3), 2014.

박기묵, 「세월호 참사 희생자 부모들의 심리적 외상에 관한 기술적 접근」, 『한국콘텐츠학회논문지』 15(9), 2015.

윤철기, 「북아일랜드 평화구축의 정치경제학과 한반도를 위한 시사점」, 『세계 북한학 학술대회 자료집』 Volume 2, 2015.

임재형, 「시민단체의 개입이 공공갈등 구조에 미치는 영향에 관한 분석」, 『OUGHTOPIA』 30(1), 2016.

전우택, 「집단 기억 현상을 통해 본 북한 사회 이해」, 『사회정신의학』 11호, 2000(전우택, 『사람의 통일, 땅의 통일』, 연세대학교출판부, 2007에 재수록).

전우택, 「통일은 치유다―분단과 통일에 대한 정신의학적 고찰」, 『신경정신의학』 54(4), 2015.

주상현·이우권, 「지역사회 갈등구조의 분석과 함의―전주시 시내버스 파업을 중심으로」, 『한국자치행정학회』 25(1), 2011.

조너던 갓셜 지음, 노승영 옮김, 『스토리텔링 애니멀』, 민음사, 2014.

김정노, 『아일랜드 평화 프로세스』, 늘품플러스, 2016.

박종철 외, 『통일 이후 통합을 위한 갈등해소 방안―사례연구 및 분야별 갈등해소의 기본
　　방향』, 통일연구원, 2013.

윤인진·박길성·이명진·김선업·김철규·정일준, 『한국인의 갈등의식―2007년 한국인의
　　갈등의식 조사결과 분석』, 고려대학교출판부, 2009.

전우택 외, 『평화에 대한 기독교적 성찰』, 홍성사, 2016.

한일동, 『아일랜드―수난 속에 피어난 문화의 향기』, 살림, 2007 .

Mohammed Abu-Nimer, "Conflict Resolution, Culture, and Religion: Toward a Training Model of
　　Interreligious Peacebuilding", *Journal of Peace Research*, Vol. 38, no. 6, November, 2001.

Hizkias Assefa, "Reconciliation", Thania Paffenholz and Luc Reychier, *Peace-Building: A Field Guide*,
　　Boulder Colorado: Lynne Rienner, 2001.

Dan Bar-On, Fatma Kassem, "Storytelling as a Way to Work Through Intractable Conflicts: The
　　German-Jewish Experience and Its Relevance to the palestinian-Israeli Context", *Journal of
　　Social Issues*, Vol. 60, No. 2, 2004.

Rajeev Bhargava, "The difficulty of reconciliation", *Philosophy Social Criticism* vol 38. No 4-5, 2012.

Alex Boraine, "All Truth is Bitter"(Report of the Visit of Dr. Alex Boraine to Northern Ireland in
　　February 1999 to explore lessons for Northern Ireland in the work of the South African
　　Trust and Reconciliation Commission).

Erik Cleven, "Between Stories and Faces: Facilitating Dialogue through Narratives and Relationship
　　Building", *Dialog: Mer Enn Ord*, Lillehammer: Nansenskolen, 2005.

Robyn Fivush, "Reconciling Trauma and the Self: The Role of Narrative in Coping with Sexual
　　Abuse and Terrorism", Amy Benson Brown and Karen Poremski, *Roads to Reconciliation:
　　Conflict and Dialogue in the Twenty-first Century*, New York: M. E. Sharpe, Inc., 2005.

Chris Gilligan, "Revenge 'can be and act of honour'", http://news.bbc.co.uk/1/hi/northern_irland/4
　　004553.stm(2004. 11. 15).

Brandon Hamber and Grainne Keely, "A Place For Reconciliation?", Conference Report, 29
　　Novemebr 2005(Belfast: Healing Through Remembering, 2005).

Healing Through Remembering, "Core Values and Principles for Dealing With the Past", www.
　　healingthroughremembering.org.

Michael Ignatieff, "Articles of Faith", *Index On Censorship* 25, 1996.

Samson Munn, "Storytelling and Encounter", Keynote address at the Storytelling as the Vehicle? conference, 29 November 2005, Antrim, Northern Ireland. Sponsor: Healing Through Remembering (Belfast).

Luc Reychler, "Dialogue and listening", *Peace-building: A Field Guide*, Boulder, Colorode: Lynne Rienner, 2001.

Tarja Vayrynen, "A Shared Understanding: Grammar and International Conflict Resolution", *Journal of Peace Research* Vol. 42, No. 3, 2005.

Robert Enright, *Forgiveness is a Choice: A step-be-step process for resolving anger and restoring hope*, Washington DC: American Psychological Association, 2001.

Ronald Fisher, *Interactive Conflict Resolution*, Syracuse, New York: Syracuse University Press, 1987.

Brandon Hamber, D. Kulle, R. Wilson (eds.), *Future Plicies for the past*, Belfast Democratic Dialogue, 2001.

Healing Through Remembering, *'Storytelling Audit' An audit of personal story, narrative and testimony initiatives related to the conflict in and about Northern Ireland*, Belfast: Healing Through Remembering, 2005.

Judith Herman, *Trauma and Recovery: the Aftermath of Violence: from Domestic Abuse to Political Terror*, New York: Basic Books, 1997.

Liam O'Hagan, *Training Manual: Toward Understanding and Healing*, Toward understanding and healing, 2014.

PANOS Institute, *Giving Voice: Practical Guidelines For Implementing Oral Testimony Projects*, London: Panos Oral Testimony Program, 2003.

Donald Shriver, *An Ethic for Enemies in Politics*, Oxford: Oxford University Press, 1995.

Marie Breen Smyth, *Truth Recovery and Justice After Conflict*, London: Routledge, 2007.

W. B. Yeats, *Essays and Introductions*, New York: Macmillan, 1961.

제2부 캄보디아에서 배우다

나희량, 「베트남, 캄보디아, 태국 헌법에 보이는 전통적 문화 요소」, 『수완나부미』 2(2), 부산외국어대학교 동남아지역원, 2010.

남기웅·정태수, 「자기반영적 영화의 이데올로기 해체 전략 연구—영화 〈액트 오브 킬링

(The Act of Killing)〉을 중심으로」, 『현대영화연구』 24, 2016.

문순덕, 「제주 4·3사건으로 침묵된 언어 표현」, 『제주발전연구』 16, 2012.

배상환, 「동남아시아 불교의 전통윤리와 그 근대적 적응—캄보디아 불교를 중심으로」, 『대각사상』 15, 대각사상연구원, 2011.

부경환, 「'킬링필드'의 기억과 재현」, 서울대학교 석사학위논문, 2011.

손은하, 「재현된 이미지에 나타난 로컬의 기억—영화 〈지슬〉과 〈비념〉을 중심으로」, 『동북아문화연구』 48, 2016.

신명훈, 「드라마 〈홀로코스트〉와 독일의 과거청산」, 『역사와 문화』 20, 2010.

이재승, 「화해의 문법—시민정치의 관점에서」, 『민주법학』 46, 2011.

임회모, 「캄보디아 종교문화 상황에서 한국과 미국의 종교단체들의 사회봉사와 종교문화 활동 분석」, 『장신논단』 46(1), 2014.

장우진, 「설화, 땅, 그리고 모성에 대한 그들의 이야기, 〈지슬—끝나지 않은 세월 2〉」, 『현대영화연구』 17, 2014.

정미경, 「직업 선택에 있어서 종교의 사회경제학적 영향—캄보디아 프놈펜 지역사례연구」, 『아시아연구』 18(2), 한국아시아학회, 2015.

조명기·장세용, 「제주 4·3사건과 국가의 로컬 기억 포섭 과정」, 『역사와 세계』 43, 2013.

KOTRA 프놈펜 무역관, 「캄보디아」, 대한무역투자진흥공사, 2017(http://news.kotra.or.kr/pdfView/nationInfo/nationPDF/101073/101073.pdf).

최수임, 「'재현할 수 없는 것'의 (비)재현—조슈아 오펜하이머의 다큐멘터리 〈침묵의 시선〉에서 침묵과 시선」, 『씨네포럼』 19, 2014.

최종철, 「'재난의 재현'이 '재현의 재난'이 될 때—재현 불가능성의 문화정치학」, 『미술사학보』 42, 2014.

최호근, 「제노사이드란 무엇인가」, 『독일연구』 8, 2004.

황인성, 「'기억'으로서의 영화 〈지슬〉과 〈지슬〉이 구성하는 '기억'의 의미에 대하여」, 『Speech & Communication』 23, 2014.

강경모, 『유엔 캄보디아 특별재판부 연구』, 전환기정의연구원, 2016.

김준기, 『영화로 만나는 치유의 심리학』, 시그마북스, 2009.

필립 쇼트 지음, 이혜선 옮김, 『폴 포트 평전』, 실천문학사, 2008(Philip Short, *Pol Pot: Anatomy of nightmare*, 2004).

아도르노 지음, 김유동 옮김, 『미니마 모랄리아』, 도서출판 길, 2005.

캐롤린 요더 지음, 김복기 옮김, 『트라우마의 이해와 치유』, 아나뱁티스트, 2014.

레이먼드 윌리엄스 지음, 박만준 옮김, 『마르크스주의와 문학』, 지식을만드는지식, 2009.

파울 첼란 지음, 전영애 옮김, 『죽음의 푸가』, 민음사, 2011.

요한 고트프리트 헤르더 지음, 강성호 옮김, 『인류의 역사철학에 대한 이념』, 책세상, 2002.

프리실라 B. 헤이너 지음, 주혜경 옮김, 『국가폭력과 세계의 진실위원회』, 역사비평사, 2008.

Theodor W. Adorno, "Cultural Criticism and Society", Rolf Tiedermann ed., *Can we live after Auschwitz?*, Stanford, California: Stanford University Press, 2003.

Inger Agger, S. B. Jensen, "Testimony as ritual and evidence in psychotherapy for political refugees", *Journal of Traumatic Stress* 3, 1990.

Agger et al., "Testimony ceremonies in Asia: Integrating spirituality in testimonial therapy for torture survivors in India, Sri Lanka, Cmabodia, and the Philippines", *Transcultural Psychiatry* 49(3–4), 2012.

Inger Agger, "Testimony Therapy of Torture Survivors in Asia", Seminar presentation at Yonsei University, 6 May 2016.

M. K. Akinyela, "Testimony of hope: African centered praxis for therapeutic ends", *Journal of Systemic Therapies* 24, 2005.

Ethan Alter, "PRESCRIBING JUSTICE", *Film Journal International* 118(7), 2015.

Nick Bradshaw, "The Atrocity Exihibition", *Sight and Sound* 25(7), July 2015.

Peter Bradshaw, "The Look of Silence: Act of Killing director's second film is as horrifically gripping as first", *Venice film festival review*, 2015.

Rochelle Braaf, "Sexual violence against ethnic minorities during the Khmer Rouge regime", *Cambodian Defenders Project*, 2014.

B. E. Bride et al., "Development and Validation of the Secondary Traumatic Stress Scale", *Research on Social Work Practice* 14(1), 2004.

C. Catani, E. Schauer, & F. Neuner, "Beyond Individual war trauma: domestic violence against children in Afghanistan and Sri Lanka", *Journal of marital and family therapy* 34(2), 2008.

Cienfuegos and Monelli, "The testimony of political repression as a therapeutic instrument", *American Orthopsychiatric Association* 53(1), January 1983.

Wynne Cougill, "Buddhist Cremation Traditions for the Dead and the Need to Preserve Forensic Evidence in Cambodia" (http://www.d.dccam.org/Projects/Maps/Buddhist_Cremation_Traditions.htm), 2017.

P. Curling, "Using testimonies as a method of early intervention for injured survivors of the bombing of the UN headquarters in Iraq", *Traumatology* 11, 2005.

Susan Dicklitch, Aditi Malik, "Justice, Human Rights, and Reconciliation in Postconflict

Cambodia", *Human Rights Rev* 11, 2010.

Extraordinary Chambers in the Courts of Cambodia(ECCC), "An Introduction to the Khmer Rouge Trials"(2016), Retrieved 11 August 2017, https://www.eccc.gov.kh/en.

C. De la Rey, I. Owens, "Perceptions of psychosocial healing and the Truth and Reconciliation Commission in South Africa", *Peace and Conflict: Journal of Peace Psychology* 4(3), 1998.

Y. Fischman, "Secondary Trauma in the Legal Professionals, a Clinical Perspective", *Torture* 18(2), 2008.

T. Galovski & J. Lyons, "Psychological Sequelae of Cambat Violence: A Review of Impact of PTSD on the Veteran's Family and Possible Intervention", *9 Aggression & Violent Behavior 477*, 2004.

Mneesh Gellman, "No justice, no peace? National reconciliation and local conflict resolution in Cambodia", *Asian Perspective* 32(2), 2008.

D. M. Glenn et al., "Violence and Hostility among Families of Vietnam Veterans with Combat-related Posttraumatic Stress Disorder", *17 Violence & Victims 473*, 2002.

Tania Glyde, "Film, 50 years of silence", *The Lancet* 385, 2015. 6. 20.

Tallyn Gray, "Justice and the Khmer Rouge: concepts of just response to the crimes of the democratic Kampuchean regime in Buddhism and the extraordinary chambers in the courts of Cambodia at the time of the Khmer Rouge tribunal", Working papers in *contemporary Asian Studies* No. 36, Center for East and South-East Asian Studies, Lund University, 2012.

Anne Yvonne Guillou, "An alternative memory of the Khmer Rouge genocide: the dead of the mass graves and the land guardian spirits [neak ta]", *South East Asia Research* 20(2), 2012.

Jodi Halpern and Harvey M. Weinstein, "Rehumanizing the Other: Empathy and Reconciliation," *Human Rights Quarterly* 26(3), 2004.

Brandon Hamber, Grainne Kelly, "Beyond Coexistence: Towards a Working Definition of Reconciliation", Joanna R. Quinn (ed.), *Reconciliation(s): Transitional Justice in Postconflict Societies*, McGill-Queen's University Press, 2009.

Rebecca Harkins-Cross, "Performing History, Performing Truth: The Act of Killing", *Metro Magazine* 180, 2014.

Jeffrey Haynes, "Conflict, Conflict Resolution and Peace-Building: The Role of Religion in Mozambique, Nigeria and Cambodia", *Commonwealth & Comparative Politics* 47(1), 2009.

Luc Huyse, "The Process of Reconciliation", David Bloomfield, Teresa Barnes, and Luc Hyuse (ed.), *Reconciliation after Violent Conflict: A Handbook*, Stockholm, Sweden: International Institute for Democracy and Electoral Assistance, 2003.

V. Igreja, W. C. Kleijn, B. J. N. Schreuder, J. A. van Dijk, M. Verschuur, "Testimony method to ameliorate post-traumatic stress symptoms: Community-based intervention study with Mozambican civil war survivors", *British Journal of Psychiatry* 184, 2004.

L. K. Jacobsen, S. M. Southwick, & T. R. Kosten, "Substance Use Disorders in Patients With Posttraumatic Stress Disorder: A Review of the Literature", *Am. J. Psychiatry* 1184, 158(8), 2001.

J. T. de Jong et al., "Household Survey of Psychiatric Morbidity in Cambodia", *Int'l J. Soc. Psychiatry* 174, 50(2), 2004.

Bessel A. van der Kolk, "Trauma and Memory", *Psychiatry and Clinical Neurosciences* 52(1), 1998.

Judy Ledgerwood, Kheang Un, "Global concepts and local meaning: human rights and Buddhism in Cambodia", *Journal of Human Rights* 2(4), 2003.

Suzannah Linton, "Safeguarding the Independence and Impartiality of the Cambodian Extra-ordinary Chambers", *Journal of International Criminal Justice* 4(2), 2006.

S. Luebben, "Testimony work with Bosnian refugees: Living in legal limbo", *British Journal of Guidance & Counseling* 31, 2003.

S. L. Lustig, S. M. Weine, G. N. Saxe, W. R. Beardslee, "Testimonial psychotherapy for adolescent refugees: A case series", *Transcultural Psychiatry* 41, 2004.

J. Eli Margolis, "Trauma and the Trials of Reconciliation in Cambodia", *Georgetown Journal of International Affairs* 8(2), 2007.

Laura McGrew, "Pathways to reconciliation in Cambodia", *Peace Review* 23(4), 2011.

Hartmann Morkved, Aarsheim, Holen, Milde, Bomyea, & Thorp, "A comparison of narrative exposure therapy and prolonged exposure therapy for PTSD", *Clinical Psychology Review* 34, 2014.

Saira Mohamed, "Of Monsters and Men:Perpetrator Trauma and Mass Atrocity", *Columbia Law Review* 115, 2015.

Wunshe Mundt, Heinz & Pross, "Evaluating interventions for posttraumatic stress disorder in low and middle income countries: Narratives Exposure Therapy", *Intervention* Volume 12, Number 2, 2014.

Rose Pacatte, "Film exposes genocide's lingering legacy", *National Catholic Reporter* 51(21), 2015.

Penedersen, "Political Violence, Ethnic Conflict, and Contemporary Wars: Broad Application for Health and Social Wellbeing", *Social Science and Medicine* 175, 2002.

P. Pong-Rasy, "Burial" (http://www.d.dccam.org/Projects/Maps/List_of_Burial_Site_Most_Updated.pdf), Phnom Penh: Documentation Center for Cambodia, 2008.

F. W. Putnam, "Dissociative Phenomenon, Dissociative Disorders: A Clinical Review", D. Spiegel (ed.), 1993.

Robjant & Fazel, "The emerging evidence for Narrative Exposure Therapy: A review", *Clinical Psychology Review* Vol. 30, 2010.

Hanna Schenkel, "Clarifying the past. Joshua Oppenheimer's The Look of Silence", *Metro Magazine* 186, 2015.

Schoutrop & Spinhoven Dijk, "Testimony Therapy: Treatment Method for Traumatized Victims of Organized Violence", *American Journal of Psychotherapy* Vol. 57, No. 3, 2003.

D. Somasundaram, "Collective trauma in northern Sri Lanka: A quantitative psychosocial-ecological study", *International Journal of Mental Health Systems* 1, 2007.

Chhim Sotheara, "Baksbat(broken courage): A Trauma-based Cultural syndrome in Cambodia", *Medical Anthropoplgy* 32(2), 2013.

B. H. Stamm, The professional Quality of Life Scale, ProQOL, 2009(www.proQOL.org).

Adam Tyson, "Genocide documentary as intervention", *Journal of Genocide Research* 17(2), 2015.

J. A. Van Dijk, M. J. A. Schotrop, P. Spinhoven, "Testimony therapy: Treatment method for traumatized victims of organized violence", *American Journal of Psychotherapy* 57, 2003.

S. M. Weine, A. D. Kulenovic, I. Pavkovic, R. Gibbons, "Testimony psychotherapy in Bosnian refugees: A pilot study", *American Journal of Psychiatry* 155, 1998.

Mattew Weiner, "Peace Wins: Maha Ghosananda, the 'Gandhi of Cambodia'", *Fellowship* 73(4-6), Spring 2007.

Elizabeth Wijaya, "To See Die, Again: The Act of Filming and The Act of Killing", *Parallax* 21(1), 2016.

Bojan Žalec, "Reconciliation: A conceptual Analysis", Janez Juhant and Bojan Žalec (ed.), *Reconciliation: The Way of Healing and Growth*, LIT Verlag, 2012.

Eve Monique Zucker, "Trauma and its aftermath: Local configurations of reconciliation in Cambodia and the Khmer Rouge Tribunal", *The Journal of Asian Studies* 72(4), 2013.

I. Agger, *The blue room: Trauma and testimony among refugee women, A psychosocial exploration*, London, UK: Zed Books, 1994.

I. Agger, S. B. Jensen, *Trauma and healing under state terrorism*, London, UK: Zed Books, 1996.

Inger Agger, *Calming the mind: healing after mass atrocity in Cambodia*, Sage, 2015.

Seanglim Bit, *The Warrior Heritage: A Psychological Perspective of Cambodian Trauma*, Dr. Bit Seanglim, 1991.

Maurice Blanchot, *The Writing of the Disaster*, Lincoln: University of Nebraska Press, 1986.

R. Janoff-Bulman, *Shattered Assumptions: Towards a New Psychology of Trauma*, Free Press, 1992.

Dr. Kristina Chhim et al., *Life Before Expulsion: community history from Vietnamese minorities in Kampong*

Chhnang, Kedi Karuna, 2014.

Documentary Center of Cambodia, *The DC-Cam Annual Report*, 2010.

J. L. Herman, *Trauma and recovery*, New York: Basic Books, International Rehabilitation Council for Torture Victims, 1997.

Georges DiDi-Huberman, *Images in Spite of All:Four Photographs from Auschwitz*, Chicago: University of Chicago Press, 2008.

D. Keo, N. Yin, *Fact Sheet: Pol Pot and His Prisoners at Secret Prison S-21*, Phnom Penh: The Documentation Center of Cambodia, 2011.

A. Kulka et al., *Trauma and the Vietnam War Generation: Report of Findings from the National Vietnam Veterans Readjustment Study*, 1990.

Theresa De Langis, *Like Ghost Changes Body*, 2015.

Suzannah Linton, *Reconciliation in Cambodia*, The Documentation Center of Cambodia, 2004.

Jean-Francois Lyotard, *Heidegger and "the Jews"*, Minneapolis: University of Minnesota Press, 1990.

Lyma Nguyen & Christoph Sperfeldt, *A Boat Without Anchors: a report on the legal status of ethnic vietnamese minority populations in Cambodia under domestic and international laws governing nationality and statelessness*, Cambodia: Jesuit Refugee Service(JRS), 2012.

Liam O'Hagan, *Training Manual: Toward Understanding and Healing*, Toward understanding and healing, 2014.

K. W. Saakvitne et al., *Transforming the Pain: A Workbook on Vicarious Traumatization*, W. W. Norton & Company, 1996.

Samuel & Okpaku, *Clinical methods in transcultural psychiatry*, American Psychiatric Press, 2005.

Beth Van Schaack, Daryn Reicherter, Youk Chhang (ed)., *Cambidian's Hidden Sacrs*, Documentation Center of Cambodian, 2011.

Neuner & Elbert Schauer, *Narrative Exposure Theory: A short-term treatment for Traumatic Stress Disorders*, Hogrefe Publishing, 2011.

Tanja Schunert et al., *Cambodian Mental Health Survey 2012*, Department of Psychology, Royal University of Phnom Penh, 2012.

Savina Sirik, *Village Meeting: Fear Reduced Among Khmer Rouge Lower Level Cadres*, Documentation CTR. of Cambodia, 2010.

Ann Swidler, *Talk of Love: How Culture Matters*, Chicago and London: The University of Chicago Press, 2001.

Autumn Talbott et al, *Cambodia's Hidden Scars: Trauma Psychology in the Wake of the Khmer Rouge - An Edited Volume on Cambodia's Mental Health*, Documentation Center of Cambodia, 2011.

Sarath Youn et al., *My Testimony*, Phnom Penh, 2015.

제3부 기억, 용서, 화해, 그리고 치유

문익환, 「피는 피를 부른다」(1960), 『문익환 전집 제12권—설교』, 사계절출판사, 1999.

박명림, 「한국전쟁의 구조—기원·원인·영향」, 박현채 편, 『청년을 위한 한국현대사—1945~1991, 고난과 희망의 민족사』, 소나무, 1992.

박명림, 「우리시대 한국의 세계(사)적 향방—평화와 통일」, 이재열 외, 『문화의 안과 밖 8. 공동체의 삶』, 민음사, 2016.

박명림, 「정의의 회복과 과거 극복의 완전선의 문제—거창사건을 중심으로」, 『일감법학』 제42호, 2019.

전우택, 「기독신앙과 평화」, 『평화에 대한 기독교적 성찰』, 홍성사, 2016.

최정기·양라윤, 「어떤 화해: 가해와 피해를 넘어서—전남 영암군 구림마을의 경우」, 『황해문화』 67, 2010.

최정호, 「기만된 평화, 거북한 승리—6·25전쟁의 발발과 지식인」, 『계간 사상』 1990년 봄호.

하승희, 「표현주의적 의미망의 미학」, 홍성남·유운성 엮음, 『로베르토 로셀리니』, 한나래, 2004.

강경모, 『유엔 캄보디아 특별재판부 연구—캄보디아 전환기 정의와 한반도 통일』, 전환기정의연구원, 2016.

강남순, 『용서에 대하여—용서의 가능성과 불가능성』, 동녘, 2017.

비르질 게오르규 지음, 원응서 옮김, 『25시』 상·하, 삼중당, 1976.

필립 고레비치 지음, 강미경 옮김, 『내일 우리 가족이 죽게 될 거라는 걸 제발 전해주세요! —아프리카의 슬픈 역사, 르완다 대학살』, 갈라파고스, 2011.

김충열, 『김충열 교수의 노자 강의』, 예문서원, 2004.

김홍경, 『노자—삶의 기술, 늙은이의 노래』, 들녘, 2003, 2015.

재레드 다이아몬드 지음, 강주헌 옮김, 『어제까지의 세계—전통사회에서 우리는 무엇을 배울 것인가?』, 김영사, 2013.

프랑크 디쾨터 지음, 고기탁 옮김, 『인민 3부작 1. 해방의 비극—중국혁명의 역사, 1945~1957』, 열린책들, 2016.

앙리 미셸 지음, 김용자 옮김, 『제2차 세계대전』, 박영사, 1975, 1986.

베르길리우스 지음, 천병희 옮김, 『아이네이스』, 숲, 2004, 2007.

디트리히 본회퍼 지음, 손규태·이신건 옮김, 『나를 따르라—그리스도의 제자직』, 대한기독교서회, 2010.

미로슬라브 볼프 지음, 박세혁 옮김, 『배제와 포용』, IVP, 2012.

미로슬라브 볼프 지음, 홍종락 옮김, 『기억의 종말』, IVP, 2016.

이안 부루마 지음, 신보영 옮김, 『0년—현대의 탄생, 1945년의 세계사』, 글항아리, 2016.

재닛 브라운 지음, 이경아 옮김, 『찰스 다윈 평전—나는 멸종하지 않을 것이다』, 김영사, 2010.

베르톨트 브레히트 지음, 金光圭 옮김, 『살아남은 자의 슬픔—베르톨트 브레히트 시선』, 한마당, 1985.

주제 사라마구 지음, 정영목 옮김, 『카인』, 해냄, 2015.

이본 셰라트 지음, 김민수 옮김, 『히틀러의 철학자들—철학은 어떻게 정치의 도구로 변질되는가』, 여름언덕, 2014.

손운산, 『용서와 치료』, 이화여자대학교 출판부, 2008.

윌리엄 쇼크로스 지음, 김주환 옮김, 『숨겨진 전쟁—미국의 캄보디아 침공』, 선인, 2003.

필립 쇼트 지음, 이혜선 옮김, 『폴 포트 평전—대참사의 해부』, 실천문학, 2008.

한나 아렌트 지음, 김선욱 옮김, 『예루살렘의 아이히만』, 한길사, 2006.

한나 아렌트 지음, 이진우·박미애 옮김, 『전체주의의 기원』 1·2, 한길사, 2006.

아우구스티누스 지음, 성염 옮김, 『신국론 제1~10권』, 분도출판사, 2004.

성 아우구스티누스 지음, 조호연·김종흡 옮김, 『신국론—하나님의 도성』, 크리스천다이제스트, 2016.

노르베르트 엘리아스 지음, 박미애 옮김, 『문명화 과정』 I·II, 한길사, 1999.

이청준, 『벌레 이야기』, 문학과 지성사, 2013.

임철규, 『고전—인간의 계보학』, 한길사, 2016.

전우택 외, 『용서와 화해에 대한 성찰』, 명인문화사, 2018.

정명환 외, 『프랑스 지식인들과 한국전쟁』, 민음사, 2004.

정찬대, 『꽃 같던 청춘, 회문산 능선 따라 흩뿌려지다—한국전쟁 민간인 학살의 기록: 호남·제주편』, 한울아카데미, 2017.

워드 처칠 지음, 황건 옮김, 『그들이 온 이후—토착민이 쓴 인디언 절멸사』, 당대, 2010.

최호근, 『제노사이드—학살과 은폐의 역사』, 책세상, 2005.

임마누엘 칸트 지음, 백종현 옮김, 『실천이성비판』, 아카넷, 2002, 2009.

스티븐 코언 지음, 김윤경 옮김, 『돌아온 희생자들—스탈린 사후 굴라크 생존자들의 증언』, 글항아리, 2014.

티에리 크루벨리에 지음, 전혜영 옮김, 『자백의 대가—크메르 루즈 살인고문관의 정신세계』, 글항아리, 2012.

빅터 프랭클 지음, 이시형 옮김, 『죽음의 수용소에서』, 청아출판사, 2005.

스티븐 핑커 지음, 김명남 옮김, 『우리 본성의 선한 천사—인간은 폭력성과 어떻게 싸워왔는가』, 사이언스북스, 2014.

새뮤얼 헌팅턴 지음, 이희재 옮김, 『문명의 충돌』, 김영사, 1997, 2016.

프리실라 B. 헤이너 지음, 주혜경 옮김, 『국가폭력과 세계의 진실위원회』, 역사비평사, 2008.

토머스 홉스 지음, 진석용 옮김, 『리바이어던』 1·2, 나남, 2008.

황순원, 『카인의 후예』, 문학과 지성사, 2006.

S. Chhim, "Baksbat (broken courage): the development and validation of the inventory to measure baksbat, a Cambodian trauma-based cultural syndrome of distress", *Culture, Medicine, and Psychiatry* 36, no. 4, 2012.

S. Chhim, "Baksbat (broken courage): a trauma-based cultural syndrome in Cambodia", *Medical anthropology* 32, no. 2, 2013.

Erik Cleven, "Between Stories and Faces: Facilitating Dialogue through Narratives and Relationship Building", *Dialog–Mer Enn Ord*, Lillehammer: Nansenskolen, 2005.

David Crocker, "Reckoning with Past Wrongs: A Normative Framework", *Ethics and International Affairs* 13, 1999.

Desiderius Erasmus, "A Complaint of Peace/Querela pacis", In *The Erasmus Reader*, edited by Erika Rummel, Toronto: University of Toronto Press, 1990.

Ronald J. Fisher, "Social-Psychological Processes in Interactive Conflict Analysis and Reconciliation", In *Reconciliation, Justice, and Coexistence: Theory and Practice*, edited by Mohammed Abu-Nimer, Maryland: Lexington Books, 2001.

Robyn Fivush, "Reconciling Trauma and the Self: The Role of Narrative in Coping with Sexual Abuse and Terrorism", Amy Benson Brown and Karen Poremski (eds.), *Roads to Reconciliation: Conflict and Dialogue in the Twenty-first Century*, New York: M. E. Sharpe, Inc., 2005.

Nicholas Frayling, "Towards the Healing of History: an Exploration of the Relationship Between Pardon and Peace", In *Reconciliation(s): Transitional Justice in Postconflict Societies*, edited by Joanna R. Quinn, Montreal: McGill-Queen's University Press, 2009.

Glen O. Gabbard, M. D., "On Hate in Love Relationships: The Narcissism of Minor Differences Revisited", *Psychoanalytic Quarterly*, LXII, 1993.

Brandon Hamber, and Grainne Kelly, "A Place For Reconciliation?", Conference Ropert, 29 Novemebr 2005(Belfast: Healing Through Remembering, 2005).

Brandon Hamber, and Grainne Kelly, "Beyond Coexistence: Towards a Working Definition of Reconciliation", In *Reconciliation(s): Transitional Justice in Postconflict Societies*, edited by Joanna

R. Quinn, Montreal: McGill-Queen's University Press, 2009.

Hinton DE, Pich V, Marques L, Nickerson A, Pollack MH., "Khyâl attacks: a key idiom of distress among traumatized cambodia refugees", *Cult Med Psychiatry*, 34(2), 2010.

Michael Ignatieff, "Articles of Faith", *Index On Censorship* 25, 1996.

Martin Luther King Jr., "Letter from Birmingham City Jail"(1963), In *A Testament of Hope: The Essential Writings and Speeches of Martin Luther King, Jr.*, edited by James M. Washington, New York: Harper & Row, 1986, 1991.

Jean Lacouture, "The bloodiest revolution", *The New York Review of Books*, 1977.

Samson Munn, "'Storytelling and Encounter' Keynote address at the Storytelling as the Vehicle?", conference, 29 November 2005, Antrim, Northern Ireland, Sponsor: Healing Through Remembering(Belfast).

Sigmund Neumann, "International Civil War", *World Politics, Vol. I*, no. 3, 1949.

Myung-Lim Park, "Der Koreakrieg (The Korean War)", In *Länderbericht Korea*[BPB Country Report: Korea], edited by Lee Eun-Jeung, and Hannes B. Mosler (Hrsg.), Bonn: Bundeszentrale für Politische Bildung, 2015.

Helen Scanlon, "The Waning Rainbow?: Truth, Justice and Reconciliation in South Africa", Paper presented at the International Conference, co-hosted by the Jeju 4·3 Peace Foundation and the Center for Human peace and healing, Yonsei University, The 7th Jeju 4.3 Peace Forum: Reconciliation, Peace and Community Rehabilitation - Jeju and the World in Comparison II(jeju, 10 November 2017).

Helen Scanlon, "Nelson Mandela's Legacy: The Creation of an Icon and a Contested History in South Africa", Paper presented at the International Conference, hosted by the Kim Dae-Jung Presidential Library and Museum, Kim Dae-Jung, Willy Brandt and Nelson Mandela: The Politics of Reconciliation, Coalition and Peace(the Kim Dae-Jung Presidential Library and Museum, Yonsei University, Sep.14th, 2018).

Lisa Schirch, "Ritual Reconciliation: Transforming Identity/Reframing Conflict", In *Reconciliation, Justice, and Coexistence: Theory and Practice*, edited by Mohammed Abu-Nimer. Maryland: Lexington Books, 2001.

Carl Schmitt, "Interrogation of Carl Schmitt by Robert Kempner (I)", *Telos*, no. 72, 1987.

Barbara Simonič, "The Horizons of Reconciliation after Traumatic Experience", Janez Juhant and Bojan Žalec eds., *Reconciliation: The Way of Healing and Growth*, Zürich: LIT, 2012.

Lewis B. Smedes, "The Magic Eyes: A Little Fable", In *Forgive & Forget: Healing the Hurts We Don't Deserve*, San Francisco: Harper & Row, 1984.

Robert J. Sternberg, "A duplex theory of hate: Development and application to terrorism, massacres, and genocide", *Review of General Psychology* 7, no. 3, 2003.

Miroslav Volf, "The Social Meaning of Reconciliation", *Interpretation* 54, no. 2, 2000.

Miroslav Volf, "Forgiveness, Reconciliation, and Justice: A Christian Contribution to a More Peaceful Social Environment", In *Forgiveness and Reconciliation: Religion Public Policy, and Conflict Transformation*, edited by Raymond G. Helimck, S.J., and Rodney L. Petersen, Philadelphia: Templeton Foundation Press, 2001.

Mohammed Abu-Nimer, ed., *Reconciliation, Justice, and Coexistence: Theory and Practice*, Maryland: Lexington Books, 2001.

Theodor Adorno, *Metaphysics: Concept and Problems(1965)*, Edited by Rolf Tiedmann, Translated by Edmund Jephcott, CA: Stanford University Press, 2001.

Hannah Arendt, *Human Condition*, Chicago: The University of Chicago Press, 1958, 1998.

Hannah Arendt, *On Revolution*, London: Penguin Books, 1963, 1965.

Carl Bridenbaugh, and Roberta Bridenbaugh, *No Peace Beyond the Line: The English in the Caribbean 1624~1690*, New York: Oxford University press, 1972.

James Crawford, Alain Pellet, and Simon Olleson eds., *The Law of International Responsibility*, New York: Oxford University Press, 2010.

John W. De Gruchy, *Reconciliation: Restoring Justice*, Minneapolis: Fortress Press, 2002.

Khamboly Dy, *A History of Democratic Kampuchea, 1975~1979*, Phnom Penh: Documentation Center of Cambodia, 2007.

Meng-Try Ea, and Sorya Sim, *Victims and Perpetrators?: Testimony of Young Khmer Rouge Comrades*, Phnom Penh: Documentation Center of Cambodia, 2001.

Robert Enright, *Forgiveness is a Choice: A step-be-step process for resolving anger and restoring hope*, Washington DC: American Psychological Association, 2001.

Virgil Gheorghiu, *La Vingt-Cinquième Heure, Traduit du Roumain par Monique Saint-Come*, Paris: Plon, 1949, 1966, 1990.

Virgil Gheorghiu, *The Twenty-Fifth Hour*, Translated from the Romanian by Rita Eldon, Chicago: Henry Regnery Company, 1950.

Evan Gottesman, *Cambodia After the Khmer Rouge: Inside the Politics of Nation Building*, Chiang Mai, Thailand: Silkworm Books, 2003.

Stephen Heder, and Brain D. Tittemore, *Seven Candidates for Prosecution: Accountability for the Crimes of the Khmer Rouge*, Phnom Penh: Documentation Center of Cambodia, 2001, 2004.

Thomas Hobbes, *De Cive*(The English Version), Edited by Howard Warrender, New York: Oxford University Press, 1983, 1987.

Huy Vannak, *Bou Meng: a Survivor from Khmer Rouge Prison S-21*, Phnom Penn: Documentation Center of Cambodia, 2010.

Michael Ignatieff, *The Warrior's Honor: Ethnic War and the Modern Conscience*, Ney York: Henry Holt and Co., 1998.

Ernst Jünger, *The Peace*, Translated by Stuart Hood, Hinsdale, Illinois: Henry Regnery Company, 1944, 1948.

Ben Kiernan, *The Pol Pot Regime: Race, Power, and Genocide in Cambodia under the Khmer Rouge, 1975~1979*, Chiang Mai, Thailand: Yale University Press, Silkworm Books, 1996, 1997.

Neil J. Kritz, *Transitional Justice: How Emerging Democracies Reckon with Former Regimes v. 1. General Considerations*, Washington, D.C: United States Institute of Peace Press, 1995.

Neil J. Kritz, *Transitional Justice: How Emerging Democracies Reckon with Former Regimes v. 2. Country Studies*, Washington, D.C: United States Institute of Peace Press, 1995.

Neil J. Kritz, *Transitional Justice: How Emerging Democracies Reckon with Former Regimes v. 3. Laws, Rulings, and Reports*, Washington, D.C: United States Institute of Peace Press, 1995.

Johnston McMaster and Cathy Higgins, *Ethical and Shared Remembering: Commemoration in a New Context*, Ethical and Shared Remembering Project, 2011.

Chum Mey, *Survivor: The Triumph of An Ordinary Man In the Khmer Rouge Genocide*, Phnom Penh; Documentation Center of Cambodia, 2012.

Martha Minow, *Between Vengeance and Forgiveness: Facing History after Genocide and Mass Violence*, Boston: Beacon press, 1998.

Barrington Moore Jr., *Moral Purity and Persecution in History*, Princeton, New Jersey: Princeton University press, 2000.

Richard Morrock, *The Psychology of Genocide and Violent Oppression: a study of mass cruelty from Nazi Germany to Rwanda*, McFarland & Company, 2010.

Liam O'Hagan, *Training Manual: Toward Understanding and Healing, Toward understanding and healing*, 2014.

Francois Ponchaud, *Cambodia Year Zero*, New York: Holt, Rinehart and Winston, 1977, 1978.

Joanna R. Quinn, ed., *Reconciliation(s): Transitional Justice in Post-conflict Societies*, Montreal: McGill-Queen's University Press, 2009.

Royal University of Phnom Penh, *Department of Psychology*, Cambodian Mental Health Survey, 2012.

Carl Schmitt, *The Leviathan in the State Theory of Thomas Hobbes: Meaning and Failure of a Political Symbol*, Translated by George Schwab and Erna Hilfstein, Westport, Connecticut: Greenwood Press, 1938, 1996.

Carl Schmitt, *The Nomos of the Earth in the International Law of the Jus Publicum Europaeum*, Translated by G. L. Ulmen, New York: Telos Press Publishing, 1950, 2006.

Donald Shriver, *An Ethic for Enemies in Politics*, Oxford: Oxford University Press, 1995.

Marie Breen Smyth, *Truth Recovery and Justice After Conflict*, London: Routledge, 2007.

Bettina Stangneth, *Eichmann Before Jerusalem: The Unexamined Life of a Mass Murderer*, Translated by
Ruth Martin, New York: Vintage Books, 2014.

Glen Stassen, (ed.), *Just Peacemaking: Transforming Initiatives for Justice and Peace*, Westerminter: John
Knox Press, 1992.

Glen Stassen, (ed.), *Just Peacemaking: Ten Practices for Abolishing War*, Pilgrim Press, 2004.

Glen Stassen, (ed.), *Just Peacemaking: The New Paradigm for Ethics of Peace and War*, Pilgrim Press, 2008.

Ruti G. Teitel, *Transitional Justice*, Oxford, New York: Oxford University Press, 2000.

Robert and Judy Zimmerman Herr (ed.), *Transforming Violence: Linking Local and Global Peacemaking*,
Herald Press, 1998.

이 책의 집필에 참여하신 분들

전우택 연세대학교 의과대학 의학교육학교실, 인문사회의학교실, 정신건강의학교실 교수. 사회정신의학을 전공하고 주로 북한과 통일, 남남갈등의 극복 등을 연구해왔다. 한반도평화연구원 원장을 역임했고, 현재 통일보건의료학회 이사장과 한국자살예방협회 이사장을 맡고 있다. 주요 저서로 『사람의 통일을 위하여』, 『사람의 통일, 땅의 통일』, 『통일 실험, 그 7년』(공저), 『통일에 대한 기독교적 성찰』(공저), 『평화에 대한 기독교적 성찰』(공저), 『의학교육의 미래』 등이 있다.

박명림 연세대학교 대학원 지역학협동과정 교수. 김대중도서관 관장과 인간평화연구센터 소장을 맡고 있다. 길림대학교 해외 객좌교수이기도 하다. 고려대학교 아세아문제연구소 북한실장, 하버드 대학교 하버드-옌칭연구소 협동연구학자, 프랑스 고등사회과학원 및 독일 베를린 자유대학교 초빙교수를 역임했다. 연구주제는 평화와 화해, 한국 정치, 정치이론, 동아시아 국제관계다. 주요 저서로 『한국전쟁의 발발과 기원』 I·II, 『한국 1950: 전쟁과 평화』, 『다음 국가를 말하다』, 『역사와 지식과 사회』, 『인간국가의 조건』 I·II(근간) 등이 있다.

임정택 연세대학교 문과대학 독어독문학과 교수. 1998~2016년 연세대 미디어아트연구소장으로서 영화, 디자인, 문화콘텐츠, 디지털미학, 문화정책 및 기획, 과학기술학에 이르기까지 다양한 영역으로 인문학의 지평을 확장하는 연구를 수행하면서 지식의 융합을 실천해왔다. 주요 저서로는 『상상, 한계를 거부하는 발칙한 도전』, 『논쟁: 독일통일의 과정과 결과』(공편), 『세계영화사강의』(공저), 『바퀴와 속도의 문명사』(공저), 『시각기계의 문명사』(공저), 『인문학자, 과학기술을 탐하다』(공저) 등이 있다.

신보경 연세대학교 의과대학 인문사회의학교실 통일국제의료 영역 연구강사. 조지워싱턴대학교에서 생물학을 전공하고, 연세대학교 보건대학원에서 석사학위를, 연세대학교 일반대학원 의료법윤리학협동과정에서 논문 "Collective Trauma and Comprehensive Healing"으로 보건학 박사학위를 수여했다. 주로 몸과 마음에 공유된 기억으로 새겨지는 사회적 트라우마가 개인과 집단의 건강에 미치는 영향을 분석하고, 이러한 사회적 트라우마를 사회를 통해 치료하고 치유하는 구체적인 방안을 연구하고 있다.

최성경 　연세대학교에서 「통일 대비 탈사회주의 체제전환 국가의 보편적 건강보장에 관한 법제도 연구」 논문으로 보건학 박사학위를 받았다. 주요 관심분야는 통일보건, 보건의료법, 건강보장제도이며 현재 취약계층 건강권, 보건 정책 및 법제도 등을 연구하고 있다.

손인배 　연세대학교 통일학협동과정 박사과정생, 연세대학교 인간평화와 치유연구센터 연구원. 한반도평화 연구원(KPI)에서 실무를 담당했으며, 관심 및 연구주제는 한반도평화, 평화와 경제의 상관 관계, 화해학이다.

강효인 　연세대학교 지역학협동과정 석박사통합과정생, 연세대학교 인간평화와 치유연구센터 연구원. 관심 및 연구주제는 사회치유, 평화학, 화해학, 중동 지역 연구이다.